"新时代的新闻传播研究"系列丛书

广告舆论传播研究

基于广告传播及舆论导向的双重视角

杨海军　著

中国社会科学出版社

图书在版编目（CIP）数据

广告舆论传播研究：基于广告传播及舆论导向的双重视角 / 杨海军著. —北京：中国社会科学出版社，2020.9

（"新时代的新闻传播研究"系列丛书）

ISBN 978-7-5203-6889-6

Ⅰ.①广⋯ Ⅱ.①杨⋯ Ⅲ.①广告—舆论—传播—研究 Ⅳ.①F713.80②G206.3

中国版本图书馆 CIP 数据核字（2020）第 133019 号

出版人	赵剑英
责任编辑	彭莎莉
责任校对	郭 勇
责任印制	张雪娇

出　版	中国社会科学出版社
社　址	北京鼓楼西大街甲 158 号
邮　编	100720
网　址	http://www.csspw.cn
发行部	010-84083685
门市部	010-84029450
经　销	新华书店及其他书店

印刷装订	北京市十月印刷有限公司
版　次	2020 年 9 月第 1 版
印　次	2020 年 9 月第 1 次印刷

开　本	710×1000　1/16
印　张	21
插　页	2
字　数	330 千字
定　价	128.00 元

凡购买中国社会科学出版社图书，如有质量问题请与本社营销中心联系调换
电话：010-84083683
版权所有　侵权必究

内容摘要

广告舆论是指由广告传播引发的公众关于现实社会以及社会中各种现象、问题所表达的一致性信念、态度、意见和情绪表现的总和。由广告传播引发的舆论可统称为广告舆论。广告舆论在现实生活中以多种形态呈现,其中包括广告舆论传播主体以传播思想观念、主张价值立场、弘扬时代文化、培养消费意识为目的、具有一定单位时间密度和空间强度的导向性意见;使用广告产品、接受广告宣传、反馈广告信息时形成较为集中的认知性意见;在特定的时间和语境下观察广告现象、辨析广告问题、讨论广告事件时产生的具有广泛针对性的评论性意见。

广告舆论是舆论的一大类别,遵循舆论传播的一般规律,具有舆论传播的共性。舆论学的基本原理和方法对广告舆论的研究具有重要的理论和实践指导作用;广告舆论又是一种特殊的舆论传播现象,其舆论的生成、发展、传播及作用于传播对象,都与广告传播的动因、目的、通道以及广告的创意表现有关。中外自古就存在着广告舆论活动和广告舆论现象,在不同时期以不同的形态呈现。从广告舆论的性质来看,中外广告舆论发展史上存在着政治广告舆论、商业广告舆论和公益广告舆论三种基本形态;从广告舆论发起的主体来看,则存在着群意广告舆论、众意广告舆论和民意广告舆论等基本形式。值得注意的是,在社会转型和新时期国家对外战略政策实施的过程中,一种新型的广告舆论形态悄然出现,这就是国家广告舆论。国家广告舆论的出现,丰富了媒介融合背景下广告舆论呈现的形式和存在的内容。从广告舆论本体自身结构变化来看,广告舆论则表现为显性广告舆论、潜性广告舆论和行为广告舆论等类型;按照广告舆论客体的变化,即广告舆论信息的流动形式来看,可以划分为讯息形态的广告舆论、观念形态的广告舆论、艺术形态的广告舆论。因此，广告舆论的传播具有舆论主体成分复杂、舆论客体内容丰富、舆论本体结构多元、舆论载体形态多变等特征。

广告舆论有着独特的运行机制。广告舆论是有规律的运动，影响这种运动的各因素的结构、功能及作用机理共同制约着广告舆论发展态势和发展进程，使广告舆论呈现出独特的现实面貌。这里涉及广告舆论运行的社会环境、广告舆论实现的方式、广告舆论实现的途径及广告舆论运行的模式等相关内容。整合营销传播与广告生产方式转变，绿色广告传播与广告观念变革，新广告运动与广告终极目标追求，社会化媒介营销与广告功能扩张使广告舆论运行的社会环境得以优化，广告舆论传播过程中信息单向流动的状况得到根本改善。广告舆论沿着追随国家舆论，利用团体舆论，聚焦公众集合舆论的方式来实现广告舆论信息的多元流动。同时，借助广告主意见倡导，广告人创意造势，媒介时评与两次传播，广告受众意见集中表达来达到广告舆论传播目的。广告舆论传播的规律和特点由舆论传播的规定性和广告传播的特殊性所共同造就。

广告舆论的传播机制是指广告舆论传播中的传播层次、传播结构、传播规律和传播特点的总体概括。对不同时期、不同特征媒介平台的依赖和利用，使广告舆论传播呈现出不同的层次；而广告舆论传播中的不同要素如"议程设置"与广告主媒介控制，"名人立言"与舆论领袖的影响，"拟态环境"的构建与舆论呈现，"沉默螺旋"的存在与受众舆论生成等相互作用而造成的结构性压力，促使广告舆论按照特定的方向和一定的轨迹流动；与广告运动的过程相适应，广告舆论传播存在着三种行为模式，即广告舆论传播的自然渐进模式、广告舆论传播的突发变异模式、广告舆论传播的人为操纵模式。

广告传播是广告发布者能动为之的主观行为，其首要目的是唤起受众对其所发布信息的反应。但广告舆论却超出广告发布者能动为之的主观行为的范畴，具有了舆论传播的社会意义。随着媒介融合的步伐不断加快，新媒体层出不穷，广告舆论所产生的社会影响力已经突破了微观上的经济层面，波及了宏观上的文化和政治层面。广告舆论的社会影响力不再是单一的利益圈，而是已经逐渐渗透到了社会的诸多领域，并且表现出越来越引人瞩目的作用和效果。

广告舆论在消费社会里有巨大的影响力。从广告舆论作用的对象来看，广告舆论影响力波及广告利益相关者、广告管理者、广告批评者和广告受众。从广告舆论自身的结构性功能看，广告舆论是消费观念的双刃剑、广告主张的传声筒、政治宣传的辅渠道；从广告舆论在社会变革中的创新性功能来看，广告舆论则是社会冲突的减压阀、民主政治的新元素和社会生活的新景观。对广告舆论的控制与引导一直是广告舆论研究的重要话题，尤其在媒介融合的新背景下，广告舆论的呈现方式和流动方式都在不断变化。流行广告语多样本呈现、网络口碑营销盛行、病毒式传播大行其道、公益广告成为全民运动都预示广告舆论的发展是一个不断变化的过程。从宏观视角看，广告舆论的发展变化与人类社会发展阶段相适应，与人类文明发展方向相吻合，同广告运动的发展趋势相一致；从微观看，广告舆论传播则同舆论传播主体之间的阶段性利益冲突，广告问题和广告事件的突发性呈现，广告主张和广告意见多元争鸣、多元流动有关。现代广告舆论的发展趋势是：广告舆论主题表达越来越多样化，广告舆论传播路径不断拓宽，广告舆论生成语境多场域呈现，广告舆论倡导主体也呈多元化态势。在这样的情形下，广告舆论的引导与控制就显得尤为重要。广告舆论的监管与控制可从以下几个层面进行：广告舆论源头的监管与调控是舆论控制的起点，广告舆论传播中的应对机制建立可以实时把握广告舆论的流量与流向，相关法律法规的制定与实施是对广告舆论实行强有力引导与控制的保障，而舆情调查与舆情分析的跟进则可以有效预测广告舆论的走势和发展态势。广告舆论的引导和控制的最终目的是优化广告传播功能并对广告传播效果进行追踪。

Abstract

Advertising public opinion refers to the public consistent expression of beliefs, attitudes, opinions and emotions about social reality and social phenomenon caused by the advertising community. The public opinion triggered by advertising communication can be named after advertising public opinion. Advertising public opinion in real life is presented in various forms, including oriented views, cognitive views and comments from adverting public opinion communicators.

Advertising public opinion is a major category of public opinion, which follows the general laws of public opinion communication. The basic principles and methods of public opinion have important theoretical and practical effects on advertising public opinion research. On the other hand, advertising public opinion is a special phenomenon of public opinion communication. For its potential dissemination targets, the formation, development, dissemination and the role of advertising public opinion have close relationship with the purpose, channels and creative expression of advertisements. Since ancient times, advertising public opinion with diversified expressions has played an important role in different eras both in Chinese and abroad. From the nature of public opinion, there are political, commercial and public service advertising public opinions in general. From the subjects of advertising public opinion, there are group, public, mass advertising public opinions. From the structure of advertising public opinion, there exist hidden advertising opinion, dominant advertising opinion and behavior advertising opinion, ect. At the same time, with the rising of China, a totally new form of advertising public opinion—the national advertising public opinion— has enriched structures of current advertising public opinion. Therefore, advertising opinion communication has the characters of complex subjective components, rich objective contents, ect.

With the influence of unique operating mechanism, advertising public opinion presents a unique look that covers the social background of its operation, the approaches of carry it out, its operating mode as well. The transform of integrated marketing communication and advertising production pattern, the revolution of green advertising communication and advertising concept, new advertising campaigns and the pursuit of the ultimate goal of advertising, and social media marketing and advertising function expansion have all optimized the social environment of advertising public opinion. Furthermore, advertising public opinion has realized multiple flows of advertising information by following the national media, making the most of community media, as well as focusing on public opinion. Meanwhile, advertising public opinion can be accomplished by way of advertisers' advocacy, creative advertising campaign, media commentary and two communications, and concentrated expression of public opinion. The formation of advertising public opinion has three behavior patterns—naturally occurring mode, sudden variation mode and manipulation mode.

Advertising public opinion communication mechanism is the general idea of its communication level, communication structure, communication rules and communication characteristics. The dependence and use of media platforms of different characteristics in different periods make advertising public opinion present different levels. However, different elements of advertising public opinion communication, such as "agenda setting", "environment mimicry", "Spiral of Silence" and the structural pressure caused by their interaction promote advertising public opinion to flow in accordance with specific direction and certain track. In short, advertising public opinion communication rules and characteristics are the results of the public opinion stipulation and advertising communication specificity.

Advertising communication is a subjective behavior, whose primary purpose is to arouse the audience's reaction to their released information. But advertising public opinion is beyond the scope of the subjective action, which consequentially has social significance. With the development of media convergence and new media emergence, the social influence generated by advertising public opinion has broken through the micro economic level and spread to the macro – cultural and political dimensions, and increasingly demonstrated a remarkable role and effectiveness.

Advertising public opinion in consumer society has a huge influence. From the object of advertising public opinion, the influence of advertising public opinion is involved in advertising, advertising manager, advertising critics and its audience. The control and guidance of advertising public opinion has been an important subject, especially in the context of integration of new media when its presentation and flow patterns are constantly changing. Various presence of advertising popular slogans, popularity of network marketing, massive communication, ect. all indicate that the development of advertising public opinion is a constantly changing process. From a macro perspective, the development and changes of advertising public opinion coincide with the developing trends of human society, human civilization and advertising campaigns. From a micro perspective, advertising public opinion communication has diverged from its objects in the field of advertising issues and unexpected advertising events, ect.

The development trend of modern advertising public opinion will lead to its increasing theme expressions, its continuously expanding contexts, ect. In such circumstances, the guidance and control of advertising public opinion is significantly important. Supervision and control of advertising public opinion can be conducted based on the following levels: first, supervising and controlling the source of advertising public opinion; then, establishing the advertising response mechanism in responding to the flow and trends of advertising public opinion; meanwhile, the implementation of related Laws and regulations guarantees efficient guidance of advertising public opinion; at last, surveying and analyzing on opinion polls will effectively predict the potential trends of advertising public opinion. The ultimate goal of guiding and controlling advertising public opinion is to optimize the function of advertising communication and effectively measure the advertising communication effects.

Keywords: Advertising Public Opinion, Public Opinion Expression, Communication Control, Social Impact

目 录

导论 广告舆论研究现状及存在问题探析 …………………… (1)
 一 选题的由来及其意义 ………………………………… (1)
 二 研究方法与研究的理论基础 ………………………… (5)
 三 广告舆论研究成果综述 ……………………………… (9)
 四 广告舆论研究的基本问题评析 ……………………… (14)
 五 存在的问题和基本研究思路 ………………………… (20)

第一章 中外舆论及广告舆论的历史演变 …………………… (24)
 第一节 中国社会不同时期的舆论和广告舆论 ………… (24)
  一 远古时期的"民意"舆论 ………………………… (24)
  二 奴隶社会的"舆人"和"舆论" ………………… (27)
  三 封建社会的城镇舆论 ……………………………… (30)
  四 现代舆论和广告舆论 ……………………………… (34)
 第二节 西方社会不同形态的舆论和广告舆论 ………… (35)
  一 远古时期的舆论形态 ……………………………… (36)
  二 阶级社会的舆论和广告舆论形态 ………………… (36)
  三 现代公众舆论及广告舆论 ………………………… (38)

第二章 广告舆论概念的界定与解析 ………………………… (44)
 第一节 广告、舆论和广告舆论概念之演变 …………… (44)
  一 广告舆论概念使用的语境 ………………………… (44)
  二 舆论概念的演变与广告舆论概念的现实延伸 …… (48)
  三 广告概念的嬗变和广告舆论概念的新解读 ……… (52)

第二节　广告舆论概念的界定与内涵外延剖析 ……………（57）
　　一　广告概念中的"公众"及"民意"要素 ……………（57）
　　二　广告舆论概念的界定和层次分析 ……………………（58）

第三章　广告舆论的结构要素及其类别 ………………（61）
第一节　广告舆论主体及其结构 ………………………………（61）
　　一　政府、工商广告管理及相关职能部门是意见
　　　　导向主体 …………………………………………………（63）
　　二　广告主、广告创意人、媒介联盟是意见倡导主体 ……（65）
　　三　广告公众是广告意见表达主体 ………………………（68）
第二节　广告舆论客体与广告舆论关注对象 …………………（69）
　　一　社会转型时期的重大广告问题 ………………………（70）
　　二　引起社会和公众广泛关注的广告现象 ………………（71）
　　三　重大的广告事件和广告活动 …………………………（74）
第三节　广告舆论本体与广告舆论存在形式 …………………（77）
　　一　公开表达的广告主张、观点和态度 …………………（77）
　　二　流行广告语和经典广告故事 …………………………（79）
　　三　网络广告创意作品赏析、评价与再阐释 ……………（81）
　　四　国家形象广告兴起和国家广告舆论的海外传播 ……（82）
第四节　广告舆论的类型及划分原则 …………………………（85）
　　一　民意广告舆论、众意广告舆论、群意广告舆论 ……（85）
　　二　讯息广告舆论、观念广告舆论、艺术广告舆论 ……（90）
　　三　潜性广告舆论、显性广告舆论、行为广告舆论 ……（94）

第四章　广告舆论的运行机制 ……………………………（99）
第一节　广告舆论运行的社会环境 ……………………………（99）
　　一　整合营销传播与广告生产方式转变 …………………（99）
　　二　绿色广告传播与广告观念变革 ………………………（101）
　　三　新广告运动与广告终极目标追求 ……………………（104）
　　四　社会化媒体营销与广告功能扩张 ……………………（106）

第二节　广告舆论的实现方式 (108)
  一　追随国家意识形态和主流话语 (108)
  二　反映和代表社会团体和利益团体主张 (109)
  三　聚合社会公众集合意识 (111)
第三节　广告舆论实现的路径 (112)
  一　广告主意见强势倡导 (112)
  二　广告人创意发想与创意造势 (114)
  三　媒介评论与媒介导向下的广告主张两次传播 (115)
  四　广告受众意见集中表达 (117)
第四节　广告舆论在现实生活中的具体呈现 (117)
  一　"瀑布倾泻式"广告舆论生成 (117)
  二　"飘雪花式"广告舆论生成 (119)
  三　"风吹浪起式"广告舆论生成 (120)
  四　"爆米花式"广告舆论生成 (121)

第五章　广告舆论的传播模式 (123)
第一节　广告舆论的传播层次 (123)
  一　传统媒体组合中广告舆论的强势传播 (123)
  二　新媒体运用中的广告舆论蔓延式传播 (130)
  三　多媒体混用中的广告舆论场 (139)
第二节　广告舆论的传播结构 (142)
  一　议程设置与广告主的媒介控制 (142)
  二　"沉默的螺旋"与受众意见的生成 (143)
  三　舆论领袖与广告传播的名人立言 (145)
  四　拟态环境与广告舆论呈现 (146)
第三节　广告舆论的传播规律和特点 (147)
  一　政治广告舆论——自上而下的单向传播 (147)
  二　消费广告舆论——信息互动的双向传播 (149)
  三　社会文化广告舆论——场域共享的多向传播 (150)
第四节　广告舆论的传播模式 (151)
  一　广告舆论传播的自然渐进模式 (152)

二　广告舆论传播的突发变异模式 …………………………… (153)
　　三　广告舆论传播的人为操纵模式 …………………………… (154)

第六章　广告舆论与新闻舆论比较研究 ……………………………… (157)
第一节　广告与新闻的比较 ……………………………………… (157)
　　一　传播目的：信息增值与信息延伸 ………………………… (158)
　　二　传播对象：消费行为与社会行为 ………………………… (159)
　　三　传播文本：意见为主与事实为主 ………………………… (159)
　　四　传播媒介：复合媒介与单体媒介 ………………………… (160)
　　五　传播频次：重复投放与首次播报 ………………………… (161)
　　六　传播效果：强势改变与潜移默化 ………………………… (162)
第二节　广告舆论与新闻舆论的比较 …………………………… (162)
　　一　舆论主体：消费关系与社会关系 ………………………… (163)
　　二　舆论客体：广告事件与新闻事实 ………………………… (165)
　　三　舆论本体：消费认同与价值认同 ………………………… (165)
第三节　媒介融合与媒介内容变革 ……………………………… (166)
　　一　技术主导下的产业链条融合 ……………………………… (167)
　　二　产业主导下的媒介形态融合 ……………………………… (168)
　　三　文化范畴下的社会产业融合 ……………………………… (168)
第四节　广告舆论与新闻舆论的融合 …………………………… (169)
　　一　风险社会的产生及特征 …………………………………… (170)
　　二　风险社会与媒介功能 ……………………………………… (171)
　　三　互补的广告舆论与新闻舆论 ……………………………… (172)

第七章　广告舆论生成与网络口碑营销传播 ………………………… (173)
第一节　广告舆论生成与口碑传播的新模式 …………………… (173)
　　一　传媒生态与消费者行为模式变化 ………………………… (173)
　　二　口碑营销与舆论生成 ……………………………………… (175)
　　三　口碑营销与"群体舆论"制造 …………………………… (177)
第二节　广告舆论生成与网络口碑传播的
　　　　　　"三驾马车"形态 ………………………………………… (178)

一　虚拟社区与群体舆论生成…………………………………（178）
　　　二　博客与舆论领袖的舆论引导……………………………（180）
　　　三　播客及视频分享网站中的舆论蔓延……………………（181）
　　　四　"三驾马车"新形态………………………………………（182）
　第三节　广告舆论生成与网络口碑传播的管理建议……………（185）
　　　一　线上（online）口碑与线下（offline）口碑 …………（185）
　　　二　网络口碑营销传播与舆论引导建议……………………（186）

第八章　流行广告语与广告舆论的流变………………………（189）
　第一节　不同时期流行广告语所呈现的舆论态势………………（189）
　　　一　流行广告语与广告舆论之间的关系……………………（189）
　　　二　不同时期流行广告语呈现的舆论特色…………………（190）
　第二节　从流行广告语的内容分析看广告舆论走向……………（194）
　　　一　流行广告语关键词分析…………………………………（194）
　　　二　流行广告语中广告主类别分析…………………………（198）
　　　三　流行广告语的文本分析…………………………………（199）
　第三节　从流行广告语的传播看广告舆论的流变………………（203）
　　　一　流行广告语中广告主的舆论操纵………………………（203）
　　　二　流行广告语中的舆论导向………………………………（206）
　　　三　流行广告语中的舆论多元流动…………………………（207）

第九章　公益广告舆论主题与社会影响力……………………（209）
　第一节　公益广告舆论的传播特性………………………………（209）
　　　一　公益广告舆论产生和发挥作用的机制…………………（209）
　　　二　公益广告的舆论塑造与舆论表达………………………（211）
　第二节　公益广告舆论的传播主体………………………………（213）
　　　一　公益广告舆论传播主体的结构…………………………（213）
　　　二　公益广告舆论传播主体形成的动因……………………（214）
　第三节　公益广告舆论的主题建构………………………………（216）
　　　一　公益广告舆论建构的主题………………………………（216）
　　　二　公益广告营造的广告舆论环境…………………………（219）

第四节　公益广告舆论的社会影响力 …………………… (219)
　　一　倡导社会主流价值观 ………………………………… (220)
　　二　引导社会舆论 ………………………………………… (221)
　　三　提倡健康生活方式 …………………………………… (222)
　　四　优化舆论环境 ………………………………………… (223)

第十章　广告舆论的社会功能扩张 ……………………………… (228)
第一节　广告舆论的作用对象 ………………………………… (228)
　　一　广告利益密切相关者 ………………………………… (228)
　　二　广告批评者 …………………………………………… (230)
　　三　舆论风口浪尖上的社会精英阶层 …………………… (232)
　　四　广告舆论旋涡中的社会公众 ………………………… (234)
第二节　广告舆论的结构性功能 ……………………………… (235)
　　一　消费观念的双刃剑 …………………………………… (236)
　　二　广告主张的传声筒 …………………………………… (238)
　　三　政治宣传的辅渠道 …………………………………… (240)
第三节　广告舆论的创新性功能 ……………………………… (242)
　　一　社会矛盾冲突的减压阀 ……………………………… (242)
　　二　民主政治建设的新元素 ……………………………… (243)
　　三　社会生活场域的新景观 ……………………………… (244)

第十一章　广告舆论的引导与控制 ……………………………… (249)
第一节　广告舆论的发展趋势 ………………………………… (249)
　　一　广告舆论引导与控制面临的问题 …………………… (250)
　　二　新媒体环境中广告舆论的走向 ……………………… (253)
　　三　广告舆论主体以多元化形式呈现 …………………… (262)
　　四　广告舆论传播路径进一步拓展 ……………………… (264)
　　五　广告舆论表达主题面临更多选择 …………………… (266)
第二节　广告舆论的监管与控制 ……………………………… (267)
　　一　广告舆论源头的监管与调控 ………………………… (268)
　　二　广告舆论传播中应对机制的建立 …………………… (270)

三　相关法律法规的制定与实施 …………………………（271）
　　四　舆情调查与舆情分析的跟进 …………………………（272）
第三节　广告舆论传播中利益冲突与权力制衡博弈 …………（274）
　　一　广告舆论传播主体互动制衡明显加强 ………………（275）
　　二　广告舆论工具性功能的日益凸显 ……………………（276）
　　三　广告舆论引导与控制的层次及面临的问题 …………（278）

结　语 ……………………………………………………………（281）

参考文献 ………………………………………………………（291）

CATALOG

Introduction　Current Research Situation and Existing Problems of Advertising Public Opinion ……………(1)

　1. Origin and Significance of Selection of Topics …………………(1)

　2. Research Methods and Theoretical Basis of Research ……………(5)

　3. Summary of the Research Achievements of Advertising Public Opinion ……………………………………………………(9)

　4. Comments on the Basic Issues of Advertising Public Opinion Research ……………………………………………(14)

　5. Problems and Basic Research Ideas ………………………………(20)

Chapter I　The Historical Evolution of Chinese and Foreign Public Opinions and Advertising Public Opinions …(24)

　Section I　Public Opinions and Advertising Opinions in Different Periods of Chinese Society ………………………(24)

　　1. Public Opinion of "Public Opinion" in Ancient Times ……(24)

　　2. "Public Opinion Men" and "Public Opinion" in Slave Society ………………………………………………………(27)

　　3. Urban Public Opinion in Feudal Society ……………………(30)

　　4. Modern Public Opinion and Advertising Public Opinion ……(34)

　Section II　Public Opinions and Advertising Opinions of Different Forms in Western Society ………………………(35)

　　1. Forms of Public Opinion in Ancient Times …………………(36)

2. Public Opinions and Advertising Public Opinions in
     Class Society ·· (36)
  3. Modern Public Opinion and Advertising Opinion ············· (38)

Chapter Ⅱ Definition and Analysis of the Concept of Advertising Public Opinion ·················· (44)

  Section Ⅰ Evolution of the Concepts of Advertising, Public
             Opinion and Advertising Public Opinion ············· (44)
  1. Context in Which the Concept of Advertising Public
     Opinion is Used ·· (44)
  2. The Evolution of the Concept of Public Opinion and the
     Realistic Extension of the Concept of Advertising Public
     Opinion ·· (48)
  3. The Evolution of the Concept of Advertising and the New
     Interpretation of the Concept of Advertising Public
     Opinion ·· (52)
  Section Ⅱ Definition and Connotation Extension Analysis of the
             Concept of Advertising Public Opinion ··············· (57)
  1. Elements of "Public" and "Public Opinion" in the
     Concept of Advertising ·· (57)
  2. Definition and Hierarchical Analysis of the Concept of
     Advertising Public Opinion ···································· (58)

Chapter Ⅲ The Structural Elements and Categories of Advertising Public Opinion ·················· (61)

  Section Ⅰ The Subject and Structure of Advertising
             Public Opinion ·· (61)
  1. Opinion-oriented Subjects of Government, Industry and
     Commerce Advertising Administration and Related
     Functional Departments ·· (63)

2. Advocates of Advertisers, Creatives and Media
     Alliance .... (65)
  3. Subject of Public Advertising Opinions in Advertising .... (68)
Section Ⅱ　Objects of Advertising Public Opinion and Objects of
             Attention of Advertising Public Opinion .... (69)
  1. Major Advertising Problems in the Period of Social
     Transition .... (70)
  2. Advertising Phenomena Arousing Widespread Concern of
     Society and the Public .... (71)
  3. Major Advertising Events and Advertising Activities .... (74)
Section Ⅲ　The Ontology of Advertising Public Opinion and the
             Existence Form of Advertising Public Opinion .... (77)
  1. Publicly Expressed Advertising Opinions, Views and
     Attitudes .... (77)
  2. Popular Advertising Language and Classical Advertising
     Stories .... (79)
  3. Appreciation, Evaluation and Re-interpretation of
     Creative Works of Internet Advertising .... (81)
  4. The Rise of National Image Advertising and the
     Overseas Dissemination of National Advertising
     Public Opinions .... (82)
Section Ⅳ　Types of Advertising Public Opinion and
             Principles of Classification .... (85)
  1. Advertising Public Opinion of the People,
     Advertising Public Opinion of the Crowd,
     Advertising Public Opinion of the Masses .... (85)
  2. Public Opinions on Information Advertising, Idea
     Advertising and Art Advertising .... (90)
  3. Potential Advertising Public Opinion, Explicit Advertising
     Public Opinion and Behavioral Advertising Public
     Opinion .... (94)

Chapter Ⅳ　Operating Mechanism of Advertising Public Opinion ……（99）

Section Ⅰ　Social Environment for the Operation of Advertising Public Opinion ……（99）

1. Integrated Marketing Communication and the Change of Advertising Production Mode ……（99）
2. Green Advertising Communication and Advertising Concept Change ……（101）
3. New Advertising Campaign and Advertising Ultimate Goal Pursuit ……（104）
4. Social Media Marketing and Advertising Function Expansion ……（106）

Section Ⅱ　The Ways to Realize Advertising Public Opinion ……（108）

1. Following National Ideology and Mainstream Discourse ……（108）
2. Reflect and Represent the Opinions of Social and Interest Groups ……（109）
3. Aggregate the Public's Collective Consciousness ……（111）

Section Ⅲ　The Way to Realize Advertising Public Opinion ……（112）

1. Advertiser Opinion Carries on Strong Advocate ……（112）
2. Adpersonin's Creative Development and Creative Momentum ……（114）
3. Media Comments and Media-Oriented Advertising Advocates Spread Two Times ……（115）
4. Concentration of Advertising Audience Opinions ……（117）

Section Ⅳ　Specific Presentation of Advertising Public Opinion in Real Life ……（117）

1. The Formation of "Waterfall Type" Advertising Public Opinion ……（117）

2. The Formation of "Falling Snow Type" Advertising
   Public Opinion ······ (119)
3. The Formation of "Billow Type" Advertising Public
   Opinion ······ (120)
4. The Formation of "Popcorn Type" Advertising Public
   Opinion ······ (121)

Chapter V Communication Model of Advertising Public Opinion ······ (123)

Section I Dissemination Level of Advertising Public
            Opinion ······ (123)
  1. Strong Communication of Advertising Public Opinion in
     Traditional Media Portfolio ······ (123)
  2. Spread of Advertising Public Opinion in the Use of
     New Media ······ (130)
  3. Advertising Public Opinion Field in Multimedia
     Mixed Use ······ (139)
Section II Communication Structure of Advertising
             Public Opinion ······ (142)
  1. Agenda Setting and Advertiser's Media Control ······ (142)
  2. The Spiral of Silence and the Generation of Audience
     Opinions ······ (143)
  3. Public Opinion Leaders and Celebrity Opinions in
     Advertising Communication ······ (145)
  4. Mimetic Environment and Presentation of Advertising
     Public Opinion ······ (146)
Section III The Law and Characteristics of Advertising Public
              Opinion Dissemination ······ (147)
  1. One-way Top-down Dissemination of Public Opinion in
     Political Advertising ······ (147)

  2. Two-way Communication of Public Opinion Information Interaction in Consumer Advertising .... (149)
  3. Multidirectional Communication of Public Opinion Field Sharing in Social and Cultural Advertising .... (150)
 Section Ⅳ Communication Model of Advertising Public Opinion .... (151)
  1. Natural Gradual Model of Advertising Public Opinion Dissemination .... (152)
  2. Sudden Variation Model of Advertising Public Opinion Dissemination .... (153)
  3. Man-made Manipulation Model of Advertising Public Opinion Dissemination .... (154)

Chapter Ⅵ A Comparative Study of Advertising Public Opinion and News Public Opinion .... (157)

 Section Ⅰ Comparison of Advertising and News .... (157)
  1. Communication Purpose: Information Proliferation and Information Extension .... (158)
  2. Communication Objects: Consumer Behavior and Social Behavior .... (159)
  3. Disseminating Texts: Opinions and Facts as the Main Factors .... (159)
  4. Media: Compound Media and Single Media .... (160)
  5. Frequency of Dissemination: Repeated Delivery and First Broadcast .... (161)
  6. Communication Effect: Strong Change and Implication ...... (162)
 Section Ⅱ Comparison of Advertising Public Opinion and News Public Opinion .... (162)
  1. Subject of Public Opinion: Consumption Relations and Social Relations .... (163)

    2. Object of Public Opinion: Advertising Events and News Facts ...... (165)

    3. Ontology of Public Opinion: Consumer Identity and Value Identity ...... (165)

  Section III Media Integration and Media Content Change ...... (166)

    1. Technology-led Industrial Chain Fusion ...... (167)

    2. Media Form Fusion under Industry Leadership ...... (168)

    3. Integration of Social Industries in the Context of Culture ...... (168)

  Section IV Integration of Advertising Public Opinion and News Public Opinion ...... (169)

    1. The Generation and Characteristics of Risk Society ...... (170)

    2. Risk Society and Media Function ...... (171)

    3. Complementary Advertising Public Opinion and News Public Opinion ...... (172)

Chapter VII Advertising Public Opinion Generation and Online Word-of-mouth Marketing Communication ...... (173)

  Section I New Model of Advertising Public Opinion Generation and Word-of-mouth Dissemination ...... (173)

    1. Media Ecology and Changes in Consumer Behavior Patterns ...... (173)

    2. Word-of-mouth Marketing and Public Opinion Generation ...... (175)

    3. Word-of-mouth Marketing and Manufacture of "Group Public Opinion" ...... (177)

  Section II The "Troika" Form of Advertising Public Opinion Generation and Internet Word-of-mouth Dissemination ...... (178)

    1. Virtual Community and Group Public Opinion Generation ...... (178)

2. Blog and Public Opinion Leader's Public Opinion
　　　　Guidance ………………………………………………（180）
　　3. Podcast and Video Sharing Website Public Opinion
　　　　Spread …………………………………………………（181）
　　4. New Form of the Troika ………………………………（182）
　Section Ⅲ　Advertising Public Opinion Generation and Network
　　　　　　　Word-of-mouth Dissemination Management
　　　　　　　Suggestions ………………………………………（185）
　　1. Online and Offline WOM ………………………………（185）
　　2. Advice on Internet Word – of – mouth Marketing Commu-
　　　　nication and Public Opinion Guidance ………………（186）

Chapter Ⅷ　Popular Advertising Language and the
　　　　　　Evolution of Advertising Public Opinion …………（189）
　Section Ⅰ　The Public Opinion Trend of Popular Advertising
　　　　　　　Language in Different Periods ……………………（189）
　　1. The Relationship between Popular Advertising Language
　　　　and Advertising Public Opinion ………………………（189）
　　2. The Public Opinion Characteristics of Popular Advertising
　　　　Languages in Different Periods ………………………（190）
　Section Ⅱ　The Trend of Advertising Public Opinion from
　　　　　　　the Content Analysis of Popular Advertising
　　　　　　　Language …………………………………………（194）
　　1. Analysis of Key Words in Popular Advertisements …………（194）
　　2. Category Analysis of Advertisers in Popular Advertising
　　　　Languages ……………………………………………（198）
　　3. Text Analysis of Popular Advertising Languages ……………（199）
　Section Ⅲ　Evolution of Advertising Public Opinion from the
　　　　　　　Popular Advertising Language ……………………（203）
　　1. Public Opinion Manipulation of Advertisers in Popular
　　　　Advertising Languages …………………………………（203）

  2. Public Opinion Orientation in Popular Advertising
   Language ··· (206)
  3. Multivariate Flow of Public Opinion in Popular
   Advertising Language ································· (207)

Chapter IX Public Opinion Theme and Social Impact of Public Service Advertising ································· (209)

 Section I Communication Characteristics of Public Service
      Advertising Public Opinions ····················· (209)
  1. Mechanisms for Public Service Advertising Public
   Opinion to Generate and Play Its Role ···················· (209)
  2. Public Opinion Shaping and Expression of Public
   Service Advertisements ······································ (211)
 Section II The Subject of Public Opinion in Public
      Service Advertising ································ (213)
  1. The Structure of the Subject of Public Opinion
   Dissemination in Public Service Advertising ·············· (213)
  2. Reasons for the Formation of the Subject of Public
   Opinion Dissemination in Public Service Advertising ······ (214)
 Section III Theme Construction of Public Service Advertising
      Opinions ··· (216)
  1. Theme of Public Opinion Construction in Public Service
   Advertisement ·· (216)
  2. Advertising and Public Opinion Environment Created by
   Public Service Advertising ·································· (219)
 Section IV Social Impact of Public Service Advertising
      Opinions ··· (219)
  1. Advocating the Mainstream Values of Society ············· (220)
  2. Guiding Public Opinion ······································ (221)
  3. Promoting a Healthy Lifestyle ······························ (222)
  4. Optimizing the Public Opinion Environment ············· (223)

Chapter X Expansion of Social Functions of Advertising Public Opinion ……………………………………………… (228)

Section I The Advertising Public Opinion Object ……………… (228)
1. Those Closely Related to Advertising Interests ………… (228)
2. Advertising Critics …………………………………………… (230)
3. Public Opinion on the Forefront of the Social Elite ……… (232)
4. The Social Public in the Whirlpool of Advertising Public Opinion ……………………………………………… (234)

Section II Structural Functions of Advertising Public Opinion ……………………………………………… (235)
1. Double-edged Sword of Consumption Concept …………… (236)
2. The Mouthpiece of the Advertising Claim ………………… (238)
3. Supplementary Channels for Political Propaganda ………… (240)

Section III The Innovative Function of Advertising Public Opinion ……………………………………………… (242)
1. Relief Valve for Social Conflicts …………………………… (242)
2. New Elements of Democratic Political Construction ……… (243)
3. The New Landscape of Social Life Field ………………… (244)

Chapter XI Guidance and Control of Advertising Public Opinion ……………………………………………… (249)

Section I The Development Trend of Advertising Public Opinion ……………………………………………… (249)
1. Problems Faced by Advertising Public Opinion Guidance and Control ……………………………………… (250)
2. The Trend of Advertising Public Opinion in the New Media Environment ………………………………………… (253)
3. The Subject of Advertising Opinion in a Diversified Form ……………………………………………… (262)
4. The Communication Path of Advertising Public Opinion was Further Expand ………………………………… (264)

5. The Theme of Advertising Public Opinion Faces
   More Choices ·· (266)
Section Ⅱ　Supervision and Control of Advertising Public
   Opinion ·· (267)
  1. Supervision and Control of Sources of Advertising
     Public Opinion ·· (268)
  2. Establishment of Coping Mechanism in
     Advertising Public Opinion Communication ················ (270)
  3. Formulation and Implementation of Relevant
     Laws and Regulations ·· (271)
  4. Follow-up of Public Opinion Investigation and
     Public Opinion Analysis ·· (272)
Section Ⅲ　The Conflict of Interest and the Balance of Power
   Game in the Advertisement Public Opinion
   Dissemination ·· (274)
  1. The Interaction and Checks and Balances between
     Advertising and Public Opinion Communication
     Subjects have been Significantly Strengthened ············· (275)
  2. The Tool Function of Advertisement Public Opinion is
     Increasingly Prominent ·· (276)
  3. Advertising Public Opinion Guidance and Control
     Levels and Problems ·· (278)

Conclusion ·· (281)

References ·· (291)

导 论

广告舆论研究现状及存在问题探析

一 选题的由来及其意义

广告舆论研究的核心问题,就是以新的视角重新审视广告传播的社会功能,以新的坐标来全面衡量和评析广告传播的现实效果,涉及广告舆论工具性功能的评价和广告舆论社会价值观的判断。广告舆论问题的提出,丰富了舆论学研究内容,也为媒介融合环境下广告传播导向的控制和广告传播效果的监测提供新的视野。

(一) 广告舆论研究选题的由来

广告舆论是指由广告传播引发的公众关于现实社会以及社会中的各种现象、问题所表达的一致性信念、态度、意见和情绪表现的总和。广告舆论类型众多,而在实际生活中,最常见的广告舆论多指消费舆论。多指广告发布者通过特定的媒介,借助权威认证、明星代言、形象比附、事件关联等方式向其选定的具有一定规模的目标受众传播广告信息、强化立场主张、引导消费观念、制造营销氛围,进而形成舆论问题或舆论言论,并在受众体验、交流和反馈的基础上,形成对某种思想价值观念的认同和广告产品及服务认知的导向性意见。广告舆论由广告传播活动所引发,在政治、经济、文化领域产生重大影响。特别是在媒介融合时代,广告舆论多元生成、多向传播、多方互动,在现实生活中表现为政治广告舆论、商业广告舆论和公益广告舆论,直接关联到广告功能的扩展、广告效果的延伸。广告舆论作为舆论的一种新形态和广告传播活动的新现象,在现实生活中多有显现,逐渐成为一个显性话题并为人们所关注。

但从现有的研究成果看，无论是广告传播的角度，还是舆论学观照的角度，该课题的研究都有较大的学术空间。多年来，广告学学术研究多关注广告运作中的实际问题，广告大师和杰出广告人在实务广告学研究领域推出了一大批具有实践指导意义的著作和操作范式，在实务广告学的建设方面做了卓有成效的工作；同时，这些年我国广告工作者在历史广告学领域也陆续推出了一批高质量的成果，有所创新；理论广告学一直是我国学者关注的重点，改革开放以来，我国广告理论工作者在对西方广告理论吸收、消化和中国特色广告理论创新方面都有新的建树，但从舆论学角度来观照广告传播问题，或站在广告传播的立场来审视广告舆论的传播与控制问题，还没有进入实质性的研究阶段。广告舆论学的研究是理论广告学研究的一个重要课题。

（二）广告舆论研究的理论和实践意义

广告舆论在现实生活中已普遍存在，并为人们所关注，在学理上应有相应的理论进行观照。把广告舆论作为学术研究对象，将其放在传播学视野下进行考量，具有重要的理论意义。

构建广告舆论学研究的学理框架。从广告舆论概念内涵的界定入手，探析广告舆论的产生过程，梳理广告舆论产生、发展、变化的基本脉络，可以构建广告舆论学研究的学理框架。

广告舆论的研究，借鉴传播学的模式研究，对广告舆论的形成模式、传播模式和传播机制进行描述；运用传播学定性和定量研究方法，对广告舆论主体、广告舆论客体、广告舆论本体等广告舆论要素和广告舆论的典型案例进行阐释性研究，对广告舆论产生的机制、路径和影响力进行系统分析；结合传播学的议程设置理论分析广告主对媒介的控制，用沉默的螺旋理论分析受众意见的生成，运用舆论领袖理论分析广告传播的名人立言，运用拟态环境理论分析广告主对广告舆论的引导。在传播学视野下，对广告舆论的产生、发展和发挥作用的机制及过程进行系统化论述，理论意义重大。

丰富广告学学科体系。传统广告学研究一直遵循传播学、营销学和艺术学的研究视角，这搭建起了广告学研究的基本研究框架，并取得了丰富的研究成果。但随着20世纪90年代新媒体创意浪潮的兴起，病毒传播、全球传播、交互传播、社区传播、长尾理论、蓝海战略等新问题、新现象不断冲击着传统广告学的研究体系，使广告学研究再次面临学科体系和知识结构重组的问题。近年来，广告舆论的引发与广告自身传播过程中出现的问题有关，通过对广告舆论现象的研究，追寻问题广告产生和发展的机制，涉及广告功能的重新审视，广告传播内容的重新认知，受众在广告传播中地位和作用的重新评价，广告批评主体与广告批评对象的重新阐释，这对于充实广告学研究内容，丰富广告学学科体系具有重要的理论意义与现实意义。

推进舆论学跨学科研究。传统舆论研究一直拘囿于政治学和社会学的研究范畴，但由于研究视域所限，舆论研究中的思辨研究、问题研究和实证研究等往往要么流于意识流，要么趋于边缘化。大众传播媒体社会化和主流化热潮的兴起，使以新闻舆论为代表的媒体舆论研究成为焦点话题，同时也取得了较为丰硕的研究成果。在传统媒体内容构成上，新闻、广告、娱乐、知识、游戏以及它们的融合形态共同构成了丰富的媒体内容。新闻舆论是媒体舆论的重要组成部分，广告舆论也是舆论的一种特殊形式。广告舆论既有广告传播的特殊特征，又有舆论传播的一般特性，还有市场经济环境下的社会特性和时代特性。研究广告舆论则涉及广告传播的舆论学解读和舆论演变的广告学阐释，涉及新媒介环境下舆论研究内容的新变化等相关问题，也关联到广告舆论与新闻舆论、广告舆论与媒介舆论、广告舆论与社会舆论之间的关系解读，对于理解新时期舆论的新发展有重要的理论意义。

在媒介融合和媒介社会化大环境下，广告舆论的功能和社会影响力不断增强，广告舆论和新闻舆论一样成为信息传播和话语表达的重要工具。广告舆论研究的实践意义凸显。

广告舆论社会影响力增强首先和广告传播的特性有关。在媒介融合的技术背景下，广告传播的时间、空间和领域得到空前加强；广告的强势传播、即时性传播、发散传播特性明显加强，为广告舆论的生成、传播和发挥作用提供了更多的技术手段和更宽泛的技术平台；在媒介社会化的传播背景下，政治和利益集团对媒介的控制和利用，媒介组织对媒介功能和效用的开发和定位，受众对媒介的依赖和批评都得到空前加强，广告的组织传播、控制传播、导向传播也得到进一步强化，为广告舆论的生成、传播和发挥作用提供了强有力的政策保障和媒介环境。关注这些问题，在宏观决策层面可以为政府相关政策制定提供参考，在管理层面，可以为相关部门构建广告舆论监管体系，加强广告舆论的利用、引导和监控提供一定的思路。

广告舆论社会功能放大和广告传播中自身出现的问题和传播制度本身的先天性缺陷有关。多年以来，广告传播过程中自身出现的问题一直为人们所关注，现代广告传播中，广告主的意识形态、广告人的创意理念、媒体的传播模式以及广告受众的认同性意见或批评性意见都成为引发舆论或舆论关注的热点问题。具体来说有如下情形：一是广告传播方式受质疑。广告多年来被认为是一项单向信息传播活动，广告传播方式由广告主、广告公司和媒体组成的利益集团所控制，因此广告传播者往往以其意志为转移而不顾及受众的感受。一方面，广告控制加强，广告的政治功能凸显，广告传播主题受关注。另一方面，轻视消费者智力、蔑视消费者尊严的无知广告传播也成为广告舆论关注的对象。二是广告传播内容受抨击。虚假广告往往夸大广告产品或服务的质量，在欺骗消费者的同时企图使自己的利益最大化。失实、失真、夸大其词的虚假广告内容是多年来广告舆论密切关注的话题。三是创意文化难以被认同。多年来，因广告创意而引发的广告舆论占有较大比重，较为典型的就有"丰田车陆地巡洋舰广告""立邦漆盘龙滑落广告""耐克恐惧斗室广告"创意事件。这些广告创新点突出，创意出彩，但由于创意中使用了一些不恰当的创意元素，从而使创意文化打上了鲜明的民族主义色彩，许多网民对西方著名品牌的创意文化不能认同，往往站在民族主义和国家利益的高度来评析这些创意作品，从而引发舆论并导致广告传播成为显性的公共话题。更为引人关注的是，这类舆论的产生与传播，首先往往来源于网民的批评与评价性意见，达到一定规模后形成网络舆论，在相关媒体和专业刊物进一步传播后，进而发展为社会公共舆论，往往涉及民族情感、国家形象、价值判断、个人感受等相关话题，使广告舆论的特殊性得到印证和彰显。关注广告舆论的这些影响和变化，对于进一步认识广告信息传播的机制，追溯问题广告产生的社会背景和现实渊源，判断广告传播的走向，全面理解广告批评的社会价值及正确评价广告舆论的社会功能具有重要的现实意义。

二 研究方法与研究的理论基础

在中国社会转型时期,广告传播的政治文化功能显著加强,在市场经济发展中,广告的经济功能也被进一步放大,在媒介融合和新媒体环境中,广告传播的平台进一步拓展,广告舆论在时间密度和生成空间上呈多元化发展趋势,并产生着越来越大的社会影响。这样的背景就决定着广告舆论的研究应基于媒介融合的平台和传播学的研究视角。

多年来,舆论学的研究在不同领域有不同的范式和不同的视角,舆论的概念在心理学、社会学、历史学、政治学和传播学研究中均被广泛运用。但学者们也强调舆论研究的传播学视野。美国传播学者文森特·普赖斯(Vincent Price)在《公共舆论》(*Public Opinion*)一书的结论部分说道:"从我们的研究中发现最重要的一个主题也许是公共舆论与讨论、争论及集体决策之间的密切关系。我们追踪了公共舆论概念的发生及早期作为政治哲学概念的历史。公共舆论与讨论及争论的联系在经过改造、阐发后保留在社会学的公共领域概念中,也保留在心理学的公共舆论概论中,虽然程度稍低些。假如存在这些联系,不管是用哲学的术语还是用政治的、社会的或心理学的术语来描述,公共舆论仍然主要是一个传播的概念。"(文森特·普赖斯,118—119)。广告舆论作为广告功能、效果的外显形态和作为舆论的一种基本形态,在生成、发展、变化过程中,呈现出传播活动的基本特征,以传播学的视角来关注广告舆论现象,也许更有利于揭示广告舆论的传播本质。

广告舆论现象,多由广告传播活动所引发,其背后所隐藏的社会深层次原因也需从传播学的视野来解读。近年来,笔者关注到广告传播中的伦理问题、广告文明缔构问题、绿色广告传播问题,也提出过广告传播的势能理论、广告场理论,试图探析政治、经济、文化背景下广告的社会影响力、问题广告产生的社会原因及广告伦理重构的对策和方法。笔者的研究领域也涉及媒介融合背景下的广告监管、广告创意及广告舆论的表现形态等相关问题。同时,笔者读博期间也收集整理了与广告舆论相关的文献,对广告舆论的相关问题进行了梳理,完成了《广告舆论概念探析》《广告舆论造势的经典之作》《广告舆论研究探析》《新媒体环境中的广告舆论生成与网络口碑传播》等学术论文,这些相关研究成果为进一步明晰本书研究的传播学视角提供了思路。

（一）文献研究、理论分析和案例分析

文献研究是非接触性的研究方法，可以通过对所收集资料进行鉴别、整理、分析和思辨，形成对研究现象的科学认知。文献研究是一种古老而又富有生命力的科学研究方法，通过研究场景置换判读具有历史距离感的珍存文献，可以更深刻地理解研究对象。本书围绕"广告舆论"的研究主题，完成了初步的研究设计，共分为广告舆论历史与发展脉络研究、广告舆论概念研究、广告舆论类型研究、广告舆论运行机制研究、广告舆论传播模式研究、广告舆论社会功能研究、广告舆论引导与控制研究，以及流行广告语、公益广告主题、广告舆论与新闻舆论比较等相关研究。围绕研究主题和研究计划，本书通过检索中国国家数字图书馆、中国知网、读秀学术搜索、Google Scholar、EBSCO 数据库等数据库，收集到直接使用广告舆论关键词或与广告舆论直接关联的中文论文 15 篇、中文论著 17 部、英文论文 4 篇和英文论著 4 部。收集到流行广告语 369 条，公益广告主题 14 大类。在对这些文献整理和归纳的基础上，进一步完善了研究计划和研究框架，并依据该计划进行思辨研究，完成了对文献的甄别工作。

理论是人们通过对事实的推测、演绎、抽象或综合而得出的关于某一个或某几个现象的性质、作用、原因或起源的评价、看法、提法或程式。它是人们在实践的基础上形成的对自然界和人类社会的系统性认识。理论具有一定的时空性，需要依据特定的时间场景不断丰富和完善。理论既是一种知识，也是一种方法论。理论分析是指利用各学科经典理论对新近研究事实进行分析。近年来，学者们关注到广告舆论现象和广告舆论问题，但从现实运用情况看，学者们对广告舆论概念的界定较为模糊或狭隘，对广告舆论产生、运行的机制和功能效果解读不够，有一些只是做舆论学或新闻学的比附。广告舆论究竟是广告传播中的造势，还是舆论发展过程中出现的新形态；广告舆论的提法究竟是借用舆论学的概念来观照广告传播中的问题，还是广告传播的社会影响力日益强大后，人们对广告功能的新反思，或是对广告传播导向和效果综合考察后的理论新概括，均需要从广告与政治、广告与经济、广告与社会、广告与文化的互动关系等层面全面考察广告舆论现象产生的原因和构成的要素，从而打开对广告舆论传播本质问题研究的新视角。该选题运用框架理论、势能理论和广告场理论的基本原理，对广告舆论现象进行了理论验证，并通过勾勒广告舆论发展变化的基本规律和基本脉络，构建广告舆论研究的基本框架，创新广告舆论的研究范式。

案例分析是一种全景式还原社会事实的研究方法，通过它可以把遴选出来的典型事件进行时间和空间上的交叉立体研究，既能梳理出该事件产生的必然性和偶然性，也能评鉴出该事件的特殊性和典型性。案例分析是一种定性的、非正规的研究方法。笔者通过对新浪网、新华网、搜狐网等综合新闻门户网站检索，对明星广告、问题广告和由广告创意引发的网络广告热点问题进行筛选，遴选出有代表性的广告舆论事件，并对这些事件进行了情境还原；同时还对近三十年与广告舆论有关的公益广告、流行广告语、政治广告、重大广告事件进行了梳理、总结和分析，既凸显了广告传播中典型事件的典型意义，也为广告舆论的研究提供了鲜活的材料和有力的佐证。

（二）框架理论、广告场理论和广告传播的势能理论

框架理论（Frame Analysis）。框架的概念源自贝特森（Bateson，1955），社会学家欧文·戈夫曼（Goffman, Erving, 1974）将这个概念引入文化社会学。后来又被引入到大众传播研究中，成为了定性研究中的一个重要观点。戈夫曼认为，对一个人来说，真实的东西就是他或她对情景的定义。这种定义可分为条和框架。条是指活动的顺序，框架是指用来界定条的组织类型。他同时认为，框架是人们将社会真实转换为主观思想的重要凭据，也就是人们或组织对事件的主观解释与思考结构。关于框架如何而来，戈夫曼认为，一方面是源自过去的经验，另一方面经常受到社会文化意识的影响。后来的学者从不同角度对框架理论进行了阐释，丰富了框架理论的基本内容。戈夫曼曾用这个理论来解释媒介、广告影响公众意见的方式。他在《性别广告》一书中运用框架理论就广告影响人们对异性的理解问题阐释其基本看法。[1] 他认为，在广告宣传中，广告商往往用女性的性来吸引男性的注意，广告中构建的场景，无意教会了人们现实生活中的社会暗示，广告中的女性，常常被

---

[1] Goffman, Erving, *Gender Advertisements*, New York: Harper and Row Publishers, 1979.

表现得更不严肃和更好玩,她们的身体语言、穿着打扮甚至微笑都暗示着对男性的顺从和对性的渴望,这些广告会吸引男性的注意力,对产品促销很有效果。但问题是,这些广告中的女性行为带来了预料之外的社会暗示,许多人就会把现实生活中一些女性不经意的动作和行为当成挑逗和性暗示。这个结果就是广告主通过媒介对人们形成和使用框架的结果。在这里,"戈夫曼的框架理论提供了一个相当有趣的评估媒介怎样阐释和加强主导性公众文化的方式"①。框架理论在广告舆论学研究上的意义在于:框架理论是指通过对媒体内容的选择和凸显,可以赋予广告传播事件新的社会意义。框架理论可用来阐释广告舆论的本质。

广告场理论。"广告场是指由广告信息交换所引起的各种关系的总和"②。广告场根据其信息的承载程度,可以分为单体广告场和群体广告场。涉及场时、场强、场域三个要素,关系到广告传播过程中的技术、精神、利益三个层面。广告场理论所关注的核心是在新传播模式下广告传播活动中多角关系的利益冲突与利益共享、相互牵制和和谐发展等相关问题。广告场理论关注广告场域中广告信息流动的方式,关注广告场中多角关系的利益博弈,关注广告场域中群体意见、团体意见和众意意见的表达,从广告传播的视角来探讨广告场域各种关系互动中相似的一致意见形成的可能性,为透视广告传播中广告舆论的产生机制和传播机制提供理论依据。

广告传播的势能理论。广告"势能理论"包括两个方面的内容:在形式上,广告"势能理论"是指广告信息传播是一个信息单向流动的过程,广告信息的传播方向始终是由强势的广告主流向弱势的广告对象;在内容上,广告"势能理论"是指广告信息单向流动的过程本质上是经济利益、政治利益和文化利益三位一体的"利益流动"问题。

广告"势能理论"立足点是站在广告传播方向的角度,来探讨包括广告传播问题在内的广告传播本质问题,即广告传播中的"利益流动"问题,以及由于"利益流动"所引起的"利益分配""利益冲突"等相关命题。广告传播的势能理论可以用来观照广告舆论产生的根源和广告

---

① [美]斯坦利·巴兰、丹尼斯·戴维斯:《大众传播理论:基础、争鸣与未来》,曹乐译,清华大学出版社2009年版,第274页。

② 杨海军:《"广告场"理论——广告传播研究的中观走向》,《新闻界》2008年第2期。

舆论的社会控制力量。①

三　广告舆论研究成果综述

学者们关注广告舆论问题，和现实生活中广告舆论现象日益增多，广告舆论在广告传播活动中发挥着越来越重要的作用直接关联。

从实践层面看，广告舆论的应用是建立在对广告营销功能的深度解读、对广告社会文化传播功能重新阐释和对广告传播目标效果刻意追求的基础之上，广告工作者往往能够自觉运用广告舆论这一工具为广告营销传播服务，并留下了大量经典案例；从学术研究看，广告学者的研究话题虽已涉及广告舆论的概念界定、广告与舆论之间的关系探析、广告舆论与新闻舆论的互动、广告舆论的运行机制等相关问题，但和现实生活中丰富多彩的广告舆论现象，以及这些现象在媒介融合背景下对广告营销传播方式的改变，对人们生活产生的深刻影响看，学者们对广告舆论的研究尚处于初始阶段，研究相对滞后。尽管如此，相关研究成果还是从不同角度阐释了广告舆论的理论构成和实践运用，初步勾勒了广告舆论产生、发展和变化的基本规律，肯定了广告舆论在广告营销传播和社会文化传播中的地位和作用，从理论层面为媒介融合背景下广告传播功能的再诠释和广告传播效果的再认知开辟了新的途径。

从学术语境看，学者们对广告舆论的研究有三个学术视角：即广告传播的舆论学观照、广告传播的舆论导向和广告舆论的运行机制等相关问题。

从广告传播的舆论学观照视角探析舆论问题，偏重于用舆论学的基本原理或理论来解析广告传播的新问题和新现象，其实质是将广告传播功能和社会影响力放在舆论影响维度里进行考察和诠释。有的学者认为：可以运用舆论学的某些功能和特性，来对广告传播进行观照，改进其传播效果（邓惠兰，2002：3）；一些学者认为：广告的作用机制恰恰暗合了传播学上的睡眠效应和沉默的螺旋原理（李淑芳，2008：1）；一些学者则认为：广告传播的目的性决定了它必须在传播中讲求传播策略和艺术，以便形成有利于商品销售的正向舆论。这样做的理论前提是

---

① 杨海军：《势能理论与广告传播中的社会问题探析》，《新闻与传播研究》2006年第2期。

传播效果研究中的议题设置理论和沉默的螺旋理论（张金海等，1998：100）。这些成果探讨了广告传播与舆论控制之间的关系，强调舆论学的基本原理如"拟态环境""沉默的螺旋""舆论领袖""议程设置"等理论和方法在广告传播中的现实运用。学者们研究这一话题，主要是关注到随着时代进步和学科发展，广告和舆论作为两种传播现象，在媒介融合时代均出现了一些新的特征这一事实。在现实传播活动中，二者之间交叉渗透互动性情况时有发生，具体表现在广告传播话题、广告策划事件、广告活动构成了引发舆论的要件之一，这就是舆论客体，即供大众产生意见的源头。而产生的舆论效果如何，也就是对这一舆论客体评价的好坏，则在很大程度上又与广告传播的出发点、方式及内容有关，又为广告的创意和策划提供了新的认知途径。二者之间相互渗透观照，彰显了广告传播中舆论控制和舆论导向问题的研究意义，也揭示了广告传播过程实际也是舆论生成过程的传播路径，这为运用舆论学的理论和方法来透视广告传播问题提供了现实可能。运用舆论学的某些功能和特性，对广告传播活动进行指导，可以改进广告传播方式，提升广告传播效果，控制广告传播方向，使广告传播者在"舆论制造传播者"和"舆论导向调控把关者"的双重身份下，进一步明晰自身承担的责任，进而规范和约束自身的传播行为。

广告舆论导向问题研究是广告舆论研究的热点问题，这一话题下的研究成果较多。具体来说，又有不同的视角。其一，探析加强广告舆论引导的原因。这些成果多罗列了一系列现实生活中问题广告现象，对"炫富"广告、"情色"广告以及倡导不健康生活方式和违背传统社会伦理道德的广告提出尖锐批评，在这一思维模式下，他们关心的核心问题是大众媒介对广告传播的舆论引导问题，观点大同小异（胡忠青，2004：12；李琴，1998：8；范莉，2007：5）。其二，明晰广告舆论研究的视角。从广告舆论导向视角研究广告舆论问题，站在广告舆论社会影响力的高度来探析广告舆论导向问题的代表性成果不多，但观点很有见地。如有的学者认为：新闻舆论是社会舆论的反映，同时也引导、控制社会舆论。广告舆论不同，它不是反映，而是创造舆论来引导和控制舆论（张金海等，1998：8）。其三，论证加强广告舆论引导的途径。有的学者指出，媒介面对广告有三种舆论引导方式：一是大众媒介自身对本行业各个媒介上发生的广告误导进行坚决的揭露和批评，这是恢复、加强媒介引导舆论权威性的必要步骤；二是有意识地由媒介出面组织关于广告认识的讨论，形成几种另外的不同舆论，可以消解广告中潜含的导向问题；三是正面组织关于生活方式的讨论，而使消费者采纳正确的消费舆论（陈力丹，1998：5）。这些想法为防止广告传播负面舆论影响的过分膨胀提供了解决问题的途径。但这一研究取向也提醒人们，把广告传播的导向舆论和媒介刊播的导向舆论对立起来，片面强调广告舆论导向的负面作用，可能会限制学者们的研究视野。因此，客观分析新闻舆论与广告舆论的不同，研究广告舆论独特的传播方式和舆论引导模式，是广告舆论创新性研究的基本视角。

学者们论及广告舆论运行机制等相关问题，反映了对广告舆论本体命题的研究视野。涉及对广告舆论环境的看法，对广告舆论概念内涵和外延的解读，广告舆论发挥作用的机理。这些研究成果涉及如下层面：其一，对广告舆论环境的看法。早在1979年，就有学者撰写文章为广告正名，文中针对人们把广告和"摆噱头""吹牛皮""资本主义生意经"联系到一起的现象作出了修正（丁允朋，1979）。该文被誉为中国商业广告恢复发展的舆论先导。有些学者对《人民日报》近三十年所刊载的与广告有关的1060篇文章进行了梳理分析，认为这一主流媒体对广告存在着非常强烈的批判倾向。这种倾向从一个角度证明，中国广告业其实是生存在一个非常不利的舆论环境之中，希望"还广告一个公正、客观的生存空间"。这也是对广告舆论环境进行量化研究的较为重要的学术成果，为广告舆论在广告传播效果坐标上的量化研究提供了范本（丁俊杰、黄河，2007：9）。有的学者针对社会上盲目批评广告的现象，论证了三个问题：广告是否有用？媒介经营广告属不属于"公器私用"？再为广告正名（黄升民，2010：6）。这是我国学者作为广告舆论领袖，对广告舆论环境再次发表自己的看法的导向性意见。其二，广告舆论研究的理论、实践意义。有些学者认为广告舆论研究对构建广告舆论学研究的学理框架、拓展广告理论研究的新领域、丰富广告学研究体系具有理论意义。具体来说，在宏观决策层面可以为政府相关政策制定提供参考，在管理层面，可以为相关部门构建广告舆论监管体系，加强广告舆论的利用、引导和监控提供一定的思路。在实践层面，则对判断广告传播的走向、全面理解广告批评的社会价值及正确评价广告舆论的社会功能具有重要的实践意义（杨海军，2010：6）。这一研究，可以进一步明晰广告舆论研究的目的、思路和途径。其三，广告舆论个案研究。对广告舆论在广告传播个案中的地位和作用研究也进入学者们的视野。有些学者以"九·二一"大地震期间台湾报纸广告的具体的案例为样本，探析了广告舆论和新闻舆论的互动（刘智勇，2000：3）。有些学者以果维康的营销案例为样本提出"广告舆论造势"的观念，认为企业可以通过独特的广告传播策略制造舆论、引导舆论、控制舆论，并通过舆论造势来提升企业品牌形象、实现企业战略转型（杨海军，2009：8）。个案研究为验证广告舆论的运行规律、明晰广告舆论发展变化的特点提供了现实途径。

一些广告学和舆论学著作涉及舆论的概念和广告传播的内容，对人们理解广告舆论现象和传播特征提供了理论参考（陈力丹，1999：7；喻国明，2001：8）。在这些著作中，学者们共同关注的问题首先是舆论概念的流变及不同语境下舆论概念的使用，学者们对舆论概念演变的历史脉络和存在的形态进行了详尽地梳理和探讨，这对正确理解广告舆论概念的内涵和外延，界定广告舆论的性质，划分广告舆论的类别和使用范畴，明晰广告舆论的研究对象起到理论指导和具体实践示范的积极作用。其次是学者们重点探析了舆论作为一种社会现象在信息传播和社会控制方面的功能意义，阐释了舆论的民意表达和舆论导向控制两大核心主题，其借鉴意义在于凸显了广告舆论研究应该关注的重点，即广告舆论同样是社会转型时期的民意表达，广告舆论导向同样成为市场经济环境下社会显性问题的基本命题。这决定着广告舆论研究的起点和基本思路。最后是学者们敏锐地捕捉到媒介融合背景下舆论的生成环境、传播模式及社会影响力的新变化，论及舆论与媒介、舆论与新闻、舆论与广告之间的关系，相关研究成果也为追寻广告舆论研究的学术渊源和确立广告舆论的研究范畴打开了视野。

从收集到的现有文献来看，西方学者对广告舆论的论述散见于不同的学科领域，大多在论及公共舆论事件或具体的公共广告事件时，涉及广告与舆论之间的关系，大致有三类情况。

第一类是关注舆论现象和舆论传播的学术成果。这些成果论及广告和舆论之间的关系，或在论及舆论现象和舆论概念发展变化过程中涉及的广告问题。这些著作往往把广告舆论当作舆论的一种表现形态或社会结构转型时期的舆论表象来看待，或认为广告舆论就是广告商制造出来的一种舆论幻象，并对其是否拥有民意性和大众性两个基本特性进行阐述或质疑（沃尔特·李普曼，2007；文森特·普赖斯，1999）。第二类是关注广告现象和广告传播的学术成果，这些成果在论及广告与社会运动，广告信息传播的控制与反控制，广告创意、广告说服、广告意识形态表达与受众意见互动时直接或间接论及广告与舆论之间的关系（约瑟夫·塔洛，2003；迈克尔·舒德森，2003；苏特·杰哈利，2004；马歇尔·麦克卢汉，2004；杰克逊·李尔斯，2005）。第三类则是关注新闻与传播现象的学术成果。涉猎的话题包括媒介的社会影响力，广告活动与广告事件社会评价，广告批评及意见表达，广告舆论与民主话语等与舆论或广告舆论有关的话题，关注到舆论学研究的广告现象分析或个案分析中的概念使用。这些成果有一个共同点，就是把广告舆论的导向放在特定的社会环境中考察，选择一个领域，用具体的事实和相关的数据来说明广告舆论对人们消费行为的影响，以实证和定量研究方法来佐证这一命题。西方学者对广告舆论的认知相对分散，但研究的视野更为开阔，宏观的理论探讨和微观的专题研究相得益彰，为该课题的研究提供了有益的借鉴。

如果以舆论学的基本原理为观照，以广告传播活动为本体，把广告舆论视为由广告传播引发的公众关于现实社会以及社会中的各种现象、问题所表达的信念、态度、意见和情绪表现的总和的话，从以上学者们的论述看，并没有完全按照这一研究路径对广告舆论的概念做一个学理界定，没有对广告舆论主体、客体、表现形式等基本要素进行全面、系统地概括和总结，也缺乏对广告舆论运行机制的逻辑解读。更为重要的是广告舆论研究的出发点，是站在理论和实践两个维度来探析广告功能的新扩展和与此相适应的广告传播影响力，分析在广告传播效果评价体系中广告舆论所起的作用和应有的地位，还是从广告传播功能扩展和广告传播效果评价两个核心层面来认识广告舆论研究的意义，学者们并没有作出明确回答。但学者们从三个学术视角来研究广告舆论现象和广告舆论问题，涉及广告舆论研究的不同层面，为广告舆论的进一步研究奠定了基础。

四 广告舆论研究的基本问题评析

广告舆论研究,既是一项基础性研究,又是一项应用性的研究,从理论和实践两个层面审视广告舆论的研究,可以关注到广告舆论研究应该涉及的基本问题。

(一)广告舆论的概念界定问题

研究广告舆论问题,首先就应该回答什么是广告舆论。何谓广告舆论?广告舆论的内涵和外延是什么?广告舆论是一种政治导向性舆论,还是一种消费舆论?是一种媒介舆论,还是一种社会舆论?或是一种新的舆论形式?这些都需要学者们进行回答。但从现有的研究成果看,学者们对这一问题的看法并不是十分清晰。我国学者常把广告舆论当作一个既有的概念来使用。他们往往放弃了对舆论本意即"民意性"和"公众性"特质的考察,也缺乏对广告舆论的政治学、社会学、传播学源流的考证,而是直接通过类比、借用把广告舆论等同于新闻舆论、媒介舆论或社会舆论。至于广告舆论究竟是什么,广告舆论概念的内涵和外延怎样界定,构成广告舆论的基本要素有哪些,学者们很少从广告舆论的自身流变规律或从大量广告舆论现象的总结勾勒中作出明确的回答,至少从学理上回答得不够。正因为对广告舆论概念的学理界定不够,对广告舆论内涵和外延认识不清,就导致在广告舆论概念使用上的随意性和狭隘性,进而对广告舆论研究目的的把握出现认知上的偏差。例如,把广告舆论仅仅等同于媒介舆论或政治导向性舆论的看法就是典型例证。

(二)广告舆论的传播主体是谁

广告舆论的传播主体是谁?是广告主、媒介,或是受众?这也是广告舆论研究不能回避的问题。我国学者大多没有直接对这一问题进行论证,但他们对广告本质的研究,却从另一方面回答了这一问题。张金海、饶德江等认为:广告的本质是一种舆论,"它运用多种传播方式和传播渠道,让消费者购买某种特定的产品而不是其他,让受众接受其传播的观念和影响,支配受众行为"[①]。早在 1997 年,陈慕华在一次广告

[①] 张金海、饶德江、刘珍:《论广告的舆论引导功能》,《新闻与传播评论》2001 年第 1 期。

工作会议上就提出"广告本质上就是一种舆论"的看法。① 他阐释的主题是如何用正确的舆论引导人。

广告本质是一种舆论的提法值得商榷。在商品销售时代,以大卫·奥格威为代表的西方广告大师提出广告的本质是销售,而在整合营销传播时代,中外学者则大多认同广告的本质是说服,即有效信息到达和传递。销售和说服都较准确地表达了广告传播的目的或终极目标,进而也较好诠释了广告的本质。而这里提到的舆论,则是广告传播过程中以广告受众为主题的公众意见的表达,是能够影响广告功能范畴和广告效果的指向性力量。作为广告传播中的一种现象,其呈现的镜像有时是多元的,有时则是互相矛盾的,因此,广告的本质是一种舆论的提法至少在广告传播目的的指向上不是很明确。更为重要的是,这一观点的表述,把广告主和媒介当作舆论传播的主体,把受众当作舆论传播的受体,对广告传播中舆论这一概念的把握存在着认知上的偏差。但这一观点的价值在于它提出一个核心命题,认为广告的本质就是通过制造舆论、传播舆论来达到控制消费者思想或行为的目的。这就为人们探讨广告传播与舆论影响之间的关系打开了思路。另外,值得关注的是,该观点把广告主和媒介当作舆论传播的主体,虽然和传统舆论学对舆论主体的界定有很大差异,甚至相悖,但因其关注到广告传播的特殊性和因广告传播而导致的舆论生成的多元性,也为人们在媒介融合背景下重新认识广告舆论的传播主体提供了新的借鉴。

(三)广告舆论和消费舆论关系问题

我国学者在提到广告舆论和消费舆论的关系时,有的认为广告舆论就是消费舆论,有的虽然没有把广告舆论等同于消费舆论,但认为广告传播是引发消费舆论的一个重要因素。刘智勇指出:"广告舆论是一种消费舆论,是广告主借助一定的媒介传播商品和服务的评价性意见。"② 陈力丹则认为:"在我国进入社会主义市场经济这一新的发展阶段的时候,一类新的舆论表现形态逐渐引起了人们的注意,这就是关于消费的舆论以及消费行为舆论得到急速扩张,……关于消费的舆论反映的是人

---

① 陈慕华:《用正确的舆论引导人》,《97 中国广告年鉴》,新华出版社 1998 年版,第 1 页。
② 刘智勇:《论新闻舆论与广告舆论的互动——兼析九·二一大地震期间台湾报纸广告的特点》,《国际新闻界》2000 年第 3 期。

们的生活领域，具有较强的个性特征，没有必要由媒介过于具体地干预；但是这类舆论中潜在的某些成问题的价值观、道德观以及由于'消费时狂'带来的舆论震荡，相当程度是通过大众媒介的报道和广告造成的。"①

这些看法的学术贡献在于肯定了消费舆论是舆论的一种新型形式，而这种新形式的舆论是由广告传播而引起的，从学理上探讨了广告舆论存在的现实性，为广告舆论的进一步研究提供了学理依据。刘智勇明确提出广告舆论是一种消费舆论，这是迄今为止所能看到的对广告舆论概念作出界定的较为清晰的一家之言，其学术意义自然重大。但广告有广义广告和狭义广告之分，在广告传播活动中，因广告传播主体不同，广告传播目的不同，广告舆论呈现的形式自然也就不同，因政治广告传播、文化广告传播、公益广告传播生成或引发的舆论现象也应属于广告舆论研究的范畴。广告传播引发消费舆论的观点可以进一步充实，广告舆论是一种消费舆论的观点在逻辑关系上可以进一步梳理。

（四）广告舆论和媒介舆论导向关系问题

广告舆论和媒介舆论导向关系，也是广告舆论研究中的一个重要问题。陈力丹的看法很独特，他认为："在媒介对消费舆论的引导中，最大的问题尚不在于新闻报道和其他媒介节目，这方面出现偏差也容易纠正。困难在于广告对公众的'围困'所造成的舆论导向问题。"他进一步认为："媒介通过对广告的评论、组织对消费方式的讨论等方式，影响消费舆论或形成新的消费舆论，并通过'社会评价'的非强制力量，促使广告商调整广告中的不适当的表现形式或内容。"② 吴信训、金冠军等认为：大众传媒具有特殊的"议程设置"功能，无论是报道还是广告，只要经由大众传媒的"版面"，客观上都是进行着种种"议程设置"。因为，即便是广告，只要一经发布在大众传媒的"版面"上，客观上已经"悄悄地""无形地""巧妙地"在一定程度上借用了大众传媒的公信力及其"议程设置"的特殊功能与能量。他们明确指出："一旦这种'议程设置'的作用与效果体现出来，就会自然而然地形成某

---

① 陈力丹：《舆论学——舆论导向研究》，中国广播电视出版社1999年版，第270页。
② 同上书，第275页。

种'舆论导向',从而影响人们的社会行动抉择。"① 胡忠青认为:"媒介广告引领人们的思维和脚步,……各种虚假广告带来的局部舆论震荡,其中媒介无原则刊播的责任是无法推卸的。"②

这些看法,是从传播学中媒介"把关人"的视野来探讨广告舆论的社会功能。这种情形下广告舆论概念的使用,必然建立在对广告传播社会影响力进行媒介评估判断的语境之下。表面上看,学者们关心的是社会学意义上的广告舆论的导向问题,但实际上关注的核心点却是广告作为一种特殊的节目形式、广告作为媒介的有机组成部分所引发的特殊舆论现象。这一理解,是建立在媒介对各种形式的舆论传播都负有或必须负有引导责任的判断之下。同时,这些表述也在某种程度上为媒介是广告舆论主体的重要组成部分的观点做了注解。

在媒介融合背景下,广告主、媒介经营者和受众只有通过媒介平台进行多元互动,才能在一些问题或观念上达成一致或相近看法。"一致性信念、态度、意见和情绪表现的总和"是广告舆论得以形成的前提,更为重要的是,媒介的企业化经营,也使其角色地位发生变化,媒介的"把关人"和"喉舌"功能中也在更多地融入"公众意见表达平台"的功能,媒介角色定位中的"舆论领袖"身份也逐渐与"社会公众"新身份重叠,在广告传播活动中,当媒介的"社会公众"的身份的轮廓逐渐显现的时候,其作为广告舆论主体重要组成部分的身份也可以得到认定。

有一种倾向也需引起注意。在学术研究中,学者们往往看到的是广告传播带来的负面影响,所谓对广告舆论的引导,就是对负面广告的控制和引导,过分强调广告的破坏性,并在自觉和不自觉间把广告价值观念和社会主流价值观念放在了对立面。实际上,在市场经济发展和中国城市化进程加快的背景下,广告引导消费舆论时前瞻性、时代性和科学性特征日益明显,在特定时期,特别是在社会转型时期,广告舆论往往担负起引导社会舆论排头兵的作用,改革开放以来,广告舆论在促进市场经济发展、人们消费观念转变、公益事业推进以及和谐社会构建等方面均发挥了无可替代的作用。广告舆论的引导,应该涉及广告主、广

---

① 吴信训、金冠军等:《现代传媒经济学》,复旦大学出版社2005年版,第34—35页。
② 胡忠青:《大众媒介对广告舆论的引导》,《集团经济研究》2004年第12期。

人、媒介及消费者多角关系的多元互动，拓宽广告舆论导向问题的研究视野，可以使广告舆论导向问题的研究进入到更深层次，也可以使广告舆论研究的现实意义得到进一步彰显。

（五）广告传播的舆论学观照问题

我国学者认为舆论学的理论和方法可以在诸多层面指导广告传播实践，主要表现在两个方面。

我国学者提出，广告传播之所以呈现出舆论表象，主要在于广告传播中的社会问题首先表现在舆论批判上。他们认为，多年来，虚假广告、违法广告、炫富广告在利益驱使下大行其道，在舆论导向上产生严重偏差，广告舆论主要表现为负面舆论，对广告的评判也主要表现在社会群体对广告的舆论批判上。如胡忠青认为："现实贫困与广告华丽之间的映衬必然使不同消费阶层的差异和冲突明晰化""无疑，广告的传播中潜伏着新的社会冲突的因素，这种冲突首先表现在舆论方面，处理不好也可能发展为社会性冲突"。[①] 这一观点是建立在广告传播中广告主、媒体对舆论的控制及社会群体对舆论的反控制语境之下。

不少学者认为广告传播与舆论学有着千丝万缕的联系，广告传播中的一些方式、方法和渠道，直接或间接运用了舆论学研究的成果。如邓惠兰提出："可以运用舆论学的某些功能和特性，来对广告传播进行观照，改进其传播效果。舆论学具有公开性、评价性、群体性和现实性的特点，这些特点的研究，对广告传播的运作具有指导作用。同时，分析舆论的类别，也有利于人们更加清晰地区别广告传播的渠道，使广告活动产生成倍效率。"[②] 余梅、杨安认为："舆论学的一些功能和特性，对广告传播业有着很重要的作用，可以改进其传播效果。同时，舆论学导向和违法广告也有着密切的关系。'舆论领袖'理论在广告传播中的广泛应用也带来了社会效益。"[③]

这些学者以舆论学的视角来审视所有舆论形态或舆论现象。认为无论是何种舆论均是舆论的基本形态。这些表述，揭示了舆论和广告传播

[①] 胡忠青：《大众媒介对广告舆论的引导》，《集团经济研究》2004年第12期。
[②] 邓惠兰：《广告传播的舆论学观照》，《江汉大学学报》2002年第3期。
[③] 余梅、杨安：《从舆论学角度看广告传播》，《安徽文学》2007年第5期。

及其他形式传播互动的现实景况,指出了各种舆论形态传播的共性,对于挖掘广告舆论的基本特征非常有帮助。但如何在学理上论证舆论和广告舆论的学源关系,站在理论高度探寻广告舆论运行机制与运行规律,尚有较大的学术空间。舆论学有较为成熟的学科体系和较为完整的理论框架。广告舆论作为舆论的一种基本形态,在彰显广告传播特性的同时,自然要遵循舆论传播的基本规律。借鉴舆论学的观点、方法来透视广告传播现象和广告传播问题是广告舆论研究的起点。舆论学多学科的研究视角、完整成熟的理论体系、思辨和实证相结合的研究方法,对广告舆论的研究具有重要的指导意义。学者们关于广告传播的舆论学批判和广告传播的舆论学观照的论述,为广告舆论的研究提供了一个较好的学术路径。

(六)广告舆论和新闻舆论互动关系问题

刘智勇认为:"从系统论的观点看,在同一媒体上,新闻舆论和广告舆论是作为一个整体来发表意见的。虽然各自具有独立性,但两者之间存在着一种相互影响、相互作用的互动关系。把握两者之间的互动关系,有利于发挥新闻媒体作为舆论工具的整体效应,通过新闻舆论与广告舆论的优化组合,充分实现各自的传播目的。"[①]

这一看法很有见地,在独特的媒介环境下,新闻舆论能够适时地营造有利于广告舆论产生和发挥作用的氛围,有效地引领广告舆论传播的方向,针对性地为广告舆论生发创造一个有利的场域;同样,广告舆论也可以深度挖掘新闻舆论价值,放大新闻舆论功效,甚至通过独特的广告创意策划,将广告舆论话题转化为新闻舆论话题,进一步扩大广告舆论的传播范围和社会影响力。如果媒体和广告公司能够自觉地将广告舆论和新闻舆论的联动纳入媒介经营管理和广告创意策划的范畴,有意识地进行新闻舆论与广告舆论的优化组合,广告舆论和新闻舆论的偶发性联动就会转化为经常性联动或常规性联动,新闻媒体作为舆论工具的整体效应就会得到最大发挥。这一话题继续延伸下去,新的话题就是在现有媒体管理格局和广告经营状况下,怎样才能建立二者联动的机制,又为后人的研究留下了学术空间。

---

① 刘智勇:《论新闻舆论与广告舆论的互动——兼析九·二一大地震期间台湾报纸广告的特点》,《国际新闻界》2000年第3期。

五 存在的问题和基本研究思路

学者们对广告舆论的诠释，展示了广告舆论研究的多维层面，奠定了这一课题研究的学术基础，通过对其主要学术观点的评析，发现研究中存在的问题，也为今后的研究方向提供了思路。

（一）广告舆论研究中存在的问题

其一，广告舆论基础理论研究尚显薄弱。造成这种状况的原因主要是广告舆论研究是跨学科研究，需要研究者既要熟悉舆论学的相关理论和方法，又要了解广告运行的基本程序和广告创意、策划的基本模式，同时，还要对现实生活中大量广告舆论现象做样本分析和量化研究，以期从中找到广告舆论产生、发展、变化的规律。从现有成果看，研究者对二者交叉学科知识的积累相对不足，对广告舆论现象的观察和总结特别是个案研究不够，因此对广告舆论基础理论的研究缺乏有效的途径和手段。例如，对广告舆论的基本特征的总结，对广告舆论运行规律的勾勒，对广告运行机制的探析，对广告舆论基本要素特别是广告舆论的主体的表述因缺乏案例研究和量化研究，均存在说服力不够的缺憾。这就需要从广告和舆论各自概念流变、广告与舆论概念相互观照以及广告功能不断扩大、舆论内涵日益丰富、广告舆论现实应用的特征逐渐显现等学理层面和实践层面进行深入探讨。

其二，研究的视野具有一定的局限性。学者往往站在广告管理和舆论控制这两个点上审视广告舆论现象，使用广告舆论概念，查找广告传播中存在的问题，导致广告舆论研究出现两种倾向：一是关注广告传播中媒体如何坚持正确的政治舆论导向问题；二是关注到现实状态下广告传播的负面影响问题，强调消除负面影响，加强舆论控制的重要性，将研究的重心落脚在媒体广告舆论引导和媒体广告舆论控制之上，而忽视了从广告舆论自身产生、发展和发挥作用的机制及过程，从广告传播的多角关系互动过程或舆论在现实图景中内涵外延的相对变化中，寻找广告舆论产生的必然性和发挥作用的可能性，特别是从广告创意和策划等运作层面来理解广告舆论研究的实践意义。从实践层面看，广告舆论的应用研究是建立在对广告营销功能的深度解读、对广告社会文化传播功能重新阐释和对广告传播目标效果量化分析三个学术维度基础之上，如果忽略了对广告舆论营销、传播功能的解读，忽视对广告舆论作用机理特别是广告传播效果的量化研究，广告舆论研究也就失去了目的性，其学术价值和现实意义也就大打折扣。

其三，忽视了对广告舆论产生和发展的现实社会背景进行考察。广告舆论的发展变化，一是和广告传播技术的进步关联，二是和广告业发展的宏观社会背景相关。在传统的大众传媒时代，广告舆论生成和发展受到广告单向信息传递模式的限制，广告舆论要么被解读为广告主制造的舆论，要么被误读为媒介舆论，忽视了受众在广告舆论生成发展中的主体作用。而在媒介融合时代，广告舆论是广告舆论主体中广告主、媒介、受众多元互动的结果，特别是在网络社区时代，网络口碑传播、病毒式传播和SNS网络公共服务平台的建立，使广告舆论的生成与企业或社团的互动营销传播活动同步发展，在这里，广告舆论是指由广告传播引发的公众关于现实社会以及社会中的各种现象、问题所表达的一致性信念、态度、意见和情绪表现的总和。这里所说的广告舆论中的公众则是由广告主、媒介和受众共同构成，如果没有媒介融合的平台，不能实现广告传播信息的多元互动，广告舆论中的公众概念就不能够成立，广告舆论中的主体也就难以明晰。目前广告业发展的宏观环境也在发生重大变化，在2009年国务院颁布的《文化产业振兴纲要》中，明确将广告业划归为文化产业的重要组成部分，广告业由依附性产业向自主创新性产业性质转换，促使广告传播中舆论的生成和传播必然遵循全新的理念呈现，不关注这种变化，广告舆论研究的时代性特征和创新性特征就难以显现出来。

（二）广告舆论研究的思路

其一，重视基础研究，拓宽研究领域。广告舆论研究是一个跨学科研究的新鲜话题，在现实生活中呈现的形态也各异，在媒介融合背景下又呈现多元性和多向流动的特征，因此，对广告舆论基本问题的梳理就变得比较重要。这关系到广告舆论研究的起点、广度和深度。其研究的问题首先应该涉及广告舆论的概念界定，广告舆论的内涵和外延的探讨，广告舆论的构成要素的提炼，广告舆论的传播特点的总结，广告舆论生成与传播环境的分析等。这样可以限定广告舆论研究的基本领域和范畴。其次，应该加强对广告舆论发展史、广告舆论发展的基本脉络、广告舆论发展规律的研究。这样可以较为清晰地厘清广告舆论在不同的语境下的现实表现。再次，梳理广告与舆论、广告舆论与新闻舆论、广告舆论与媒介导向、广告舆论与社会控制之间的联系与区别。这样可以勾勒出广告舆论的学术渊源，更好地透视其在不同的学术背景下的现实应用。最后，应该关注广告舆论的运行机制及在具体实践中的应用。基础性研究的前提是出发点正确、指向性明确，而创新性研究则要求路径选择科学合理，视野开阔。因此，加强基础研究、拓宽研究领域是新时期广告舆论研究的一个基本思路。

其二，加强理论探讨，注重现实应用。广告舆论是广告传播功能外化为舆论表现的一种结果。广告舆论既有广告传播的基本特征，又有舆论表现的基本形态。从局部看广告舆论反映并代表广告主与媒介利益联盟集团的利益，反映他们的主张、观念、意见；从社会发展和文明进步的历史进程看，广告舆论却反映着大多数社会民众的共同心声。社会转型时期，特别是在媒介融合背景下，广告舆论往往是人民群众日益增长物质文化生活水平需求的外在表现，广告舆论往往以民意形态出现，反映并代表民意。广告舆论是一种特殊的社会传播现象，关注到广告舆论现象背后深层次的社会问题，判断广告舆论生成、传播、控制的走向。从政治学，社会学、文化学、传播学的不同视角把握广告舆论发展的规律和特点，搭建其理论框架，构建其理论体系，也是研究的基本要求。具体来说，广告舆论研究对舆论学理论的借鉴、对传播学理论的运用和对其他相关理论的梳理是其理论建设的重要组成部分；而广告舆论的研究对广告营销功能的深度解读，对广告社会文化传播功能重新阐释和对广告传播目标效果量化分析测定则提供了广告舆论研究新的理论视角。涉及网络口碑营销中的广告舆论研究，企业病毒式传播中的广告舆论研究，SNS公共社区服务平台中的广告舆论研究，以及广告舆论与广告"势能"理论，广告舆论与"绿色广告传播理论"，广告舆论与"广告场"理论等相关理论在实践中的具体运用等相关课题的研究。

其三，厘清研究层次，关注个案研究。广告舆论在现实生活中，有不同的表现层面。具体来说，包括广告舆论传播主体以传播思想观念、主张价值立场、弘扬时代文化、培养消费意识为目的、具有一定单位时间密度和空间强度的导向性意见；在使用广告产品、接受广告宣传、反馈广告信息时形成较为集中的认知性意见；在特定的时间和语境下观察广告现象、辨析广告问题、讨论广告事件时产生的具有广泛针对性的评论性意见。剖析广告舆论不同的表现层面，可以为政府决策、企业定位、创意指导提供不同的信息通道。一是可以明晰广告舆论在重大政治突发事件中的影响和作用，在政策解读和思想传播中的优势，自觉地利用广告舆论为政府危机公关、相关政策法规推行和实施服务；二是有计划、分步骤地进行受众广告素养教育，提高受众对广告的认知和辨别水平，使广告舆论的生成和发展真正成为广告主、媒介、广告创意人和受众之间信息互动的工具，成为社会公众广告维权的推进力量；三是重视广告管理部门和广告"舆论领袖"在广告舆论传播和控制层面上发挥的巨大作用，研究广告舆论的特殊形态、特殊类别，收集特定时期或一定范围领域的广告"舆论领袖"的评价性意见和建设性意见，为广告舆论的监管、引导提供意见样本和解决对策，为区域性广告舆论发展特点的总结和阶段性广告舆论的流动规律的探讨提供鲜活的第一手资料。加强广告舆论的个案研究是丰富广告舆论研究层次的重要途径，也是学术研究不可或缺的组成部分。可涉及的课题包括三十年经典流行广告语的研究，不同时期公益广告主题的研究，特定时期重大广告事件危机管理研究，经典广告营销策划案例研究。这些研究对象，有的直接是以广告舆论的外显形式出现，有的则成为广告舆论生成和发展的载体、广告舆论的起始源头和广告舆论的发展动因。

加强广告舆论个案研究，一方面可以为广告舆论的理论研究提供佐证，另一方面可以为广告舆论的实践研究提供范本，进而为广告舆论研究学术框架的搭建和学术体系的建立打开更加宽阔的视野。

第一章

中外舆论及广告舆论的历史演变

原始社会的舆论和广告传播活动同原始人的生存、生活状况有关；阶级社会的舆论和广告舆论传播则和社会中不同群体之间的交往直接关联。中外舆论和广告舆论产生和发展的环境不同，在不同时期的呈现形式和表现形态也不尽相同。舆论和广告舆论活动在中外社会人们的现实生活中都大量存在，是人们互相交往的一种重要信息传播方式。舆论和广告舆论在人们的政治、经济、文化生活中都扮演着重要角色，深刻影响着人们的交往方式和社会历史的发展进程。人们对舆论和广告舆论的研究也一直在进行，有关舆论和广告舆论的描述和记载也大量存在于古代文献里。

第一节　中国社会不同时期的舆论和广告舆论

广告舆论在中国古代社会里，先多以政治广告舆论的形态出现，后随着商品生产和商品交换的发展，商业广告舆论也出现在社会日常生活中。从其现实表现看，既有民众自下而上的广告舆论呈现，又有统治者自上而下的广告舆论引导。政治广告舆论、商业广告舆论和农民起义的广告舆论是其三种主要的舆论形态。中国古代文献既记载了广告舆论的具体表现形态，也保留了古代文人雅士对"舆论"的看法。

一　远古时期的"民意"舆论

远古时期，生产力水平十分低下，人类认识自然、征服自然的能力均有限，在与自然的抗争中，人们只有依靠集体的力量才能维持生存。

原始民众生活中的日常意见是人们社会意识的外在反映，也是除经济活动外最活跃的社会因素，这也就是人们通常所说的社会舆论。在原始群、氏族、部落的不同发展时期，人与人之间的交往也秉承多数人意见高于个人意见的原则。据中国古代文献记载："夫民别而听之则愚，合而听之则圣。虽有汤武之德，复合于市人之言。"① 说的就是氏族部落首领听取大多数人的意见则会变得圣明。尽管统治者有很高的德才，但也需要通过普通民众意见的验证才能知道自己所作所为是否正确。在通常情形下，群体、氏族、部落的重大事情均靠集体讨论或商量决定。在没有国家、军队和管理机构的原始社会时期，社会舆论活动是保证部族生活正常运转的基本工具。马克思在谈到古代原始人的管理生活时就曾指出"它所依赖的惩罚性制裁部分是舆论，部分是迷信"。② 恩格斯在论及原始民主制时也曾提到："除了舆论之外，它没有任何强制手段。"③ 舆论活动是原始人社会生活的重要现象。

我国学者认为，原始社会的舆论传播有两种方向，"一是人与人之间的意见交流，达到意愿一致；二是在氏族首领和庶民之间传播，为首领提供参考意见，后一种意见是氏族社会赖以建立的基础"。④ 中国古代的氏族部落首领十分重视听取民众的意见，他们获取民众意见有两种常见方式，一是面对面和氏族成员交流；二是设置特定器物或设置特殊标识广泛征询意见或传播意见。在交流中和民众的意见达成一致。值得注意的是，无论是面对面的公开交流或是设置器物、标识来作为舆论传播的通道，这些做法都有公开表达自己的主张或"广而告之"的含义，从这个意义上来说，中国古代社会的许多舆论形态一开始就呈现出广告舆论的基本特征。

中国古代文献记载了很多舆论或广告舆论活动现象。如夏禹时期，曾流行"铸鼎象物"政治广告舆论形式。所谓鼎，指古代炊具，三足两耳。原指禹收九州之金铸九鼎并铸上各种牲口的图像。旧时用此称颂君王有德，或公开向民众传播其统治主张。古代文献记载，夏禹统治之

---

① 赵守正撰：《管子注译·君臣上第三十（上册）》，广西人民出版社1987年版，第282页。
② 《马克思恩格斯全集》（中文版，第45卷），人民出版社1985年版，第657页。
③ 同上书，第192页。
④ 刘建明、纪忠慧、王莉丽：《舆论学概论》，中国传媒大学出版社2009年版，第2页。

初，为了显示自己的威严和博得民众的好感，并使民众的思想和自身达到一致，曾铸九鼎以示天下。《左传》中有记载："昔夏之方有德也，远方图物。贡金九牧，铸鼎象物，百物而为之备，使民知神奸。"① 禹铸九鼎，矗立在荆山脚下，鼎上刻绘的是九州万国毒恶生物和鬼神精怪的图像，一方面让人们对毒恶生物进行预防，另一方面让人们对神灵进行崇拜。鼎在这里是国家和权力的象征，起着引导舆论和统一思想的作用，对威慑天下和维护禹的统治起着重要作用。

据古书记载，尧舜等为了收集信息、尊重舆论、倾听人民群众的呼声，往往在"五达之道"或"通都大邑"设置"进善之旌""诽谤之木""敢谏之鼓"。

"进善之旌"指的就是悬挂旌旗，作为进言的标志。"进善之旌"或称"建善之旌""告善之旌"。《初学记》政理部引《尸子》曰："尧有建善之旌。"《管子》则曰："舜有告善之旌。"② 在这里，"进善之旌"既是统治者倾听民众意见、了解民间舆论的一个重要通道，也是舆论呈现的一个载体，因"进善之旌"具有"告知性"和"公开性"的特征，"进善之旌"本身也可视为古代广告舆论的外显形态之一。

"诽谤之木"是指统治者树立华表形状之木等标志，让民众在其下进"诽谤"之言，或者把意见写在木牍上。《吕氏春秋》篇云："尧有欲谏之鼓，舜有诽谤之木。"③ 所指就是这种广告形式。关于"诽谤之木"的形式，崔豹《古今注》记载："程雅问曰：'尧设诽谤之木，何也？'答曰：'今之华表木也'。以横木交柱头状若花也，形似桔槔，大路交衢悉施焉。或谓之表木，以表王者纳谏也，亦以表识衢路也。"④ 诽谤之木既是这一时期的统治者所设置的进言标志，也是古代广告舆论的外显形态之一。

"敢谏之鼓"同是这一时期统治者所设置的进言标志。所谓"敢谏之鼓"指的是在进言之前，击鼓以警众，引起人们的注意。《淮南子》

---

① （周）左丘明传，（晋）杜预注，（唐）孔颖达正义：《春秋左传正义（卷二十一）·宣公三年》，十三经注疏整理本，北京大学出版社2000年版，第693页。

② 同上。

③ 许维遹撰，梁运华整理：《吕氏春秋集释·自知》，选自《新编诸子集成》，中华书局2009年版，第647页。

④ （晋）崔豹：《古今注（卷下）·问答释义第八》，商务印书馆1956年版，第27页。

云："尧置敢谏之鼓，舜立诽谤之木。"①《淮南子》亦云："（禹）为号曰：教寡人以道者击鼓。"②《管子》篇也有记载："舜有告善之旌，而主不蔽也；禹有谏鼓于朝，而备讯也。"③ 后世历代朝廷在宫阙外设置的"登闻鼓"就是上古"谏鼓"的遗制。人民群众遭受冤屈，若有司不理，可以直赴公堂门口，击鼓伸冤，大声疾呼，以引起注意，扩大影响。"敢谏之鼓"同是这一时期古代广告舆论的外显形式之一。

二 奴隶社会的"舆人"和"舆论"

在中国古代早期奴隶制国家形成过程中，氏族制度的许多遗俗仍延续了很长一段时间。奴隶制国家的统治者在治理国家或作出重大决定的时候，往往会征询王公大臣、士大夫和庶民的意见，以示尊重民意。而庶民议论朝政、发表不同的见解也渐成风气，"舆人"的出现和"舆论"一词的使用，表明当时社会对舆论的高度重视和舆论现象大量存在的事实。

春秋末期，中国古代文献开始出现"舆"字的记载。"舆"字的本义是"举"，"舆"字是个会意字。甲骨文的"舆"字四角是四只手，中间是一件东西，这就表明四只手共举一件东西。《广雅》载："舁（舆），举也。"④ 这就是说，在上古"舆"字当"举"讲。"舆论"中的"舆"字为"众多"义，是从"众手所举"义引申出来的。因此，所谓"舆论"，就是众人之议。《左传》载："晋侯听舆人之诵。"⑤ 这里的"舆人"就是指众人。

从字形演变看，"舆"字小篆的形体，中间部分变为"车"形，"舆"字又当"车厢"讲，《说文》载："舆，车舆也。"解释为"车中

---

① （汉）刘安著，高诱注：《淮南子注（卷九）·主术训》，选自《诸子集成》，上海书店1986年版，第149页。
② 同上书，第218页。
③ 赵守正撰：《管子注译·桓公问第五十六（下册）》，广西人民出版社1987年版，第140页。
④ （魏）张揖撰，（隋）曹宪音：《广雅（卷一）·释诂》，载王云五主编《丛书集成初编》，商务印书馆1936年版，第12页。
⑤ （周）左丘明传，（晋）杜预注，（唐）孔颖达正义：《春秋左传正义（卷十六）：僖公二十八年》，十三经注疏整理本，北京大学出版社2000年版，第513页。

受物之处。"王符《潜夫论》载:"(木材)曲者宜为轮,直者宜为舆。"① 其大意是:木材,弯曲的适合做车轮,顺直的适合做车厢。由"车厢"之义,后来又可引申为"车马"和"轿",尤指马车。如《三国志》:"出则同舆,坐则同席。"② 其大意是:外出时,乘同一辆车;坐下时,坐同一张席。

中国古代文献中,有关"舆人"的解释也不尽相同。最初,造车之人被称之为"舆人",《周礼·考工记·舆人》载:"舆人为车。"③ 这里的"舆人"指的是造车的工匠。"舆人"在中国古代文献中也常转义为抬轿之人,称之为"肩舆""舆士""舆夫"等。西周春秋时期,按照规制,只有贵族出行或战争才有车可以乘坐,所以舆又引申为战车,此种战车上仅能乘坐三人,他们是武士中的贵族,因为他们有权利坐在车上或驾驭车辆,所以被称作"舆人"。这里所说的"舆人"则为坐车或驾车之人,后来渐渐泛指所有的士人,都可以被称之为"舆人"。舆人出身虽同,但他们有贫有富,所分担的职务有贵有贱,所以地位就有高有低。如"舆帅",主管兵车的官吏,就是"舆人"中的位高者,又如"舆隶"(贱役,奴仆)就是"舆人"中的地位低下者。当时人分十等,《左传》载:"天有十日,人有十等,下所以事上,上所以共神也。故王臣公,公臣大夫,大夫臣士,士臣皂,皂臣舆,舆臣隶,隶臣僚,僚臣仆,仆臣台,马有圉,牛有牧,以待百事。"④ 在这里,舆人为第六等。"舆人"积极活跃地争取人身权益,讽刺或斥骂时政,干预政治,并对国君与贵族统治者进行规谏。因为"舆人"有自己的实力,分布于各个阶级,因而当时的统治者对他们也不得不有所重视,他们的话,就是所谓的"舆人之论"。《三国裴注》中有"舆人作颂,则向以五福,民怒吁嗟,则威以六极,言天之赏罚,随民言,顺民心也"。此

---

① (汉)王符著,(清)汪继培笺,彭铎校正:《潜夫论笺(第六卷)》,《相列第二十七》,中华书局1979年版,第312页。
② (晋)陈寿撰,(南朝宋)裴松之注:《三国志(卷三二)》,《蜀书第二·先主传》,中华书局1959年版,第874页。
③ (汉)郑玄注,(唐)贾公彦疏:《周礼注疏·冬官考工记第六·舆人》,十三经注疏整理本,北京大学出版社2000年版,第1268页。
④ (周)左丘明传,(晋)杜预注,(唐)孔颖达正义:《春秋左传正义(卷十六)·僖公二十八年》,十三经注疏整理本,北京大学出版社2000年版,第1424—1425页。

句将舆人的颂和民的吁嗟放到同等高度并列看待，充分证明了统治者对舆人作颂的重视。

舆人因社会地位低下，所表达的意见也往往就有了代表下层民众意见的含义。在中国古代文献中，多有"舆人诵之""舆人之谤""舆人之谋"的记载，指的就是下层普通民众的意见。春秋以来，各国统治者的统治思想多由"敬天"向"重民"转化，允许民间舆论的广泛存在，因此，在现实生活中就有许多舆论现象存在。《左传》载："晋侯患之，听舆人之谋""晋侯患之，听舆人之诵"[①] 说的就是这种情形。《晋书·郭璞传》载："今圣朝明哲，思弘谋猷，方辟四门以亮采，访舆诵于群心。"[②]《国语》载："（晋）惠公入而背外内之赂，舆人诵之。"[③]《左传》载："晋侯患之，听舆人之诵"。[④] 这是说舆人对晋国的惠公和文公的某些行事不满意而提出了意见。这些记载表明，当时的帝王一方面允许舆人发表自己的意见，作为谋政的依据，另一方面帝王也常常主动了解舆人的意见和看法，促使舆论现象大量存在。

中国关于"舆论"一词的最早记录，见于《三国志》："设其傲狠，殊无入志，惧彼舆论之未畅者，并怀伊邑。"[⑤]《梁书》也载："行能臧否，或素定怀抱，或得之余（舆）论。"[⑥] 这里的"舆论"，指的是民众的意见或民众的意愿，意思就是说，只有舆论畅达，民众畅所欲言，君王的圣意和政令才能贯彻于天下。在这里，舆论在多数情况下指的是批评的意见。

奴隶社会舆论盛行，统治者也往往以"广而告之"的形式来征询民众的意见，了解民众舆论或引导舆论。其代表性的做法有"玄诸象魏"和"振铎徇路"。

---

① （周）左丘明传，（晋）杜预注，（唐）孔颖达正义：《春秋左传正义（卷十六）·僖公二十八年》，十三经注疏整理本，北京大学出版社2000年版，第509—513页。
② 房玄龄等：《晋书（卷七二）·郭璞传》，中华书局1974年版，第1904页。
③ 薛安勤、王连生注译：《国语译注（卷九）·晋语三》，吉林文史出版社1997年版，第362页。
④ （周）左丘明传，（晋）杜预注，（唐）孔颖达正义：《春秋左传正义（卷十六）·僖公二十八年》，十三经注疏整理本，北京大学出版社2000年版，第513页。
⑤ （晋）陈寿撰，（南朝宋）裴松之注：《三国志（卷三二）》，《蜀书第二·先主传》，中华书局1959年版，第411页。
⑥ （唐）姚思廉：《梁书（卷一）·武帝纪上》，中华书局1973年版，第23页。

"玄诸象魏"也是先秦时期的政治广告表现形式之一，是统治者把有关国家政教、法令的图像或者条文悬挂在"阙下"，以广泛告知于众的广告表现形式。"象魏"是上古天子、诸侯宫门外的建筑物，又称阙、观，因其巍然耸立，故又称"魏阙""象魏"，是古代张榜公布法令的地方。《左传·哀公三年》记载："夏五月辛卯，司铎火……季桓子至，御公立于象魏之外……命藏《象魏》，曰：'旧章不可亡也'。"晋代杜预集解："《周礼》，正月悬教令之法于象魏，使万民观之，故谓其书为《象魏》。"后世的统治者，也往往把告示、公告之类文书张贴在城门口两旁，以便出入城门的人们观看。"悬诸象魏"，是古代广告形式与舆论传播的结合体，是古代统治者利用广告引导舆论的重要方式之一。

"振铎徇路"，也称为"振木铎徇于路"，是先秦时期的政治广告表现形式之一，"铎"是一种铃；木铎就是带木舌的铃，古代施行、宣传政教法令时用的东西。先秦时期中央政权派到各地宣达政令的官员一边摇着木铃铛，一边宣讲教令，以引起人们的注意。《尚书·胤征》记载："每岁孟春，遒人以木铎徇于路。"汉代郑玄注释说："正岁，谓夏之正月也，得四时之正，以出教令者，审也。古者，将有新令，必以木铎以警众，使明听也。木铎，木舌也。文事奋木铎，武事奋金铎。"《汉书·食货志（上）》也说："行人振木铎徇于路。"以上所谓"遒人""行人"均指商、周时代中央政权派到各地宣达政令的官员。他们坐着轻便的小车，一边摇着"木铎"，以引起人们的注意，一边宣讲教令。这一时期，这些宣达政令的官员除宣传政教、法令外，还在春、秋二季出巡列邦，摇着木铎，采风问俗，把收集到的歌谣"上诸太史"。《汉书·食货志》记载："孟春之月……行人振木铎徇于路，以采诗，献之太师，比其音律，以闻于天子。"《诗经》就是当时使者以"振木铎"的方式采风问俗的成果。用这个办法古代统治者可以知道各地的民情风俗，作为政治的借鉴和参考。这种"振木铎"以警示百姓、宣传政教的方法，一直到汉代还在广泛使用。

三 封建社会的城镇舆论

封建制度的形成和发展，为中国古代舆论的演化和广告舆论活动的出现创造了新的环境。

　　战国中期开始，中国古代社会的政治、经济形势发生了深刻变化。一是封建皇权统治建立并逐步得以巩固和发展，二是私有制经济得到长足发展，三是手工业出现初步繁荣。这种变化往往使区域内人口得以迅猛增长，在中原和相关地区逐渐出现了一批人口密集、市井繁华的城镇。城镇及周边地区，农民得到自己的土地，获得人身自由。手工业者和商人摆脱了土地的控制，在手工业快速发展、商业贸易出现区域繁荣的情形下，他们开始表达自己的主张，往往为维护自身的利益而积极争取话语表达权。在诸侯割据、列国纷争的社会环境中，统治者对生活在城镇中的贵族地主、士大夫、平民的思想控制遭到削弱，在各种思想的交汇和碰撞中，批评皇室、议论朝政、评论时事的意见和看法纷纷涌现，在新的社会环境中，出现了新型的舆论形态——城镇舆论。

　　这一时期，城镇的舆论主要有三种形式：一是贵族、庶族地主、官僚、士大夫和文人墨客的"清议"舆论；二是魏晋时期门阀士族的"清谈"舆论；三是不同时期的农民起义舆论。

　　"清议"是封建社会城镇舆论的主要表现形式之一。春秋战国时期，各诸侯国国君和贵族臣吏都有豢养门人食客的习俗。在封建社会相当长一段时间内，这种风俗也都延续和保留下来。封建帝王和贵族豪绅大兴土木，建立馆舍，施以重金，招徕门人、食客、文人雅士常驻馆舍。一方面为自己博得一个招贤纳士的好名声，另一方面借助这些门人食客谈经论道、评论时事的社会影响力来扩大自己的影响。客观上为舆论的生成和传播创造了一个平台和通道，这些为数众多的馆舍成为舆论传播的中心。汉魏时期，许多门阀士族在城镇修建了更大规模的馆舍，供文人雅士谈古论今、抨击时弊。特别是东汉末年，宦官、外戚擅权干预朝政，社会矛盾激化，在统治阶级内部出现了反对宦官、外戚专权的势力，他们斥责宦官外戚为"浊流"，认为自己清正廉明，自称为"清流"。他们议论朝政、评论时事的做法称为"清议"。"清议派"包括贵族、官僚、士大夫和太学生等社会成分。

　　汉代太学兴盛，私塾遍地，太学生常常聚集在乡校和亭台议论朝政、评论时事，成为"清议"的重要组成力量。贵族官僚、文人雅士、太学生互相推崇、惺惺相惜，共同抨击皇权和宦官外戚统治，一些威望较高的学者广纳门徒，追随其后的弟子往往达到数百人，而学者之间也有门户之争、政见之别，他们各树朋党，使"清议"之风越发盛行，舆论之声日益强劲。史书记载当时的情形是："匹夫抗愤，处士横议，遂乃激扬名声，互相提拂，品核公卿，裁量执政，婞直之风，于斯行矣。"①"清议"成为当时主要的舆论传播形式。

"清谈"是封建社会城镇舆论的另一种表现形式之一。"清谈"之风在魏晋时期较为流行，这和当时的社会舆论环境的变化有关。东汉末年，皇权统治加强，社会矛盾激化，日益兴盛的"清议"之风终于触怒了封建统治上层，导致了两次大规模的"党锢"之祸。汉代统治者分别在公元166年和公元169年进行了两次大规模的思想清洗活动，对反对皇权，以官僚、士大夫、门客、太学生为主要力量的"清议派"进行了大规模的逮捕和迫害，使"清议派"遭到毁灭性的打击。历史上称这两次大规模的清洗活动为"党锢"之祸。魏晋时期，门阀士族无论是在同皇权抗争的时候还是在和其他门阀势力进行争权夺利的斗争中，都热衷于以"清谈"的方式来表达自己的不满或对时事的看法。这些清谈家多出身于名门望族，有丰厚的家业，有较高的政治地位，他们有些人甚至位至公卿。他们衣食无忧，但对皇权统治心怀不满，面对皇室的高压统治，他们往往采取折中的斗争策略，聚集门徒、食客、文人雅士，推崇玄学，"坐而论道"。通过谈古论今、解读玄理来隐晦地讽喻朝政，消极地表达对现实的不满。魏晋时期，门阀望族人数众多，门徒、食客云集，他们谈经论道的结果是玄学盛行，"清谈"之风成为社会生活的重要现象，"清谈"也成为当时舆论传播的主要形态。

中国封建社会的帝王，一方面注意倾听民众呼声，重视民间舆论，为其统治政策改良和政权稳固服务，这是导致清议之风盛行、舆论形态普遍存在的重要原因。如魏文帝曾制定九品中正之法，其核心内容就是根据朝野人士的"清议"内容来作为官吏升迁和罢免的重要内容。有学者对此进行了评论："九品中正之利，在乎保存了清议的遗愿，换言之即尊重了舆论。凡中正评得很高的人，据说都是舆论赞扬的人；凡中正评得很低的人，甚或压制不许选用的人，具说都是舆论所诋诽的人。

---

① （宋）范晔撰，（唐）李贤等注：《后汉书（卷六七）·党锢列传·序》，中华书局1965年版，第2185页。

中正的评论恰与清议或舆论相符合。"① 另一方面统治者为了政权的稳固则对来自民间的舆论大加封堵，甚至为铲除舆论的源头而大兴牢狱之灾。从秦始皇的"焚书坑儒"到明清时期的"文字狱"，直至清代的"东林党人之祸"，都是统治者镇压舆论、摧毁舆论的残酷之作，在中国古代城镇舆论发展史上留下了极为惨痛的印记。

农民起义舆论也是城镇舆论的重要形态之一。封建社会初期，农民获得人身自由，拥有自己的土地，其经济地位和政治地位都有明显的提高。但随着封建王权的稳固和阶级矛盾的激化，以皇权为代表的统治阶级开始变本加厉地剥削和压榨农民，加之天灾人祸的影响，中国历史上爆发了多次大规模的农民起义。农民起义的一个重要特点，就是舆论先行。农民起义领袖往往提出鲜明的政治口号或起义口号，对皇权统治提出质疑，对现存制度提出质疑，对起义的目标或愿景进行展望，在全国范围内开展声势浩大的舆论声讨运动。这种舆论形式用词简洁、准确、朗朗上口，具有"广而告之"的形式和特点。因此，农民起义舆论也是古代政治广告舆论的一种形式之一。

公元前209年7月，陈胜、吴广大泽乡起义时，响亮地提出了"王侯将相，宁有种乎？伐无道，诛暴秦"的口号。陈胜、吴广起义是中国历史上第一次农民起义。陈胜、吴广都是秦暴政统治下的普通农民，公元前209年7月，在和900多名被征戍的农民在前往征戍地的途中因天气原因受阻，遭遇"亡亦死，举大计亦死"的选择，他们选择了揭竿而起。"王侯将相，宁有种乎？伐无道、诛暴秦"的口号，反映了当时社会情形下农民的主张，也反映了农民对秦末暴政和其残酷统治的看法，对农民怀疑封建皇权的合理性、冲破封建皇权制度的束缚起到影响力巨大的舆论引导作用。

公元184年2月，因不满东汉末年统治者的残暴统治，在全国范围内爆发了黄巾军起义，起义军为了扩大舆论影响，提出了"苍天已死，黄天当立；岁在甲子，天下大吉"的口号。这里的"苍天"是指东汉朝廷的天命，而与之对立的"黄天"是指农民所向往的权威。这个口号的意思是说，在甲子年，东汉王朝即将覆灭，天下将不再是忧患重

---

① 周谷城：《中国政治史》，中华书局1982年版，第151页。

出,而会是太平吉祥的幸福生活。这个口号明确提出了起义的主张、起义的时间和希望达到的目的,达到了舆论传播的良好效果。农民纷纷响应起义,各地广泛传唱这个口号,进一步推动了起义向纵深发展。该起义口号也成为中国古代历史上较为典型的广告舆论形态。

中国古代历史上每一次农民起义都会事先大造舆论。取得舆论支持,基本上也就明晰了人心向背。宋王小波、李顺起义提出"吾疾贫富不均,今为汝等均之"的主张。宋钟相、杨幺起义也提出"法分贵贱,非善法;我行法,当等贵贱,均贫富"的观念。明末李自成起义提出"迎闯王,闯王来了不纳粮"的口号。太平天国洪秀全起义同样提出"无处不均匀,无人不饱暖。天下人田,天下人同耕"等主张。都集中反映了农民"均贫富"的思想观念。隋末农民起义民间广为流传《无向辽东浪死歌》,其歌词是:"长白山前知世郎,纯着红罗绵背裆。长槊侵天半,轮刀耀日光。上山吃獐鹿,下山吃牛羊。忽闻官军至,提刀向前荡。譬如辽东死,斩头何所伤。"表明起义军誓死推翻隋炀帝统治的决心。元末农民起义则依靠宗教迷信,到处传唱"莫道石人一只眼,此物一出天下反"和"石人一只眼,挑动黄河天下反"的歌谣,用来制造舆论和传播舆论,均起到较好的舆论传播效果。这些舆论具有广告舆论的基本特性,因而也成为中国古代广告舆论存在的基本例证。

四 现代舆论和广告舆论

古代社会"舆""情"两字的连用,多指文人志士和普通百姓的情感、情绪。近现代以来,则把"舆情"视为公众的社会情绪,也即人们常说的"民众的意愿"。1873年4月,清臣李鸿章曾奏请在天津建"曾国藩专祠",奏折中写道:"仰恳天恩,俯赐照准,以顺舆情。"清末,后来带头搞复辟的袁世凯曾以全体国务员名义要求皇帝退位,实行共和,在致皇室的一个密奏中,有"读法兰西革命之史,如能早顺舆情,何至路易之子孙,靡有孑遗也"。把以上列举的清代使用舆情一词的例子归结起来,"舆情"的基本含义应指民众的意愿。近代中国,内忧外患不断,以知识分子为代表群体的各种舆论此起彼伏,但无论是戊戌变法,还是洋务运动,反映大众意愿、富国强民的舆论多元生发、多向流动,舆论多表现为众意舆论,广告舆论则表现为消费舆论。在这样的社会环境中，对舆论，特别是对于公共舆论的理解也有了一些新变化。我国学者认为，对公共舆论的叙述出现了两条分歧的线索："一条是充分地肯定公共舆论在社会担当和理性沟通方面的价值，认为是知识分子政治参与的有效形式，并且在一定意义上可以对政府形成批判性的讨论，从而有机地构成了批判性公共领域的内在构造。另一条线索基本上从消极的角度来看待公共舆论，认为公共舆论所反映的无非是无知的大众的一些情绪性泡沫而已，没有理性建构的价值，应该被政府严格地规训在一定范围之内，以免影响国家利益的实现，当然政府也可以通过公共舆论的社会心理功能来有效地刺激民众的士气。"①

现代社会，舆论产生的环境和传播的渠道均发生了重大变化，在社会转型时期，各种舆论现象交织在一起，对社会政治、经济和文化发展都产生重大影响。群体舆论、众意舆论、民意舆论、国家舆论都在左右着人们的行为，而新时期舆论监督的强化和广告舆论的崛起，又成为舆论发展的新景观。

综上所述，可以看出，"舆论"一词从诞生之日起就是个不断演变的现象，其概念也随着时代的不同而赋予不同的内涵。"舆"从其本义"车厢"出发，演变为以部分指代整体的"车"的意义，后来又演变为与车有关的人，舆论从贵族士大夫的言论，到后来的批评朝政的意见，再后来才演变成民众的意愿。其中不乏统治者制造、利用、控制舆论的例子，舆论已经不仅仅代表"众人之言论"和"来自社会的呼声"，现代社会舆论所涵盖的范围更为广阔，其内涵和外延更加丰富。

第二节　西方社会不同形态的舆论和广告舆论

舆论的概念在西方社会虽然出现较晚，但舆论和广告舆论现象在人们的日常生活中大量存在。从原始社会的"围立制"到"票决制"，从"公众"的聚会到"公共领域"公开发表意见。舆论现象充斥着政治、经济、文化领域，并对人们的生活产生重大影响。广告舆论虽然不如舆论现象那样随处可见，但以"贝壳放逐法"为代表的政治广告舆论，

---

① 唐小兵：《现代中国公共舆论的自我理解》，《衡阳师范学院学报》2008年第4期。

以法国巴黎"十二人叫卖队"为发起者的商业广告舆论,以颂扬大流士"丰功伟绩"为内容的军事广告舆论在西方舆论发展史上也留下了深深的印记。

一　远古时期的舆论形态

提到远古时期的舆论形态,不能不提到"围立制",这是原始社会末期氏族部落的一种议事制度。所谓"围立制",就是氏族部落的成年人围立在一起,经过热烈的发言讨论,然后举手或欢呼表示通过。我国舆论专家认为:"围立制是西方原始社会普遍的舆论形态。"[1] 原始社会实行原始民主制,氏族部落的所有重大事件,均由氏族部落的成年人集体讨论决定。讨论的内容涉及氏族部落生活的各个层面,包括选举或罢免氏族部落首领或酋长,决定氏族部落的迁移、战争、对外交往,氏族部落成员的内部分工、日常管理等一切事务。因此,氏族部落成员以举手或欢呼形式通过氏族部落决议,也就成为一种常见的舆论现象。原始人没有文字记载,氏族部落大事靠口口相传才能流传下来,在相当长一段时间内,"神话传说""英雄故事""民间逸事"等也成为舆论传递的新形式。

原始人也常常用肢体语言和图画文字来表达自己的观念和主张,一些看似随意组合的动物却包含原始人类研究自然现象的信息,经过原始人的解读和传播也成为舆论流动的新形态。例如,在法国蒙特加尔第出土的一只鹿角指挥棒上的线刻画,紧凑排列了两只海豹、两条蛇、一只鲑鱼和三根野草,在显微镜下观察,可见鲑鱼有钩状之吻,这是每年春季鲑鱼产卵洄游时的特征。现代人解释其为一幅春季来临时的物候观测图,在远古时期传播的信息是"春风初拂,鲑鱼洄游,海豹追逐,蛇类交配,草木发芽"。[2] 在这里,图画信息不仅呈现出舆论的形态,还具有了原始舆论广告的基本特征。

二　阶级社会的舆论和广告舆论形态

进入阶级社会以后,舆论和广告舆论的形态都发生了较大变化。在古埃及,一首赞美母亲河——尼罗河的古诗广为流传,诗中写道:"啊!

---

[1] 刘建明、纪忠慧、王莉丽:《舆论学概论》,中国传媒大学出版社2009年版,第8页。
[2] 朱龙华:《世界历史(上古部分)》,北京大学出版社1991年版,第33页。

尼罗河，我们称赞你，你从大地涌流而出，养活着埃及，一旦你的水流减少，人们就停止了呼吸。"① 这是一种赞美大自然恩赐的民间舆论，广泛传播可以提升埃及人的自豪感。古埃及新王国时期，法老阿蒙霍特普四世（公元前 1379—1362 年）进行宗教改革，他利用太阳神——阿吞神来对抗底比斯的阿蒙神。为了宣扬阿吞神作为宇宙之主和万物的创造者、光明与幸福的一神教的含义，阿蒙霍特普四世和他的追随者用简明易懂并充满热情的语言撰写了各种歌颂太阳、歌颂阿吞神的诗词，在民间广为散发和传唱，造成强大的舆论影响。其中一首歌词写道："在天涯出现了您美丽的形象，您这活的阿吞神，生命的开始呀！当您从东方的天边升起时，您将您的美丽普施于大地。黎明时，您，阿吞神，从天边升起而在白天继续照耀，您赶走了黑暗，光芒四射，上下埃及每天都在欢乐，人们苏醒了，站起来了，他们洗身穿衣、高举双臂欢迎您。您在地上造了一条尼罗河，您按照自己的意愿把它给了人民，来养育人民，就像您创造他们那样。您是一切人的主人，您为他们操劳，您是大地之主，为它而升入天空，一切远方的外国，您也给他们以生命。"② 阿蒙霍特普四世初期的宗教改革因其强大的舆论影响而声势浩大，进行得有声有色。同一时期，在埃及也存在着另一种舆论，就是奴隶起义的舆论。

后期埃及的拉美西斯三世（公元前 1198—1166 年），底比斯首都爆发了造墓工人起义，他们在起义时群情激昂，大声呼喊："我们为饥渴驱赶而来，我们无衣无油、无鱼无菜，告诉法老并通知宰相请把食品带给我们。"③ 舆论之声响彻云霄。奴隶社会时期，大规模的奴隶起义不断发生，奴隶起义的舆论也就在全国蔓延。

在民主制得以实行的古希腊，温和的气候、宽松的舆论环境使人们热衷于户外活动和广场聚会，新兴工商业奴隶主阶级为了反对贵族的统治，往往借助公众的力量制造舆论，古代雅典的城邦广场，论辩演说之风盛行，"知名学者和政治家常站在市场的高处或公共剧场的舞台上，发表富有辩才的见解，宣传奴隶主统治的'光明正道'。每当演讲出现

---

① 朱龙华：《世界历史（上古部分）》，北京大学出版社 1991 年版，第 66 页。
② 同上书，第 130 页。
③ 同上书，第 71 页。

高潮，听众中爆发出山呼海啸般的欢呼声和掌声"。① 这表明，在古希腊，群意舆论和众意舆论十分活跃。

在古希腊，也同样存在着民意舆论，其"陶片放逐法"既是一种民意舆论的具体表现形态，也因具有公开性、告知性和标识性而具有广告舆论的特征。当时雅典按公民投票决定是否对某位公民进行政治放逐。其办法是召开公民大会，借助公民公开投票的方式，利用舆论的力量来达到自己的政治目的。这种办法有两个环节。首先每年由五百人会议提请公民大会讨论一次是否应行此法。如大会同意实行此法，再召开全体公民大会，如发现对城邦不忠的人，立即把他们从雅典放逐出境。公民大会的目的是要决定究竟谁该被放逐。决定的方法是：发给每个出席大会的人一块瓦片，把认为是危害城邦的人的名字写在瓦片上。然后把瓦片收集起来统计，如果投票人的总数少于6000人，这次投票就被认为无效。投票人超过了这个数目，就把瓦片按名字分开来，获得多数票的那个人就被判放逐10年。这种借助舆论政治流放某人的方法就叫作陶片放逐法。

三 现代公众舆论及广告舆论

"公众"的概念最早可追溯至古希腊和古罗马时代。贵族或富有的平民在竞赛场、集会、剧场或其他公共场所参加各种活动，是最早的公众。到了中世纪，公众只限于封建领主阶层，代表全体国家并以自己的爵位充当"公人"。他们不仅有武器，而且有特殊的衣服、发型、礼节和修辞方式，并在竞技场里拥有固定位置（坐在普通人前方），从而表现出他们的地位和身份。

18世纪的公众是指有知识、有公民权的大众，在开放空间交流意见，咖啡店、酒吧、讨论会、帮会等不再被国家与教会干涉。公众作为社会群体分布在各地，通过追求共同利益而聚集起来，产生了公共图书馆、演奏会、剧院、沙龙等公共活动。公共领域中最得力的是出版物，它帮助公众扩大了公民交流的范围，报刊的启蒙和大众化增强了公众的力量。公众开始和国家秘密较量，要求国家开放政务，让所有国民知道

---

① 刘建明、纪忠慧、王莉丽：《舆论学概论》，中国传媒大学出版社2009年版，第8页。

和讨论。在 17 世纪流行的"意见是我们世界的女王",到了 18 世纪变为"统治权是在意见上取得的""统治权是'被支配者的同意'",这样的口号影响到后来"公众意见"(public opinion)概念的出现。"公众意见"通常在汉语中译成"舆论",有时也译为"民意","公众意见"不是对舆论的解释,而是同一个名词中西互译的概念。

法国启蒙思想家卢梭在 1762 年出版了《社会契约论》一书,首次在书面语中将拉丁文"公众"和"意见"两个词联结起来,创造了一个新词"Opinion Publique"。他把意见从个人思想拓展为社会公众的集体思想,而贝克(Baker)通过对比《百科全书》(*Encyclopedie*)(1765)和《百科全书大系》(*Encyclopedie methodique*)(1784—1787)较为清晰地阐述了公众意见的概念。以后,舆论是"公众意见"的说法开始流行起来。

19 世纪以来,公共教育广泛普及,公民群体的主体意识开始觉醒;图书馆在民间力量的努力下纷纷建立,被誉为"民主的火药库"。在大众传媒出现、信息流通加快的西方城市里,政治舆论、经济舆论、文化舆论纷涌,政党舆论、阶级舆论、阶层舆论交汇,群体舆论、众意舆论和民意舆论流行。同时,伴随着全球经济一体化和区域性商品竞争加剧,消费文化和消费观念开始流行,广告舆论频繁出现在人们的日常生活中。广告所倡导的价值观、人生观、消费观开始潜移默化地引导着人们的生活,构建着社会精神文化生活的新模式。

近代以来,国外学者在观察舆论现象、研究舆论问题的过程中,关注到广告和舆论之间的关系,从不同角度对其进行论述,这为梳理广告舆论的学理渊源留下了线索。

德国学者哈贝马斯在他的经典著作《公共领域的结构转型》中,阐述了广告和舆论之间的关系。他试图通过对大众文化的形成和发展历史的追溯来揭示大众文化政治功能演变的规律。哈贝马斯对广告和舆论的分析,涉及特定时期大众文化功能演变导致广告功能变化的一个层面。他的基本观点在其标题中就有所显现,他的这一章节的标题是"从私人的新闻写作到大众传媒的公共服务:作为广告性功能的宣传(广告)"。① 在这里，他较为详尽地阐述了广告和舆论的关系。

哈贝马斯认为，报刊从私人通信的工具到沦为私人或集体经济利益角逐场，经历了三个发展阶段。第一个阶段是私人通信阶段。这是报刊的萌芽阶段，其组织形式是小型手抄行业，遵循的是利润最大化原则。第二阶段是个人新闻写作阶段。这一时期，人们开始热衷于思想传播。政治因素逐步占据了主导地位。报刊从一种经济谋利工具变成了政治舆论交锋的阵地，变成了公共成员相互之间进行私人交往的公共空间。随着广告行业的独立和迅速发展，报刊发展进入第三个阶段。第三阶段的特点是：报刊"抛弃了论战立场，而真正从事商业活动，争取盈利"。②至此，报刊的发展在某种程度上不但回到了它的起点，甚至还有了倒退。

按照哈贝马斯的解释，新闻写作看似是私人的，实际是公共的，它担负着公共批判的职责；而广告宣传则截然相反，表面上是公共的，其实是私人的，因为它追逐的是纯粹私人或某个集体的经济利益。从新闻写作到广告宣传的转变，反映了理想型的资产阶级公共领域的衰弱，也折射出大众文化在政治领域中的消极影响。如哈贝马斯认为："如果说过去报刊业只是传播和扩散私人公众的批判的媒介，那么现在这种批判反过来从一开始就是大众传媒的产物。随着个人的新闻写作向大众传媒的转变，公共领域因私人利益的注入而发生了改变……当然，在这个过程中，报刊业的商业化迎合了公共领域向广告传媒的转变。反过来，报刊业的商业化受到了纯粹经济领域中的商业广告需求的推动。"③

哈贝马斯不认为广告与资本主义之间有着密切的因果联系。他指出，广告虽然已经成为市场经济的一个基本要素，但和资本主义之间并没有什么直接的联系，或者说并没有逻辑上的关系。归根结蒂，广告只是发达资本主义阶段的一种特殊现象。既然广告与资本主义之间没有直接的因果关系，那么广告和什么有直接的关系呢？哈贝马斯认为广告与市场之间存在着十分密切的关系。

在探寻广告与市场关系的时候，哈贝马斯认为：广告在先，市场在

---

① 哈贝马斯：《公共领域的结构转型》，学林出版社1999年版，第188页。
② 同上书，第221页。
③ 同上书，第225页。

后，广告竞争取代价格竞争，广告的泛滥是市场越来越不透明的根本原因。他认为：首先，广告颠覆了传统意义上的社会阶层，对社会下层产生了深远的影响，主要一点在于，让他们在观看和阅读快餐式文化产品中获得了一种想象的满足，误以为自己已经和社会上层同处于一个共同的社会空间之中，从而忘却了自己的现实处境，渐渐地也就丧失了自我意识、社会意识，从阶级的角度看，还丧失了阶级意识和革命意识。其次，广告还规划了一种全新的生活方式，用以制约人们的消费行为。广告本身已经成为最大的消费意识形态，其本质就在于大众娱乐。在这里，哈贝马斯实际上认为广告无论在政治层面还是在经济层面都对消费者存在着潜在或现实的影响。

按照哈贝马斯的观点，不管广告如何操纵市场，也不管广告如何操纵消费者，如果广告仅仅是出于经济动机，单纯停留在经济领域当中，那么，广告就不会对资产阶级公共领域构成毁灭性的冲击，充其量只是在腐蚀资产阶级公共领域的社会基础。哈贝马斯认为，作为销售手段的广告，制造出来的是一种虚假的经济公共领域，它表面上脱离了政治领域，但实际上是不可能的。按照这种逻辑分析，可以看出哈贝马斯初期的基本观点是：如果只把广告当作资本主义商人私人盈利的工具，在这样一个功能阶段，广告的舆论影响是有限的，甚至是不存在的。但实际上，广告不仅在经济领域发挥作用，也在政治领域产生影响，广告通过"虚假的经济公共领域"的建构，来影响人们的消费观和对自我的评价，进而对人们的意识形态和政治态度产生影响，广告对舆论的控制开始显现。

哈贝马斯有关广告与舆论关系的阐述提出两个问题：是广告主对舆论进行控制，还是广告对舆论进行控制，和李普曼有关"新闻广告人"及"拟态环境"的阐述有相近之处。

李普曼在其经典著作《公众舆论》第七部分谈到"新闻广告人"（press agent）的问题。他深刻阐释了"新闻广告人"如何利用广告产品来扩大报纸发行量，进一步通过购买报纸版面而成为新闻内容的"把关人"，进而成为"舆论领袖"的过程及原因。

李普曼指出，在现实生活中新闻工作为什么不能够引导民意，引导公众舆论呢？因为人们所选择的新闻根本不是真实的事实，而只是突出事件的报道。新闻报道需要可记录、可衡量的东西，而那些精神上的、民意上的、舆论上的无法确切计算、记录的东西，经由新闻的报道只能引起争论，而无法揭露事实。新闻广告人由此出现了，他们似乎扮演了把关人的角色，哪些可以引起公众兴趣，他们就允许哪些新闻流入民间。李普曼引用弗兰克·科布统计的资料发现：当时在纽约富有声誉的新闻广告人大约有1200人之多。李普曼评论道："新闻广告人的产生，清楚地表明了现代生活的重大真相不会自发地形成众所周知的形态，必须有人赋予它们形态，由于记者不可能按常规给事实一种形态，而不抱偏见的信息机构又几乎不存在，于是抱有偏见的各方当事人就会去满足阐述某些事实的需要。"①

在李普曼看来，新闻广告人实际上是最关心也是最了解报纸基本受众的"舆论领袖"，他们因关心自身的利益而关心受众的需求，他们知道哪些群体是广告产品的基本消费群体，他们因知道了基本的消费群体也知晓了报纸的基本读者；更为重要的是，他们了解这些群体的基本需求。所以他们所选择的新闻更能够"阐述某些事实"，并在以满足这些群体特定需求的前提下赋予这些事实特定的形态。至少在赋予的形态上使他们"阐述的事实"更像"受众心中所希望的事实"。

李普曼认为，新闻报道中的事实大多数情况下并不是显而易见的，新闻广告人往往经过自己的选择和判断，来为记者提供一个有关"事实"的清晰画面，进而保证所刊出的新闻是读者群体喜欢看到或希望看到的事实。这就造成这样一个情形："新闻广告人为记者制作的画面乃是他希望让公众看到的画面。他既是检查官，又是宣传员，他只对雇主负责，只有在符合雇主的利益时，他才会对整个真相负责。"② 从李普曼的表述中，至少可以看出，他认为新闻工作不能够引导民意，不能够引导公众舆论，但经过"广告新闻人"的"形态赋予"则可以引导民意和引导公众舆论，在这一过程中，"广告新闻人"实际起到"舆论领袖"的作用。

从中外舆论和广告舆论发展演变的历程来看，舆论和广告舆论形态

---

① ［美］沃尔特·李普曼：《公众舆论》，阎克文、江红译，上海世纪出版集团2006年版，第247页。
② 同上。

的呈现都和人类的生存、生产和传播活动有关。时代不同，环境不同，舆论和广告舆论的传播主体、传播本体和传播客体也不尽相同。但从中外舆论和广告舆论发展、变化的规律来看，群体舆论、众意舆论和民意舆论以及以这三种形态呈现的广告舆论往往交织在一起，有时共存，有时则顺向发展和转换。这些舆论形态在现实中的存在、流动，不仅对当时人们的社会生活产生重大影响，而且为后人留下了许多研究例证和研究线索。

第二章

广告舆论概念的界定与解析

广告舆论是广告传播中的造势,还是舆论发展过程中出现的新形态?广告舆论的提法是借用舆论学的概念来观照广告传播中的问题,还是广告传播的社会影响力日益强大后人们对广告功能的新反思?这均需要从广告和舆论自身概念流变,广告与舆论概念相互观照、相互借用,广告功能的扩大,舆论内涵的日益丰富等层面进行探析。通过总结广告舆论概念现实运用状况、梳理舆论和广告概念演变的基本脉络,可以观察到广告舆论概念产生的特殊语境;通过进一步分析媒介引导、广告传播与舆论形成之间关系,可以对广告舆论概念的内涵和外延做一个基本界定。

第一节 广告、舆论和广告舆论概念之演变

广告舆论的概念纳入学者们的研究视野,有两种情形,一种是作为其他舆论形态的对比物或参照物而被提及;另一种情形就是在论及广告"导向"或舆论"导向"时而被泛指,广告舆论概念自身并没有进入研究视野的中心。这两种情形导致广告舆论概念的模糊化和使用语境的特定化。

一 广告舆论概念使用的语境

我国学者认为:"新闻和广告都是独具功能、影响深远的人类传播活动。从舆论的角度看,它们又是最活跃、影响最广、能量最大的两种舆论形态。新闻舆论是新闻传播者模拟公众对新闻事实的评论及所体现

的一致性意见。而广告舆论是一种消费舆论,是广告主借助一定的媒介传播商品和服务的评价性意见。"① 这一界定是建立在将新闻舆论和广告舆论作为舆论的两种最为重要的基本形态语境之下,这一界定给人们一个广告舆论是一种消费舆论的模糊概念,至于广告舆论的内涵和外延是什么,论述者并未作出明确的回答。有些学者论及舆论导向时把广告导向作为其外延形式。范莉认为:"广告导向往往作为舆论导向的外延而存在……舆论导向具有鲜明的阶级性,它总是维护一定社会制度的合法存在,成为一定阶级或社会集团进行历史活动的精神动力。任何阶级都会利用社会意识的巨大作用,发挥它管理社会的功能。而广告导向维护的是广告主的利益,广告主利用图像、声音、文字等表现形式对产品(服务)进行全方位的宣传,它的最大目的是实现既定的经济目标。"② 有些学者认为广告自身也能产生舆论导向。李琴则认为:无论是单一的广告,还是一组广告节目,既要很好地体现出广告的艺术性,又要深刻地体现出广告的思想性……广告作为一种特殊的节目形式也必须在宣传中造成这样的舆论,坚持正确的舆论导向。③ 这些看法,是从广告传播的角度来探讨广告舆论的社会功能,学者们基本观点是:广告导向是舆论导向的外延形式,广告导向造成舆论导向。需要提到的是,广告导向和广告舆论导向不是一个概念,同样,在"导向"语境下谈论广告舆论导向问题,也没有正面回答何谓广告舆论。

有不少学者认为广告是媒介的重要组成部分,广告舆论在很大程度上表现为媒介舆论。刘智勇认为:"新闻媒介是广告舆论的最重要的载体。从系统论的观点看,在同一媒体上,新闻舆论和广告舆论是作为一个整体来发表意见的。虽然各自具有独立性,但两者之间存在着一种相互影响、相互作用的互动关系。"④ 胡忠青认为:"媒介广告引领人们的思维和脚步。在无所不在的广告环境中,人们的生活本身也被无形地改

---

① 刘智勇:《论新闻舆论与广告舆论的互动——兼析九·二一大地震期间台湾报纸广告的特点》,《国际新闻界》2000 年第 3 期。
② 范莉:《广告导向与舆论导向同等重要——由名人代言广告引发的思考》,《湖湘论坛》2007 年第 5 期。
③ 李琴:《正确把握广告舆论宣传之我见》,《广告大观》1998 年第 8 期。
④ 刘智勇:《论新闻舆论与广告舆论的互动——兼析九·二一大地震期间台湾报纸广告的特点》,《国际新闻界》2000 年第 3 期。

造了，人们对各种'新潮'变得麻木而缺乏反省，习惯于跟着媒介广告走。"他进一步阐释道："以往刊播过的广告中涉及引导方向的具体问题，多不胜数，诸如拜金主义、享乐主义、崇洋意识、违背公德、宣扬迷信、歧视女性、隐含色情、误导儿童等；各种虚假广告带来的局部舆论震荡，其中媒介无原则刊播的责任是无法推卸的。所以，在广告行为规范化做得相当完善的时候，大众媒介对于广告无形中造成的舆论导向问题，始终要以相应的正确引导认真担负起引导舆论的责任，给人们带来理性、批判意识、审美意识和更多的心灵交流，这也是我国大众媒介的责任。"[①] 李琴认为："广告节目是广播电视整体节目设计中的重要组成部分，是广播电视节目的一种形式，是一种特殊的节目。广告从来就不是游离于广播电视整体节目之外而自由地、孤立地存在的。广播电视是党和人民的喉舌，广播电视播出的一切节目都必须有利于加强社会主义精神文明建设，有利于鼓舞和激励人民为国家富强、人民幸福、社会进步而艰苦创业、开拓创新，有利于人们分清是非、坚持真善美、抵制假丑恶，广告作为一种特殊的节目形式，也必须在宣传中造成这样的舆论，坚持正确的舆论导向。"[②] 由于把广告视为媒介的有机组成部分，学者们认为由媒介刊播广告引发的局部舆论震荡在所难免，媒介因此对此负有传播责任。认为广告舆论是一种媒介舆论，揭示了广告舆论传播的外在特征。学者们描述了广告舆论像什么，但仍然没能回答广告舆论是什么。

在有些学者看来，从社会学的角度来探析广告舆论问题，广告舆论和其他形式的舆论没有什么两样。广告传播之所以呈现出舆论表象，主要在于广告传播中的社会问题首先表现在舆论批判上。多年来，虚假广告、违法广告、炫富广告在利益驱使下大行其道，在舆论导向上产生严重偏差，广告舆论主要表现为负面舆论，对广告的评判也主要表现在社会群体对广告的舆论批判上。如胡忠青认为："现实贫困与广告华丽之间的映衬必然使不同消费阶层的差异和冲突明晰化""无疑，广告的传播中潜伏着新的社会冲突的因素，这种冲突首先表现在舆论方面，处理

---

① 胡忠青：《大众媒介对广告舆论的引导》，《集团经济研究》2004年第12期。
② 李琴：《正确把握广告舆论宣传之我见》，《广告大观》1998年第8期。

不好也可能发展为社会性冲突。"① 这一观点是建立在广告传播中广告主、媒体对舆论的控制及社会群体对舆论的反控制语境之下，这些观点同前面学者们的论述一样，已涉及广告舆论的外在特征和内在特征，甚至是本质特征，但同样没有解读何谓广告舆论。

不少学者虽然没对广告舆论的概念作出明确界定，但对广告与舆论之间的关系进行了探讨。如邓惠兰认为："广告传播与舆论学有着千丝万缕的联系，广告传播中的一些方式、方法和渠道，直接或间接运用了舆论学研究的成果。因此，我们可以运用舆论学的某些功能和特性，来对广告传播进行观照，改进其传播效果。舆论学具有公开性、评价性、群体性和现实性的特点，对这些特点的研究，对广告传播的运作具有指导作用。同时，分析舆论的类别，也有利于我们更加清晰地区别广告传播的渠道，使广告活动产生成倍效率。"② 余梅、杨安认为："舆论学的一些功能和特性，对广告传播业有着很重要的作用，可以改进其传播效果。舆论学具有公开性、评论性、群体性和现实性的特点，对广告传播的进行有着指导作用。同时，舆论学导向和违法广告也有着密切的关系。'舆论领袖'理论在广告传播中的广泛应用也带来了社会效益。"③ 这些看法对理解广告舆论的概念提供了理论思路。

综上所述可以看出，学者们对广告舆论概念的诠释，主要是建立在现实语境之下，学者们在阐释广告舆论概念时，涉及以下几方面的问题。

其一，把广告舆论当作一个既有的概念来使用。学者们往往放弃了对广告舆论本意的考察，而直接把广告舆论等同于新闻舆论、媒介舆论或社会舆论，这些阐释可能关注到在现实生活中广告舆论的习惯用法，指意是特定的，即把广告舆论视为与新闻舆论类似的舆论形态，具体来说，通过类比、借用来界定广告舆论的概念，认为广告舆论就是一种消费舆论、导向性舆论、媒介舆论或社会舆论。至于广告舆论究竟是什么，广告舆论概念的内涵和外延怎样界定，学者们并没有作出明确的回答，至少从学理上回答得不够。

---

① 胡忠青：《大众媒介对广告舆论的引导》，《集团经济研究》2004年第12期。
② 邓惠兰：《广告传播的舆论学观照》，《江汉大学学报》2002年第3期。
③ 余梅、杨安：《从舆论学角度看广告传播》，《安徽文学》2007年第5期。

其二，学者往往站在广告管理和舆论控制这两个点上审视广告舆论现象，使用广告舆论概念，查找广告传播中存在的问题，重点强调广告传播中媒体的舆论导向问题，或者说使用者在使用这个概念时只是关注到现实状态下广告传播的负面影响，强调消除负面影响，加强舆论引导的重要性，而忽视了广告舆论自身产生、发展和发挥作用的机制及过程。并没有从广告传播的多角关系互动过程，或舆论在现实图景中内涵外延的相对变化中，寻找广告舆论产生的必然性和发挥作用的可能性。

这两点一方面说明学者们对广告舆论的认识局限在一定的语境之中，但学者们的这些认识，却为我们进一步明晰广告舆论的概念打开了思路。广告舆论的概念只是特定语境中的概念，尤其是现实语境中的概念。这一点对于我们界定广告舆论的概念尤为重要。另一方面说明学者们虽然关注到广告和舆论的互动关系，但只是关注到广告和舆论的一些层面或一些表象，并没有在梳理广告和舆论各自概念演变的基础上对广告舆论这一全新的概念作出新的界定，而这一点恰恰是我们界定广告舆论的基本出发点。

二 舆论概念的演变与广告舆论概念的现实延伸

广告舆论既然被视为舆论的一种基本形态，广告舆论概念应该具有舆论概念的一般特征。在界定广告舆论概念前，应先明晰一下舆论概念的内涵和外延。中外学者对舆论概念的界定概括起来，大致有三种类型。

其一，认为舆论只是一种意见，包括共同意见、一致意见、公共意见。代表性的观点如下：

"舆论，是显示社会整体知觉和集合意识、具有权威性的多数人的共同意见。"[1]

"舆论是社会或社会群体中对近期发生的、为人们普遍关心的某一争议的社会问题的共同意见。"[2]

"舆论是在特定的时间空间里人们对于特定问题所公开表达的基本

---

[1] 刘建明：《基础舆论学》，中国人民大学出版社1998年版，第3页。
[2] 韩运荣、喻国明：《舆论学原理、方法与应用》，中国传媒大学出版社2005年版，第4页。

一致的意见。"①

其二，舆论是意见、信念、态度、情绪、集合意识的总和或汇集。代表性的观点如下：

"舆论是公众关于现实社会以及社会中的各种现象、问题所表达的信念、态度、意见和情绪表现的总和。具有相对的一致性、强烈程度和持续性，对社会发展及有关事态的进程产生影响。其中混杂着理智和非理智的成分。"②

其三，舆论是信念、态度。代表性的观点如下：

"他人脑海中的图像——关于自身、关于别人、关于他们的需求、意图和人际关系的图像，就是他们的舆论。这些对人类群体或以群体名义行事的个人产生着影响的图像，就是大写的舆论。"③

从学者们诸多的定义中可以看出，舆论的概念是一个多学科交叉概念。在政治学上，舆论被视为与政府、个人对立的第三种社会力量；在社会学上，舆论被当作社会观察和社会控制的重要工具；在社会心理学上，舆论成为个人表达意见的重要形式；在传播学上，舆论被视为媒介内容反映、引导和控制的重要对象。这些学科都把舆论作为一个核心概念加以界定，由于学术语境的差异，这些概念难以获得彼此认同。其次，舆论不仅仅是一个共时的概念，也是一个历时的概念，舆论往往与"意见""态度""民意""公共"等概念交织在一起，导致对舆论的学术边缘和学理渊源难以驾驭，或导致目前对舆论概念的界定各持一说。在这里，我们需要对舆论的概念的演变做一个脉络性梳理。

第一，舆论的形成、演变和结束离不开特定的社会情境。特定的社会情境是某种舆论繁衍的条件，一旦该情境发生变迁，该舆论也将随之变化、消亡或产生新的舆论。舆论情境根据不同的分类标准，可以分为多种类型。根据舆论情境的性质，可以分为真实情景、想象情境和暗含情境；根据舆论情境的范围，可以分为宏观环境、中观环境和微观环境。舆论情境的划分并不是绝对的，这些因素交错影响，共同构成舆论

---

① 李良荣：《新闻学导论》，高等教育出版社1999年版，第47页。
② 陈力丹：《舆论学——舆论导向研究》，中国广播电视出版社1999年版，第11页。
③ 沃尔特·李普曼：《公众舆论》，阎克文、江红译，上海世纪出版集团2006年版，第21页。

演化的舆论场及外部图景。

第二，公众参与行为往往是理性与感性相结合。"公众是舆论的主体"①，公众是指面临共同社会问题、具有共同的社会需要和相似的社会行为的民众集合，公众具有相关性、共同性、变化性和多样性等特征。公众围绕特定的社会议题聚合在一起，结合具体的舆论情境对该议题发表评论性意见，并在与其他公众的交流中不断修正自己的观点，大部分公众最终达成方向性共识。公众在参与舆论事件时，往往既有个人感性的情感表达，也有理性的思辨，并在不同议题的舆论事件中呈现出较大的差异。

第三，舆论问题具有公共性、新奇性、争议性和指向性等特征。舆论问题是舆论的客体，是指在现实生活和虚拟生活中，能够引起人们广泛关注并热情参与的社会公众性问题。按照舆论问题运行方式及规律，可以分为政治问题、经济问题和文化问题三种类型。政治问题由于涉及面广、影响力大和关注度高，经常能够演化成舆论问题，甚至进一步形成激烈的政治对抗和社会冲突；相对而言，经济问题和文化问题社会作用力相对缓和，但"问题单"相对宽泛，只有在一定的条件下才能形成公众舆论。

第四，无论是时间上还是空间上，舆论流动范围都具有一定的边沿性。舆论流动是舆论的存在方式，是指舆论在时空上发展变化的动态性。在空间上，根据舆论的影响范围，可以分为公众舆论、阶级舆论和集团舆论。人是社会性的动物，人类社会生产和生活都具有一定的社会性和公共性，共同面临着许多社会问题，这些社会问题都可以演变成公共舆论。但进入文明社会以后，人类依据不同的经济地位和社会地位在社会行为上，呈现出特殊的群体性，因此，"舆论也开始体现出一定阶级或利益群体的集团意识，具有鲜明的阶级性、党派性和集团性"。②在时间上，舆论具有稳定性，舆论从形成、演变到结束的过程，需要一定的时间来完成，短暂的争议和讨论不能视为舆论行为。

第五，受益性并不是公众参与舆论的唯一动力，公众的舆论动力具有多元性。在心理学上，"认知平衡理论"和"认知失调理论"，经常

---

① 陈力丹：《推敲"舆论"的概念》，《采写编》2003年第3期。
② 甘惜分：《新闻学大辞典》，河南人民出版社1993年版，第38页。

被用于对参与舆论事件的人的传播心理机制的解读；在传播学上，议程设置理论、"沉默的螺旋"理论、媒介控制理论和从二次传播理论延伸而来的"意见领袖"理论，也从舆论形成的社会传播心理机制上对公共的舆论行为进行剖析。通过这些理论解读，我们可以发现受众参与舆论的动机具有多元性、复合性和动态性等特点，因此，利益相关与否只是一个重要的参考坐标。

第六，根据不同的社会议题，公众舆论表达方式呈现出多种类型。根据公众参与程度的不同，舆论行为可以分为潜在舆论和公开舆论两种类型。潜在舆论是指迫于特定的舆论情境，公众没有公开表达社会意见，而是私下地传播和参与，具有分散性和不确定特征；公开舆论是指在公众领域公开表达和散布个人意见，具有聚焦性和确定性特征。在不同的舆论议题中，公众在潜在舆论和公开舆论的选择上多有差异：在政治议题上，由于参与风险大，既有公开舆论，也有潜在舆论，并且两者交互影响；在经济议题和文化议题上，公众参与风险相对较小，公众多以公开舆论的方式进行参与。

第七，舆论过程具有周期性，其结果大多能产生一定的社会行为。舆论并不是一次性形成的，需要一个过程，首先，由于社会变动促动了相关公众的现实利益、社会关系和社会观念，从而形成了一个现实的、有争议的公共问题，引起人们的普遍关注；其次，相当多的公众对这个问题表明态度或发表意见并经过众多的个体意见的充分互动；其三，社会权力机构或相关组织通过大众媒体等途径引导舆论发展的方向，最终希望在公众心理上达到共鸣的一致性意见；最后，这种一致性的意见对公共问题的存在和变化及与此相关的人们的行为能产生直接或间接的影响，从而能够产生特定的社会效应。大致经过这四个步骤，旧的舆论逐渐结束，也可能在此基础上产生新的舆论，最终推动整个社会实践的发展。

综上所述，可以看出，舆论的形成、演变和结束离不开特定的社会情境。舆论是一个较为宽泛的概念，在不同时期，包含着不同的内涵和外延；舆论的产生则与公众参与行为、参与方式、参与动机有很大关系，舆论发生的机制是舆论问题、舆论主体、舆论客体多元互动的结果；按照舆论问题运行方式及规律，可以分为政治问题、经济问题和文化问题三种类型,根据舆论的影响范围,可以分为公众舆论、阶级舆论和集团舆论。从学者们给舆论所下的定义来看,无论认为舆论只是一种意见,包括共同意见、一致意见、公共意见,还是认为舆论是意见、信念、态度、情绪、集合意识的总和或汇集,或是认为舆论是信念、态度,都注意到舆论界定的语境、时态、指向等是在较为宽泛的范围内对其概念进行界定,以避免视野过于狭隘或失之偏颇。而从现实运用看,舆论概念被广泛运用到各个领域。我国学者认为:"按范围来分,有地区舆论、阶级舆论、党派舆论、民族舆论、国家舆论、社会舆论、国际舆论、世界舆论。按性质来分,有正确舆论、错误舆论,进步舆论、落后舆论,革命舆论、反革命舆论,等等。舆论的多样性,同客观事物的多样性有关。"①

地区舆论、国家舆论、新闻舆论、政治舆论、经济舆论、广告舆论、媒介舆论、社会舆论的提法,已使舆论概念的内涵和外延呈多元发展趋势。如果像前面学者所阐释的那样,把广告舆论看作舆论的基本形态之一,舆论概念所具有的基本特征,广告舆论也应具有,这些判断是我们界定广告舆论概念的重要参考。

三 广告概念的嬗变和广告舆论概念的新解读

广告舆论究竟是广告传播中的造势,还是舆论发展过程中出现的新形态?这个问题同样需要对广告概念做一下剖析。广告的概念也是一个逐渐演化的过程,表现形式从单一到复杂,涵盖的内容从简单到丰富。广告一词源于拉丁语 advertise,有"注意""诱导""广而告之"的意思,现代汉语中的广告一词主要意思也是"广而告之",随着广告功能的日益强调,广告的内涵和外延也发生了很多变化,中外学者对广告概念的界定也限定在不同的语境之下。

其一,认为广告是一种营销活动。代表性观点如下:

1848 年,美国营销协会定义委员会(The Committee on Definitions of the American Marketing Association)关于广告的定义是"广告是由可确认的广告主在付费的基础上,采用非人际传播方式对其观念、商品或服

---

① 林枫:《新闻理论与实践》,新华出版社 1986 年版,第 246—247 页。

务进行的介绍、宣传活动"。①

哈佛管理丛书《企业管理百科全书》认为："广告是一项销售信息，指向一群视听大众，为了付费的广告主的利益，去寻求有效的说服来销售商品、服务或观念。"②

其二，认为广告是一种传播活动。代表性观点如下：

美国学者托马斯·C. 奥吉恩、克里斯·T. 艾伦和理杰德·J. 塞梅尼克在其出版的名著《广告学》里对广告所下的定义是"广告是一种有偿的、经由大众媒介的、目的在于劝服的企图"。作者在对这一定义进行解释时说道："广告是由希望自己的信息得到扩散的企业或组织支付费用的一种传播活动。"③

丁俊杰认为："广告是付费的信息传播形式，其目的在于推广商品和服务，影响消费者的态度和行为，博得广告主预期的效果。"④

其三，认为广告是一种可以影响舆论的宣传方式。代表性观点如下：

唐忠朴认为："广告是一种宣传方式，它通过一定的媒体，把有关商品、服务的知识或情报有计划地传递给人们，其目的在于扩大销售、影响舆论。"⑤

英国《大不列颠百科全书》给出的定义是："广告是传递信息的一种形式，其目的在于推销商品、劳务，影响舆论，博得政治支持，推进一种事业或引起刊登广告者所希望的其他反应。"

广告的发展历程，实际上是以广告媒体为中心的广告技术的发展历程。广告技术的进步，也改变着广告的形式与内涵，其经历了作为单一作品形式的广告，作为整体运动形式的广告，作为传播观与营销观双重观照下的广告，作为以文化缔构为本质特征的广告几个不同发展阶段。

---

① Ralph S. Alexander, *The Committee on Definitions*, *Marketing Definitions*, A. M. A., p. 1963.

② 哈佛企业管理丛书编纂委员：《企业管理百科全书》，中国对外翻译出版公司1995年版。

③ Thomas C. O'Guinn, Chris T. Allen, Richard J. Semenik, *Advertising Copyright 1998*, South-Western College Publishing, an ITP Company All Rights Reserved.

④ 丁俊杰：《现代广告通论——对广告运作原理的重新审视》，中国物价出版社2003年版，第6页。

⑤ 唐忠朴：《实用广告学》，中国工商出版社1981年版，第2页。

回顾其发展历程,对于理解广告源流的演变非常有帮助。

第一,作为单一作品形式的广告,往往是以具体的广告媒体为载体,以单一信息为传播内容,以具体的画面或具象为存在形式,且有很强的依附性、指向性和方向感。因其多依附销售或服务场所而出现,其现场的引导功能和方向坐标功能十分强大。

古代的广告形态基本上都是单一作品形式的广告,是原始人借助简单的手工媒体、自然媒体或借代物传递信息的一种形式,特点是内容特定、形式单一、表现独特。

阶级社会的广告内容日益丰富多彩,但广告表现形式的单一性并没有根本改变,商品广告有口头叫卖、陈列、展示、招牌、幌子、楹联、店堂装饰、吟唱、彩楼、欢门、印刷广告、春联年画等;军事广告则有烽火预警、纸鸢传信、击鼓为号、檄文声讨、露布报捷等形态;文化广告则包括服饰文化广告、礼仪文化广告、民俗文化广告等形式;政治广告则有借助"鼎""石刻""碑"等传达统治权威信息的广告,有以"诏""制""诰""令""判"等形制为载体,传达统治阶级政令、法规等内容的广告形式。① 这些广告形态无论是从制作工艺,还是从传达的信息量、传递方式来看,都没有突破广告作为单一作品的局限性。近代广告技术有了长足进步,以报纸、杂志为代表的大众传播媒体的出现,使数千年来广告仅以单一作品形式出现的局面得到根本改观,但即使是以新技术为支撑的大众传播媒体时代,以单一广告作品形式存在的广告仍然占有很大份量。无论是传统的招牌、幌子广告,还是新型的广告牌、招贴、月份牌年历画广告,或是带有明显时代特征的霓虹灯、橱窗展示等广告形态,在新媒体时代仍展示着独特的魅力。

现代广告表现已进入网络时代,但传统的广告表现形式仍是广告市场中的一道亮丽风景。销售终端的广告旗、充气拱门、招贴画、宣传册,饭店酒楼门前的红灯笼、象形幌,街道两旁的路灯广告、候车亭广告、广告塔以及墙体广告等,仍然是以单一广告作品的形式出现,只不过是在规模化生产的背景下,其广告表现力与广告影响力更强大了而已,但作为单一广告作品形式的本质没有改变。古代的广告传播也具有

---

① 杨海军:《中国古代社会政治、文化、军事广告的传播特色》,《河南大学学报》2005年第5期。

一定的舆论引导功能。如"禹制九鼎，以示天下"，具有明显的政治广告舆论引导作用，而檄文声讨、露布报捷等广告形式则有着军事广告的舆论导向的特征。

第二，作为整体运动形式的广告，随着近代大众传播媒体的出现而出现。

广告行业发展日益成熟，广告的社会影响力越来越大，广告活动开始走出狭小的区域范围，逐渐转化为对整个人类社会都产生巨大影响的整体运动形式。这一变化主要表现在以下几个方面：

首先，广告是广告市场中多角关系互动的外在表现形式。近代工业革命的完成，使工商业广告主的实力得到极大的提高，其广告意识和广告欲望也不断增强，广告主的成长与成熟，成为广告市场发展的强大推动力。大众传播媒介的出现，使广告传播打破地域和空间的限制成为可能，而从"卖报人"兼拉广告业务到专业广告公司建立，广告代理制的实施也成为制约广告市场发展水平的一支重要力量，而媒体的特性及其运行方式也决定着其必然和广告主、广告代理公司结成联盟。受众是广告服务的对象，在新的市场与社会环境中，受众不再是个体，而成为广告主与广告代理人关注的群体，受众的需要成为广告主、广告代理人、媒体生存的前提。在这种相互制约的关系中，广告已不在狭小的范围产生影响，而在更宽泛的领域内发挥作用。在这里，广告成为利益集团传播经营理念、企业理想、引导社会舆论的重要工具。

其次，广告是广告活动整体运作的必然结果。在生产者、销售者、广告者三位一体的广告运行模式下，广告活动的成败取决于广告者的好恶和对狭小经营场所的掌控能力，而在广告市场中多角关系互动的发展模式中，广告活动开始沿着科学化、规范化的广告发展。广告活动往往起始于较为详尽的市场调查，经历定位、创意、设计制作、媒体选择、组合、广告发布的过程，结束于广告效果的反馈。在这里广告活动的计划性、可控性、目标性和有效性均得到强化，广告的舆论导向功能在与消费者的多向互动中得到进一步加强。

第三，作为传播观与营销观双重观照下的广告，是人们在现代市场环境中对广告概念的新解读。

多年来，人们一直在广告究竟是一种传播活动还是销售活动上有不同的看法。如广告大师大卫·奥格威就说过"我们的目的便是销售，否则便不做广告"，但也有许多广告人坚持认为广告不是销售，广告只是促销的一种环节或手段，认为从本质上讲，广告是一种信息传播活动。在不同观点指导下，人们对广告的概念作了不同的解释。

尽管人们对广告是营销还是传播有不同看法，但基本可以认为，广告从其诞生那天起，就处于销售和信息传播的双重观照之下。也就是说，广告的目标是营销，广告的本质是信息传递。离开销售目标的信息传递就失去了广告的本意，而认为广告本身就是销售的看法，则忽视了广告就是一个信息传递过程这样一个基本事实，而用广告代替销售则是对广告信息传递功能无限夸大的结果。所以，近年来，我国学者综合以上观点，明确指出："广告是一种营销传播活动"。

所谓"广告是一种营销传播活动"，就是指广告的目的是销售，广告的基本功能和基本运行过程是围绕销售目标而进行的信息传播活动。广告主通过付费，利用媒体传播信息，并借助媒体来制造舆论、引导舆论和控制舆论。

第四，作为以文化缔构为本质特征的广告，是广告舆论导向功能日益受到重视而对广告本质特征的一种新反思。

广告作为一种生活、生产现象，一开始就来源于生活并服务于人们的生活。广告作为一种具有鲜明行业特征的活动形式，在社会结构的整体运行框架中，起着润滑剂的作用，并在创造物质财富，传递文化知识、弘扬社会正气、引领时尚潮流、促进文明发展等方面都发挥着重要作用。

广告无论是以广告作品的形式出现，还是以整体运动的形式出现；无论是以传递信息为主流，还是以促进销售为目标，从广告市场运行的规则来看，是广告市场多角关系利益博弈与利益共享的关系相互作用的结果。

过去，人们一直认为广告主为了使自己的利益最大化，往往唯利是图，不惜损害消费者的利益。广告代理和广告媒介往往也从自身利益考虑，当广告主的利益与消费者的利益发生冲突时，会毫不犹豫地站在广告主的立场上为广告主辩护。这种看法是对广告最大的一个误解。实际情况是，广告主往往在使消费者的利益首先得到满足的情况下才使自己、广告代理和媒体的利益实现最大化。这也就是说,在许多情形下广告信息传播是广告者和信息接收者互动的产物,也是广告传播中思想、观念、价值观高度认同的结果。

第二节 广告舆论概念的界定与内涵外延剖析

以上的论述涉及三个问题。第一个问题是广告舆论概念存在不存在、成立不成立的问题,答案是肯定的;第二个问题是广告舆论是一个现实的概念,还是一个历史的概念,或是特殊语境下的概念,我们认为应该是三者兼而有之;第三个问题是广告舆论究竟是舆论的一种基本形态,还是广告的一种传播方式,抑或是广告功能的外化现象,则需要我们做出进一步的回答。

一 广告概念中的"公众"及"民意"要素

把广告舆论视为舆论的一种基本形态,只是对广告舆论做了类别上的划分,从广告舆论产生的社会机制看,广告舆论还是发轫于广告传播活动自身。学者们对广告概念的不同理解反映了广告概念的多层面性,因此,在探讨广告舆论概念之前,仍需要对广告的概念做一下阐释。

广告是以策划为主体、以创意为核心的运动形式,是广告主通过付费主导自身与广告媒介、广告代理、受众之间的关系,综合运用各种元素传递有效信息,努力促使广告市场中多角关系利益共享,以期实现营销目标和文化传承目标高度统一的营销传播活动。关于这一定义,可做以下解释:

其一,广告主是具有理想的广告主。广告主既是社会物质财富的创造者,也是社会精神文明的传播者。如海尔集团、长虹集团等,在创造物质财富的同时,一直致力于中国文化与中国元素的传播。

其二,广告媒体是有责任感的广告媒体。广告媒体不仅要对社会负责,对受众负责,还要对自身负责,广告媒体不会因为商业利益而损害社会"公器"的形象,也不会因为利益而丧失自己公正的立场。

其三,广告代理是美化生活的创造者。广告代理是沟通广告主与媒介和受众之间的桥梁,利用自己的智慧和才能创作出好的广告作品,服务于商品销售,陶冶人们的生活。

其四,广告受众是在正确消费观引导下成熟理性的消费群体,受众采取理性、科学的态度对待广告信息的传递,同时不断提高广告素养,可以帮助自身在广告信息面前做出正确的判断。从某种意义上讲,一个成熟、稳定的受众群体,既是消费文化的倡导者,也是广告文化的引领者。在这里,广告的本质问题,实际就是广告市场多角关系利益冲突与利益共享背后的文化缔构问题。广告舆论也是这一本质特征的外在反映。

有一点需要特别说明,随着广告社会影响力的扩大,广告的自身结构也在不断发生变化,商业广告的表现形式经历了产品广告宣传、企业形象广告宣传、企业观念广告宣传阶段。企业在进行广告宣传时,往往公开表达经营理念、企业哲学,公开表达对突发问题、重大事件的看法,以广告的形式参与有关国计民生的讨论,广告舆论造势的功能增强。更为重要的是,企业的公关广告、公益广告、观念广告在广告宣传中的比重逐渐增大,其宣传内容涉及社会公德、风尚礼仪、政府廉洁、公共安全、社会和谐等诸多层面,从传播形式看,广告主似乎扮演了"公众"的角色,从传播效果看,又似乎是对"民意"的一种回归。

二 广告舆论概念的界定和层次分析

那么,究竟什么是广告舆论呢?根据以上的分析,广告舆论的概念应该有广义和狭义之分,我们尝试对广告舆论的概念分别做一下广义和狭义的界定。

广义广告舆论:广告舆论是指由广告传播引发的公众关于现实社会以及社会中的各种现象、问题所表达的一致性信念、态度、意见和情绪表现的总和。由广告传播引发的舆论可统称为广告舆论。包括广告传播主体以传播思想观念、主张价值立场、弘扬时代文化、培养消费意识为目的、具有一定单位时间密度和空间强度的导向性意见;在使用广告产品、接受广告宣传、反馈广告信息时形成较为集中的认知性意见;在特定的时间和语境下观察广告现象、辨析广告问题,讨论广告事件时产生的具有广泛针对性的评论性意见。

这里界定广告舆论按其存在方式可分为三个层面。即广告传播主体的导向性意见、认知性意见和评论性意见。

狭义广告舆论：是指广告发布者通过特定的媒介，借助权威认证、明星代言、形象比附、事件关联等方式向其选定的具有一定规模的目标受众传播广告信息、强化立场主张、引导消费观念、制造营销氛围，进而形成舆论事实或表象，并在受众体验、交流和反馈的基础上，形成对广告产品及服务认知的导向性意见。①

这里界定的广告舆论的概念应该包括两层含义：一层是广告发布者创造或制造某种观念、说辞，通过媒体在特定时间段高密度地向目标受众强势传播而形成的导向性意见；另一层是目标受众通过广告发布者持久的广告信息灌输，在观念认同、价值判断、消费认知上与广告发布者达成一致或相似看法的反馈性意见。

广义广告舆论和狭义广告舆论因发起主体不同、表现形态不同、传播途径不同和影响范围不同而差异较大。具体来说，前者我们可以称为社会广告舆论，后者我们可以称为消费广告舆论。但作为广告传播的意见表达和舆论传播的基本形态，广告舆论却具有二者的共性，并呈现出独特的传播特性。具体可做如下阐释：

其一，广告舆论是由广告舆论传播主体在广告传播过程中有目的、有意识制造的观念或说辞，并通过媒体的引导和控制向目标受众强势传播而形成的导向性意见。

其二，广告舆论也是广告舆论传播主体对广告信息进行甄别、判读和筛选，并通过与其他广告受众的交互验证，达成消费认知的反馈性意见。

其三，广告舆论还是广告舆论传播主体之间多向互动，在文化交流、价值判断和观念认同上高度契合的一致看法。

其四，广告舆论对社会的影响主要体现在创造舆论、引导舆论和控制舆论上。广告舆论传播主体通过预设情景制造舆论，通过媒体渲染引导舆论，最终通过与目标受众的互动，在文化交流、价值判断和观念认同高度契合的基础上控制舆论的走向。

广告舆论在广告传播由"传者导向"向"受众导向"转变的过程

---

① 杨海军：《广告舆论造势的经典之作》，《广告人》2009年第8期。

中逐渐成为一个显性话题，是广告传播功能不断增强、社会影响力不断扩大的必然产物。广告舆论所表达的既是广告舆论传播主体的思想、观念、看法，也是民众在对广告产品及服务体验和交流中所形成的一致性意见，已经成为影响消费者品牌认同与否的关键所在。广告舆论首先是舆论的一种基本形式，具有舆论的共性，其公众参与性和民意表达是其基本特征，无论这两个基本特征是以显性形式、隐形形式还是以表象形式出现。广告舆论又是广告自身传播的产物，是广告传播功能外化的结果，也是广告传播者、广告代理、媒介、受众多元互动的意见体现，具有原发性、导向性和可控性特征。广告舆论表现形式多种多样，有时以消费舆论形式出现，有时以媒介舆论形式出现，还有时带有社会舆论的显著特征，呈多元发展态势。

广告舆论概念的提出，从理论上看，吸收了舆论学、广告学和相关学科的研究成果，借鉴了传播学、社会学的研究视角和方法，是学术研究和学术运用的产物。有关广告舆论的阐释，则丰富了对广告社会功能的认知，明晰了广告舆论"制造舆论、引导舆论、控制舆论"的功能性特征，进而奠定了广告舆论的学理基础，这对丰富广告学学科内涵，提升广告学学科地位不无裨益。从实践看，合理运用广告舆论有利于提升广告社会影响力，使广告成为媒介控制和社会控制的重要工具。近年来，随着消费者运动的兴起，"口碑传播"和"病毒营销"等传播方式在广告界颇为盛行，亦从实践层面验证了广告舆论存在并日益发挥作用的现实景象。

第三章

广告舆论的结构要素及其类别

广告舆论生成和发展，是广告舆论各要素之间互动的结果。广告舆论包括广告舆论主体、广告舆论客体和广告舆论表达形式三个基本要素。在广告舆论传播场域中，广告舆论主体结构较为复杂，广告舆论客体所指内容较为宽泛，广告舆论表现形态较为多样。广告舆论类别则是广告舆论存在形式的外化反映。不同类别的广告舆论以独特的外在表现形式呈现，在现实生活中构成了复杂纷呈的广告舆论现象。

第一节 广告舆论主体及其结构

舆论学上的舆论主体是指公众。这个"公众"有特定的含义，舆论学者解释为"是自在的对于外部社会有一定的共同知觉，或者对具体的社会现象和问题有相近看法的人群"，并特别提出"由相似或相同的认知而关联、具有社会参与的自主性"是作为舆论主体的公众的两个重要标志。[1] 新闻学上的新闻舆论主体也是指公众。新闻学者的解释较为直观，认为"在我国，工人、农民、知识分子和其他爱国者、劳动者作为社会的基本成员，是新闻舆论的主体部分"。并认为"一切享有政治权利的公民都可以对国家事务、社会事务发表意见"。[2] 相较而言，前者强调的两个重要标志高度概括了"作为舆论主体的公众"的重要特征，为人们理解抽象的或具体的舆论主体提供了参考坐标，从而带有学理性

---

[1] 陈力丹：《舆论学——舆论导向研究》，中国广播电视出版社1999年版，第11—13页。
[2] 《马克思主义理论研究和建设工程重点教材·新闻学概论》编写组：《新闻学概论》，中国高等教育出版社、人民出版社2009年版，第136页。

的普适意义。后者则关注了中国社会作为新闻舆论主体"公众"的特殊语境,突出"享有政治权利的公民"制度特色,对新闻舆论主体的界定较为宽泛,抽象性和概括性则略显缺乏。

社会学的公众概念把它视为组织松散的集体,通过围绕某个议题进行讨论而产生。学者布卢默对"公众"概念的界定具有代表性,他提出"公众这个术语用来指称这么一群人:1. 他们面对某个议题;2. 他们在如何对待该议题的问题上意见不一;3. 他们介入了对该议题的讨论"。① 美国传播学者文森特·普赖斯(Vincent Price)在《传播概念:Public Opinion》一书中也对"公众"的概念做过阐释,他认为在20世纪早期形成的各种社会学模式中,公众概念一般来说具有高度的一致性,公共舆论研究一般援用的四种主要的集体概念基本符合从大众到公众的连续发展过程,这四种集体概念就是他总结的一般公众、选民、热心公众以及精英或积极公众。② 从以上论述中可以看出社会学家所说的公众实际上就是意见公众,而传播学者眼中的公众则是一个较为宽泛的概念,公众的成分既包括一般公众、选民公众,也包括对某一问题或某一事务感兴趣的热心公众、积极公众和舆论领袖,且公众的成分会随着社会的发展和时代的进步不断变化,各成分的地位和作用在特定的环境中也各有凸显。

根据以上表述,结合广告传播的特点,对广告舆论主体——广告舆论公众可做以下分析:

首先,广告舆论主体是指对具体的广告现象和问题有相近看法的人群;其次,这部分人对广告现象和问题有相似或相同的认知,因积极自主参与广告话题讨论或公开表达对广告问题的看法而关联;其三,广告舆论主体是在多元互动中逐渐形成,在相似或一致意见表达中逐渐明晰。所以具体来说,广告舆论主体——公众,是指因广告传播而关联在一起,对广告现象、广告问题积极关注,并且通过主动参与讨论和公开表达观点进而形成相同或相似意见的人群。

考虑到在广告传播的各个节点上都有可能产生广告舆论,那么广告

---

① [美]文森特·普赖斯(Vincent Price):《传播概念:Public Opinion》,邵志择译,复旦大学出版社2009年版,第35页。

② 同上书,第56—57页。

舆论主体的结构就与广告传播的各个要素相对应。广告舆论中的公众既可泛指由广告主、媒介、广告管理者和受众等多角关系所构成的，在广告意见、广告态度、广告主张上取得大致相同意见或一致意见的"众意"或"民意"意见群体，也可以分别指广告主、媒介、广告管理者、广告批评者、受众等群意意见群体。这些群体在广告舆论形成的过程中，都有可能扮演广告舆论的发起者、传播者或推动者，并且以广告舆论传播不可或缺的基本要素形态存在，当这些不同的群体围绕广告问题或话题展开讨论、公开表达意见和主张，并且形成相似或一致看法的时候，广告舆论传播得以从群意广告舆论到众意广告舆论再到民意广告舆论，以结构性形态呈现。

广告舆论主体利用广告舆论客体所呈现的广告舆论事件或广告舆论话题，通过大众传播媒介的强化参与，经过持续不断地交流讨论，传播特定的政治观念和消费主张，在信息传播中实现广告舆论本体———致性态度、意见以及价值观的呈现。广告舆论主体在广告实践中表现活跃并在媒介融合和新媒体环境中呈现多元化发展态势。但从广告传播的规律和特点看，广告舆论主体在现实生活中虽然泛指公众，但公众的构成是有结构层次的，广告舆论主体在现实生活中呈现出结构性层次，主要包括由政策性意见、号召性意见、指导性意见相关联的政府人员群体、工商广告管理人员及相关职能部门人员群体；由消费性意见、观念性意见、导向性意见相关联的广告主、广告创意人、媒介人群体；由争论性意见、褒贬性意见、共鸣和反馈性意见而关联在一起的广告受众、目标消费者群体等。

一 政府、工商广告管理及相关职能部门是意见导向主体

政府、工商广告管理及相关职能部门往往是广告舆论的发起者和引导者。在西方，政府部门常常在总统竞选、政党斗争和社会公共事务中担当广告舆论发起者。在中国，广告也成为国家和相关部委宣传政策主张的工具。他们在实施计划生育政策、救助失学儿童、抗震救灾、推行精神文明建设工程及对外传播、塑造国家形象等方面，都扮演广告舆论传播主体的角色。广告管理者关心广告传播中的伦理问题、利益制衡问题、管理体制问题，他们也经常对广告传播中出现的问题广告弊端发表公开看法和主张，他们的意见和主张往往以导向性广告舆论形态呈现。

改革开放以来，在广告管理层面，国家工商行政管理局、国家广播电影电视总局、国家新闻出版总署、中共中央宣传部等相关部委，下发的有关广告法规、广告管理条例、通知精神数以千计。每有重大广告问题出现或重大广告事件发生，相关部门就会出台、下发相关的文件或通知精神，通过层层传达和媒体渲染，造成强大的舆论影响，其广告舆论传播主体的地位在这样的情形下得以凸显。例如，2011年2月26日，国家工商行政管理总局会同中央宣传部、国务院新闻办公室、公安部、监察部、国务院纠风办、工业和信息化部、卫生部、国家广播电影电视总局、国家新闻出版总署、国家食品药品监督管理局、国家中医药管理局共同下发了《2011年虚假违法广告专项整治工作实施意见》的通知，涉及各省、自治区、直辖市工商行政管理局、党委宣传部、政府新闻办公室、公安厅（局）、监察厅（局）、纠风办、通信管理局、卫生厅（局）、广播电影电视局、新闻出版局、食品药品监督管理局、中医药管理局等相关部门和机构。从文件涉及的部门来看广告监管确实是一项综合性的系统工程，需要多个部门的综合协调才能实现广告的有效监管。从另一方面来说，正因为多方参与，多方监管才使得广告传播的政策性舆论在更宽泛的范围、以更有效的方式传播。

值得注意的是，政策性舆论因带有强烈的行政性、规范性和导向性色彩，往往使得舆论形态呈现出"民意"广告舆论的特征。如实施意见鲜明提出"坚持以人为本，执政为民，紧紧围绕维护人民群众切身利益问题，进一步深入治理损害消费者权益的虚假违法广告"的舆论主张，同样也发出"努力营造公平竞争、健康有序、文明诚信的广告市场秩序"的舆论号召。在这一主张和号召下主要内容包括：继续把直接关系人民群众健康安全的医疗、药品、保健食品广告，危害未成年人身心健康的非法涉性、低俗不良广告，以及扰乱公共秩序、影响社会稳定的严重虚假违法广告作为整治重点；严格监管电视购物广告，严厉查处各类媒体以新闻报道形式和健康资讯节（栏）目名义变相发布广告的行为；继续深入清理网上非法"性药品"广告、性病治疗广告和低俗不良广告，做好整治互联网和手机媒体传播淫秽色情及低俗信息工作。[1]

---

[1] 国家工商总局广告监督管理司：《2011年虚假违法广告专项整治工作实施意见》，www.saic.gov.cn，2011年3月8日。

这些内容所透射的信息，通过媒体的传播和放大，形成更大的舆论场域，和人民群众所关心的、与其切身利益密切相关的广告和谐传播的有关意见达到高度契合。在这里，政府、工商广告管理及相关职能部门自然成为广告舆论主体。

二 广告主、广告创意人、媒介联盟是意见倡导主体

广告主、广告人、媒介所组成的利益联盟是广告舆论的主体之一。他们利用所掌控的信息资源、社会资源和媒介资源制造舆论，并且引导和控制着舆论。

广告主是广告信息的提供者和主导者，决定着广告信息的流量；广告人也就是我们常说的广告创意人，创意人的创意思想和创意方法和广告表现方法决定着广告信息传播的效果和质量。广告主和广告创意人面对强大的社会机体，日复一日，年复一年地发出有关广告产品和广告服务的呐喊，不厌其烦地诉说着其消费观念和消费主张。他们坚信他们的广告能够带来巨大的销售力并给消费者以持久的舆论影响。"现代广告教皇"大卫·奥格威在他的自传中曾自豪地说道："好广告可以使用多年而不会丧失销售力。我为哈撒威衬衫做的戴眼罩的男人的广告就使用了21年，我为多芬香皂做的广告使用了31年，而且多芬现在是最畅销的。"[①] 好的广告主和广告人能使自己的广告持续二三十年对消费者产生影响，可见其对广告舆论的把控是何等的娴熟。在中外品牌发展史上，广告主和广告创意人的合作有时达到十年、二十年甚至更长时间，他们服务同一品牌或为同一产品做同一广告的时间有时持续几年或几十年，广告的意见、主张和观念对消费者的影响也是深入和持久的。这些群体是广告舆论的强有力发起者和传播者。

从局部看，广告主、广告人、媒介所组成的利益联盟代表的是利益群体的小利益。但从整体看，这一利益群体发出的呐喊之声奏响的却是社会发展和文明进步的主旋律。特别是市场经济转型时期，无论是消费主张的倡导，还是商业文化的引领，既是这一利益群体"群体广告舆论"的集中表达，也是新时期"民意广告舆论"的具体体现，反映着

---

① ［美］大卫·奥格威（Dvid. Ogilvy）：《一个广告人的自白》，中信出版社2008年版，第10页。

大多数社会公众的共同心声,引领着消费文化的发展方向。从广告主、广告人和媒介在广告舆论传播中的关键作用来看,其作为广告舆论主体的地位不断得到强化和巩固。广告企业采用产品广告、形象广告、观念广告、广告歌曲、企业文化形象片来营造消费氛围,描绘消费图景,引导消费舆论。典型的例子有长虹电器广告、奥妮洗发香波广告、太阳神广告、巨人脑黄金广告、脑白金广告、恒源祥广告、果维康广告等,广告主采用超大投入、密集轰炸、简单诉求、不断重复的方式推出消费话题,构建消费理念,制造消费舆论;创意人采用非常规手法,超常创意,违规创意,甚至不惜以反社会、反传统、反文化的出格创意来提高关注度,试图引领创意方向,但常常引发网络舆论、媒介舆论和社会舆论。广告创意引发的广告舆论有正面的,也有反面的,如贝纳通的广告创意涉及政治问题、种族问题、人类和平问题,正面和负面的舆论均较强烈。媒介在加强自身广告形象宣传的同时,也有意识地和广告主结盟,人为制造各种话题引发受众讨论,诱导受众发表意见,舆论作为消费文化的符号代码被引发,以此来满足公众的娱乐需要和消费快感,进行舆论消费。

美国学者大卫·阿什德(Dvid L. Altheied)在《传播生态学——控制的文化范式》(An Ecology of Communication—Culture Formats of Control)一书中谈到"传播生态与实在环境"这一话语时提出"从知识新闻到广告新闻"的命题。他认为:"长期以来人们认为电视新闻节目有娱乐化的倾向,但是有迹象表明娱乐节目正变得更像新闻节目,因为标准的传播范式把节目塑造成符合媒介逻辑的样式,而这微妙地使电视的准则、表述和视点进入人们的日常生活。"[1] 这就揭示了媒介也常常利用独占的资源来为自己的节目做广告和制造舆论的本质。大卫·阿什德还从电视节目形态的设计上来评价媒体如何借助广告制造舆论和引导舆论的。他说:"电视媒体利用新闻对事件的报道来预告将来要播出的电视剧的那种方式,在某种意义上,这成了吸引人们对将要播出节目的关

---

[1] [美]大卫·阿什德(Dvid L. Altheied):《传播生态学——控制的文化范式》,邵志择译,华夏出版社2003年版,第19页。

注的预演或广告。"① 他举例说,"美国通缉要犯"节目本来是娱乐节目,但大部分观众特别是年轻人受其播出范式的误导而认为它是一个新闻节目。而中国和国外不同,媒介通过广告制造舆论话题主要依托栏目或节目进行。下面一段文字反映了媒体如何利用资源优势制造舆论话题的事实:

> 伊拉克战争爆发以来的很多天里,CCTV-4和CCTV-9这两个国际频道对战争进行了不间断报道,与此同时,覆盖面更广的CCTV-1每天分时段播出类似的大量报道,吸引了更多受众的眼球。央视索福瑞的调查报告显示:CCTV-1从3月21日开始播出的专题节目《伊拉克战争报道》,节目收视率的涨势超过了《新闻联播》,最高涨幅达2.7倍。获益最大的可能是CCTV-4,这次由于他们对伊拉克战事的成功报道,其广告价位随着收视率的攀升也水涨船高。坐在顺风船上的央视广告部快速反应、主动出击,据央视国际资料显示:开战当天,广告部就迅速制订出直播节目投放方案,当天下午将方案传真给500家企业、700家广告公司,当天晚上安排客户上广告。在广告形式上,设计出跨频道的"战争广告套餐",即根据客户需要采用点面结合的广告套播形式,实行多次数、多方式的广告滚动播出方式。央视广告部设计出的新的有效广告形式受到客户的欢迎。②

近年来,在娱乐类节目中,品牌产品和品牌栏目有机地结合在一起,通过广告舆论造势,引起轰动效应,比较有代表性的就包括"超级女声""快乐男声""加油,好男儿""红楼选秀"节目以及近年来的"非诚勿扰""我们约会吧""爱的就是你"等节目。在这些收视热点节目中,广告话语明晰、广告传播强势、广告传播导向鲜明。特别是"超级女声"中的蒙牛酸酸乳,"星光大道"中的才子男装,通过与媒体结

---

① [美]大卫·阿什德(Dvid L. Altheied):《传播生态学——控制的文化范式》,邵志择译,华夏出版社2003年版,第19页。
② 覃彤:《直播伊拉克战争与广告:电视事件行销分析》,《现代传播》2003年第5期,第126—127页。

盟进行广告舆论造势的特征十分明显，媒体不仅成为广告舆论传播的载体，自身也成为广告舆论的制造者或广告舆论关注的对象。

三 广告公众是广告意见表达主体

这里的广告公众，是指因广告意见而聚集在一起的社会公众。既包括广告传播的目标对象——广告受众，也包括对广告传播发表意见和看法的社会大众。如我国学者认为："舆论不是全体一致的言论，也不是个别人的言论，而是公众的言论。三人为众。众者，多数的人，许多人，而不是个别人，如听众，观众。这里所谓多数的人，并非一定要在某个范围内占据多数，而是泛指具有一定数量的人。在一定范围内，对某个有争议的问题，出现多种大致相同的言论，不管这是多数人的言论，还是少数人的言论，都是舆论。"[1] 广告受众对广告信息传播、广告传播形式有了更多的价值判断和评判标准，他们也往往公开表达自己的广告主张，对广告内容、广告创意表示认同或质疑，他们的意见表达往往以认知性广告舆论的形态出现；社会公众关心重大事件广告，他们常常对危机公关广告、公益广告、政治宣传广告加以褒贬，在特定的时间段相对集中地发表评论性意见和建设性意见，形成群体舆论，影响着广告传播的方式和广告传播的效果，他们的意见和主张多以评论性和批评性意见出现在人们的视野中。如在国内服饰品牌——森马"全球变暖"篇的广告中，其"我管不了全球变暖，但至少我好看"的广告词引起了公众的质疑。作为知名企业的森马，在当前全球变暖的严峻形势下，利用环保这个社会瞩目的焦点问题来哗众取宠，被网友指责缺乏公德心和社会责任感。中国社会科学院可持续发展研究中心副研究员庄贵阳说："全球变暖是困扰当今世界的一大难题，把温室大气浓度控制在较低范围是经济可行的，需要每个人的共同努力。森马的广告是对公众的一种误导，它在误导公众放弃拯救全球变暖。森马作为一个面向年轻消费群体的企业，公然宣扬全球变暖与我无关论，是一种没有社会责任感的表现。"公众作为广告舆论主体的一个重要职责，就是对广告传播中所涉及的社会公共事务及重大社会问题发表看

---

[1] 林枫：《新闻理论与实践》，新华出版社1986年版，第246—247页。

法和作出判断。

第二节　广告舆论客体与广告舆论关注对象

舆论的客体也称舆论对象，通俗的说法就是舆论产生的缘由。有些学者认为，舆论客体"是指与舆论主体的利益发生直接或间接关系，在一定范围内引起公众震动和关注的社会事件"。[1] 有些学者则将舆论的客体表述为"现实社会，以及各种社会现象、问题"。其中包括"宏观的如社会变动，微观的如社会活动家的活动、新近发生的重大事件、流行的现象和概念、社会热点问题等"。[2] 按照学者们的理解，舆论的客体并不是一成不变的，而是处于不断变化之中的；同时，舆论的客体必须是与人们利益或兴趣有关的社会公共事务。"政府的公共决策，政府所提供的公共产品，社会的政治、经济、文化建设，人民生活的'硬环境'（物质环境）和'软环境'（制度环境）中的任何变化，社会的道德状态和文明进程，都与公众的切身利益密切相关，均构成重要的社会事务，成为社会意见指涉的对象和舆论关注的焦点。"[3] 广告舆论客体的呈现与社会公共事务密切关联，和广告传播的政治环境以及在这种环境下广告市场变化、政治广告和政治题材广告频繁出现也有相互作用的关系（见图3-1）。这就是说，广告舆论关注的对象越来越涉及社会现实中政治、经济、文化领域的重大问题和重大现象，但基本前提是这些问题和现象必须与广告传播有关，或是社会重大问题的观点和看法以广告传播的方式出现。综合以上表述，我们可以将广告舆论客体界定为在现实政治、经济、文化环境中广告舆论关注的对象，包括现实社会中的容易引起争议的广告问题、值得关注的广告现象、重大的广告事件和广告活动等。

---

[1]　王雄：《新闻舆论研究》，新华出版社2002年版，第11页。
[2]　陈力丹：《舆论学——舆论导向研究》，中国广播电视出版社1999年版，第13页。
[3]　王雄：《新闻舆论研究》，新华出版社2002年版，第11页。

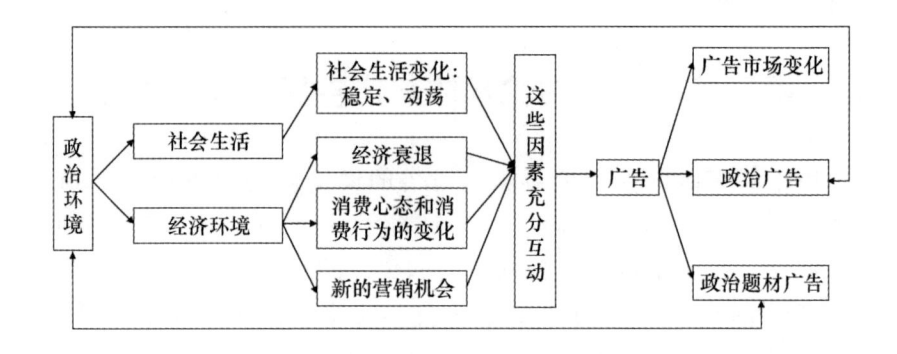

图 3-1　政治环境对广告的作用简图①

一　社会转型时期的重大广告问题

广告问题的呈现，往往同社会转型时期与广告传播有关的制度变化、政策变化、观念变化有关。特别是重大广告问题一般都同社会公共事务相关联；广告传播是一种特殊的信息传播活动，广告问题的呈现，也同广告传播自身阶段性变化有关，广告传播的目的、方式的改变，也使广告在社会中的地位和作用发生重大变化，广告问题也会在广告运作和广告创意中凸显出来。那么，社会转型时期的重大广告问题以什么样的形式呈现呢？重大广告问题首先以认知性广告问题的形式出现。如中国改革开放初期，人们对广告是姓"社"还是姓"资"的问题存在认知性的差异，而且，这种认知性差异在短时间内是难以消除的，能不能做广告的问题便成为社会公共实务中人们争论的焦点问题，带有意识形态的深深烙印。讨论、争议也在所难免，也成为引发广告舆论的缘起。其次，广告政策的调整和广告管理的推进，也会使广告问题随之出现。如从1987年到1994年，国家相关部委先后出台了有关广告管理的指导性文件就有4个，分别是《广告管理条例》（1987），《广告管理条例实施细则》（1988），《关于实行"广告业务员证"制度的规定》（1990），《中华人民共和国广告法》（1994）。这些文件和法规的出台，对规范广告市场的行为起到积极推动作用，特别是《中华人民共和国广告法》

---

① 丁俊杰：《现代广告通论——对广告运作原理的重新审视》，中国物价出版社2003年版，第99页。

以中华人民共和国主席令的形式颁布，使广告管理纳入法律的程序和轨道，其强烈的行政性和强制性色彩也成为广告舆论关注的对象。最后，重大广告问题也会在广告运作过程中出现。在中国广告发展三十年进程中，国内广告界也面临着一个难以回避的问题，即广告创意是遵循国际化路线，还是坚持走本土化道路。跨国广告公司的许多创意人员创作出很多构思独特、表现到位、信息传递精准的广告创意作品，但因创意观念难以被认同、创意思想被误读和曲解或创意表现伤及人们的民族情感而使广告问题成为显性话题，同样，中国元素广告创意运动的兴起，也使人们从另一个角度对广告创意的国际化和本土化路线进行重新解读，广告创意问题再次引起广泛讨论，进而引发广告舆论。

二　引起社会和公众广泛关注的广告现象

广告现象是广告传播过程中所表现出来的外部形态。引起广泛关注的广告现象则是在广告传播过程中表现出来的、被人们知觉所强烈感知的一些镜像。这些现象有时是广告传播过程中自然呈现的真实状况，有时则是人们所感知到的社会镜像。广告现象无论是以真实状况展现，还是以人们头脑中折射的镜像呈现，一般都与广告内容失真、广告传播失衡、广告表现失当和广告素养缺失相关联。

广告内容失真是现实生活中最易引起大众关注的广告现象，广告内容失真，就是指广告内容虚假或是广告宣传故意误导消费者。这里有几种情形。一是虚假的广告，即广告所宣传的商品或者服务根本不存在，广告者以捏造的事实来欺骗广告对象。二是夸大事实的广告。广告宣传的内容与所提供的商品或者服务的实际情况不符，虚的成分较多。三是语言模糊，令人误解的广告。广告的传播可能使目标对象对商品和服务的真实情况产生错误的联想，从而影响其行为或决策。四是不公正的广告，指通过诽谤、诋毁竞争对手的产品来宣传自己产品的广告。在人们关注的广告现象中，广告内容失实在法律上表现为作为和不作为两种形式。作为是指故意发布虚假广告；不作为就是广告发布者有义务说明或者警告，而不作为。这两种情形在《中华人民共和国广告法》里都有明确规定，但在现实生活中却屡见不鲜或屡禁不止。如《中华人民共和国广告法》总则里第三条规定："广告应当真实、合法，符合社会主义精神文明建设"。第四条规定:"广告不得含有虚假的内容,不得欺骗和误导消费者"。而在广告准则里也有相应内容,如第十二条规定:"广告不得贬低其他生产经营者的商品或者服务"。第十三条规定:"广告应当具有可识别性,能够使消费者辨明其为广告。大众传播媒介发布的广告应当有广告标记,与其他非广告信息相区别,不得使消费者产生误解"。第十八条规定:"烟草广告中必须标明'吸烟有害健康'"。①相关法律条文涉及广告内容失真的方方面面,从另一方面也说明现实生活中这类广告大量存在,而内容失真广告作为一种广告现象也成为民众和舆论关注的焦点。

广告传播失衡主要是指广告传播方式不当或失误所引起的传播问题或引发的令人关注的传播现象。主要有几种情形。一是广告传播的媒介传播战略出现失误,引起舆论关注,产生负面舆论影响。如 2002 年 5 月,健力宝集团全力推出子品牌"第五季"。广告表现一改运动型饮料风格,而走休闲类饮料路线,以吸引年轻的消费群体。在广告传播理念上,健力宝也做了较大调整,过去健力宝强调自身的"民族"品牌,着力塑造民族饮品形象,而广告宣传中的"第五季"则力推青春、时尚、怪异、叛逆的时尚形象。市场转型时期,针对竞争对手,实现多品牌战略,重塑形象无可非议,但在传播策略上,健力宝集团出现重大失误。"第五季"广告为赶上在 2002 年世界杯足球赛期间播出,健力宝集团以 3100 万元拿下央视世界杯独家转播权,以"现在流行第五季"的广告语高调推出新广告,但"第五季"的产品只到当年的 11 月才蹒跚地进入经销渠道。由于市场上鲜少见到"第五季"产品。广告播出后,人们对"第五季"的猜测、怀疑和议论纷纷而起,"第五季"是什么?没有人知道,更不知道"第五季"就是当年让国人倍感骄傲的健力宝公司的最新产品。在非议和猜测中,健力宝错失了 6、7 月饮料市场旺季的大好销售时机。当 2002 年 11 月人们见到它的真面目的时候,广告当时虽然仍然很喧嚣,人们对"第五季"广告的好奇多于对"第五季"产品本身的好奇,但由于错过了铺货的最佳时机,广告主张"今年流行第五季"的"第五季"最终也没流行起来。二是媒介组合方

---

① 参见《中华人民共和国广告法》,1994 年 10 月 27 日第八届全国人民代表大会常务委员会第十次会议通过。

式和传播方式不当引发舆论，产生负面舆论影响。如"脑白金"广告的媒介组合就具有代表性。十余年来，脑白金围绕"送礼就送脑白金"这句广告词大做文章，广告词从"今年过节不收礼，收礼只收脑白金"到"孝敬爸妈，脑白金"，再到"今年过节不收礼，收礼还收脑白金"，广告词基本没有变化，广告中的人物形象几无变化，广告音乐连年老调重弹，尤其是高密度、"狂轰滥炸"式的广告播出方式，超出人们能够忍受的极限，引起受众的反感和热议。十余年来，脑白金广告一直在人们舆论旋涡里不屈不挠地刺激着人们的敏感神经，成为广告传播方式中最为独特的广告现象。三是广告传播的时间、地点不当引发舆论。一些广告往往在错误的时间和错误的地点出现在人们面前，引起人们的反感或不适，进而成为舆论关注的焦点。如多年来治"痔疮"的广告在午饭和晚饭时间播出，遭到受众的投诉和舆论的指责。2009年9月，国家广电总局出台了《广播电视广告播出管理办法》，并规定该办法自2010年1月1日起施行。在这个管理办法的第二十四条明文规定："播出商业广告应当尊重公众生活习惯。在6：30至7：30、11：30至12：30以及18：30至20：00的公众用餐时间，不得播出治疗皮肤病、痔疮、脚气、妇科、生殖泌尿系统等疾病的药品、医疗器械、医疗和妇女卫生用品广告。"同时，第二十一条也同样规定："电影、电视剧剧场或者节（栏）目不得以治疗皮肤病、癫痫、痔疮、脚气、妇科、生殖泌尿系统等疾病的药品或者医疗机构作冠名。"[①] 这些规定的出台，再次引起舆论的关注和受众的热议，也表明因广告传播时间、地点不当而呈现的广告现象确实是引发舆论的重大诱因。

广告表现失当多与广告创意失误有关，因广告创意独特或失误而呈现的广告现象多能在最短的时间内引起舆论的关注。在广告传播中，这类能引发广告舆论的广告现象占有较大比重。如在广告表现中，优秀的广告语往往会很快在特定人群中流行，好的广告故事和优美的广告音乐也会成为人们茶余饭后谈论的话题。同样，广告表现中的儿童成人化现象、成语滥用化现象、房地产和高档消费品广告中的"炫富"现象、电视购物广告中的自吹自擂和歇斯底里叫卖现象以及明星代言广告不

[①] 国家广电总局：《广播电视广告播出管理办法》，2009年9月颁发，2010年1月1日施行。

当，都会成为人们关注的焦点，进而成为舆论的源头。

三 重大的广告事件和广告活动

重大广告事件和广告活动，是指备受媒体和大众普遍关注、影响广泛、具有轰动效应的话题性广告事件和活动，通常会成为媒体报道的热点和人们关注的焦点，是舆论关注的对象和广告舆论生发的源头。重大广告事件和活动能够成为舆论关注的对象和广告舆论的源头，一个重要原因就是重大广告事件和活动往往能够即时形成一个强大的吸引注意力的磁场，在这个磁场里，各种意见交织在一起，往往形成强大的舆论力量，重大广告事件和活动是构成广告舆论客体的主要内容之一（见表3-1）。

表3-1　　　　　　　　2009年十大广告事件一览表

事件	概述	舆论反响
中国广告扬威戛纳	2009年6月21—27日，中国内地广告公司大规模参加戛纳广告节，获取一个全场大奖、7座银狮子、11座铜狮子的历史最好成绩	金融危机冲击下的中国广告市场一枝独秀，正面广告舆论影响深远
虚假广告惹争议	2009年10月31日，中国广告协会在广告节上以侯耀华代言的10种产品的虚假广告为例现场说法，引发各路媒体及公众对名人代言的关注	日益泛滥的虚假、恶俗广告遭到舆论谴责抵制，并引发广告相关法律法规的审议修订
"零月费"的服务新模式	奥美广告欲为伊利提供三个月零月费的试服务	引发广告代理机构的服务理念大讨论，也是舆论造势的一种模式
禁播名人代言医药广告	广电总局新颁布的《广播电视广告播出管理办法》禁播名人代言医疗产品广告、姓名解析、缘分测试、交友聊天等广告	净化广告舆论空间，提升广告正面形象，舆论反响强烈
3G广告大战	中国电信、中国移动、中国联通三家发起3G广告大战，总体媒体花费高达让人惊讶的100亿元人民币	三大运营商的3G广告必然带来整个产业链的重新定位，以及手机的"全媒体"化和通信方式改变对人们生活方式也将产生深远影响，广告舆论成为广告竞争的工具性手段

续表

事件	概述	舆论反响
《我的团长我的团》热播与混乱	北京、江苏、云南、上海四家省级卫视联手以100万元一集的高价购得该剧首播权，结成"团长联盟"，于同一日期在黄金档同时推出，但几大媒体通过重新剪接、抢先播出、白天轮播等方式恶性竞争，"团长联盟"一时混战一片	引发电视媒体"剧时代竞争"思考，媒体作为广告舆论发起主体之一的典型案例
百度"竞价排名"广告模式	2009年12月1日，备受非议的百度竞价排名系运行8年后终于"下岗"，百度最新研发的新一代广告推广系统"凤巢"正式接任	广告盈利模式成为搜索引擎发展的瓶颈，优化的搜索结果却能提升网络新媒体的公信力，广告舆论的反向控制力彰显
"中国制造"广告	为客观公正地宣传"中国制造"，中国商务广告协会等共同制作了一部宣传"中国制造"的广告片，于2009年11月23日起，在美国有线新闻网（CNN）的美国频道、美国头条新闻频道和国际亚洲频道播放	在全球经济低迷的背景下，这则广告更是显示了国家对于"中国制造"的信心，国家作为广告舆论的主体出现，是广告传播功能扩大的又一例证
公安局网站出现卖枪广告	8月1日四川南部县公安局网站的论坛里，出现3则卖枪、卖子弹的广告帖，此事一经报道引发各界哗然	非法广告猖獗，广告舆论环境净化需要广告监管部门的实质作为
央视黄金资源广告招标会	2010年央视黄金资源广告招标会招标总额为109.6645亿元，创16年新高，比2009年增加17.1亿元，增长18.47%	广告业再次被证明是反映和体现中国经济的"晴雨表"

重大广告事件和活动出现一般有以下几种情形：

其一是广告传播酿成重大社会事件。典型的案例是1994年太原的"四不像"广告传播事件。1994年9月18日晚，太原有线电视台播出字幕广告："敬告市民（消费者）：据悉'四不像'从雁门关进入本地区，不日将进入千家万户，请大家关好门窗，留心观察。金鑫广告策划。"① 广告播出后，立刻在太原市掀起了轩然大波，许多人不明就里，到处询问："四不像是什么动物？"一些人则非常恐慌，在亲朋好友之间奔走相告，以讹传讹："'四不像'已经在雁门关外吃了人。"消息迅速蔓延，结果有些家庭孩子不敢上学，妇女不敢出门。人们纷纷打电话向电视台和有关部门询问："'四不像'何时来临？如何防范……"面对人们的询问，太原有线电视台于9月20日晚，连续十二次播出了这样的字幕："'四不像'是来自雁门关的系列产品，昨日播出的广告，词语欠妥，除另行更换广告外，特向观众致歉。"该字幕一打出，进一步引起社会舆论哗然，人们纷纷指责电视台这种以模糊信息误导民众和引起社会恐慌的做法。事件进一步演化的结果是管理部门不得不做出反应。1994年9月23日，太原市工商局以该广告违反了国务院颁布的《广告管理条例》中的第三条：广告内容必须真实、健康、清晰、明白，不得以任何形式欺骗用户和消费者等规定，对这次广告策划的山西金鑫影视制作中心和刊播单位太原有线电视台做了通报批评。电视台的致歉信息和工商局的通报批评，暂时平息了人们的恐慌，但舆论波及的范围进一步扩展，其他媒体也很快对这次事件做出反应。山西长城广播电台邀请《机电日报》副总编兼山西记者站站长赵加积作为嘉宾主持，连续三天在直播室和听众直接对话，"长城热线"每晚电话接连不断，唇枪舌剑此起彼伏。《中国经营报》《山西日报》等报社记者、北京欣阳广告公司副经理等纷纷发表看法，有的人认为这次广告事件对民众的观念和心理确实造成了一定的冲击，有较大的负面影响，有的则认为这是一次成功的广告策划，取得了预期效果，论战使这次事件的舆论影响力深远持久，时至今日，许多人对这件事情仍然记忆犹新。如果把这次广告事件当作广告舆论的客体来看待的话，其广告舆论价值取向有两个：从社会价值取向看，太原有线电视台因误导受众承受了较大的社会舆论压力；从商业价值取向看，企业产品却因舆论的推动而变得家喻户晓、妇孺皆知。从这两个维度来判断广告舆论的社会影响力，重大广告事件作为广告舆论客体的重要地位也就凸显出来。

其二是在突发性事件和重大热点事件中，广告传播扮演了重要角

---

① 米玲：《"四不像"广告的冲击波》，《北京青年报》1994年12月21日。

色。在突发性事件和公益性广告活动中，政府的号召、倡导和媒体、广告主的积极参与主动投入是广告活动成为广告舆论客体的基本前提。近年来，由媒体自身主动发起的公益广告活动在抗震救灾和奥运宣传广告中占有较大比重。如 2008 年汶川地震发生的第二天，中央电视台、《新华日报》等主流媒体就连夜赶制、及时推出了"你在，我在，你我同在"的抗震救灾公益广告。北京地铁也在第一时间制作了"抗震救灾"公益广告 200 多幅，并连夜在重要站点刊挂；2008 年北京奥运会期间，中宣部、国家广电总局等部门联合举办了全国"迎奥运、讲文明、树新风"广告征集比赛，在全国范围内掀起一场声势浩大的公益广告运动；而在受全球关注的伊拉克战争期间，水井坊有限公司在《南方周末》等媒体上推出了"伊战篇"公益广告。这则公益广告以独特的视角呼吁人们关注战火中的古巴比伦文明。广告画面上标明了巴比伦通天塔、巴比伦城门、带翅巨牛神像、汉谟拉比法典石雕、巴比伦宫墙上的雄狮浮雕等著名文物，指出这些文物正面临人为的浩劫，提醒人们要珍惜和保护世界文化遗产、爱好和平并让文明永续。这些广告既表达了企业的立场，又展示了企业形象，为水井坊赢得了极高的美誉度。这些重大的广告活动自身也成为广告舆论传播的新起点。

第三节 广告舆论本体与广告舆论存在形式

广告舆论的本体包括公开表达的主张、观点和态度，流行广告语、经典广告故事，网络广告创意作品赏析、评价与再阐释。

一 公开表达的广告主张、观点和态度

广告学者、舆论领袖、社会名流有关广告的意见和态度，往往造成很大的广告舆论影响。1978 年，上海市美术公司王庆元等五人小组发出"我们需要广告"的呼声，并向上海市商业局递交《关于恢复商品宣传服务的报告》和《拟将部分政治宣传牌改为商品宣传牌的报告》，发出了要求恢复广告宣传和恢复路牌广告的主张。1979 年，丁允朋在《文汇报》上发表文章《为广告正名》，在国内外广告界影响巨大，法国、意大利报纸进行了报道。1980 年，张庶平在《人民日报》发表文

章《要研究点广告学》；1981年，唐忠朴以《人民日报》评论员的身份发表文章《广告的生命在于真实》；2007年5月22日，丁俊杰在一次全国性的媒体会议上，作了题为"广告业亟待自律和社会宽容"的演讲，他对1979年11月至2007年4月《人民日报》有关涉及广告字眼的文章进行统计，发现负面评价高达66%，他认为这种舆论导向和广告的现实作用不符。广告学者黄升民对中国广告的管理体制、管理政策和按照行政行为来规划广告市场活动的做法提出尖锐的批评。他的许多真知灼见后来都汇集到其自选集中，论及相关话题的文章有：《注意：形势已经发生变化——有关1996年广告形势对广告人的几点忠告》《1998：力量游戏与市场整合》《1999：冷眼向洋看世界——中国广告市场力量游戏的继续》《不广告！毋宁死——2001年回望与2002年寄语》《岂止是戴着镣铐跳舞——关于2%的问题及其影响》《4月1日：医药广告的沉浮》等。这些文章广告主张观点鲜明，导向明显，起到广告舆论领袖应起的作用，产生了很大的舆论影响。新闻学者陈力丹也从另一角度对广告现象和广告问题发表看法。他的一篇文章很有代表性，这篇文章所涉及的广告本身就有很鲜明的舆论倾向，而陈力丹的批评也很尖锐，他所倡导的"舆论"在他的行文里得到很好的诠释。

看到2007年12月25日《新京报》B07版半个版的广告标题，笔者很吃惊，因为标题竟是《领导送礼，就送领导专用！》从给领导送礼的角度介绍商品，这不是公然鼓励行贿吗？广告中介绍了三种"豪礼"，行文如下："豪礼一，领导车上装的——全自动智能车电话车哥大；豪礼二，领导桌上用的——超级多媒体电话A7688；豪礼三，领导随身带——全能王超级移动电脑H9。"这些东西全都是价值不菲的最新传播科技产品，尤其是"豪礼三"，没有数万元下不来。该广告的副标题这样推销某科技公司的产品："给领导送礼，没有新意的礼品不行！给领导送礼，没有面子的礼品不行！给领导送礼，没有价值的礼品不行！……让你送出新意！送出面子！送出价值！"这不是公然在鼓励人们遵循腐朽的厚黑学吗？我们通常很重视传媒的新闻内容，而对非编辑部负责的广告有所忽视。仅对广告的监察而言，我们又比较重视内容的真假问题，例如此前多次整顿虚假医药广告。这个广告的出现，则提醒我们要进一步关注广告宣扬的价值观。这方面，新闻学界以前关注过广告歧视女性的问题，对于其他方面的内容问题，尚没有系统予以关注。这个广告的出现，让我们警觉，我们有责任在这类广告泛滥之前，做一些现在能够做到的事情，即形成抵制这种广告的舆论。①

广告学者、舆论领袖、社会名流有关广告的意见和态度，在广告传播中，往往会成为广告舆论产生和发展的风向标，具有鲜明的广告舆论导向作用。如广告学者有关广告主题的讨论，往往成为年度广告业界关注的焦点（见表3－2）。他们对广告业发展动向的预测与把握，对广告人才培养模式的真知灼见，也会产生较大的舆论影响，甚至影响到业界广告运行的模式和业界对广告人才的使用标准。

表3－2　　　中国广告教育研究会历年广告研讨主题一览表

届次	地点	时间/年．月	主题
第一届	厦门大学	1999.10	中国广告教育的现状与未来
第二届	深圳大学	2001.11	新世纪的挑战与中国广告人才培养
第三届	武汉大学	2003.11	全球化背景下中国广告教育与人才培养
第四届	河南大学	2005.4	中国广告迈向国际化前景
第五届	西北大学	2006.10	创新与和谐——当代中国广告学研究与广告教育
第六届	上海大学	2007.11	新媒体、新营销时代下的广告与广告教育
第七届	内蒙古科技大学	2008.10	成就、检视、展望——中国广告教育25年
第八届	暨南大学	2009.11	信心与对策：中国广告教育的创新发展
第九届	兰州大学	2010.7	突破与融合——广告、广告教育与中国社会发展

二　流行广告语和经典广告故事

广告语和广告故事的流行、传播、收藏与再阐释，也呈现了广告舆论的表现形态。流行广告语成为特定时期广告认知的典型标签。100年润发、南方黑芝麻糊、威力洗衣机献给母亲的爱等经典广告创意故事在不同的语境下传播，反映了受众的认知偏好。30年来，27个公益广告

---

① 陈力丹：《腐败广告助纣为虐》，《新闻与写作》2008年第4期。

主题被受众收集、归类、收藏,在网络上流传,甚至完整出现在小学生的博客当中,反映了不同群体在内心感受和外在看法上对这些广告内容、广告思想的高度认同。如20世纪90年代,100年润发的广告打动了许多人,时隔多年,仍有人对这个广告难以忘怀,他们在网易娱乐论坛上谈论100年润发的广告,写自己与100年润发的故事或评论100年润发的广告表现和广告创意,这些心得和感想在网络上以"关于青春的回忆——百年润发背后的故事系列"的形式呈现在读者面前。

  故事一:那是小时候看过最喜欢的广告。京剧的音乐做背景,周润发一脸沧桑地站在某个四合院,看年轻的孩子们练功,回忆戏台上那个婀娜的身影。戏台下他轻轻地为她洗头倒水(当然是用"100年润发")。战乱、人群、两人疏散,回忆过去,再看眼前的人群。某个洗头归来的女人,脸盆里是"100年润发"。顺着脸盆往上看,是当年镜中那个"百年好合"的女人。两人对视而笑。唯一一句广告词响起:100年润发,100年不变(大概是这样,记不清了)。被感动了N次后,终于让家里买了一瓶"100年润发",绿色的。那时候,100年润发比其他的洗发水都要贵。妈妈一边买回来一边念叨着我败家。嘿嘿……现在,我都不记得那瓶洗发水的味道了。

  故事二:一直很喜欢发哥的那个老广告。在旧旧的楼里,暖暖的午后,美丽的女友坐在小板凳上,弯着身子,长长的头发垂下。英俊的青年手提着手勺,一瓢一瓢地为女友清洗着秀发。广告词缓缓念出——100年润发。不可否认,那是一幅很让人心动的画面,只要是心存有爱的人都能感受到那静静流淌的爱意。俺喜欢给当家的冲头,也喜欢他给我冲头。这可能是情侣间经常会有的小动作吧。100年润发,白头偕老!头发与感情,看来,还真是有不可捉摸的千丝万缕的联系啊。

  在北京算是又安定下来了。而安定下来的标志,就是当家的又能吃上我做的香喷喷的饭菜。呵呵![1]

---

[1] 《关于青春的回忆——百年润发背后的故事系列》,2011年2月26日,bbs. ent. 163. com/bbs/zhourunfa/45155. html,2019年7月8日。

这些故事在网络上流传，被转载、下载、链接、跟帖，形成强大的舆论影响。流行广告语和网络广告故事因公众认知程度较高，自身也成为广告舆论的现实表现之一。

三 网络广告创意作品赏析、评价与再阐释

许多网民在视频共享网站上上传他们认为好的广告创意作品或不好的广告创意作品，并加以置顶或评论，形成特殊的舆论空间，每年的十大优秀影视广告作品和十大恶俗广告作品的出笼，是网民们认知性广告舆论作用的结果；不少网民在其博客和播客中收藏、展示、评论、改造广告创意作品，并与好友交流分享，不同的网络社群聚集在一起，形成较大的舆论空间；许多企业开通互动网站，专设广告评论网站，听取网民关于广告创意和广告传播的意见，解答他们的问题，在广告赏析、广告理解、广告传播等许多层面达成共识性意见，并在这个网络平台上与更多人共享。还是上面所提到的以"关于青春的回忆——百年润发背后的故事系列"的形式在网络展示的例子，许多网友除了贡献自己的故事外，也会对这些经典广告故事加以评论，使网络广告舆论进一步广为流传。

评论一：100 年润发这个广告，很喜欢，拍得很好，看了以后很感动，很喜欢里面的人物场景，特别是那里面的一句话，更让人难以忘怀："如果说人生的离合是一场戏，那么百年的缘分更是早有安排。"

评论二：在京剧的音乐背景下，周润发 100 年润发广告给观众讲述了一个青梅竹马、白头偕老的爱情故事。男女主人公从相识、相恋、分别和结合都借助于周润发丰富的面部表情表现了出来：爱慕状、微笑状、焦灼状、欣喜状。而白头偕老的情愫是借助于男主人公周润发一往情深地给"发妻"洗头浇水的镜头表现出来的。白头偕老的结发夫妻，头发，这在中国历史上本身就有着深沉的文化内涵，此时配以画外音"青丝秀发，缘系百年"，然后推出产品："100 年润发，重庆奥妮！"——把中国夫妻以青丝到白发、相好百年的山盟海誓都融入了"100 年润发"中。

评论三：广告做得最成功的国货，还是应该首推"100 年润发"。相信 1997 年看过这个广告的，没有不被吸引的——深情男子手下她的三千柔丝，多年后重回故地，旧爱翩然出现，仍是温婉的长发飘飘，一把青云。他低下头，一脸沧桑过后的余味，脉脉地对她微笑，那些所有过去的时光，就都回来，恍若眼前。配乐据说是京剧的《百花赠剑》："串串相思，藏在心里，相爱永不渝，忘不了你。"①

网络广告创意作品赏析、评价与再阐释，反映了社会化媒体背景下广告舆论的新走向，也是企业和公众通过网络口碑营销中的互动，实现舆论正向引导的理想模式。

四　国家形象广告兴起和国家广告舆论的海外传播

国家形象广告的兴起和国家广告舆论在海外传播，是发展中国家利用广告宣传扩大舆论影响的新尝试。国家广告舆论首先是一种自上而下传播的舆论。我国学者认为："社会生活中，舆论的生成一般分为两类：自上而下的舆论由国家及其他机关团体发出并在社会公众中传播生成，自下而上的舆论由公众自发议论并迅速扩散、传播而成。"② 国家广告舆论就属于前者。何谓国家广告舆论？首先，国家广告舆论既是国家在特定时期既定方针政策通过广告宣传强化政策主张、扩大观念影响的一种信息传播方式，也是跨文化传播语境下国家广告战略层面对外传播过程中一种新型的舆论形式。其次，国家广告舆论也是一种自内向外传播的舆论形式，是以广告传播形式表达或争夺国家话语权的新型舆论形态。许多国家和地区都曾以广告传播的形式来表达国家主张、阐释国家意见、传播国家政府对某一问题或某一事物的看法。通过国际广告传播形成舆论热点问题或制造舆论话题，进而达到传播舆论主张和控制舆论

---

① 《关于青春的回忆——百年润发背后的故事系列》，2011 年 2 月 26 日，bbs. ent. 163. com/bbs/zhourunfa/45155. html，2019 年 7 月 8 日。
② 童兵：《新闻信息传播与舆论定势的互动》，选自《童兵自选集——新闻科学：观察与思考》，复旦大学出版社 2004 年版，第 142 页。

走向的目的。

　　国家作为舆论传播的主体，利用广告宣传来制造舆论和传播舆论在各国都有先例。历史上，德国为推销"德国制造"，曾多次在欧洲国家的报纸媒体及展览会上做广告；日本明治维新时期，也曾向海外投放广告，宣传和推销"东洋货"；美国在朝鲜战争、越南战争和伊拉克战争中，为掩饰其侵略行径，也曾大量在海外播放广告，企图通过舆论的影响来说明其侵略的合法性。现代，前美国总统布什曾亲自担任美国旅游广告片主角，向日本民众介绍美国的旅游资源和旅游风光。2004年8月13日到9月6日，为拯救"9·11"事件后沙特在美国人心目中的形象，沙特在全美19个城市开展了声势浩大的广告宣传活动，试图通过广告舆论的引导来维护在美国的既得利益。无独有偶，俄罗斯也曾在美国的《华盛顿邮报》上刊登12页的广告增刊，主题是宣传俄罗斯人民幸福的生活和介绍俄罗斯美丽的风光，为了增加美国民众对俄罗斯的好感，俄罗斯的广告创意人还专门设计了俄罗斯黑熊拥抱美国著名影星玛丽莲·梦露的广告画面，取得很好的舆论传播效果。

　　中国国家广告舆论分为国内广告舆论和国际广告舆论两类。自上而下的国内广告舆论应首推国家利用户外、墙体广告形式对计划生育政策的宣传与解读。改革开放初期，为在中国广大农村地区宣传既定国策计划生育政策，相关部门在农村乡镇和自然村发布了大量墙体广告，其中"少生孩子多种树，一年成为万元户"的广告语广为流行，在农村家喻户晓，起到很好的政策解读和国策宣传作用。2009年10月23日，中国商务部和中国四家行业协会委托北京国安DDB广告公司制作了一则30秒的"中国制造"广告宣传片，在美国有线新闻网（CNN）的美国频道、美国头条新闻频道和国际亚洲频道播放，引起较大反响。2009年11月25日，总部设在香港的Media杂志网站及CNN亚太网站"CNNGO"最先以"中国揭开首次全球媒体攻势"为题报道了这一消息。中国这次在海外播放的国家形象广告的主题是"中国制造，世界合作"，强调中国公司与海外公司共同制造高质量产品的主张，广告中，人物、景色和打有"中国制造"的产品完美地融合在画面中，但同时又与美国科技、欧洲风尚、硅谷软件及法国品牌相联系，深刻表达了世界离不开中国制造，中国制造融入世界，进而改变人们生活方式的品牌内涵。这是借助广告舆论的传播表达理念、重塑形象的一次尝试，被外界看成中国利用舆论影响向世界展示"软实力"的开始。

近年来，中国加大对国家广告宣传的投入力度。2010年上半年，中国国家形象宣传片的拍摄工作由国务院新闻办公室发起，并委托专业广告公司制作。此次的国家形象宣传片分为两部。一部是30秒长度的电视宣传片，即人物篇，参与拍摄的人员都是国内外比较有影响力的人，其中有李嘉诚、王建宙、李彦宏、马云、丁磊、郎平、邓亚萍、姚明、刘翔、丁俊晖、马艳丽、陈鲁豫等。2011年年初，在国际主流媒体播出，以"中国人"概念打造中国形象。另一部是15分钟长度的短纪录片，主要供我国驻外使领馆及重要外宣活动使用，力图从更多角度、更广阔的视野展示当代中国。中国国家形象宣传片在2011年年初与全世界观众见面，随即引发较大反响。这次中国政府以电视广告的形式面对西方观众进行的国家形象宣传，无论是投入规模还是影响力都是空前的。

国家形象系列宣传片自拍摄和播出以来，收到良好的舆论传播效果。这也是新时期我国广告人利用广告宣传扩大舆论影响的一次有益尝试。利用广告舆论塑造和提升中国繁荣发展、民主进步、文明开放、和平和谐的国家形象，是对外传播形式的创新。随着综合实力的日益增强，中国融入全球化的程度越来越深，对全球政治、外交、金融等方面的影响越来越大。而中国此前在塑造自身形象方面，无论是政府和民间都做得还不够。制作播出中国国家形象广告，对宣传中国改革开放成果，让世界了解中国在国际政治、外交、金融等方面所做的努力以及在国际事务中发挥的巨大作用，树立良好的中国国际形象具有积极的意义。这一举措说明中国政府关注到广告作为一种有效的传播工具和传播手段的重要性，自觉利用广告舆论影响为塑造广告形象服务，既是对广告传播功能的重新解读，也是对外传播观念的创新。国家形象广告也成为展现"软实力"的另一渠道。自北京奥运以来，中国展示"软实力"的工作开始加强：放宽外国记者在境内采访的限制，借助国际媒体的影响力来客观报道中国。目前正在播放的国家形象宣传片，标志着中国开始更加自信、主动地展示自己的"软实力"。

国家形象广告的播出，表明利用舆论影响争夺国际话语权、中国国家公关时代已经来临。在依靠国际主流媒体"发声"的同时,中国国家公关还希望由"内"而"外"发力,通过打造自身的强势媒体,向海外发出中国声音。而中国国家形象广告在其中起到排头兵作用。中国国家形象广告,有利于消除世人对中国的偏见和误解。前几年,中国在金融危机中一枝独秀,某些西方国家又开始妖魔化中国,从过去的"中国崩溃论"到"中国责任论"出现,利用汇率战、贸易战、气候问题频频向中国发难。正因为有这样的妖魔化声音,才导致世界对发展中的中国的不了解,也导致一些国家对中国的畏惧。而中国国家形象广告,通过合理的舆论传播和舆论引导有利于消除世人对中国的偏见,使世人看到一个正在变化中的中国,一个真实的中国。

第四节 广告舆论的类型及划分原则

广告舆论的产生需要特定的社会环境和条件。一般来说,广告舆论的产生和演变是一个渐进的过程,要经过从孕育到萌芽再到成熟的不同阶段,而每一阶段都需要有与其存在形式相适应的发展动因和与其存在形式相匹配的构成要素,这也使得广告舆论的存在形式表现出多样化的情景。广告舆论类型的正确划分,可以帮助人们进一步理解广告舆论的内涵和外延,在此基础上,可以更好地对广告舆论在现实生活中的表现形态进行归类,对其产生、发展、变化以致形成不同类别的动因进行探讨,进而对广告舆论产生的原因和发展的路径有一个较为清晰的认识。广告舆论的类别划分,可依照广告舆论发起的主体、广告舆论的客体和广告舆论的存在形式三个视角进行划分。

一 民意广告舆论、众意广告舆论、群意广告舆论

采取不同的分类标准,广告舆论就会被分成不同的类型。按照广告舆论发起的主体划分,可以将广告舆论分为民意广告舆论、众意广告舆论以及群意广告舆论。

1. 民意广告舆论

在阶级社会中,舆论往往反映和代表民意,公众的广泛参与和民意的基本表达是舆论呈现的基本特征。在这里,"民意"是相对于"统治

者意志"而言的,"公众"是相对于"利益集团"而言的。这里舆论呈现的前提是民意和统治者的意愿相悖,"公众"和"利益集团"相对立。这是理解民意广告舆论的一个基本思路。这一思路和舆论学中舆论所具有的原始意义相吻合。我国学者认为:"舆论主要是群众的言论,是民意,但也包含领导集团、统治阶级的言论,只要这种言论得到某些群众的赞同,对群众具有影响。舆论是公众的言论,舆论是群众的言论,两者相比,前一种表述比较确切。"① 这段话谈了问题的两个方面。实际上,从另一角度讲,在现代社会,舆论代表大多数人的意愿或意见,或者说,舆论虽然是少数人的主张,但符合事物或事情的发展方向,或者说符合人类社会的发展方向,从宏观上说,顺应了历史的潮流。从这个角度理解舆论,显然淡化了"民意表达"和"统治者意愿"相对立、"公众"和"利益集团"相对立的原始意义,而赋予舆论和广告舆论现代社会的全新意义。

在现阶段,广告舆论作为舆论的表现形态之一,其"民意表达"和"公众参与"的特征仍然明显,但在新的社会环境中,尤其是社会转型时期,这里广告舆论所指的民意不一定和统治者的意愿相悖。我国学者认为:"民意不是由定性确认的,不能轻率地说哪种意见是民意或不是民意。"② 他们认为,民意是自我显现的一种影响力,既不是凭空想象的结果,也不是某些人所自我标榜的他们能"代表民意","民意"具有适时性和相对性。同时,社会发展到今天,广告公众也不再是原始意义上的公众,公众的社会成分也变得更加复杂,广告舆论中的公众既指普通大众,也指利益群体,甚至国家也成为广告舆论主体,近年来"中国制造广告"的海外传播和"中国国家形象广告"全国范围内的形象人物遴选与大范围的全国取景、选材都是在制造广告舆论和传播广告舆论。代表民意的广告舆论是指那些反映人民意识、精神、愿望和意志的广告舆论。人们通常所说的代表"民意"的舆论大多指此类,具体来说,就是在社会转型时期商业广告宣传中所提倡的合理、科学的消费舆论,公益广告中所提倡的社会价值观和社会行为规范,政治广告中所反映的人类应共同遵循的行为准则和道德观念等。它能在全民中产生大体

---

① 林枫:《新闻理论与实践》,新华出版社1986年版,第246—247页。
② 刘建明、纪忠慧、王莉丽:《舆论学概论》,中国传媒大学出版社2009年版,第108页。

一致的意见，反映了人类具有的某种共同的因素、共同遵从的原则。

民意广告舆论涉及的主题内容宽泛。其中包括人类生存的共同利益、共同意见，共同道德，共同文化等相关话题；也包括相同的生活环境、改造世界的共同要求、自然资源的分享与保护、生活稳定与生存安全等相关内容；还包括政治清明、公民平等、社会和平、文化发展等需求；更包括家庭和睦、生活幸福、工作愉快、自我价值实现等追求。广告舆论对这些话题或需求的赞成和支持就是民意的具体表达，反映着全社会最广泛的一致性态度，在这种情形下，广告舆论所反映的民意往往就超越了小集团的利益，体现了人类的共同要求和渴望，自然也顺应了时代和社会的发展潮流。

2. 众意广告舆论

众意舆论是公众舆论的一种表现形式。我国学者认为，所谓众意舆论"指社会范围内25%以上至60%以下公众所持有的一致意见。众意处于多种意见的交叉状态，在同一时间内，社会可能有几种众意，个人意见和某种公众意见一致，也就成为众意的代表。民意是由众意演化而来的，确切地说，民意在形成过程中要经过众意阶段"。[1] 需要指出的是，这里提到的25%至60%的公众是一个相对的概念，这里的公众，应该是意见公众，即发表意见参与讨论的意见公众，而不是指社会公众整体。按照这一思路，我们可以认为代表众意的广告舆论是指广告舆论在一定范围一定数量公众中的意见，具有一定的社会性。

众意舆论可细分为阶级舆论、阶层舆论、团体舆论、宗教舆论。在现实生活中同一阶层，同一团体中的人往往表现出共同的认识和共同意见，进而构成跨单位、跨行业的社会意见，表现为同一阶层、同一收入、同一职业或同一区域的集体意见。在某一阶级、某一阶层或某一团体内部能够形成广告舆论，与他们在现实生活中大体相同的生活方式、共同经历、共同的意志和共同的社会心理反应无不关联。众意广告舆论的主体结构复杂，既包括企业高管、私营企业主、企业白领，也包括社会新贵、政府公务员、知识分子、专业技术人员，还包括青年组织、文学艺术组织、文化团体、妇女组织、宗教组织等各种经济组织和社会

---

[1] 刘建明、纪忠慧、王莉丽：《舆论学概论》，中国传媒大学出版社2009年版，第118页。

团体。

在社会发展进程中,公众作为广告舆论主体的地位逐步凸显出来,众意广告舆论的存在既是对公众概念的重新解读,也丰富了众意舆论的内容。公众意见是公众类别的意识显化,表现为社会类别的差异。受利益的支配,不同的利害关系使人们对广告事物有不同的倾向,人们根据是否有利或利益多少确定对广告的看法和判断广告事物的是非好坏,各群体、各阶层的不同意见表达,造成不同的广告舆论,在一定范围内产生社会影响力,并支配一定数量人的思想和行为;除了利益原则,人们精神与道德的差别、激情与兴趣的迥异,也会使人们对广告产生不同见解。同一团体中的人表现出高度一致的兴趣、需要和目的,宣扬团体目标,服务于团体的生存和发展的广告舆论在现代广告舆论的发展过程中占有越来越大的比重。

公众舆论不都占有真理,它的多样性必定有远离真理的谬见。人们对公共事务的认识如果受阶级、阶层、政党或本位偏见的支配,就无法获得公正立场,众意的谬误就很难杜绝。众意广告舆论也是如此,在许多情形下,广告舆论并不以民意广告舆论的形态出现,而是以众意广告舆论的面貌示人,其广告观念中的谬误和偏差也在所难免。但有一个大体适用的尺度可以帮助我们判断哪一个众意广告舆论更正确些,即广告舆论主体的比量决定广告舆论正确的程度。在正常情况下,对共同利益问题舆论主体人数越多表明它的功利倾向符合更多人的愿望,就更能接近真理,广告舆论在大多数情形下抛开了广告主的私见,而代表、反映和迎合社会多数人的愿望,这样的众意广告舆论就会普遍存在,并有可能发展成为民意广告舆论。

3. 群意广告舆论

在现实生活中,存在着大量的群意广告舆论现象。其表现特征是常常有多人坚持和发表一种意见,言谈共叙,交流互动,对广告现象和与广告传播有关的公共事务议论不休。如"中国元素广告创意运动"的发起者和倡导者群体,"绿色广告传播运动"的发起者和倡导者群体等。这类社会小群体既是群体舆论的发源地,又是各种舆论群落的参与者,表现为民意的局部状态。

群意舆论关注的话题非常广泛,社会上的任何事务、任何事件、任何问题都会引发人们聚集在一起议论纷纷。这种对局部中的具体问题、在狭小场合出现的结群热议，叫作群体议论。传统舆论学观念认为，群意舆论议论的是周围发生的事，缺少公共价值，而民意的议题则是社会公共事务。实际上，现代社会群意舆论议论的往往是与人民群众日常生活密切相关的事务，看似不起眼，但往往会引发新的社会矛盾，甚至关乎社会的稳定。群意广告舆论的议题多与人民群众日常生活密切相关，彰显群意舆论的特质。群体议论多在人们习惯性的场合出现，例如办公室、走廊、居民大院，甚至车站、码头等人群聚集之地，而在媒介融合背景之下，这些人群聚集之地也是广告媒体重点分布之地，媒体在这里一方面成为广告信息传播的载体，成为广告舆论传播的源头，另一方面媒体也成为意见群体相互联系和意见群体自身扩张的工具。楼宇电视、数字移动电视、手机媒体、网络媒体通过贴身服务，将广告信息传递给这些特殊群体，使广告议题成为他们茶余饭后或旅游休闲时谈论的重要话题。在许多场合，媒体扩大了群体意见的传播范围和影响力，媒体反映或代表群意舆论，媒体意见也成为群意舆论的重要组成部分或重要补充。在媒体的参与下，群意广告舆论往往成为民意广告舆论的起点，民意广告舆论和群意广告舆论经常交叉在一起，后者可能向前者转化。群意广告舆论也有突发性，大街上被狂风吹落的广告牌可能会引发户外广告设置安全的话题，网络上流传的另类广告创意可能会成为社区网友议论的热点问题，媒体上新播发的广告管理规定可能会引发多个群体的热烈争论，这种随即产生的群意广告舆论经常出现，其中一部分因关注人数较少和影响范围有限而很快销声匿迹，另一部分则快速发展为众意广告舆论或成为民意广告舆论的重要组成部分。

群意广告舆论是广告舆论的一种松散的状态，人群随机地、临时地聚集在一起，这些人群包括受众、广告工作者，他们因广告活动或广告传播而聚集在一起，或就某一广告创意或广告表现发表看法，或就某一问题广告或广告事件展开小范围的讨论等，现场立即形成广告舆论氛围。每个人只是作为当事人的瞬间的聚集，自愿发表意见，在发表完意见后立即走开，群体跟着消失。自由聚合在一起议论的人群，也可能是互不相识的人，如流动的和临时聚集在一起的受众；也可以是在一起工作学习活动的专业人士，如广告创意团队；也可能是自由长期地结合在一起谈论自己的看法的特定群体,如广告学者和广告工作者等。他们在一定范围内容易形成一致意见,后两者所指的舆论群体中的人一般彼此相识,有一定的友谊关系,具有强大的意见集合力,群体成员联系较紧密,相互了解,无话不说。当某个广告现象引起兴趣时,会有共同的关心和倾向,他们主动地谈论,频繁地交换意见,促使广告舆论逐步形成。如"新飞广告做得好,不如新飞冰箱好"的广告语曾引起文字工作者和语言学家的讨论,这些专家认为这句广告语有语病,有些人则认为这句话朗朗上口,易于记忆,是一条好的广告语。在中国改革开放的初期,民众对广告宣传用语持一种宽容的态度,广告工作者认为这是创意的需要,争论的结果则是进一步扩大了新飞冰箱的知名度和新飞产品的舆论影响。群意广告舆论在社会这个大家庭里往往只代表一定群体的利益,而这个利益群体也往往成为舆论的发起者或传播者。

二 讯息广告舆论、观念广告舆论、艺术广告舆论

按照广告舆论的客体划分,可以将广告舆论分为讯息广告舆论、观念广告舆论、艺术广告舆论。

1. 讯息广告舆论

讯息是人类传播内容的具体单位,指传达一个具体内容的一组信息符号,是传播过程中信源编码出来的真正实在产品。确切地说,讯息是指进入人类传播系统、经过编码后的信息。广告的本质是一种信息传播活动,美国广告学专家威廉·维尔斯等人认为:"成功广告体现在两个方面:一方面,广告应该吸引消费者并向他们传递相关信息,以此来满足消费者目标。同时,广告还必须达到广告主目标。"[①] 这段话揭示了成功广告的两个要素,一是传递信息,二是表达主张。广告信息的传播过程,也是信息互动的过程,信息可由传播主客体共享,主张也可以是广告传播主体和受体共同的愿景,这实际上也是讯息广告舆论的两个基本特征。讯息形态的广告舆论指通过传播广告讯息而间接表达意见的舆论形态。一些与生活密切相关、具有共同兴趣的广告讯息,在相当多的公众中流动,人们在一段时间内纷纷转告,具有传播某个广告讯息的高

---

① [美] 威廉·维尔斯、约翰·伯奈特、桑德拉·莫里亚提:《广告学原理与实务(第6版)》,张红霞译,北京大学出版社2007年版,第5页。

度兴趣，构成一种特殊的意见倾向——关注。人们生活中每天面临着无数广告信息的包围，上班路上、旅游途中、休闲时段、工作时分都能够接触到大量广告，在这些大量的广告信息的轰炸中，人们能够回忆起来，或者说感觉器官实际接受刺激的广告信息是十分有限的，如果一则广告没能在受众的记忆中留下有用的信息，不能在特定群体中形成广泛的关注和兴趣，那么讯息广告舆论自然也就不会产生。讯息广告舆论实际上包含着受众的意见取舍与倾向，当人们认真关注某个广告或刻意回避某种广告信息时，便间接地含有了某种意见倾向。具有相同意见倾向的人聚集在一起，因对信息的相同性解读使这种意见倾向得到急剧扩张和膨胀，讯息广告舆论得以形成和发展。值得注意的是，讯息广告舆论包含的倾向性可能连广告受众自己也没察觉到，他们只是想把知道的事实告诉别人，他们在传递讯息的时候间接地表达了态度和倾向，因相互讨论和意见沟通而使这种潜性意见变成显性意见，经过多人的意见表达和观念强化后，在后续发展过程中，讯息形态的广告舆论就可能转成观念形态的广告舆论。当广告舆论处于讯息形态时，广告舆论的商业推销强度较强而社会强度较弱，当广告舆论处于观念讯息形态时，其社会强度就变得越来越强而商业推销强度就会减弱。对讯息广告舆论的关注，是广告舆论研究中的一个最基本课题。

2. 观念广告舆论

观念广告舆论是自古以来就存在的较为活跃的广告舆论形态，从古代的政治广告舆论、农民起义舆论到近现代战争广告舆论、总统竞选广告舆论，都打有观念广告舆论的深深烙印。观念广告舆论的现实存在，除了历史传统的延续外，还和企业观念广告的使用与现代观念广告的流行有关。观念广告是指广告发布者对影响到自身生存与发展并且与公众的根本利益息息相关的问题发表看法，以引起公众和舆论的关注，最终达到影响政府立法或制定有利于本行业发展的政策与法规的广告形态。具体说就是指以建立、改变某种消费观念和消费习惯为目的的广告。观念广告传播的目的是通过提倡或灌输某种观念和意见，试图引导或转变公众的看法，影响公众的态度和行为。观念广告有时仅用来表达对现实社会中重大的或突发的某个事物的看法，也称为意见广告。观念广告舆论则是意见广告的群体表达。如伊拉克战争期间，统一润滑油集团以

"少一些摩擦，多一些润滑"的观念广告来阐述主张，引导舆论，经过媒体的反复强化，取得较好的舆论效果。这类广告常用暗示的方法去触发公众的联想，在潜移默化中影响公众的观念和态度，在我国，渐渐受到广告主的青睐。一般来说，观念广告传达的观念有两种，一是消费性观念，二是社会性观念。消费性观念广告是指引导消费者改变原有的消费观念，树立新的消费观念和消费方式，如"海飞丝，去头屑""去头屑，用雨洁"，这些观念经过传播互动，会形成消费性观念广告舆论；社会性观念广告是指在广告中发表对某一社会性问题的意见，以影响舆论，达到改变特定的政策或法规的目的，这种广告长期传播的结果，也会形成社会性观念广告舆论。

在现实生活中，观念广告舆论是一种意见的表达，多以广告传播主体的广告主张和广告意见的形式表现出来，广告舆论主体除了正面陈述观念外还可以以赞同、反对等方式表达意见倾向，很多情况下，广告舆论传播主体传播广告讯息的同时，会根据自己的信念和经验，赋予广告信息以意义，以不同程度的赞同、反对、中立等形式表现公众的意见倾向，这些简单的价值判断、道德选择、固定成见等被公众接受，不仅会成为流行观念，而且还会进一步内化为广告舆论的深层结构——消费习惯和消费信念。对于具体的广告受众和无组织的群体来说，他们的观念及其表达的语言，有相当大的成分是由广告主的意见提供的，在受众需要对舆论做出判断而又难以确切表达时，广告主、传播媒介提供的价值判断或道德选择就会很快在社会上流通。

3. 艺术广告舆论

广告发展史上，"艺术派"和"科学派"之争从来就没有停止过。以威廉·伯恩巴克（William Bernbach）为代表的"艺术派"强调"广告的艺术性和情感作用"，而以罗斯·瑞夫斯和大卫·奥格威为代表的"科学派"则强调"广告需要原则和'实效'"。[①]

显而易见，这种"艺术"与"科学"之分应是从理念上对广告传播目的的一种区分。但实际上所有的广告作品都没有逃出"艺术"作品的范畴，广告作品中优美的画面、动听的音乐、温情的诉说、浪漫的

---

① 饶德江：《广告策划与创意》，武汉大学出版社2008年版，第248页。

情怀都以源于生活、高于生活的信息加工和环境再造来展现广告艺术的独特魅力,广告艺术被推崇、被实践的过程也就变成了一种实实在在的艺术广告"舆论"的表达过程。在传统的平面广告作品、影视广告作品的艺术创作和表现中,艺术广告舆论的表达往往是热烈、大胆和直白的;在媒介融合背景下,艺术广告舆论的表达开始变得隐喻和细腻。近年来,在影视艺术作品的广告植入和网络广告作品的再创作上,这两种艺术广告舆论表达都得到充分展示。2008年的《丑女无敌》不但大量植入了"多芬"这一化妆品牌,而且还形象再现了广告公司的现实生活;宝马汽车更是不惜重金邀请吴宇森、李安等多位世界级大导演携手打造了一系列超炫的极品网络电影。这些拍摄长度约6—8分钟不等的网络电影是一系列不同主题故事配以特技来强调娱乐效果的广告短片,精彩绝伦,引人入胜,投放以后,病毒式地迅速在网上流传,可以说是现代艺术广告舆论的经典之作。

社会公众的艺术广告舆论"广告语",每每成为社会公众生活中的流行语,甚至引领和创造着时尚词汇。各类短信文学、幽默故事、影视作品等成了社会公众形成广告舆论的艺术表现手段。其中网络上曾流传一段网民创造的关于品牌广告语的幽默段子,中小学生几乎人人知晓,社会影响力巨大,全文如下:

> 一学生刚要翻墙被校长看到。校长便问:为什么有大门你不走,偏要翻墙呢?该生指着上衣道:安踏,我选择我喜欢!说完"唰"地一下跳了下来。(好像脚崴了下)校长见状问:跳下来舒服吧?感觉如何?该生指指脚下道:特步,飞一般的感觉!说完扬长而去。又一日,该生又翻墙,运气不好又被校长撞见,校长见这次的翻墙点与上次不同,便问:你今天怎么跑这里啦?该生想都不想指着裤子:美特斯邦威,不走寻常路!校长脸色一变:你认为你今天出得去吗?该生又指着上衣:李宁,一切皆有可能!校长大怒掏出手机:动感地带,我的地盘我做主!该生狂晕!

广告舆论在社会公众的影响力,还表现在影视作品中的"广告再现",在1993年周星驰主演的《唐伯虎点秋香》中,华安(周星驰饰)

与华夫人（郑佩佩饰）为了互相炫耀自家的"毒药"，竟然对着镜头开始"做广告"了：

> 华夫人：哈哈……我告诉你，你刚才喝的那杯参茶，已经被我下了天下第一奇毒——"一日丧命散"！
> 唐伯虎：哈哈……天下第一奇毒，哪轮得到你那"一日丧命散"?！应该是我们唐家的"含笑半步癫"才对！
> 华夫人：哈哈……废话！我们"一日丧命散"是用七种不同的毒虫，再加上鹤顶红，提炼七七四十九日而成的，无色无味，杀人于无影无踪。
> 唐伯虎：我们"含笑半步癫"是用蜂蜜、川贝、桔梗，加上天山雪莲配制而成，不需冷藏，也没有防腐剂，除了毒性猛烈之外，味道还很好吃。
> 华夫人：吃了我们"一日丧命散"的人，一日之内会武功全失，筋脉逆流，胡思乱想，而致走火入魔，最后会血管爆裂而死。
> 唐伯虎：没有错！而吃了"含笑半步癫"的朋友，顾名思义，绝不能走半步路，或者面露笑容，否则也会全身爆炸而死。实在是居家旅行——
> 华夫人：杀人灭口——
> 两人（齐声）：必备良药！①

艺术是广告传播的重要表现形式之一。音乐、文学、图像和影视的艺术化构成了现代广告传播的"美景"。广告传播企图构建的就是"艺术"对受众的洗礼和唤醒，正是在这样的洗礼和唤醒过程中，缤纷多彩的艺术形态的广告舆论开始发挥作用，产生影响。

三 潜性广告舆论、显性广告舆论、行为广告舆论

按照广告舆论的存在形式划分，广告舆论可以分为潜性广告舆论、显性广告舆论和行为广告舆论。

---

① 引自《唐伯虎点秋香》，李力持导演，周星驰主演，1993年。

1. 潜性广告舆论

由于广告舆论是"规模公众的信念、态度、意见和情绪的总和",[①] 社会公众在对待广告事件或广告话题时,产生舆论的过程自然也是一个从浅层次到深层次的过程。首先,作为个体的公众对广告话题的关注是独立的,在没有产生信息传播和交流之前,这种个体之间潜在的广告舆论形态是或隐或现的,也即是公众的广告舆论情绪,或曰"潜性广告舆论";而随着公众之间的交流互动,再加上意见领袖的引导,慢慢地广告舆论情绪会浮出水面,进而转化成社会公众的集体态度、看法和认知,这个时候的广告舆论形态便已经演化成了"显性广告舆论"。

潜性广告舆论也可以称为"情绪型"广告舆论。潜性广告舆论并未形成公开表达的公众舆论形态,所以,对它的把握自然比较困难,有些时候,甚至会被忽视或误判。在广告舆论中,由于广告舆论主体的多元化,造成潜性广告舆论的不同表现形式。

首先,广告主作为广告舆论话题的创造者和引导者,表达的是一种倡导性的意见,而这种意见在很大程度上是来自并作用于目标受众的潜性广告舆论。广告主在研发产品或提供服务、升级产品或更新服务时,首先需要做的就是对社会公众所组成的市场进行调研和分析,以求获得积极有效的公众情绪反应,也即潜性广告舆论,为企业进入市场、开拓市场和抢占市场提供决策参考。

其次,社会公众作为广告舆论的主体之一,对广告意见的表达、讨论、争鸣有时是主动积极的,有时则是被动消极的。大众媒体的飞速发展、新媒体的不断涌现,使得广告传播数量、传播频次日益增长,面对司空见惯的广告表现和广告诉求,社会公众对其阐释的话题兴趣也在逐渐稀释,并且从对单一广告的高度关注到对整体广告的模糊关注。尤其是对社会中频频出现的问题广告,社会公众的心理承受能力增强,心理反应能力减弱。面对广告的强势传播,受众的心理反应较慢,从现实表现看,不再单一表现为对某一个具体广告传播的情绪化对抗,而是产生一种笼统的、模糊的内心体验式的情绪化舆论,这种内心体验式情绪化

[①] 陈力丹:《舆论学——舆论导向研究》,中国广播电视出版社2005年版,第90页。

舆论，长期聚集在受众的内心感受之中，没有外来力量的作用和唤醒，将以潜性广告舆论的形式存在。同时，由于广告传播的目标市场细分，使得广告针对特定人群的传播较为分散，社会公众接触广告的机会不均等，针对具体广告传播的意见和看法也就不一致，但会形成较为隐蔽的、笼统的、情绪化的意见存量，这也是我们所说的潜性广告舆论。对于这些舆论形态，广告主愈加难以把握和引导。

最后，潜性广告舆论既然是没有公开表达的公众意见，自然其中就缺少交流、磨合与取舍，但之所以表现出隐蔽的、笼统的、情绪化的意见存量，这其中就存在着一个公众"预存立场"的问题。[①] 预存立场是一个地区或国家内部，由于受到共同的传统文化、风俗习惯、道德体系以及价值信念的影响，对一些显而易见的事情会不约而同地形成共同的情绪，而这种情绪也即潜性舆论。广告主在进行广告传播的时候，通常也会借用这种舆论态势，通过营造一定的场景和氛围，来唤起目标受众的意见共鸣，进而形成广告舆论。例如，广告主通常会以足球比赛的热烈场面作为广告传播的主体背景，以观众激动的欢呼声来给社会公众构建一个"虚拟"的"情绪场"，也即"潜性广告舆论"场，使得品牌或产品更加入木三分地进入目标受众的心里。

潜性广告舆论是还没有公开表达的情绪和意见，如果能及时地发现和抓住这种情绪，进行引导与控制，就会提高广告传播效果。所以，对于广告舆论的主体之一广告主来说，适时跟进市场，贴近受众，第一时间抓住公众的情绪，势必会为企业的未来发展创造一个良好的舆论环境。

2. 显性广告舆论

相对于潜性广告舆论，显性广告舆论是社会公众公开表达出来的意见和态度。显性广告舆论"超越个人意见，它反映的是一种抽象的公共利益，而不是仅仅调和个人利益"。[②] 由于种种社会原因，显性广告舆论的呈现往往也带有很大的复杂性。

首先，一旦形成公开的显性广告舆论，必然会出现个体舆论之间"此消彼长"的过程，这种舆论会因为一时活跃积极的"意见领袖"

[①] 陈力丹：《舆论学——舆论导向研究》，中国广播电视出版社2005年版，第90页。

[②] ［美］文森特·普赖斯（Vincent Price）：《传播概念：*Public Opinion*》，邵志择译，复旦大学出版社2009年版，第14页。

而形成一种假象——这种假象是在信息不通畅的情况下，少数人的意见成为社会中"优势表达"，并迅速产生"沉默的螺旋"效应，进而致使最终的显性广告舆论实际上并没有代表绝大多数社会公众的意见。而一旦现有舆论缺乏推动力量和正确引导，被淹没的意见会迅速反弹，在以网络媒体为代表的新媒体时代，社会公众的意见表达变得轻松自如，再加上意见表达的隐蔽性和匿名性，使得"沉默的螺旋"效应发生反方向的转变，舆论的走向会伴随着不同意见的"发声"而发生变化。

其次，显性广告舆论是媒体"加工舆论"的代言。在广告舆论中，广告主、公众与媒体之间是一种相互依存又相互抗衡的三角关系。媒体作为重要的舆论载体，一方面受到广告主导向性意见的引导，另一方面，媒体评论性意见也在形成对社会公众的显性广告舆论的引导功能，同时，社会公众又试图说服广告主让利于大众。

最后，显性广告舆论所表达的依然是社会公众的意见，这种公开表达的意见对于广告主来说，既有有利的类型，也有有害的类型。显性广告舆论的社会趋同力十分强大，尤其是对于品牌有害的舆论类型。目前，我国正处在一个城市化进程过程中的突发事件高发期内，各类事件都会引起社会公众的高度关注，特别是问题广告传播，更加容易形成社会公众的舆论场，这种舆论能轻而易举地摧毁一个知名品牌，三鹿奶粉就是一个典型的例子；相反，也能迅速促成一个品牌，这种作用表现在网络红人广告上。如一个月的时间就红遍全国的"凤姐""小月月""旭日阳刚""西单女孩"等网络人物，无不是网络时代显性广告舆论强大影响力的具体体现。

3. 行为广告舆论

行为广告舆论，主要是以行为方式表达的意见集合的方式，是舆论主体在接受广告讯息、传递广告信息、评论广告问题、推行广告活动时实施的行为表现所引发的舆论现象，称为行为广告舆论。行为广告舆论往往首先以群体广告舆论或众意广告舆论的形态出现。在特定的环境、特定的场域、特殊的人群中产生，具有现实性、现场性、群体行为的互相感染和互动性的明显特征。当其通过具体的广告行为或广告活动形成更大规模和更大范围的舆论共识的时候，也会以民意广告舆论的形态出现。行为广告舆论通常表现为体验式广告行为中所产生的内心感受，以及这种感受的交流、互动和共享。在商业广告活动中，则表现为实际的消费以及购买行为中所物化的消费理念和消费主张在特定的消费群体的态度转变、行为模仿、行为感染中的信息流动。广告活动现场民众的热议，广告舆论领袖的奔走呼号，广告代言人的现身说法，广告说明会、广告推介会、广告招标会现场都会成为行为广告舆论的源头和通道。例如，每年中央电视台的广告招标会，都是舆论关注的焦点。品牌的力量、企业的实力都会通过现场的紧张氛围、广告活动得到充分展示。在这里，每一个中标者都会成为舆论关注的焦点，而标王则会成为舆论的旋涡。值得注意的是，近年来，行为广告舆论的生成和传播呈现出多元化趋势。媒体的公益广告展播，广告企业和工商管理部门的优秀广告作品评比，中共中央宣传部、精神文明办公室举办的公益广告活动月活动，企业形象和企业文化宣传片的展播等，都使行为广告舆论的生成和传播有了更大的空间和更多的通路。

  舆论的最高形式是"行动"的表达，这种舆论存在形态从一个侧面体现出了舆论的社会影响力，一旦公众舆论最终演变成"公众行为"，那就说明舆论所反映的主体与客体的关系已经进入了纵深的阶段，这种情绪的发泄或表达成为社会公众心态的有效体现。而广告舆论是一种自发的群体意见，通常表现得比较温和，但是在特定的时候往往也会出现比较激烈的行为，例如当某个商品打折广告出来后，社会公众会奔走相告，并出现疯狂的"抢购风潮"等一些行为舆论形态。

第四章

广告舆论的运行机制

广告舆论运行机制,是指在舆论有规律的运动中,影响这种运动的各因素的结构、功能及其相互关系,以及这些因素产生影响、发挥功能的作用过程和作用原理及其运行方式。这里涉及广告舆论运行的社会环境,广告舆论实现的方式,广告舆论实现的途径及广告舆论运行特点等相关内容。

第一节 广告舆论运行的社会环境

广告营销观念的变化和媒介传播环境的变化,使广告舆论的生成和发展有了更大的运行空间。整合营销传播与广告生产方式转变,绿色广告传播与广告观念变革,新广告运动发展与广告终极目标追求,社会化媒介营销与广告功能扩张,都使广告舆论运行的社会环境得以优化。

一 整合营销传播与广告生产方式转变

整合营销传播(integrated marketing communication,简称IMC)是指将企业所进行的与市场营销有关的一切传播活动一元化的过程。整合营销传播一方面把广告、促销、公关、直销、CI、包装、新闻宣传、媒体营销等企业的一切传播活动都涵盖于营销活动的范围之内,另一方面则使企业能够将统一的传播资讯传达给顾客。其中心思想是以通过企业与顾客的沟通满足顾客需要的价值为取向,确定企业统一的促销策略,协调使用各种不同的传播手段,发挥不同传播工具的优势,从而使企业实现促销宣传的低成本化,以高强冲击力形成促销高潮。

整合营销传播（IMC）这一观点是在20世纪80年代中期由美国营销大师唐·舒尔茨提出，并在营销传播实践中不断充实和发展。[1] 我国学者认为，整合营销传播是一个发展中的概念，尽管在各国的营销实践中大家对其理解不同，但具体来说以下几个要点大家还是一致认同的。即以消费者为中心，以资料库为基础，以建立消费者和品牌之间的关系为目的，以"一种声音"为内在支持点，以各种传播媒介的整合运用为手段。[2] IMC的核心思想是以整合企业内外部所有资源为手段，再造企业的生产行为与市场行为，充分调动一切积极因素以实现企业统一的传播目标。IMC强调从广告心理学入手，强调与顾客进行多方面的接触，并通过接触点向消费者传播一致的、清晰的企业形象。这种接触点小至产品的包装色彩，大至公司的新闻发布会，每一次与消费者的接触都会影响到消费者对公司的认知程度，如果所有的接触点都能传播相同的正向的信息，就能最大化公司的传播影响力。同时消费者心理学又假定：在消费者的头脑中对一切事物都会形成一定的概念，假使能够令传播的品牌概念与消费者已有的概念产生一定的关联，必然可以加深消费者对该种概念的印象，并达到建立品牌网络和形成品牌联想的目的。

整合营销传播概念的提出，一方面弱化了传统意义上的广告信息传播在企业整合营销传播中的核心地位，对广告运行观念、运行路径、运行模式提出新的挑战；另一方面又似乎强化了"大广告"的概念，使许多广告人在实际工作中，自觉或不自觉地将广告、促销、公关、直销、CI、包装、新闻宣传、媒体营销等企业的一切传播活动都纳入"大广告"视野或"泛广告"思维模式。实际上，在整合营销传播概念之下，企业或单位的硬性广告、公关宣传、新闻活动之间的界限越来越模糊，相互之间的渗透越来密切。

整合营销概念的使用和整合营销活动的推广，使广告的生产方式发生较大变化。首先，广告的生产和传播，不再仅仅是广告主和广告公司的专利，而是与企业营销链条上多方利益主体的关系互动的结果。广告

---

[1] 唐·舒尔茨（Don E. Schultz）、海蒂·舒尔茨（Heidi Schultz）：《整合行销传播：创造行销价值、评估投资报酬的5大关键步骤》，美商麦格罗-希尔国际股份有限公司台湾分公司2004年版。

[2] 丁俊杰：《现代广告通论——对广告运作原理的重新审视》，中国物价出版社1997年版，第33页。

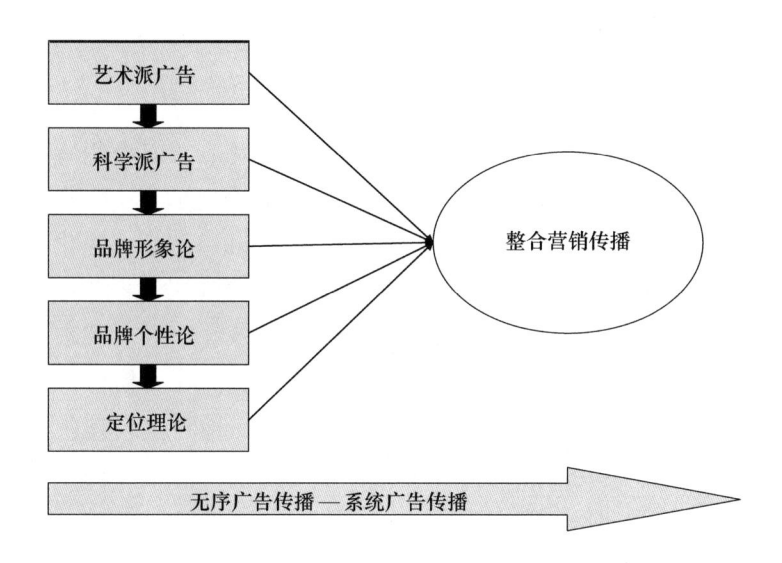

图 4-1 无序广告传播—系统广告传播

对其传播对象的关注，对竞争对手的关注，对自身行为的关注，对社会的关注远远超过从前，与其相适应的是广告生产的起点和广告传播的路径的较大改变；其次是广告表达方式的改变。在整合营销传播模式中，广告的角色信息是传播方阵中的一员，其功能是和其他信息传播方式一起共同构成企业或单位的信息网络，并互相配合将这个信息网撒向目标消费者。因此，在合适的时间、合适的地点、以合适的方式来表达合理的主张，变成了广告表达的首要选择，这种变化，使广告从无序传播到系统广告传播（见图 4-1），有利于广告话题和广告主张的充分交流和沟通，也有利于在企业、媒体、受众之间形成一致性的意见和大致相同的共识，整合营销概念的使用和整合营销活动的推广为广告舆论的产生和发展提供了新路径。

二 绿色广告传播与广告观念变革

1993 年，傅汉章教授在总结 20 世纪 90 年代中国广告业发展的特点时，提出了"绿色广告"的概念。绿色广告的特点是，明确阐述企业的营销宗旨，从关心全人类未来的角度出发，并以此打动消费者，吸引其购买。① 傅汉章教授在这里提到的"绿色广告"主要是指"绿色产品"广告和以"绿色"为诉求点的广告形式。

近年来，中央电视台首先打出"绿色广告"标识。一是对企业的广告进行严格审查和把关，选择优秀广告进行播出；二是突出宣传企业的品牌形象和经营理念，提倡企业的社会责任和全民的社会公德；三是通过科学的组合有效传递企业的相关信息，实现和谐传播，强化了"绿色广告"的概念。但并没有对绿色广告的内涵和外延做进一步阐释。时任国家工商行政管理总局副局长刘凡认为，以中央电视台为代表的国家级媒体倡导"绿色广告"的理念，为行业树立了良好的榜样。他对绿色广告也做了解读，他认为，一个"绿色广告"起码应该具备四个方面的条件："第一，它应是一个和谐的广告，要有利于安定团结的大好局面和倡导和谐的时代氛围；第二，应是一个合法的广告，不能触犯以《中华人民共和国广告法》为核心的广告法律体系；第三，应该是一个真实的广告，不以欺骗和误导消费者为谋取利润的手段；第四，应是一个健康的广告，要向广大广告受众传递高尚的道德情操和先进的文化理念。"② 刘凡站在广告管理者的高度阐述了"绿色广告"的基本内容，为人们进一步认识"绿色广告"提供了参考。

人们一般认为，绿色广告是以绿色产品和绿色消费观念为推广主体，宣扬生态保护、资源节约、适度消费的绿色消费观，追求人与自然、经济、社会和谐发展的新型广告理念。以人为本的绿色广告，在重视消费和满足消费者合理的物质需求的同时，更重视人的精神需求和人的价值，反对用物化的价值、变异的价值遮蔽和压抑人的价值以及用物欲的膨胀挤压人的精神空间，而是以人为主体和目的，有利于人的全面发展。绿色广告所强调的满足人的精神需要，是努力满足和引导人们积极向上的精神需求，杜绝对消极有害的精神需求的满足，更不能利用消费者在诸如健康、名誉、金钱、美色、地位等方面的渴望，发布虚假欺骗广告，误导消费。③

---

① 傅汉章、李小勤：《九十年代广告发展的特点与趋势》，选自《中国广告年鉴（1994年）》，新华出版社1995年版，第131—135页。
② 刘凡：《中国广告业监管与发展研究》，中国工商出版社2007年版，第3页。
③ 戴鑫：《绿色广告传播策略与管理》，科学出版社2010年版，第3—5页。

所谓"绿色广告传播",主要是指广告传播的方式及广告传播的目的,即以追求利益和谐、精神和谐等整体和谐为目标的新广告传播方式。"绿色广告传播"的终极目标是追求包括广告主、广告代理、广告媒介、广告对象在内的广告市场中多角关系整体利益的最大化,其中,利益包括物质利益和精神利益两个层面。"绿色广告传播"包括传播内容和传播方式两个方面:传播内容是指商业精神和人文精神兼备的柔性广告内容;传播方式是指包括媒介整合背景下的"实效"传播方式。"绿色广告传播"的本质在于追求"广告和谐",减少"广告冲突",这为我们探索商业广告传播中的和谐与冲突问题奠定了理论基础。[①]"绿色广告传播"在创意表现上主张唯美主义、人本主义和生态主义,并以此作为广告创意的核心理念。"绿色广告传播"在媒介应用上,倡导科学化的媒介选择和媒介组合,减少"广告暴力"的发生。[②] 首先,在媒介选择上,注意媒介品质的选择,减少媒介浪费行为的发生;其次,在媒介组合上,强调科学运作,尊重受众的接受习惯和接受心理;最后,让广告融入人们的生活环境,成为人们现实生活中的重要组成部分,并持续发挥审美性功能。

"绿色广告传播"丰富了广告传播的内容,把人类的情感元素注入现代产品、观念及服务的宣传推广中,注重与消费者的深度沟通。其宣传内容主要体现在以下几个方面:第一,倡导人与自然的和谐相处,把"和平与发展"视为人类生存和社会文明进步的共同主题。第二,以情感诉求为主要的诉求方式,提倡把"亲情、友情、爱情"作为广告宣传的主题,在情感交流的基础上,净化消费者的心灵,引发消费者的共鸣。第三,关注普通人的生存状况,反映其心声,尊重个人权利的实现,把普通人的需求视为企业的需求,把为普通人服务视为企业可持续发展的重要保证。倡导正确的人生观、价值观,强调个人对社会、对家庭应承担的责任及义务,强调人与人之间和谐相处,倡导中华新风尚。[③]

"绿色广告传播"走进人们的生活,影响到广告传播的形态及方式,强化了广告的政治、经济、文化功能,在某种程度上改变了人们对

[①] 杨海军、王成文:《"绿色广告传播"在兴起》,《现代广告》2006年第1期。
[②] 杨海军:《广告伦理与广告文明缔构》,《新闻与传播研究》2007年第3期。
[③] 杨海军:《媒介融合背景下中国广告理论与实践的十大话题》,《新闻界》2007年第6期。

广告的不良印象。"绿色广告传播"的兴起，不仅具有较强的文化价值，而且具有重要的社会现实意义。

"绿色广告传播"的提出能够减少"广告符号暴力"等问题广告的出现。"绿色广告传播"的应用能够抑制"广告开发过度"，实现广告的可持续发展。"绿色广告传播"理论的提出可以提升广告的社会地位和广告学的学科地位。一个行业和学科在社会上的重要性源于其产业范围和研究对象的重要性，"绿色广告传播"的提出把社会广告传播、公益广告传播与商业广告传播放在同等重要的位置看待，因而，使广告业的产业边缘得到了扩张。"绿色广告传播"的兴起对于构建广告传播中的和谐关系和实现广告业的可持续发展具有重要的现实意义和战略远景意义。从另一个角度来看，绿色广告传播特别关注人类共同关心话题的构建和广告传播中多角关系的和谐互动，这就为广告舆论的生成和发展提供了有利的现实环境。

三 新广告运动与广告终极目标追求

从广告传播的营销功能意义上看，把广告传播看成一种营销传播活动，似乎解释了广告传播的特性和广告传播的目的。从广告传播的社会功能意义上看，仅仅把广告传播看成一种营销传播活动，似乎对其深层次意义发掘不够。因为无论是从营销角度，还是传播角度，所考察的都仅仅是广告的营销内部或传播过程的内在机制系统，忽视了广告作为社会传播的系统结构的复杂性和丰富性，还不能揭示出广告作为营销传播在社会生活系统结构当中关系脉络的多重性及其全貌。把广告传播当作一种社会传播活动来解读，用普遍联系和相互作用的观点来看问题，有可能科学地把握住广告传播活动的总体性意义。广告研究中的"营销劝服"或"媒介传播"视角在市场经济发展的特定时期，很好地解决了广告传播的创意定位与媒介传播技巧问题，也引领了推销主义时代广告传播的发展方向。而在社会转型和现代中国城市化进程加快的新时期，各种社会矛盾交织在一起，广告传播往往打上意识形态的深深烙印，广告传播主动或被动所承担的社会责任也异乎寻常的重大起来。社会发展和广告业的自身发展都决定着人们必须以更开阔的视野来重新审视广告运动模式和广告传播功能，促使人们把广告传播放在社会各种因素的复杂多元的互动关系中进行研究，社会生活的多元维度和价值观念在建构广告和社会互动关系研究的过程中，广告社会传播视域下的广告运动新模式出现在人们面前，这就是代表着广告传播新走向和新趋势的"新广告运动"（见图 4-2）。

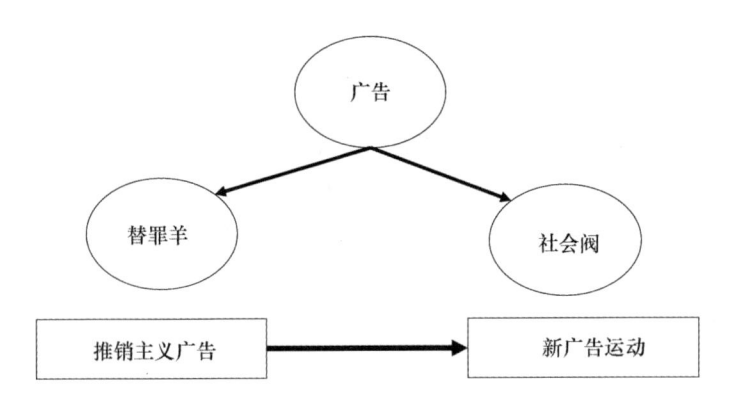

图 4-2　推销主义广告——新广告运动

我国广告界和一些学者提出了"新广告运动"，为广告传播提供了一个全新的视角。对于新广告运动，可以用两句话概括，一是新媒体广告创意，二是新观念广告运作。如北京互通联合国际广告有限公司董事长邓超明从事务角度所理解的新广告运动就是新媒体广告创意运动。他认为："广告强制进入视线的电视、广播、报纸等传统大众媒体，效果逐渐被稀释，传播进入窄众时代，观众不再被动等待，一只广告通吃的年代一去不复返了。"[1] 而在这种情形下，如何有效整合媒介资源成了广告运动至关重要的一步，精心创意，科学组合 Event、体验营销、电视等多种传播形式，通过新媒体创意，让更多的受众参与其中，才是新广告运动的制胜法宝。广告学者眼中的新广告运动，则是旨在扬弃传统以单纯推销商品为特性的广告模式，强调广告传播在发扬广告注重商业行为的合理性的同时，寻求广告商业行为和人文精神的交会。[2] 这种交会"既非常重视广告促进销售的作用，非常关切广告主的利益回报，同时，又相当重视广告对于人们消费生活、人文精神的引领，相当关注消

---

[1]　邓超明：《新媒体时代新广告运动》，《广告大观》2006 年第 7 期。
[2]　张金海、姚曦：《广告学教程》，上海人民出版社 2003 年版，第 32 页。

费者的整体利益"。而这种新广告运动对"消费生活人文精神的引领深层次的拓展,涉及人性、人生价值、人生意义等一系列问题,这些问题必然指向人类生存境遇的终极关怀"。① 把广告传播的商业精神与人文精神的交会,顾客满意与终极关怀的融合,以社会传播结构系统的视角去观照广告运动,很好地体现了广告运动和社会生活系统之间的互动关系。

四 社会化媒体营销与广告功能扩张

广告信息传播在很大程度上是靠媒体平台的强有力支持来实现的。社会化媒体营销,是媒介融合背景下媒体营销功能扩展和延伸。社会化媒体营销是市场营销的一个新趋势,其技术平台和经营模式也为广告舆论的传播提供了新的路径。什么是社会化媒体?网民们用通俗语言对其进行了形象解释:

近年来,上开心网偷菜,用 MSN/QQ 聊天,上视频网站看大片、传视频,泡论坛、发帖子、写博客、发微博,已经成为都市白领的常态,如果以上几项你都没有参与过,你可真 OUT 了。以上所有这些网上沟通的新玩意都有个共同的特点,用户不仅仅是信息的接收者,更是信息的生产者和传播者,所以,这些新媒体都有一个最新的名字:社会化媒体。②

通过以上的描述,可以看到社会化媒体在现实中的发展和运用情形。国际著名传播咨询公司福莱希乐数字整合传播部负责人大卫·威肯丹(David Wickenden)在 2008 年 5 月提出:"在未来的 12 个月,互联网'社会化媒体'将沿着三大趋势快速发展,依次为:社交网络社区的增长与多样化、企业不断努力使消费者参与到市场营销过程中、MySpace 和 Facebook 等大型交友网站之外的'消费者自主媒体'的不断整合。"③ 实际上,所谓社会化媒体是基于互联网平台技术,用户互动式、共建式和资源共享式新型媒体。新媒体环境中的社会化媒体包括论

---

① 戴承良:《新广告运动论纲》,《中国广告》2001 年第 1 期。
② 《第三届中国社会化媒体口碑营销高峰论坛召开》,http://report.qianlong.com/33378/2009/12/15/2502@5351397.htm,2009 年 12 月 15 日。
③ 《福莱希乐数字整合传播研究报告:社会化媒体发展呈现三大趋势》,《中国广告》2008 年第 5 期。

坛、博客、IM、视频分享网站、维基、SNS 等。社会化媒体营销就是利用社会化网络、在线社区、博客、百科或者其他互联网协作平台媒体来进行营销、销售、公共关系和客户服务维护开拓的一种方式。一般社会化媒体营销工具包括论坛、微博、博客、SNS、Flickr 和 Video 等。而利用这些媒介发布信息、传播观念、实现营销，就称之为社会化媒体营销，也称之为社会化媒体口碑营销。

互联网的快速发展，为社会化媒体营销与广告功能的扩张开辟了新的路径。2009 年，中国网民以 3.6 亿的用户规模居全球第一。2011 年 1 月 19 日中国互联网络信息中心（CNNIC）发布了《第 27 次中国互联网络发展状况统计报告》（以下简称《报告》），《报告》显示，截至 2010 年 12 月底，我国网民规模达到 4.57 亿，较 2009 年年底增加 7330 万人。[1] 这样的发展速度和发展规模，为社会化媒体营销拓展了巨大空间。

早在"2009 年中国社会化媒体高峰论坛"上，中国最社会化媒体口碑营销与管理机构大旗集团公布了一组与社会化媒体营销有关的数据，其中，董事长王定标在高峰论坛上发布了"2009 年度中国社会化媒体发展报告"。大旗集团通过专业的社区搜索和分析技术，实时搜索和监测 70 多万个中文活跃论坛、10 万多个精英博客和 7 个国内主流视频网站，发现 2009 年中国网民发布的帖子、博客、视频等各种用户原创内容（UGC）已达到 11.3 亿条，比 2008 年增长了 3.14 倍。其中，网民关注的社会类话题达到 7.6 亿条。在社会类话题中，大学生就业、医改、打黑三个热点话题增长最快。2009 年度的几大社会热点话题大多始于网络，网民的关注又影响着事件的进展，话题涉及邓玉娇事件、杭州 70 码事件、上海楼房倒塌事件等，而一些正面的热点话题也为网民所关注，重大的话题包括国庆 60 周年大典、湖北大学生救人事迹、重庆打黑事件等也在网上引起了网民的广泛共鸣。2009 年网民还在网络上发布近 3.7 亿条有关商业类的话题，参与讨论和网上互动，为企业的口碑营销管理和建设提供了大量鲜活的案例。

社会化媒体营销一方面可以为客户提供口碑分析诊断、口碑预警、口碑对话、口碑平台等服务，并为一些著名企业定制了社会化媒体客户

---

[1] 李雪昆：《网民规模已超 4.5 亿》，《中国新闻出版报》2011 年 1 月 21 日。

关系管理系统（Social CRM），有效地改善了这些企业和网民及客户的关系，为企业培育了真实而良好的品牌口碑。另一方面可以利用网络意见领袖的力量来为企业营销服务。一项调查显示，目前在网络论坛里，不到10%的网民发布着超过80%的原创帖，并吸引着超过90%的点击率。这些网民已经成为名副其实的网络意见领袖——"网络达人"。关注、监控网络达人的言论，建立网络达人会员库，及时向其消费者沟通相关信息，分享相关体验式消费经验，也是社会化媒体营销的一个趋势。媒体化社会营销对于广告舆论传播意义在于其极大地扩展了广告舆论传播的空间和场域，同时，也对广告舆论的监管和控制提出了新挑战。

第二节 广告舆论的实现方式

广告舆论的形成和发展与广告传播的强度和密度有关，和广告传播的环境有关，也和广告传播中多角关系的互动不无关系。但广告舆论作为一种现实存在最重要的原因则和舆论话题的重要性及舆论实现的方式直接关联。在现实生活中，广告舆论的实现有追随国家意识形态和主流话语、反映和代表社会团体和利益团体主张、聚合公众集合意识等方式。

一 追随国家意识形态和主流话语

广告是国家经济发展的晴雨表，也是国家政治变化的温度计。从古至今，广告追随着经济的增长而繁荣，伴随着王朝的更迭而兴衰。同时，广告文化也是民族精神和民族意识的载体，彰显着民族风格和民族气质。广告传播的这种特性，决定着广告舆论追随国家舆论的现实路径。我国学者认为："国家舆论集中体现了国家统治阶级意志对社会生活实施有效管理的重要途径。由国家政权自上而下的舆论传播具有其他舆论无可比拟的权威性和影响力，可以使人们的认识、倾向在某种程度上趋于一致。因此，在广告宣传中，对于国家舆论的正确运用和预见，能够使广告传播产生极大的效力。"① 国家舆论,是一种自上而下传播的舆论形式,涉及的内容多和国家阶段性方针政策有关,国家舆论倡导主流价值观,在现实生活中起着重要的舆论导向作用,对广告舆论的形成和发展往往产生重大影响。战后日本,许多家族式企业的领导人肩负着双重使命,一方面,要在很短的时间内恢复企业的元气,重振企业雄风;另一方面,这些家族企业还担负着振兴民族工业,使日本经济在战争的废墟上迅速腾飞这一重任。在这样的背景下,他们响亮提出"产业报国"的广告口号,使广告舆论的走向和国家舆论的走向保持高度一致。中国改革开放以来的流行广告语中,也有许多追随国家舆论的经典之作。1980年,铁达时表的广告语是"为人民服务,为大众报时";1990年,全国广为流行的公益广告语是"高高兴兴上班去,平平安安回家来";1996年,奥妮皂角洗发浸膏的广告口号是"长城永不倒,国货当自强";而1998年海尔电器的广告语则是"海尔,中国造"。② 这些产生巨大舆论影响的广告语,顺应了当时环境下社会发展的舆论需要,顺应了受众心理的需要,故能广为流传,成为追随国家舆论的经典之作。在公益广告宣传中,广告主题的凝练、广告观念的表达也都和国家相关政策及国家倡导的主流价值观保持高度一致,广告舆论紧紧追随国家舆论。

二 反映和代表社会团体和利益团体主张

广告舆论发起主体不同,其舆论呈现的形态也有较大差异。其舆论指向不同,反映和代表的利益团体也就不同。有学者认为:"团体舆论,就是代表团体的共同意志及认识的意见,或以团体名义所从事的舆论活动。"③ 所谓团体舆论即可指前文所论述的众意广告舆论,也可指前文说到的群意广告舆论。

在我国,社会团体是由公民或企事业单位自愿组成、按章程开展活动的社会组织,包括行业性社团、学术性社团、专业性社团和联合性社

---

① 邓惠兰:《广告传播的舆论学观照》,《江汉大学学报》2002年第3期。
② 北京广播学院广告学院,IAI国际广告研究所:《中国广告猛进史》,华夏出版社2004年版,第9页。
③ 邓惠兰:《广告传播的舆论学观照》,《江汉大学学报》2002年第3期。

团。截至 2008 年年底，登记注册的社会组织总量接近 40 万个，其中社会团体 22 万个，民办非企业单位 17.8 万个，基金会 1390 个。社会团体是当代中国政治生活的重要组成部分。中国目前的社会团体都带有准官方性质。《社会团体登记管理条例》规定，成立社会团体必须提交业务主管部门的批准文件。业务主管部门是指县级以上各级人民政府有关部门及其授权的组织。社会团体实际上附属在业务主管部门之下。[①] 这就意味着团体组织是上级业务主管部门的分支机构或业务延伸机构，其舆论主张多反映国家宏观政策层面的主导思想和团体业务活动范围内的业务导向。

这么多的社会团体按照其章程开展活动，必然要反映其团体的主张，团体主张如何变成团体舆论？广告舆论又是如何追随团体舆论的呢？有学者认为："团体作为一种中介力量把个人和整个社会联系在一起，整个社会的活动及其具体形式，都是通过无数团体的活动表现出来的。从不同的角度来看待团体，就有不同的方式来通过广告传播引导大众的态度。可以通过团体影响社会，可以用团体带动团体，还可以通过团体组织来营造销售气氛。"[②]

团体在社会上生存和发展，宣传和反映其团体主张是一项经常性的活动。具有相关经历、学历、兴趣、爱好的人聚集在一起，容易在一些问题和事物上达成相同的看法，这些相同的看法可以通过团体活动集中表达，也可以通过媒体强势传播，形成舆论形态或舆论导向，广告是社会团体表达其意见主张的重要工具和通道，团体意见和主张如果以广告形式特别是以公益广告形式传播，其团体舆论就会转化为广告舆论；团体与团体之间也存在着业务往来和意见沟通，不同团体之间在一些问题上的相似或相同看法，也会形成更大规模和更大范围的意见沟通和意见讨论，如果在有关国计民生的重大问题和有关团体、行业发展的重大决策上能够形成共识，并以广告的形式传播，其舆论波及的范围就更宽和更广。需要指出的是，我国现阶段社会团体除了准官方性质的社会团体外，还存在着大量非官方性质的企业团体，企业团体是社会团体的重要

---

① 参见《社会团体登记管理条例》，1998 年 10 月 25 日以中华人民共和国国务院令第 250 号形式发布，自 1998 年 10 月 25 日起施行。
② 邓惠兰：《广告传播的舆论学观照》，《江汉大学学报》2002 年第 3 期。

组成部分，企业团体和社会团体之间要么是管理与被管理关系，要么是行业指导与被指导关系，在很多时候，企业团体的广告舆论往往是社会团体舆论的延伸或是社会团体舆论最直接、最具体的反映。

三　聚合社会公众集合意识

舆论学学者认为，公众和加入某一组织或活动的群体是有区别的公众，"公众是不经组织而有一致意向的大众，多数人是不相识的，由于分布在社会不同角落却对社会问题产生共同见解，因而他们是结成一致思想的整体"。[①] 在舆论学者看来，公众之所以称之为公众，就在于他们是具有公民权和独自表意愿望的群体。这一群体，具有以下特征：首先，他们有共同利益的目标，维护共同利益使他们对社会问题表示出强烈的关注，并用共同的见解来表示这种关注。其次，公众有一定的价值观和相互认同，成为影响社会变革的力量。共同的需要、价值观、利益追求和尊严使许多人加入公众的行列，运用舆论手段解决共同问题。在现实生活中，公众个体都在以直接或间接的方式发表见解并试图用自己的态度和观点去说服别人。另外，他们也往往以别人的意见和观点来对照和调整自己的看法，个体意识常常服从社会意识，在这种不断的相互交往和沟通中，他们在重大问题或重要事物面前就容易形成一致性的意见和看法，这些个体之间大致相同的意见和看法，可以称之为集合意识或集合舆论。舆论学者认为："集合意识是舆论的内核，无限地溶解了个体意识，是由公众的利益目标和价值观一致而铸成。个人在修正了不相容的见解后，渐渐汇入集合意识的洪流，舆论便获得更大的强势。"[②] 集合舆论是人类舆论活动中最常见、最普遍的舆论类型，它主要是指人们自发无组织地集合在一起所形成的舆论。因为它无处不在，随时生发，社会影响力巨大，所以，也往往成为广告舆论流动的基本形态。

集合舆论公众实际上还是前文所提到的意见公众，他们往往因一个共同感兴趣的话题而聚合在一起，广告传播在传统媒介环境中虽然带有强制性，但并不能限制公众独立发表自己的见解和群体之间的自由交流，更为重要的是，广告传播因往往为公众呈现话题，并在不时利用媒

[①] 刘建明、纪忠慧、王莉丽：《舆论学概论》，中国传媒大学出版社2009年版，第31页。
[②] 同上书，第32页。

体的持续传播帮助公众修正自己的意见,常常会促使个体从各自的意见角落走到公开意见讨论的平台,从个性鲜明的个体意见趋同于大多数人的共同意见,进而促使广告舆论的聚合和生发。在市场经济发展和媒介融合加快的环境下,广告在不断在铸造公众的集合意识,以广告构建的社会发展观、市场消费观和生活幸福观来消解公众的个体意识,在引导公众面对广告问题和广告事务敞开心扉表达自己真实想法的时候,使他们自觉或不自觉地汇入广告集合意识的洪流,变成了广告舆论主体的一个分子,推起广告舆论的一轮轮波浪。

第三节 广告舆论实现的路径

广告舆论主体的结构决定广告舆论的结构,广告舆论信息的传播往往按照广告舆论主体预设的路径流动。广告舆论主体结构的复杂性也规定了广告舆论实现路径的多元化。其中包括广告主意见强势倡导,广告人创意发想与创意造势,媒介评论与媒介导向下的广告主张两次传播,广告受众意见集中表达等。

一 广告主意见强势倡导

广告主是广告信息传播活动的发起者,广告传播的内容是由广告主所决定的,而对个体广告对象来说,他只能是广告信息的接受者或者拒绝者。因此,一切广告传播问题的产生从本源上来说,都是由广告信息传递的单向性特征所决定的。这是广告问题产生的核心问题,也是广告舆论得以产生的一个重要原因。

广告信息传播是一个多元流动过程。广告信息传播是一个单向性的信息"势能"流动过程,是一个由"多能"向"少能"的流动过程。由于广告主与广告对象的背景多元化,决定了广告信息传播中的政治利益流动、经济利益流动以及文化利益流动。这些流动过程共同决定着广告传播问题的产生、发展和解决。人的本质是社会关系的综合,其中,经济利益关系是一切社会关系的基础。对个人来说,人在社会中的经济地位决定了其政治地位和文化地位;对民族国家来说,在国际社会中经济地位的高低,决定了其在各个方面的话语权。广告主和广告对象都是依附一定的经济关系而存在的,其经济地位决定了其话语权的大小。就单个广告传播过程来说,广告主一般总是占据着社会的优势资源,而广告对象相对广告主而言处于劣势。广告信息传播是由"高势能"到"低势能"的流动过程,广告主在经济关系上的比较性优势,从根本上决定了广告主在广告信息中的强势话语权。广告主的传播行为决定了整个传播活动的性质是一种"一边倒",在某种意义上,"广告传播"应该称为"广告宣传"。

如在近代中国,使用国货、抵制洋货运动的舆论导向十分明确,振兴民族产业的愿望和爱国的热情紧密地结合在一起。但在广告表现中,民族工商业者往往利益其掌握的优势资源,不失时机地把消费者的注意力引导到自己的产品和企业上,也是国货运动提倡者利用广告舆论造势的常用手法。美国学者葛凯在他的著作中描述了一个广告活动并进行了评析:

> 1934年3月18日,至少有3万人参加了在上海虹桥机场举行的一个典礼。上海许多最有权势的人物聚集在一起,参加吴蕴初捐赠一架轰炸机给国民政府的仪式。包括市长吴铁城、褚民谊、吴蕴初、青红帮头目杜月笙、国货运动领导人王晓籁、企业家史量才、商会领导人虞洽卿、记者朱少屏。为了避免中国的爱国者忘记这架飞机的来由,"天厨"的名字被涂在了机身上。机场的标语明确地把爱国消费和国防联系在一起:"这些飞机是间接由那些喜欢使用天厨味精的爱国中国人所购买的。"①

广告主为实现广告目标,有目的地制造并发布广告信息,传达某种强势的意见,广告主的需求决定广告舆论的生产和传播,是广告舆论形成的动因,广告主对广告代理公司和广告媒介进行操纵,表现为操纵广告代理公司制作符合需要的广告作品,传达自己的广告舆论;操纵媒体,对媒介进行议程设置,大规模、高频率地传达广告主主导的广告舆论。②

---

① [美]葛凯(Karl Gerth):《制造中国——消费文化与民族国家的创建》,黄振萍译,北京大学出版社2007年版,第353页。
② 杨海军:《势能理论与广告传播中的社会问题探析》,《新闻与传播研究》2006年第2期。

二 广告人创意发想与创意造势

现代广告运动,是以策划为主体,以创意为核心的整体运动形式。从某种程度上说,广告人的创意造势往往决定着广告舆论的发展方向。所谓广告人创意造势,是指广告代理公司或广告从业者以创造性的思想和工作来制作、完成符合广告主需要的广告作品。这一过程包括市场调查、广告策划、创意、媒体发布等。广告人的创意思想之所以能够转化为舆论影响,其前提是建立在广告主、广告人对受众的立体认知基础上,对受众进行深入、全面的了解。作为操纵者的广告主在分析、了解受众的基础上确定并瞄准某些受众作为广告舆论传播的特定公众,并确立明确的预期目标,然后制作相应的有吸引力和说服力的广告讯息,通过某些媒介传播出去,这时的广告舆论表现为广告主、广告人、媒体利益联盟的群体舆论形态,通过媒介传递,广告舆论在一定社会范围内传播扩散,获得一定范围的信息接收者,形成大多数人所公认的意见,这时的广告舆论才由个人的态度转变成某种社会意识。多年来,广告舆论的呈现很大程度上由广告人的创意造势而起,好的广告创意不仅使广告信息传播达到最佳效果,更能在最短时间内使广告公众的意见趋于一致,形成正向广告舆论;差的和另类的广告创意不仅不能有效地传递广告信息,也往往在短时间聚集起意见公众对其存在的问题和重大失误进行指责和批评,形成反向广告舆论,广告人的创意造势也是广告舆论产生的推动力量(见表4-1)。

表4-1　　　　　　　知名品牌创意事件与舆论影响

品牌名称	创意事件与舆论影响
纳爱斯雕牌天然皂粉	"你泡了吗?泡了!你漂了吗?漂了!"雕牌天然皂粉的广告播出后,引发了诸多消费者的不满,创意触及雷区
丰田霸道	一则是,一辆霸道汽车停在两只石狮子之前,一只石狮子向下俯首,另一只石狮子抬起右爪做敬礼状,背景为高楼大厦,配图广告语为"霸道,你不得不尊敬";另一则是,"丰田陆地巡洋舰"在雪山高原上以钢索拖拉一辆绿色国产大卡车,拍摄地址在可可西里。不恰当地使用中国元素,伤害了中国人的民族情感
立邦漆	画面上有一个中国古典式的亭子,亭子的两根立柱各盘着一条龙,左立柱色彩黯淡,但龙紧紧攀附在柱子上,右立柱色彩光鲜,龙却跌落到地上。不恰当地使用中国元素,伤害了中国人的民族情感

续表

品牌名称	创意事件与舆论影响
耐克	男主角 NBA 新状元勒布郎·詹姆斯，其中三个场景涉嫌侮辱中国人形象。詹姆斯与身穿长袍的中国人模样的老者"争斗"，将其击倒；穿中国服装的妇女（与中国敦煌壁画飞天造型极其相似）暧昧地向詹姆斯展开双臂，随着扣碎的篮板，"飞天形象"消失；篮板旁出现两条吐出烟雾的中国龙形象和阻碍詹姆斯的妖怪。不恰当地使用中国元素，伤害了中国人的民族情感
箭牌	箭牌在俄罗斯的一则广告中亵渎了中华人民共和国国歌《义勇军进行曲》。广告一开始是一群黄皮肤的亚洲人伴随着《义勇军进行曲》的旋律匆匆赶往机场，为首的一个领导模样的人站在飞机舷梯边迎候外宾，众随从则在他身后一字排开。这时，领导身旁的一个年轻人从口袋里摸出两粒口香糖，塞进嘴里，惬意地用俄语说了句"多么清新的味道"，随后便自我陶醉地大嚼起来。一名白皮肤的外国女领导人从舷梯走下，只见她在众人惊诧的目光中直接奔向这名吃口香糖的随从，并献上一个香吻。突然，在一个不雅的声音之后，一直在播放的《义勇军进行曲》旋律也随即戛然而止，所有人都尴尬地静默在那里，茫然地四下环顾。这时，电视屏幕上赫然出现"Orbit"（傲白）口香糖及其商标字样。广告创意不当，伤害了中国人的民族情感
啤儿茶爽	"老师，你 OUT 了，上班还喝啤酒？你 OUT 了。"一款略带啤酒味的茶饮料的广告词。广告中宣扬的"上课喝啤酒，开车喝啤酒，就连上班都在喝啤酒"，不喝你就 OUT 了。创意不当，不但误导年轻受众，而且产生不良社会后果
万家华庭	"如果你不能给她一个名分，那就送她一套房子"传递了不健康价值观，上面雷人的广告语令网友直呼"多明显、多直白"，"二奶楼"这一雷人的新名词也因此蹿红。创意触及雷区

三 媒介评论与媒介导向下的广告主张两次传播

正如前文论述，一部分广告舆论是广告主操纵媒体，对媒介进行议程设置的结果。在大众媒介环境下，广告舆论的形成，离不开媒体的平台和通道，无论是广告主"制造"出来的舆论，还是公众聚合意识中生发出来的舆论，只有在媒介平台上被渲染和放大后，才能真正以舆论的成熟形态绽放（见图 4-3）。从这个意义上说，广告舆论的最终形式往往是以媒介舆论的形态展现在众人面前，并以媒介的价值和标准影响着人们的社会价值观和广告消费观。

媒介自身也往往是广告舆论的发起者和参与者，媒介对问题广告的批评、评论和对公众意见的报道，使媒介意见成为公众意见的有机组成部分；同时，媒介对公益广告的策划、设计、制作和传播，使媒介也成为广告舆论的发起主体，媒介的态度和主张决定着舆论的性质，媒介对广告的时评左右着广告舆论的走向。

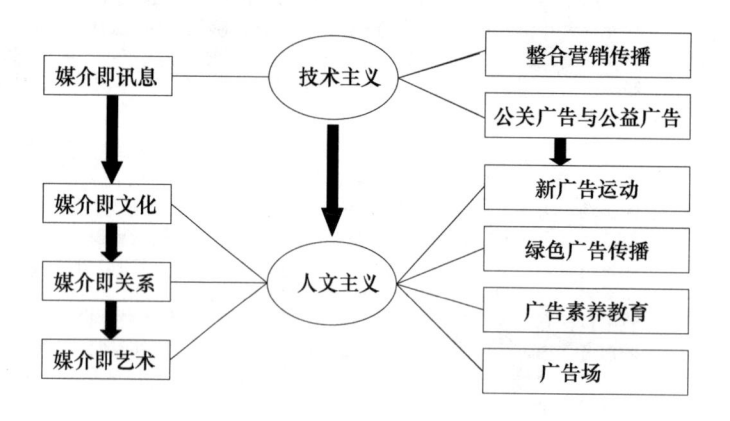

图4-3　媒介平台与广告舆论生成路径

在媒介的参与下，广告舆论传播呈层级性递进，即二次传播的过程性展示。广告传播是一个独特的信息传播活动，在大众传播时代，广告传播往往采用"机枪扫射"的方式把信息传递给受众，而在小众传播时代，广告传播则采用"步枪打鸟"的方式实行精准营销。由于广告受众是一个庞大的群体，具有广泛性、流动性和不确定性，广告传播在实际运作中也会呈现出两次传播的现象。这里又有两种情形，一是广告传播是针对目标受众进行传播，通过目标受众向其他更广泛的人群辐射，这些目标受众就充当了二次传播中的舆论领袖的作用，这些人虽然不是专业人士，但往往是广告产品或服务的忠实使用者或推荐者，他们是口碑营销层面的中坚力量。二是广告直接针对舆论领袖传播或通过舆论领袖传播，有时舆论领袖就是舆论的发起者。舆论领袖常常在某一领域具有一定的权威性、专业性，对信息更加敏感，往往较早地获知某种信息，通过他们的示范作用，带动更多的人接受广告信息和参与广告活动。这些舆论领袖包括专家学者的言行、观点、公开发表的学术文章，网站上的学者专栏、名人博客，广告事件的参与者，还有很多身边的舆论领袖。人们常常把自己认为的在某个领域知识丰富的人作为自己的舆论领袖，这些舆论领袖可以是生活中的家人、老师、朋友、同事等。广告传播在目标受众心中埋下了意见的种子，他们就会自觉不自觉地充当舆论领袖，把这些种子撒向任何可能接触到的人，于是广告意见就会在更多的人心中开花结果，广告舆论也就会按照广告传播的模式和进程流动。媒介时评和两次传播的意义在于揭示了媒介和舆论领袖在广告传播中的重要地位和在广告舆论生成和发展过程中的不可替代作用。

四　广告受众意见集中表达

广告受众意见集中表达体现在多个层面。广告舆论从出现到消亡，整个过程都离不开受众意见的集中表达。无论是广告受众的广告认同性意见、认知性意见、评价性意见或是反对性意见、批评性意见，在一定的时间内和一定的空间里只要达到一定的密度和强度，就会以群体舆论、众意舆论或是民意舆论的形式出现。受众意见的集中表达离开了特定的时间、空间，达不到一定的强度和密度便不能实现。广告主制造的广告舆论具有引发、引导受众意见的作用，影响受众意见朝着预期的方向发展，但是对受众意见的形成不具有直接的决定作用。广告受众对广告主发布的广告信息进行甄别、判读和筛选，并通过与其他广告受众的交互验证，达成消费认知和反馈性意见。受众意见的形成受多种因素的影响，受众无时无刻不处于舆论场的包围之中，他们在具体的广告舆论场中形成自己的广告舆论。受众广告舆论以三个不同的层面表现出来，以言语表达的显舆论、以情绪和信念表达的潜舆论和以行为表达的行为舆论。这种有意或无意获取意见是受众个人意见的形成过程，获得个人意见的受众进行进一步的交流、印证、体验，合理讨论，进而形成比较一致的公众意见。

第四节　广告舆论在现实生活中的具体呈现

一　"瀑布倾泻式"广告舆论生成

美国学者乔·萨托利提出了舆论传播的瀑布模式，主要来比喻在集权制度下舆论强行灌输、倾泻传播的情形。他认为，集权制阶层建立了明确的等级瀑布，从最高权力集团到基层权力阶层形成一个个水潭，意见总是从最高领袖集团制造出来，向广大公众倾泻，其中，每一个水潭只起强化作用和扩大作用。① 广告舆论不是从最高权力集团到基层权力阶层倾泻，但广告主对媒体的控制和对广告话语权的构建使其面对大众进行瀑布倾泻式的广告传播成为可能。这种可能是由广告传播机制所造成的，但这种可能变成现实却是由广告传播的方式和方法所决定的，广告传播的一个显著特性就是其强制性，这种强制性首先表现在信息的不对称传播上。作为舆论议题，广告主可以把媒体变成意见表达的主要通道，可以公开表达自己的主张，可以强势传播自己的观念。受众面对广告主的强势传播只能选择面对、逃避或抗争。在传统媒体的强势信息攻势面前，受众的抗争性意见表达往往受到信息通道不通畅的限制，在有关广告传播的群体舆论出现之前，受众又是生活在各个角落的个体，其个体意见表达的声音十分弱小，不足以对广告主广告意见的强势传播造成冲击，所以在现实生活中，广告主的广告传播往往以单向信息传递的情形呈现，广告舆论传播也往往以瀑布模式倾泻。广告传播的强制性其次表现在广告主和媒体对广告传播密度和强度的控制上。由于广告传播具有单向性和重复性的特征，广告主可以任意实施广告传播的媒介策略，可以随意组合广告传播的时间和方式。为了实现区域性和阶段性战略目标，广告主的广告投入有时是惊人的，广告传播的密度和强度也往往超出常人能够忍受的范畴。广告传播的强制性还表现在广告主和广告人以自我为中心的广告创意表现上，在广告传播过程中，广告主和广告创意人往往用另类创意、出格创意和反映自身主观感受的狭隘创意来表达思想观念，不幸的是，这种创意表现往往会以高密度的广告传播强加给受众，这种创意表现以挑战受众忍受极限和破坏消费者消费情绪，甚至不惜以刺伤受众心灵的方式以期取得创意轰动效果，提高广告产品或服务知名度的做法，在广告界却有相应的市场，如"脑白金"送礼广告，"恒源祥"十二生肖贺岁广告都是典型代表。因此，在话语权牢牢控制在广告主手中，广告传播的强度、密度、理念都超出常理时，广告舆论的传播就以瀑布倾泻式模式呈现，有时甚至表现出广告舆论疾风暴雨式的狂轰滥炸。

---

① ［美］乔·萨托利：《民主新论》，冯克利、阎克文译，东方出版社1998年版，第104—114页。

二 "飘雪花式"广告舆论生成

在传统媒体时代,广告舆论狂轰滥炸式的传播虽然在特定时期对提高产品或品牌的知名度有帮助,在较短时间内也能掀起舆论的狂潮,但这种方式因存在着先天性缺陷并不为所有的广告主所推崇。许多广告主更愿意以温情的广告诉求方式来营造舆论的氛围,或通过与目标受众的互动来促使舆论的顺向传播。温情诉求式广告传播和广告传播中的理性诉求与感性诉求不同。理性广告诉求重在说理,感性广告诉求强调以情动人,而温情诉求式广告传播则是关注到广告传播所有环节的综合型广告生成方式。

舆论学上有一种舆论生成的"飘雪花式"被认为是舆论呈现的一般模式。"飘雪花式"认为:"舆论的形成有一个渐进的过程,人们的意识日甚一日地发生变化,最后在一定范围演化为普遍意见。就像下雪一样,意见在公众中悄悄地'飘落在地上,不久大地一片银装'。"[1]"飘雪花式"形象地比喻了广告舆论的生成方式和传播方式。和狂轰滥炸式广告传播方式相反,温情诉求式广告传播重视与受众的感情沟通,重视受众的心理感受,能够在广告创意表现中考虑受众的实际利益,满足受众的信息需求,促使广告舆论的生成,也就像飘雪花一样,飘落在受众心中,达到"随风潜入夜,润物细无声"的效果。温情诉求式广告传播除了在理念上力图和受众达成意见共识外,在广告创作和广告传播方式上也极力追求广告的和谐传播。在广告创作上,广告主和创意人喜欢营造和谐、欢快的消费场域和家庭生活场景,用温馨的画面、优美的语言、动听的音乐来展示产品的优点和服务的特色;在广告传播上,广告主和媒介往往会考虑到受众的信息接受习惯和信息接受方式,广告播出的密度和频度符合受众记忆和遗忘的间隔时间,广告主和媒体也会合理安排不同性质和不同形态媒体之间的广告传播组合,使广告信息科学、合理、有效地到达目标人群。温情诉求式广告传播,内容健康,表现得当,传播和谐,很容易在第一时间拉近广告主和目标受众的距离,也容易使广告主的广告主张在目标人群中产生反响或引起共鸣,广告主的意

---

[1] 刘建明、纪忠慧、王莉丽:《舆论学概论》,中国传媒大学出版社2009年版,第61页。

见和主张也往往会转化为受众的意见和主张，一致性意见和相似性意见增多，广告舆论便伴随着温情诉求式广告传播的过程顺向流动。

三　"风吹浪起式"广告舆论生成

广告传播活动是一个复杂的信息传播活动，广告传播活动的复杂性，决定着广告舆论的流动绝不是仅仅像瀑布倾泻那样简单或像飘雪花那样容易成形。广告舆论由广告传播活动所引发，广告主的广告主张在强势传播或温情诉求中可能会演化为广告舆论的源头。广告事件的出现、广告创意引发的问题、广告传播政策性变化都会导致广告意见的争鸣，进而造成广告舆论的扩散。

舆论学上的"风吹浪起式"被认为是舆论的突发模式之一。学者们对其表述是："在舆论凸现之前，社会没有任何议论，根本不存在任何相关意见。由于外界因素的强烈刺激，舆论立刻形成，从刺激到舆论出现没有加温过程……，风吹浪起式没有任何预兆，只因为'狂风骤起'才出现'大浪滔天'。"[①] 学者们认为，"风吹浪起式"激发因素大致有以下几种：一是具有引爆功能的事件，二是舆论领袖的煽动，三是政策措施的突然改变。广告主的广告主张在社会上不可能没有议论，广告主的广告主张大多数情况下都处于舆论的旋涡之中，但在广告传播中，突然出现以上三种情形，就不可避免地出现争鸣式广告舆论的扩散。引发舆论的客体不同，其对应的主体构成也会出现相应的变化，广告舆论群体所关注的议题和争论的问题的焦点也不尽相同。广告舆论走向就会偏离广告主预先设置的轨道，打破广告传播的线性模式，沿着多方位的路线延伸，在更大范围内、更多人群中形成舆论辐射。舆论辐射方式为媒体报道、公众集会和人际传播等。在这一过程中广告舆论始终保持争鸣和讨论的扩散状态，不同意见交织在一起，不同的观点之间的碰撞，意见群体内部和意见群体之间的争鸣和议论甚至辩驳，都会加快舆论扩散的过程。

[①] 刘建明、纪忠慧、王莉丽：《舆论学概论》，中国传媒大学出版社2009年版，第60—61页。

四 "爆米花式"广告舆论生成

"爆米花式"广告舆论生成模式也借用了舆论学上的一个概念，主要指在封闭的容器里，由于外部的不断加温而使爆米花引爆。这里所类比的舆论形态生成和广告监控管理的体制性缺陷有关。广告监管体系不健全，广告运行机制存在先天性不足，广告问题的处理或解决不透明，天长日久，意见不断升温，就会呈现爆米花式广告舆论的引爆。广告舆论的主体多由政府、媒体、社会公益团体和社会公众来充当，广告议题也多和广告监管、广告法律建设、广告行业自律和广告公益事业有关。广告舆论主体借助媒体发表强势性的导向性意见，倡导、呼吁社会成员关注广告真实性问题、虚假广告问题、广告法的修订及完善问题、广告行业经营规范和竞争规范问题、广告传播监控体系建设问题、公益广告工程建设问题等。我国学者认为，广告的监控和引导，需要构建有利的广告行业外部环境和行业内部环境。这个构建过程是一个系统工程，外界环境建设可以通过政府法律、受众监督对广告主体的经验行为和广告本体的特性进行控制，但这是远远不够的。"广告行业内部的各种机构还需要通过行业内广泛认可的自律规则对自己的经营行为进行自律，以维持良好的公平竞争环境、保证行业成员行为的合法性，这样，就构成广告行业内的自律环境，包括自律规则、自律监督机构、自律行为等。"[1]（见图4-4）广告监督、管理内外部环境的和谐构建，才能避免因封闭式管理而导致的舆论爆发。监控管理式广告舆论的发起主体是广告行业外环境的政府机构和相关管理部门，内环境的自律机构和自律团体，还有关注广告管理机制和效率的社会民众。这种广告舆论旨在对社会进行监控和守望，进行舆论引导，发出健康的声音消解谣言和清除舆论噪声，保证正确的舆论导向和广告受众的合法权益。这类广告舆论往往超越小集团的利益，反映社会成员的共同要求，使多数的社会成员消除异见，达成共识。

---

[1] 丁俊杰：《现代广告通论——对广告运作原理的重新审视》，中国物价出版社2003年版，第101页。

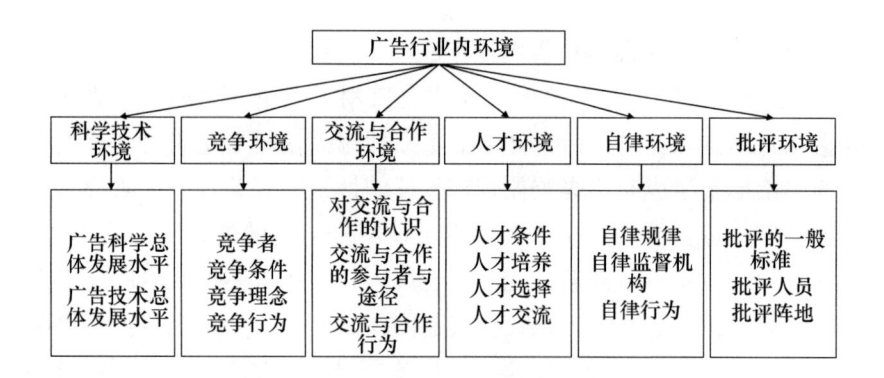

图 4-4　广告行业内环境构成简图①

从我国目前广告舆论监控评价体系中的舆论生成路径来看，引导性的广告舆论的生成路径较通畅，对广告舆论的引导也成为一个常规性的工作；而来自行业内部建设性的广告舆论意见表达和来自民众的广告意见呼声还很微弱。社会公众，自律机构和团体的社会影响力，意见表达的意愿，意见表达的合力和意见传播的方式都制约建设性广告舆论的生成和传播。

---

①　丁俊杰：《现代广告通论——对广告运作原理的重新审视》，中国物价出版社 2003 年版，第 101 页。

第五章

广告舆论的传播模式

广告舆论的传播模式是指广告舆论传播中的传播层次、传播结构、传播规律和传播特点的总体概括。对不同时期不同特征媒介平台的依赖和利用，使广告舆论传播呈现出不同的层次。而广告舆论传播中不同要素如"议程设置"与广告主媒介控制，"名人立言"与舆论领袖的影响，"拟态环境"的构建与舆论呈现，"沉默螺旋"的存在与受众舆论生成等相互作用而造成的结构性压力，促使广告舆论按照特定的方向和一定的轨迹流动。广告舆论传播存在着自然渐进模式、突发变异模式和人为操纵模式。

第一节 广告舆论的传播层次

广告舆论的传播需要特定的媒介平台，这和信息社会中广告舆论的传播与大众传播媒介的传播、引导这一特性密切相关。在现代广告环境中，广告舆论的生成、发展、传播和控制大多都依靠大众传播媒介来进行。而广告舆论在传播过程中对媒介的依赖和利用则经历了传统媒体组合中的强势传播、新媒体运用中的蔓延式传播、多媒体混用中的广告舆论场传播三个相互关联的平台时期，对媒介平台的依赖和利用，使广告舆论传播呈现出不同的层次。

一 传统媒体组合中广告舆论的强势传播

中国传媒大学的袁方博士认为，在企业的广告宣传中，媒介传播呈现出三个不同的发展阶段：媒介传播的第一阶段称之为广告资源化，媒介传播的第二阶段称之为广告活动化，媒介传播的第三阶段称之为广告行动化（见图 5-1）。① 这三个阶段的划分，形象地揭示了广告信息从单向传递到多向传递，广告资源的利用从广告主、媒介双方到社会第三方广泛参与，广告影响力从时间上的延伸到空间上的扩展的具体过程。这也为人们正确认识广告舆论传播的路径打开了思路。

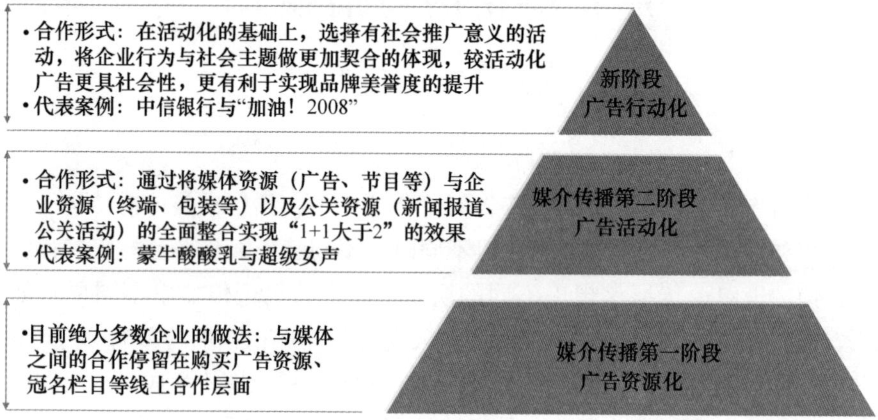

图 5-1　广告资源化、活动化、行动化内容图②

1. 广告资源化阶段的广告舆论传播

广告资源化阶段是媒介传播的第一阶段。广告主、广告公司与媒介的合作停留在购买媒介资源、冠名栏目等线上合作层面。大多数企业在其发展历程中，都经历了这样一个广告宣传的阶段。首先，在媒介资源化阶段，媒介的公信力和在受众心目中的权威性是广告主的第一资源。改革开放初期，只要在媒体上做广告，就能取得较好的传播效果。其次，广告主对媒体的使用程度和使用范围决定着广告传播的区域和效果，广告主对媒体的依赖程度和媒体广告给予广告主的回报程度都是直接和显著的。最后，广告的播出方式以硬性广告为主，同时，以新闻报道、人物和企业专访、企业栏目专题为代表的"新闻式"广告宣传对舆论的影响非常巨大，其效果几乎等同于新闻宣传。如我国学者研究发现："从1983年开始，先后有一

---

① 袁方：《媒介传播 2.0 时代的广告"行动化"》，《广告人》2009 年第 9 期。
② 同上。

些媒体开设"经济信息""新产品介绍""消费服务咨询"等栏目,向客户索取高于或低于广告的刊播费,为广告穿上新闻的外衣,打造出既像新闻又像广告的'混血儿'。"① 更有一些媒体直接开设"广告新闻"或"新闻广告"栏目,1984年,《山西日报》在"市场万象"专栏设置"新闻广告"栏目,而《人民日报》在"经济信息"专版曾设立过"广告新闻"专栏,每期刊登数篇广告新闻。② 这也是在广告资源化时期,广告主能够利用媒介资源实现广告舆论强势传播的重要原因之一。

在广告资源化阶段,由于广告主出钱购买了媒介的时间和版面,广告主一方面可以控制广告播出频次、播出时间和播出方式,另一方面可以通过广告创意来实现企业的广告战略。换句话说,广告主占有了较多媒介资源,也就占有了广告传播的先机,从某种意义上说,也就可以在较大程度上控制广告舆论的走向。广告传播主体在对媒介资源进行垄断性占有的过程中,其对广告信息的筛选和广告信息流量的控制带有鲜明的企业本位主义色彩,尽管企业可能考虑到广告受众现实和潜在的需要,但其主观意愿和主观判断还是以自身利益最大化为起点,这是造成广告信息单向传播和广告信息不对称传播的重要原因,也是造成广告舆论在传统媒体的组合中强势传播的症结所在。

2. 广告活动化阶段的广告舆论传播

广告活动化阶段是媒介传播的第二阶段。广告主、广告公司与媒体的合作形式有所创新,具体表现在:通过将媒体资源(广告、节目等)与企业资源(终端、包装等)以及公关资源(新闻报道、公关活动等)的全面整合,实现"1+1大于2"的效果。在广告活动化阶段,广告舆论进一步强势传播。③ 广告活动化阶段广告传播的特点和第一阶段的最大不同有两点值得关注:其一,广告市场中多角关系的联动,其中包括广告主、媒介、广告创意人三方的互动,广告主、媒介、广告创意人利益联盟与广告受众的互动。其二,媒介资源、企业资源、公关资源的有效整合与合力。包括广告、栏目、终端、包装、新闻报道、公关活动的

---

① 王存政:《"广告新闻"浅议》,《当代传播》1987年第4期。
② 王亦高、黄彪文:《正确的判断如何得到确认——以"广告新闻"讨论为例》,《国际新闻界》2007年第3期。
③ 袁方:《媒介传播2.0时代的广告"行动化"》,《广告人》2009年第9期。

整合营销传播。需要提出的是，在广告活动化阶段，广告舆论的传播尽管运用了各种手段，但总聚焦在广告活动周围，可以说，一切传播手段都围绕着广告活动展开，这是广告活动化阶段广告舆论传播的一个重要特色；同时，在广告活动化阶段，广告舆论虽然依然围绕广告活动展开，但广告舆论的走向不是单一的，而是双向的，广告舆论既反映广告主的主张，同时也为媒体的品牌栏目造势，广告活动只是广告舆论传播的一个平台和通道。广告活动化阶段，广告舆论传播取得双赢效果的代表性的案例是蒙牛酸酸乳品牌与超级女声活动的互动结合。

2005年2月24日，中国乳业巨头蒙牛集团在长沙与中国湖南卫视联合宣布双方将共同打造"2005快乐中国蒙牛酸酸乳超级女声"年度赛事活动。消息一出，立刻引起各界反响，随着赛事向前推进，超级女声活动逐渐超越了电视娱乐节目的范畴，迅速成为社会舆论关注的热点赛事，蒙牛酸酸乳的广告营销赞助活动也伴随着舆论的推动而渐入佳境。双方的合作实际始于2004年下半年。当年，蒙牛集团开始筹划2005年蒙牛酸酸乳的市场推广策略，希望这一高附加值的乳酸饮品能在来年为蒙牛带来更大的收益。蒙牛的中央电视台广告代理公司——广而告之有限公司擅长用活动营销、事件营销来为企业实现销售利润最大化，与蒙牛集团也有多年的默契合作。当时，湖南卫视2004年度的超级女声活动已经接近尾声，新颖的节目创意、突出的收视效果，使广而告之有限公司非常关注这一新节目现象。在合作洽谈中，广而告之有限公司发现超级女声活动年轻的参与者和目标观众与蒙牛酸酸乳的目标消费群体非常吻合，节目和产品附加的核心理念也高度一致：表现青春女生勇敢、率真的性情，真实地展现自我，品味成长过程中的酸甜滋味；同时超级女声活动的主办媒体湖南卫视也被公认为是国内最具活力的时尚娱乐频道，频道品牌地位与蒙牛可谓门当户对。经过审慎地分析研究，广而告之有限公司认为超级女声是一个非常适合蒙牛酸酸乳的传播载体，二者的结合一定可以带来营销和传播上的双重成功。于是，广而告之有限公司将超级女声活动介绍给蒙牛酸酸乳，并组织专人会同专家酝酿策划了日后轰动社会的"蒙牛酸酸乳超级女声营销活动"。那么，合作三方是如何通过有效的资源整合来实现广告舆论的有效传播呢？"蒙牛酸酸乳超级女声营销活动"广告舆论造势分为两步走：

第一步，充分利用媒介资源，放大活动营销中的栏目品牌和企业产品品牌效应。2005年超级女声活动开始以后，蒙牛酸酸乳开始在央视各主要频道的晚间黄金段投放专为此次营销活动制作的15秒广告片，重点传播和塑造青春女生勇敢、自信、健康、时尚的品牌形象，并借助中央电视台的强大宣传力度快速将蒙牛酸酸乳赞助超级女声事件传播出去，同时，蒙牛酸酸乳加强湖南卫视硬性广告的整体投放，使活动广告与产品广告交相呼应，将活动赞助与品牌传播的舆论影响放大至极致。为了扩大超级女声在全国范围内的舆论影响力，让活动的舆论影响力快速渗透当地，蒙牛在超级女声活动的几大赛区都选择了当地的强势报纸，对活动及产品进行了大范围的广告宣传。从赛事的举办目的、报名及参赛办法、赛事进程，到产品口味、代言人形象及产品核心定位都做了系列报道，聚集了全国青春少女的目光，强化了"蒙牛酸酸乳"在消费群体心中的认知度。为了发挥媒体的立体传播作用，蒙牛与湖南卫视还在《国际广告》等各大广告、财经类杂志上投放了一定数量的广告，并在网络上开发了"蒙牛连连看"和"超级FANS"的互动游戏，开设了"张含韵吧"网络论坛，使舆论影响快速在网络上蔓延。一时间，蒙牛酸酸乳广告片的主题曲《酸酸甜甜就是我》成为网络下载的热门歌曲，千家万户家庭回响着《酸酸甜甜就是我》的旋律。超级女声活动逐渐成为一个社会性话题，电视、报纸、网络上的各种报道纷沓而至，正面、负面的报道使舆论的影响力向纵深发展。

第二步，注重多种营销活动的科学组合，实现活动营销的综合效应。为做好形象代言，蒙牛集团大胆启用2004年超级女声季军，长相青春甜美的张含韵作为蒙牛酸酸乳的形象代言人，取得良好的社会反响；接着精心选择活动时机，配合乳酸饮料的销售旺季在3—8月全面展开超级女声活动；同时，在全国开设了广州、杭州、郑州、成都、长沙等五个唱区，当地的舆论影响力进一步扩大；此外，蒙牛集团注重终端营销，蒙牛酸酸乳利用自己的通路优势，在20亿件产品包装上印刷了超级女声的比赛信息，有效扩大了活动影响范围；最后，蒙牛还在各大赛区的卖场外办起了热闹的露演活动，将舆论浪潮推向顶峰。

3. 广告行动化阶段的广告舆论传播

广告行动化阶段是媒介传播的第三阶段，即在企业的广告宣传中，媒介传播出现的新阶段。具体指在企业主将媒体资源（广告、节目等）与企业资源（终端、包装等）以及公关资源（新闻报道、公关活动）进行全面整合的基础上，选择有社会意义的活动，将企业行为与社会主题融为一体。这比活动化广告更具社会性，更有助于实现品牌内涵和美誉度的提升。①

广告行动化阶段的广告舆论传播既不是广告信息的单向传递，也不是双向传递，而是广告信息的多向传播互动。其基本表现是，通过广告行动化过程的展开，广告主和媒体选择代表性的事件和重大社会公益活动，提炼共同感兴趣的话题，把广告主的主张和媒体的主张、利益集团的主张及公众的主张融合在一起多向传播，力图在更大的范围内、更多的人群中强化其主张和展示其形象。广告行动化阶段广告舆论传播的特点是：广告主利用社会公共事件造势，牢牢控制着广告舆论的走向，通过广告行动阶段性的策划，逐步把广告舆论变成媒体舆论、社会舆论和公众舆论，使广告舆论的社会影响力在广告行动进程的推进中不断放大。将企业行为与社会主体融为一体，实现舆论正向传播的经典案例很多，2008年由中信银行联合媒体、社会公益机构共同发起的"加油！2008"大型社会公益活动就非常具有代表性（见图5-2）。

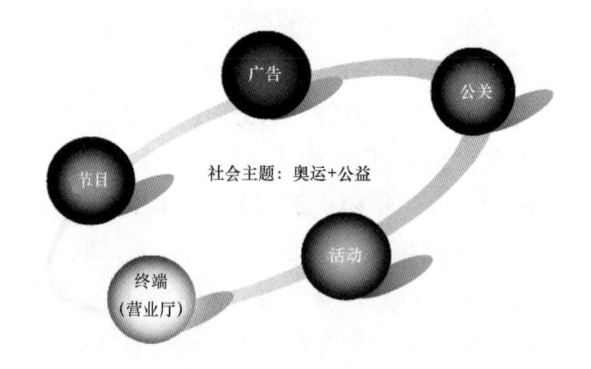

图5-2 "中信银行"2008年度品牌整合营销传播路径简图②

---

① 袁方：《媒介传播2.0时代的广告"行动化"》，《广告人》2009年第9期。
② 昌荣传播中信银行项目组：《从媒体合作到品牌整合——"中信银行"2008年度品牌整合营销传播案》，《广告人》2009年第9期。

2008年4月，由中信银行、中国青少年发展基金会、上海文广新闻传媒集团共同发起的集公益、奥运、娱乐于一身的大型电视活动——"加油！2008"大型公益行动高调启动。活动期间，汶川地震的发生，牵动了全国亿万群众的心，活动组织者马上调整了公益活动的重心。"加油！2008"活动随即围绕震后希望小学的重建和实现奥运梦想两条线索展开，活动发起者宣称要募集不低于5亿元的善款来实现活动的目标。中信银行动用全部资源，线上专题TVC的拍摄播出、节目互动，线下营业网点的劝募行动、奥运城市的爱心活动等一系列营销活动的顺利展开，让"加油！2008"得到了社会各界的有力支持并产生巨大舆论反响。活动结束之时，活动组织者共募集到5.37亿元善款。用于希望小学的重建、震区孩子们体育课的正常开设、震区"抗震小英雄"参加北京奥运会的门票购买。中信银行以"加油！2008"为切入点，拉开了2008年的奥运品牌营销序幕。

　　上海文广新闻传媒集团作为活动的发起者之一，并不是被动地成为活动的推广者，而是从幕后走到台前，直接成为活动的组织者和策划者。他们以2008年企业品牌传播为主线，深度筹划了以广告项目为源点的整合传播，推动活动从广告合作到媒体资源与企业品牌资源整合、从单纯借力到合力造势的纵深发展。上海文广新闻传媒集团下属的东方卫视辟出大量板块，全天20余次滚动播出赞助商广告，增加了晚会现场的广告植入、专属环节中花絮节目的报道；对地面活动的支持也是全方位的。新闻、娱乐节目对中信活动的追踪报道，可谓尽心尽力。[①] 正是有这样的投入，才使得整个活动一直保持强劲的广告舆论造势势头。奥运品牌营销的关键阶段，活动组织者则精心打造了广告宣传的"中国队赛事套装"，在每一场中国队参加的比赛中，中信银行"信念、信赖、信心"的广告语都会出现在现场与观众一起为中国队加油助威。在2008年北京奥运会期间，中信银行的广告总计播出了400余次，广告接触广度接近中央电视台转播奥运节目的接触广度。也就是说几乎所有收看过中央电视台转播奥运比赛的人都看到了中信银行的广告。在全国近10亿的电视观众中，有8亿观众在CCTV观看过奥运赛事，接触到了

---

① 郑鸿梅：《由"单"至"合"2.0整合传播》，《广告人》2009年第9期。

中信银行诚信的企业形象。① 中信银行凭借"信"的广告创意,将体育文化融入品牌文化中,有效地与公众产生感情共鸣,将中信银行的品牌形象植入千家万户,使广告舆论的社会影响力也达到极致。奥运会结束后,中国体育代表团取得了优异的成绩,最终以 52 枚金牌、100 枚奖牌的总成绩,成为 2008 年奥运会的佼佼者。中信银行广告及时跟进,为体育健儿量身制作了"为中国体育健儿庆功"的 TVC,在奥运庆功晚会上强档推出,再一次掀起广告舆论造势的浪潮。

二 新媒体运用中的广告舆论蔓延式传播

以互联网为代表的新媒体的出现,为广告舆论的传播开辟了新的路径。新媒体的交互性和公共性,使得个体意见、群体意见的自由表达变得更加通畅,公众一致性意见和相似性意见的形成也相对变得更为容易。在新媒体环境下,广告舆论呈现出病毒式传播、口碑营销传播、SNS 传播的新模式。

1. 广告舆论的病毒式传播路径

病毒营销流传已久,但作为一种营销策略,它仅仅可以追溯到五十年前的口碑营销。在传统的市场营销活动中,一个公司利用一些营销手段鼓励其老客户去向自己的朋友们推荐一些公司的产品和信息的方法比较常见。在传统商业社会中,这种"找朋友"的方式也被称为"口碑营销"。在互联网上,这个观念更加受到人们的推崇,并把它称之为"病毒营销"。病毒营销这个术语是由支撑 Hotmail 公司的风险资本家史蒂夫·朱尔维特森创造的,最初是用来描述 Hotmail 成长背后的原理。1996 年,沙比尔·巴蒂亚(Sabeer Bhatia)和杰克·史密斯(Jack Smith)率先创建了一个基于 Web 的免费邮件服务,即微软公司现在拥有的著名网站 Hot-mail.com。Hotmail 在创建之后的一年半时间里,就吸引了 1200 万注册用户,而且新用户还在以每天超过 15 万的速度发展。令人不可思议的是,在网站创建的 12 个月内,Hotmail 只花费很少的营销费用,还不到其直接竞争者花费的 3%。原因就在于这次成功的营销推广中,他们创造性地利用了病毒营销的传播方式,在每一封免费发出

---

① 昌荣传播中信银行项目组:《从媒体合作到品牌整合——"中信银行"2008 年度品牌整合营销传播案》,《广告人》2009 年第 9 期。

的信息底部附加一个简单标签："Get your private, free email at hotmail.com"。然后，人们利用免费 E-mail 向朋友或同事发送信息，当他们看到底部的链接后，会点击进入并注册 Hotmail 邮箱，结果实现了快速传播和普及，推动了 Hotmail 的爆炸式发展，充分显示了"病毒营销"的巨大效力。

2000 年病毒营销被引入中国，2000 年互联网泡沫破灭后，"病毒营销"的概念也销声匿迹，直到 2004 年和 2005 年，腾讯和百度相继上市，百度"更懂中文"之"唐伯虎点秋香篇"，借助 QQ 即时聊天工具，在网民中流传甚广，"病毒营销"的说法又"死灰复燃"。而"病毒营销"真正引起人们的关注，则是伴随着 2006 年个人博客和网络社区的蓬勃发展，病毒营销在理论和实践的操作方法上实现了一些本土化的创新。其中，在中国第 12 届广告节上获得广告创意全场大奖最高荣誉的百度唐伯虎系列短片广告，是中国首个真正意义上的广告舆论病毒式营销的案例。这一系列短片广告以十万级的拍摄费用，达到了近亿元的传播效果。和传统广告中动辄聘请知名导演以千万级的费用拍摄宣传片，百度的三个短片仅仅通过员工给朋友发邮件，以及在一些小视频网站挂出下载链接等方式扩散开来，传播人群就超过 2000 万人次，其广告舆论的粘合力确实是惊人的。直到现在百度唐伯虎系列短片视频还在扩散中，尤其值得一提的是：由于对视频关注较高的是白领人群，这次活动使大量白领搜索引擎用户转向百度。

国内第一篇介绍病毒营销（viral marketing）的文章是《病毒性营销的六个基本要素》[①]，2000 年 2 月由国内最早的网络营销专题研究网站之一——"网上营销新观察"创建人冯英健翻译自 www.wilsonweb.com 网站上的一篇文章，原作者为美国电子商务顾问 Ralph F. Wilson 博士，其中提到了 Hotmail 的爆炸式发展——这是最早的关于病毒营销的版本。Ralph F. Wilson 博士在《病毒营销的六个基本要素》中将 Hotmail 营销手段的基本程序总结为"提供免费 E-mail 邮箱服务、在每一封免费发出的信息底部附加一个简单标签"、"Get your private, free E-mail at http://www.Hotmail.com"、人们利用免费 E-mail 向朋友或同事发送信息

---

① MarketingMan：《病毒性营销的六个基本要素》，http://www.marketingman.net/wm-theo/zh206.htm，2000 年 2 月 12 日。

等六个方面。① 了解病毒式传播的特征首先需要把口碑传播与病毒营销的传播过程加以比较（如表 5-1 所示）。

表 5-1　　　　　　口碑传播与病毒营销相比较的特征②

	传播主体	费用	形式	影响效果	推动方式
广告	企业	付费	自我宣传	积极主动，范围广，刺激强度高，时效强	高强度大面积推广，建立品牌高度，结合精确传播，以及互动体验
公关	媒体或意见领袖	有或无	第三方报道	相对客观，深度沟通，传播企业更多内容	与媒体和意见领袖做好积极沟通，举办活动，二次报道，获得深度报道和证言
口碑传播	消费者	无	消费体验和口碑评价	真实度高，对其他购买者的影响直接	倾听意见，积极改善；举办体验性活动，吸引参与，形成口碑的传播
病毒营销	不特定公众	无	搞笑有趣的网络作品、事件传播	植入式传播，让公众在传播作品或事件信息中传递品牌信息	结合热点，事件传播，制作方便网民传播的病毒作品，植入品牌或产品信息

由表 5-1 可以看出口碑传播与病毒营销的联系并可以得出：病毒式传播源于口碑，并借用网络口碑产生的原理，由广告主主动设计话题，激发并引导网络舆论，使信息的爆炸和影响以指数级增长，从而给公众留下有关商品或企业的深刻印象。网络舆论是网民对自己所关心的话题，以网络媒体为载体，通过网络论坛为主阵地的网络公共空间，公开表达的具有强烈冲击力和影响力的意见。③ 在网络公共空间，网民通

---

　　① 宋安：《随风潜入夜 润物细无声——看病毒式营销的发展历程和运作方法》，《广告大观·综合版》2008 年第 3 期。

　　② 同上。

　　③ 王天意：《网络舆论引导与和谐论坛建设》，人民出版社 2008 年版，第 71 页。

过发帖、上传等方式表明自己的立场和观点，一旦某一个立场或观点，被网友普遍认可，新一轮的舆论热潮也立即被引爆，推动现实舆论向新的方向发展。病毒式传播正是以博客、论坛与社区等网络公共空间为平台，发挥网络舆论这种快捷性和交互性的有效的广告营销传播方式。就互联网的舆论导向作用来看，其实自出现以来，互联网就与公众舆论结下了不解之缘。在20世纪末发生的"恒生电脑维权案"中，消费者王洪就成功借助了BBS将自己的遭遇进行了网络传播，获得了众多网友舆论的支持，并最终将知名的恒生电脑"扳倒"，使其从此销声匿迹。随着互联网的快速普及，基于网络的公众舆论力量日渐强大，网络舆论成为左右众多热点危机事件发展的不可忽视的力量。在此背景下，病毒式传播作为一种传播消费舆论的有效方式，能够协助广告主在网络空间传播有利于企业的商品与服务的评价性意见。而企业想制造有效的"病毒"（话题），发挥网络的公众舆论的力量，传播商品和服务的正面形象。

随着社会经济的发展，社会阶层分化，媒体选择方式多样化，大众日益趋向个性化、碎片化、分众化、小众化。借助一种媒体形式就可以把信息传达给大众的时代将渐行渐远，受众日益强大的自主性将会决定他们如何选择信息，选择什么样的信息，通过什么渠道选择以及如何传播，强制向受众推行广告的方式将被把受众吸引过来主动接触传播广告的方式所取代。病毒营销将流行的广告创意植入受众网络体验的过程中，引爆全新的广告营销理念，使广告舆论的生成顺应新网络环境中互动交流体验的要求以及目标消费者的心理需求，并在广告舆论传播主体之间的多元互动中潜移默化地达到广告舆论预期的目标。

2. 广告舆论的网络口碑营销传播路径

在社会化媒体时代，口碑营销传播是广告舆论生成和发展的基本通道。现代企业营销和管理离不开口碑营销传播这一独特工具，许多企业把口碑营销传播当作企业在激烈市场竞争中的制胜法宝。

在相当长一个时期，企业的广告传播在实际操作层面很大程度上都是以自我为中心所进行的大众或者分众传播活动，这种传播方式的主要特点是企业传播的主动权牢牢掌握在自己手中，充分运用具有可控性的广告与公关活动，瞄准目标消费者，在电视、报纸或者杂志上向他们传递企业或品牌信息，以单向信息传递的方式来制造舆论和控制舆论。应该肯定，传统的广告传播方式对企业的品牌传播起到了非常重要的作用。但随着互联网 Web2.0 时代的来临和社会化媒体的不断发展，传统的广告传播方式越来越不适应企业传播的需要和消费者对信息获取与搜寻的需要。网民数量急剧增加，社会化媒体的广泛使用，导致传统广告传播方式的失效。网络环境下消费者的互动分享成为趋势、网络口碑传播平台的构建及网络口碑传播机构的出现，都预示着网络口碑传播时代的到来和广告舆论生成路径的拓宽。

互联网 Web2.0 时代的口碑营销传播称之为网络口碑营销传播，是指除企业之外的任何个人或机构以文字、图片、视频或多媒体信息组合，通过论坛、博客、播客、Wiki、即时通信工具等各种互联网传播渠道传递的有关品牌的各种主观、客观观点、讨论或其他一切和品牌有关信息的即时或非即时地双向互动传播过程。网络口碑营销传播具有速度更快、波及范围更大、传播效率高、匿名性、传播渠道多元化、持续力强、传播效果容易测量等特点。网络口碑营销传播对于企业的品牌传播具有独特的价值，它能够更好地鼓励消费者参与、尝试、体验企业的品牌营销传播活动，使消费者的意见通过网络与企业进行及时沟通，并使消费者的心理感受、态度倾向、行为模式与企业的广告舆论走向保持高度一致。

网络口碑的传播过程也是舆论生成的过程。网络口碑信息的传播者可能是企业，也可能是网民，也可能是品牌产品的使用者或企业服务的消费者，作为网络广告舆论的传播主体，网络口碑营销传播者受自身传播意愿、传播能力、个性特征以及产品本身特征的影响，往往对网络口碑营销信息做出选择，同时选择合适的网络口碑信息通道促使信息的流动。网络口碑营销传播渠道也是广告舆论传播的通道，网络口碑营销传播的通道是否畅通，要靠企业、网络舆论领袖和消费者共同维护，特别是网络口碑信息传播者之间的信息互动，不仅会影响网络口碑传播的方式和形态，而且会影响到传输的效度和信度。目前传播渠道主要集中在电子邮件（E-mail）、博客（Blog）、威客（Wiki）、BBS、网络社区等社会化媒体形态上。前文已经提到，企业网络口碑营销传播过程，也是企业广告舆论生成的过程，大致经历以下步骤。第一，选择适合网络口碑营销传播的产品、服务、广告作品、企业故事、企业议题作为诱发话题和舆论的诱因。第二，构建网络文化环境，疏通意见表达通道。第三，选定网络口碑点，聚焦舆论热点。第四，制造话题，以话题驱动传播。制造话题的策略主要有制造网络明星代言话题、制造品牌故事话题、制造视频传播话题、制造争议话题。第五，选择网络口碑传播的舆论领袖，引导公众广泛参与话题讨论。第六，话题的执行和舆论的引导与控制。广告舆论的口碑营销传播路径成为现代企业制造舆论、传播舆论、引导舆论和控制舆论的基本模式。

3. 广告舆论的 SNS 营销传播路径

SNS（Social Networking Services）即社会性网络服务。SNS 营销则是随着网络社区化而兴起的营销方式，专指旨在帮助人们建立社会性网络的互联网应用服务。SNS 营销就是利用 SNS 网站的分享和共享功能，在六维理论的基础上实现的一种营销。通过病毒式传播的手段，实现信息的广泛传播。

SNS 面向个人消费者是免费的。只面对战略结盟者收取少量软件准入许可费。SNS 进入市场的战略是结盟掠夺式和侵略性的。社交网络服务提供商针对不同的群体有着不同的定位。比如说最初的社交网站是用于交友，例如美国的 Friendster、Linkedin。也有网站专门为商务人士交友提供服务，如中国的天极网、德国的 OPENBC。华人地区类似的网站有位于美国的聚贤堂等。盈利前景最大的网站还是婚恋交友网站。另外就是面向年轻人及大学生的 SNS 网站也比较受欢迎，比如说美国的 Myspace 就被默多克的新闻集团高价收购。针对美国大学生的社交网站 Facebook 在美国大学生中非常流行，中国的模仿者校内网也被千橡互动公司收购，后者是中国很具人气的网站猫扑的母公司。

SNS 通过掠夺用户资源，与电信运营商结盟免费许可他们在 SNS 广泛地建立电信传统业务，例如 QQ 短信，免费许可移动运营商使用，而不收取运营商的分成费。但 SNS 要收取他们的按用户数许可的人头费。与银行结盟使在 SNS 上进行交易的人们可以方便地利用银行的支付系统进行交易活动。与个人信息创造者结盟。那些乐于创造信息的个人，他们需要的应用程序可以委托 SNS 开发，也可以是第三方厂家开发，都是免费的。SNS 从他们个人那里收取 6% 的分成费。

SNS 的营销传播特点是：其一，资源丰富。无论是综合的 SNS 还是垂直的 SNS，现在都没有特定的用户群体，其中的人员分布很广泛，全国各地、各行各业的都有，所以，这就给 SNS 网站以无限的资源，由广大用户在使用中慢慢地帮助 SNS 网站积累了资源。其实用户就是资源。其二，用户依赖性高。由于 SNS 网站积累了较多的资源，所以，SNS 用户可以更容易地在网站上找到自己想要的，比如，有些人希望找老乡或找些自己喜欢的东西。通过其他用户提供的资源可以解决这个问题。又如，在 SNS 认识了一些志同道合的人，所以每天都想上去交流一番，逐渐地形成了一定的用户群体，并有较高的用户黏度。其三，互动性极强。SNS 网站虽然不是即时通信工具，但是它的即时通信效果也是很好的。还有可以写一些消息发给好友，这是极其方便的工具。在 SNS 网站人们可以就自己喜欢的、当下热点的话题进行讨论。可以发起一些投票，发出一些问题，调动所有人的智慧。

SNS 的营销传播遵循 TIIAS 模式。具体来说，T（Touch）就是接触消费者。在满足用户情感交流、SNS 互动、APP 娱乐、垂直社区、好友人群等需求方面提供了多种服务和产品，这些产品为广告主接触用户创造了大量的机会。通过精准定向广告直接定位目标消费者。I（Interest）是指消费者产生兴趣。精准定向的 Banner 广告创意与用户群的契合会带来用户更高的关注度，同时来自好友关系链的 Feeds 信息、与品牌结合娱乐化的 APP 更容易引起用户的兴趣，这些兴趣可能是用户的潜在消费欲望，也有可能是受广告创意的吸引。另一个 I（Interactive）是指消费者与品牌互动，通过参与活动得到互动的愉悦与满足感。也可以通过 APP 植入与消费者进行互动，APP 植入广告在不影响用户操作体验的情况下传递品牌信息。A（Action）是指促成行动。即通过消费者与品牌的互动，在娱乐过程中消费者潜移默化地受到品牌信息的暗示和影响，提升了消费者对品牌的认知度、偏好度及忠诚度，从而对用户的线上及线下的购买行为和选择产生影响。最后的 S（Share）是指分享与口碑传播。用户与品牌互动及购买行为，可以通过自己的博客进行分享，而这些基于好友间信任关系链的传播又会带来更高的关注度，从而使品牌在用户口碑传播中产生更大的影响。①

目前世界上最成功的 SNS 社交平台当属 Facebook，美国《时代》周刊将 2010 年人物的荣誉授给了 Facebook CEO 马克·扎克伯格，理由是：连接了 5 亿人，改变了人们的生活方式。微软 CEO 鲍尔默曾激动地说："Google 已经过时了，Facebook 才代表未来。"Facebook 于 2004年 2 月 4 日上线，其创意灵感源于扎克伯格在埃克塞特中学求学时，学校里登记学生信息资料的花名册，学子们亲切地称之为"The Facebook"。② 由于是学生创办的，避免了用户的不信任感，获得了极大的成功。扎克伯格于 2005 年以 20 万美元购得 Facebook.com 的域名，5 年后 Facebook 的估值已经超过 700 亿美元，高居全球互联网公司前三甲。尽管后来，Facebook 逐渐从校园拓展到商务人士，但是一个根本的东西没有改变，那就是实名制。正是由于 Facebook 对用户真实身份近乎苛刻的要求，才促使其在全球范围被用户追捧，人们以真实的身份登录 Facebook 是为了更方便地找到自己生活中的朋友，将现实中的人际关系移植到网络上。因此，Facebook 具有更加真实、更加互动、更加懂得合作共赢等特点，其核心竞争力之一就是"简单、实用+口碑传播"的模式。互联网专家王兴曾经说过，Facebook 的本质只是一个通信平台，作为一个通信平台，首先可以高效传播信息，这点是非常实用的；另外，作为一个好友圈的通信平台又自然容易形成一传十、十传百的口碑传播，并且在这个平台上使用的人越多，越具有黏性。③

如果结合线下现实活动，与 Facebook 平台打通，将会大大拓展其广告空间和形式，而且通过 SNS 传播，形成裂变传播，产生舆论影响力，将会比现实中的传播速度和影响都大很多。例如，情人节时，本田曾通过 Facebook 送出一份虚拟礼物——一颗小小的红心，上面写着一段文字，大概意思是"心满意足之际，也该把油箱灌满"。这是本田的品牌广告。本田共送出了 75 万份礼物，收到礼物的人又会将它送给另外 75 万甚至更多的人，形成一种病毒式传播。于是，线上线下，人们开始口口相传，谈论本田汽车。本田因此获得了 2 亿次展示。

---

① 《SNS 营销》，http://baike.baidu.com/view/2960452.htm，2011 年 4 月 6 日。
② 李光斗：《扎克伯格的创新基因》，《中国经营报》2011 年 3 月 17 日。
③ 袁勇：《更加有"人"味的通讯平台》，《中国经营报》2011 年 3 月 17 日。

比起 Facebook，2006 年年初以 Twitter 为代表的微博客的兴起，形成的是一个更为开放的社交体系。Facebook 的用户都是以现实生活中结识的朋友组成圈子相互交流，而 Twitter 等微博客是一个基于用户关系的信息分享、传播以及获取平台，用户可以通过 WEB、WAP 以及各种客户端组件个人社区，以 140 字左右的文字更新信息，并实现即时分享，通过这种方式，大大降低了门槛，用户之间即使并不认识，但任何人的每一条信息都能以广播的形式通知其跟随者和其他所有的用户知道。根据相关公开数据，截至 2010 年 1 月，目前世界上最著名的微博 Twitter 在全球已经拥有 7500 万注册用户。2009 年 8 月，中国最大的门户网站新浪网推出"新浪微博"内测版，成为门户网站中第一家提供微博服务的网站，微博正式进入中文上网主流人群视野。①

Twitter 的出现为世界带来了一个"人人都能发声，人人都可能被关注的时代"。"即使是再庞大的新闻媒体，也不会像 Twitter 一样在世界各地拥有众多新闻记者。"Twitter 创始人之一埃文·威廉姆斯如是说。微博客上，每个人都形成了一个"自媒体"，每个人都是信息的生产者和消费者。特别是在接二连三的突发和热点事件中，微博客的表现让人眼前一亮。2008 年 5 月 12 日，我国四川汶川发生大地震，Twitter 在约 14 时 35 分 33 秒披露了这一震撼性的消息，其快速的信息传播方式甚至超越传统的新闻媒体。目前，微博已能和大多数通信工具实现平滑对接，网民可以通过网页、WAP 网，手机短信彩信、手机客户端 MSN 绑定等方式更新自己的微博。特别是几乎所有的微博都提供了手机绑定服务，用户可以像发短信一样通过手机发微博，因此，用户可以通过手机这一最佳的终端，不受时间和空间的限制，走到哪里发到哪里，真正地做到了随时随地发布。②

Facebook、微博等的出现，推动了自媒体时代的到来，使得每个人都成为信息源和发布者，社会正在进入一个"公民传播"的全新交流时代。SNS 营销传播的广泛运用，为广告主制造舆论和传播舆论提供了现实平台，更为重要的是，SNS 的网络社区的黏性也使其成为群体广告

---

① 微博：http://baike.baidu.com/view/1567099.htm，2011 年 3 月 13 日。
② 牛梦笛：《后博客时代的媒介参与——"微博"现象初探》，《新闻界》2010 年第 3 期。

舆论产生的温床和群体广告舆论传播的重要通道。

三 多媒体混用中的广告舆论场

随着广告传播技术的不断更新，广告对社会的扩散力、渗透力和影响力不断增强，广告已经成为社会发展系统中的重要力量，从某种意义上来说"广告社会"已经来临。在"广告社会"缔构和发展的过程中，如何重新审视广告传播中传播主体与客体之间的共生关系，如何处理广告传播与其他社会存在之间的显性或潜性关系，已成为一个具有强烈时代特征的"公共议题"。以系统论、控制论和信息论的基本理论和方法为指导探讨广告市场中多元主体的交互关系和发生机制，并从社会实践的角度探讨广告场中广告舆论的生成环境和传播路径，是一个较新的话题。

1. 库尔特·勒温"场论"与"广告场"理论

传统的广告传播学理论研究经历了两个阶段，传播主体孤立研究和传播路径建构两个时期。拉斯韦尔的"5W"模式理论"第一次将人们每天从事却又阐释不清的传播活动明确表述为由五个环节和要素构成的过程，为人们理解传播过程的结构和特征提供了具体出发点"。[①] 最初的广告传播学研究被人为地分成广告主研究、广告受众研究、广告媒介研究、广告内容研究和广告效果研究五大部分，但是这种孤立式的研究忽略了广告传播场景构成的有机性和系统性。广告传播路径研究在一定程度上克服了孤立研究的片面性和分散性，认识到广告传播是一个有机的整体，并建构了各种理论模型试图来说明广告传播系统内的发生、发展机制。但广告传播路径研究只是粗略地勾勒了广告传播的整体框架和广告信息的运行机制，并没有解决广告传播中各个主体之间的作用力大小和范围，也没有有效地说明广告传播与其他社会存在之间的相互关系。广告场理论试图把前两个时期的研究特点相互结合，构建出广告场景各种利益主体之间的交叉关系（见图5-3）。

[①] 郭庆光：《传播学教程》，中国人民大学出版社1999年版，第60页。

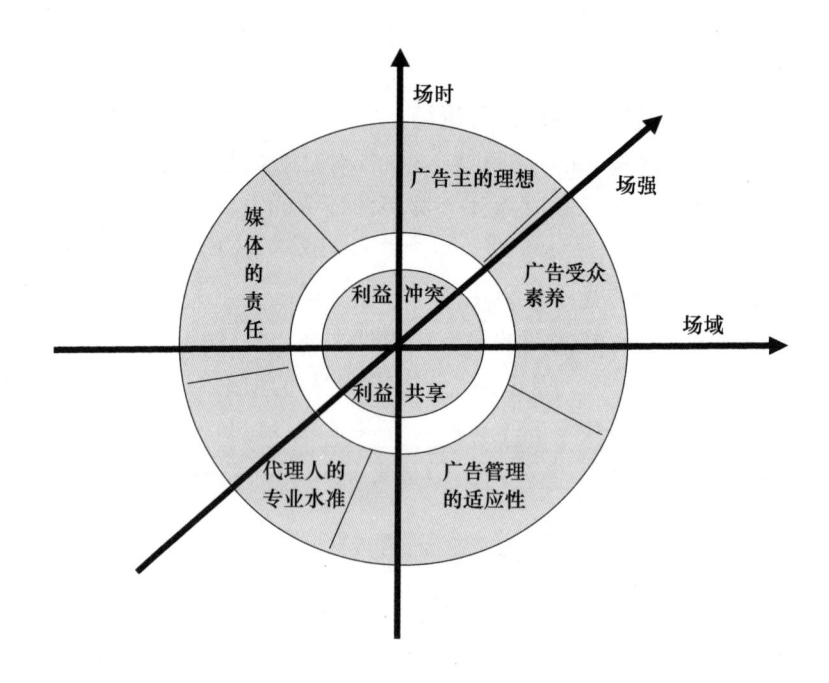

图 5-3　广告场理论模型①

"场"和"场域"的概念最初来源于物理学界,"指物体周围传递重力或电磁力的空间"。② 随后格式塔心理学的代表人物库尔特·勒温等把"场论"引入社会心理学领域,认为"场"就是社会空间,是个人与环境的合体。在勒温的系统中,"场"不仅仅指知觉到的环境,而且还包括认知意义。它既包括个人知觉到的物质环境,也包括个人的信念、感情和目的等。法国社会学家皮埃尔·布尔迪厄（Pierre Bourdieu）在提出"电视场""新闻场"后,接着提出了"媒介场"的概念和"场域"理论,他认为场域理论包括几个层次的内容:"首先,聚焦于中观层面的'场域'为传统上割裂的宏观的新闻媒介'社会'模式（诸如政治经济、霸权、文化和技术理论）和微观的'组织'研究路径架设了理论与实证合而为一的桥梁。其次,相对于不是集中于新闻机构就是集中于受众（但很少同时集中于这两者）的那些研究,他们的场

---

① 杨海军:《现代广告学》,河南大学出版社 2009 年版,第 31 页。
② 刘海龙:《当代媒介场研究导论》,《国际新闻界》2005 年第 2 期。

域理论侧重于两者间的联系。此外，它挑战'被动'—'主动'受众这种二分法，坚持生产和接受周期的预设的和谐。再次，场域理论突显变化的过程，包括媒介场域自身是如何变化的，以及一个重组的媒介场域是如何影响其他主要的社会部门的。"① 根据场域理论，大致可以描述出"广告场"理论的基本内容，这里所说的广告场"是指由广告信息交换所引起的各种广告关系的总和。广告场根据其信息的承载程度，可以分为单体广告场和群体广告场。单体广告场是指由一次广告传播行为所形成的广告场；群体广告场是指所有单体广告场的有机融合体"。② 在广告场里，广告舆论多元生发、多向互动。

2. "广告场"理论提出的实践意义

广告场理论的核心理念是构筑和谐的广告传播关系。在广告场理论中，广告信息的传递是多方位的，是建立在广告市场中多角关系利益共享前提下，以文化缔构为最高目标的对等信息传递。广告场理论强调的是广告市场中多角关系的和谐构建与和谐传播，广告主的理想、广告受众的素养、媒体的责任、代理人的专业水准、广告管理的适应性都是消除隔阂、平衡关系、缔构文化、服务社会的重要元素。我国学者提出，现实生活中存在着两个并不完全重叠的"舆论场"，一个是主流媒体着力营造的"媒体舆论场"，一个是人民群众议论纷纷的"口头舆论场"。广告场中，"媒体舆论场"和"口头舆论场"则是互动和相依相存的。

广告主、媒介、广告创意人、广告管理者、广告学者、社会名流、受众都是处于单体或群体舆论场中的个体，他们的态度和行为是由广告舆论场中的各种力量所决定，个人的需要和意志，小群体的看法与经验，舆论领袖的号召力，广告传播的特殊需要和社会主流价值观的导向，各种因素交合错杂，决定着舆论的走向，群体舆论、众意舆论和民意舆论在舆论场这种特殊环境中更容易形成舆论态势。因为在舆论场中，每个人都与广告发生着这样或那样的联系，因广告传播而聚集着一个或多个利害相关、联系较多的小圈子，同一圈子中的人们具有较多的相邻性与相似性，他们的交往较频繁，相互间的感染力较强，很容易针

---

① [法] 罗德尼·本森：《比较语境中的场域理论：媒介研究的新范式》，韩纲译，《新闻与传播研究》2003年第1期。

② 杨海军：《"广告场"理论——广告传播研究的中观走向》，《新闻界》2008年第2期。

对某一问题形成广告话题。广告场理论的核心理念是构筑和谐的广告传播关系，在广告场环境中，一致性的发展目标，相互制约的紧密关系，容易促使有关广告传播公众话题的形成，也容易促使以一致性意见和相似性意见为纽带的意见公众制造舆论和传播舆论。

第二节　广告舆论的传播结构

一　议程设置与广告主的媒介控制

20世纪70年代，美国传播学者M. E. 麦库姆斯和D. L. 肖通过实证研究发现，在公众对社会公共事务中重要问题的认识和判断与传播媒介的报道活动之间，存在着一种高度对应的关系，即传播媒介作为"大事"加以报道的问题，同样也作为大事反映在公众的意识中；传播媒介给予的强调越多，公众对该问题的重视程度越高。根据这种高度对应的相关关系，麦库姆斯和肖认为大众传播具有一种形成社会"议事日程"的功能，传播媒介以赋予各种议题不同程度"显著性"的方式，影响着公众瞩目的焦点和对社会环境的认知。

我国学者认识到"议程设置"理论与舆论生成和广告舆论生成之间的关系。如有的学者认为，"议程设置"研究与我国的舆论导向研究之间有一定的理论接点。"议程设置"是舆论导向的第一阶段，即"传媒通过有选择地报道新闻来把社会注意力和社会关心引导到特定的方向。因此，'议程设置'理论对我们详细考察传媒的舆论导向过程具有一定的启发意义"。[①] 而对"议程设置"理论在广告传播中的运用，我国学者是这样表述的："在到处充塞着商业广告信息、产品日益同质化的今天，要让消费者关注某一品牌的商品已十分困难。采用议题设置的传播方法就是通过大众传播媒介提出精心选择的、对广告主十分有利的某一方面问题，把公众的视线引向对这一问题的讨论，让对象消费者在关心这一问题、参与到这一问题的讨论中，领悟到与这一议题有关的某一品牌产品的优越，即形成'媒介效应'。"[②] 这一阐释实际上也解释了"议程设置"与广告传播和舆论生成之间的关系。

---

① 郭庆光：《传播学教程》，中国人民大学出版社1999年版，第218页。
② 纪华强：《广告战略与决策》，东北财经大学出版社2001年版，第11—13页。

大众传播媒介的控制力量是包括政治力量、市场力量和公众力量在内的多种社会因素的综合体系。20世纪以来，在世界范围内，市场的力量对大众传播媒介的控制能力日益增强，所以市场化的大众传播路径被认为是目前主要的也是理想的传播控制模式。以广告传播为核心的商业控制目前在我国的大众传播活动中所发挥的作用日渐明显。广告传播本身也从人们曾经认为的单纯的商业宣传逐步过渡到了一种特殊的信息传播类别和一种特殊的品牌文化传播现象。广告传播不再仅仅为某种具体的商品销售提供服务，它将自身的影响力逐步向社会深层扩展，将广告传播上升到品牌发展战略和国家形象塑造的高度来认知。正是在这样的情形下，广告主和媒介对广告话题的议程设置就成为广告舆论流动的基本形式。我国学者在论及议程设置和广告传播之间的关系的时候提出："议题设置策划本身不必涉及对某具体品牌的评价，但其自然会引发对这一品牌的评价。为强化议题效果往往同时推出产品广告。议题设置的实质是通过大众传播媒介的权威性和影响力，来影响受众的认识能力。"[1] 从这个角度理解，广告舆论的起点是广告主对媒介进行操纵、为受众进行议程设置的结果，广告主通过付费，购买媒介的广告时段，决定媒介在某个时期和时段播出什么广告，传播一种什么样的广告舆论。广告舆论的起始点与控制权掌握在广告主手中，各种社会团体、党派、学校、企业甚至政府机关等，传播代表自己组织或利益团体的方针、政策方面的信息，组织社会活动、进行舆论造势，他们是在"议程设置"的轨迹中来完成广告舆论的传播。

二 "沉默的螺旋"与受众意见的生成

德国女社会学家伊丽莎白·诺尔-诺依曼1980年以德文出版《沉默的螺旋：舆论——我们的社会皮肤》一书，完整阐释了"沉默的螺旋"理论。她认为，舆论并不是在18世纪才为人们所认识的，而是已经在人类社会中存在了数千年，并且不断创造和保持着社会运作必需的和谐与一致。舆论的力量来源于我们社会的本质，来源于社会对被禁止的观点和行为实施的严刑峻法，来源于个人对孤立的恐惧。恐惧使个人

---

[1] 纪华强：《广告战略与决策》，东北财经大学出版社2001年版，第13页。

在社会中赞成的呼声不断升高时表达赞成的观点，在赞成的呼声下降时保持沉默，沉默进一步使原有的观点失去了民心。在广告舆论的传播中，受众意见形成是大众传播、人际传播和人们对"意见环境"的认知心理三者相互作用的结果；经大众传媒强调提示的主导意见由于具有公开性和传播的广泛性，容易被当作"多数"或"优势"意见所认知；环境认知所带来的压力或安全感，会引起人际接触中的"劣势意见的沉默"和"优势意见的大声疾呼"的螺旋式扩展过程，并导致社会生活中占压倒优势的"多数意见"——舆论的诞生。[1]

从以上表述中可以看出，伊丽莎白·诺尔-诺依曼的"沉默的螺旋"理论主要从社会心理学的角度来探讨大众传媒与舆论的关系问题。这一视角对我们理解广告舆论的生成和传播有什么指导意义呢？我国学者认为："正如社会生活是复杂多样的，舆论的作用也并不仅限于狭义的政治领域。从更广泛的意义上来说，舆论是一种社会控制的机制，这正是社会心理学的视点。当我们把舆论视为社会控制机制的时候，我们便不能再谈论'民主'或'权力'之类的问题，而只能把它作为一种对个人和群体具有强大约束力的'力量'来探讨它的形成过程、社会作用和客观规律。"[2] 这段话清楚地表明，从不同的视角审视舆论问题，就会有不同舆论类型。"民意"舆论是按照问题出现—社会讨论—合意达成的理性模式生成和发展的，而"群意"和"众意"舆论则按照"劣势意见的沉默"和"优势意见的大声疾呼"的螺旋式扩展过程生成和发展。从广告舆论的传播的角度来看问题，可以发现，"广告场"理论可能关注"和谐"广告传播及相关问题，而"议程设置"理论和"沉默的螺旋"理论更加关注"强势"广告传播及相关问题。从广告发展史上看，广告传播的过程，确实是广告主强势推销其观念主张的过程，同时，也是其普及广告知识的过程，而受众则是不断接受广告启蒙和广告教育的过程。从这个意义上讲，广告舆论的生成、传播和发展过程，实际上也是广告受众的"劣势意见的沉默"和广告主"优势意见的大声疾呼"的螺旋式扩展过程。

---

[1] Elisabeth Noelle-Neumann, *The Spiral of Silence*: *Public Opinion*, *Our Social Skin*, London: The University of Chicago Press, Ltd., 1986, pp. 1-7.

[2] 郭庆光：《传播学教程》，中国人民大学出版社1999年版，第219页。

广告舆论是广告受众参与度较高的一种舆论形态,广告舆论对广告受众的影响深刻而巨大。在改革开放初期,广告是一个新生事物,广告的消费观念和民众生活观念的冲突是公开而激烈的,在意见的表达和争论中,广告消费舆论的声音很弱小,广告消费观念既不能左右民众的想法,也不能成为意见表达中的强势意见,广告舆论的表达内容和表达形式也很平和,广告舆论多追随国家舆论的主流价值观,并和受众的消费判断、衣食住行、日常生活甚至人际交往的行为规范相吻合。广告舆论的消长取决于各种力量、各种观点、各种要素之间的博弈平衡。但随着市场经济的发展,广告舆论作为人们日常生活中主导性的舆论形态,主导性话语权开始倾斜,广告的强势传播取决于市场竞争激烈程度及媒体经营对广告的依赖程度。广告主对话语的控制主要表现在他对广告的投放力度,在广告主广告主张铺天盖地汹涌而来的时候,受众所能做的要么是回避,要么是抗争,要么是沉默。在市场经济转型时期,一个人可以远离政治舆论、政党集团舆论,刻意回避新闻舆论,但是只要是社会中生活的人就不可能逃离广告舆论的影响。社会转型时期,人们的思想观念正在发生深刻的变化,在广告主的强势传播面前,人们更多地选择去接受广告舆论的影响,对于有利的广告舆论持迎合态度,并有意无意地投入广告舆论传播中去,他们在舆论接受者和舆论传播者的身份转换中获得舆论利益,在交流意见的过程中形成意见群体或意见圈子,并自觉和不自觉地顺应着广告舆论传播"劣势意见的沉默"和"优势意见的大声疾呼"中的螺旋式扩展过程。

三　舆论领袖与广告传播的名人立言

　　舆论领袖也称之为意见领袖,是传播学者拉扎斯菲尔德等在《人民的选择》中提出的概念。后来卡兹等人在《个人影响》研究成果中发现,除了在政治问题领域中存在着舆论领袖外,在生活领域,诸如购物、时尚以及其他各种社会生活领域同样存在着舆论领袖的影响力。这些人对大众传播效果起着促进或阻碍作用。他们提出测定意见领袖的三项指标,即"生活阅历""社交性"和"社会经济地位"。[1]他们认为,

---

[1] Katz, Elihu and Lazarsfeld Paul F., *Personal Influence*, Free Press, 1955, pp. 321-327.

这些指标的重要性在不同的社会生活环境中虽然不一样，但意见领袖作为媒介信息和影响的中继和过滤环节，对大众传播效果产生重要影响的地位不容置疑。概括来说，意见领袖具有以下基本特征：意见领袖是生活群体中大家熟悉的人，如亲友、邻居、同事等，因为熟悉而被人信赖，他们的意见和观点也就更有说服力；每一阶层都有自己的意见领袖，他们与被影响者保持着横向传播关系；意见领袖的影响力一般分为"单一型"和"综合型"，前者只在他熟悉的领域扮演意见领袖的角色，后者则有可能在诸多领域产生广泛的社会影响；意见领袖在人群中较为活跃，拥有较多的信息渠道，对大众传播的接触频度高、接触量大。意见领袖在生活中的重要地位是他们在广告传播中扮演重要角色、发挥重要作用的基本原因。广告意见领袖常常在某一领域具有一定的权威性、专业性，对信息非常敏感，他们往往较早地获知某种信息，拥有特定的资源。他们往往也自愿地、主动地去传播信息，强化观念，影响受众和身边周围的人。这些舆论领袖包括专家学者、影视明星、社会名流等。他们通过媒体、艺术作品、网络通道公开表达自己的消费主张和消费体验，发表学术文章谈论对广告的看法，撰写学者专栏、名人博客来引导广告舆论。我国学者认为："意见领袖之所以乐于对某类广告发表自己的意见，并对他人产生影响，与他们的个性及他们在教育背景、生活阅历、社会成就等方面优于他人有关。他们在广告传播中的作用主要体现在三个方面：一是使广告信息得到进一步扩散；二是会强化、弱化或曲解原有广告信息；三是意见领袖的社会影响，使他们比广告主更能得到消费者信赖。"① 实际上，广告意见领袖知名度和美誉度是一种无形资产，他们的品行、个性和个人魅力对受众的影响有时是不可抗拒的。在广告舆论的生成和发展过程中，意见领袖有时是发起者、倡导者，有时则是广告舆论流动的标杆，标志着或控制着广告舆论的走向。

四 拟态环境与广告舆论呈现

20世纪20年代，美国学者李普曼在其经典著作《自由和新闻》及《公共舆论》中提出现代人"与客观信息隔绝"的问题。在他看来，在

---

① 纪华强：《广告战略与决策》，东北财经大学出版社2004年版，第11页。

媒介环境中，人的行为已经不再是对客观环境及其变化的反应，而成了对新闻机构提示的某种"拟态环境"的反应。李普曼在这里所提到的拟态环境，实际上就是人们常说的信息环境，它是传播媒介通过对象征事件或信息进行选择加工、重新加以结构化以后向人们提示的环境，这个所提示的环境，就是"拟态环境"。现实中的人，往往把由媒体重构的"拟态环境"当作真实环境来看待。李普曼指出："我们尤其应当注意一个共同的因素，那就是搀入在人和环境之间的虚拟环境。他在虚拟环境中的表现就是一种反应。然而，恰恰因为那是一种表现，那么产生后果——假如它们是一些行动——的地方，就不是激发了那种表现的虚拟环境，而是行动得以发生的真实环境。"[①] 对广告受众认识广告世界的心理过程进行分析可以发现，人们认识广告世界很大部分是通过媒介构建来实现的，人们的直接经验往往触及不到真实世界的各个角落，而误以为媒介广告提供的有关生活知识、经验、场景就是我们生活的真实世界，在现实生活中，广告对媒体的依赖和媒体对广告的依存，决定着广告传播是现实生活中"拟态环境"的直接制造者，广告受众轻易为广告图像、声音、语言等被广告主操纵的符号和一些具有诱惑力的表象所吸引，以为广告所展示在眼前的美好与情景是会在真实世界里出现的，只要你愿意相信，只要你付诸消费行为，就会在生活中体验到与广告场景相同的高雅、欢乐、情调、品位、愉悦等，广告主构建的广告"拟态环境"让受众本身的幻想与心理得到满足，使他们很容易深陷由广告主张营造的舆论环境中，乐此不疲，无法自拔。广告主、媒体和广告创意人日复一日、年复一年地构建着虚拟的广告世界，而受众也往往自觉或不自觉地把这个虚拟的广告世界当作真实的世界来看待，广告舆论的传播就由单向流动变成了广告主利益集团和广告受众的互动。

第三节 广告舆论的传播规律和特点

一 政治广告舆论——自上而下的单向传播

我国学者认为，舆论的传播呈现出自上而下传播和自下而上传播的

[①] [美] 沃尔特·李普曼：《公众舆论》，阎克文、江红译，上海世纪出版集团2006年版，第11页。

两种基本形态。广告舆论的自上而下传播多由政府、政党、利益集团操纵而为之。在西方国家和我国一些地区,广告舆论的自上而下传播多表现在政党竞选、政策诠释、制度执行等层面。

  西方的政治广告是广告舆论的重要载体,集中反映了政党的主张、观点和策略。美国广告大师 L. L. 凯德(Linda lee Kaid)曾给政治广告下了一个定义:"在一般状况下是由一个候选人或政党买下或选择各类'机会',透过大众媒介将想要或企图影响选民'认知、态度以及行为之政治讯息'传递及播送出去,因此,政治广告又可被视为一种传播过程。"[1] 一般情况下,政治广告分为很多类型,因传播主体的不同,自上而下传播的路径也有所不同。台湾学者郑自隆认为台湾地区的政治广告可以分为政令宣导、意识形态宣扬、形象广告、竞选广告四种类型(见表5-2)。每一种广告形态的广告主、讯息内容、广告时间及目的都不尽相同。而台湾学者钮则动则认为政治广告包含着更为丰富的内容,大致来说有四种类型:其一是当局广告,包括政治形象塑造、政策行销、政治公益、当局国际宣传等类型。其二是竞选广告,其主要目的是帮助建立并提高竞选人的名气、知名度,并提出他们认为影响竞选的最关键的问题。不仅如此,还展现着竞选人的性格、才能以及将来的工作议程。另外,竞选广告有助于选民增加政治知识,了解政治事件。当然,最重要的即是政党或候选人都希望透过竞选广告之攻防来影响选民的认知、情感与投票行为。其三是政党广告。其内容主要包括三个方面,一方面是政党形象广告,如当广告是叙述政党自身的理念或态度、社会的未来期许,或是宣传该政党在塑造一群政治精英、领导人的政绩时,则该政党的此类广告便可称为政党形象广告。一方面是政见行销,其目的是向选民提供政党和候选人希望他们看见和听见的属于他们政见的中心思想,甚至选择接受。另外,竞选广告也是政党广告的一个重要组成部分。其四是利益团体广告。此处的利益团体指的是独立于所有非政党、候选人、当局等政治团体以外的团体,而这些不同的利益团体,

---

[1] Kaid, L. L. & Davidson, D., "Elements of Videostyle: A Preliminary Examination of Candidate Presentation through Television Advertising", In L. L. Kaid, Nimmo, D. & Sanders, K. R. (eds.), *New Perspectives on Political Advertising*, Carbondale: Southern Illinois University Press, 1986, pp. 184-209.

多数是追求其自身的最大利益之满足。然而以非营利组织为代表的以公共利益为主要诉求的团体，也被纳入利益团体范围。这些团体为了宣传理念或达成目标，亦会使用广告，通常其广告类型主要包括游说广告、理念宣传广告。① 这些政治广告因其有独特的传播渠道和传播资源，并且有其广告传播特殊规定性，其广告传播中的舆论流动呈现出自上而下的传播规律。

表5-2　　　　　　台湾地区政治广告的四种类型②

	政令宣导	意识形态宣扬	形象广告	竞选广告
广告主	当局	当局、政党或其他政治性团体	当局、政党、政治团体或政治人物	政党、候选人、支持者
信息内容	宣导政令，包含了意识形态的灌输	宣扬特定的意识或个人崇拜	包装形象	1. 支持当选 2. 包装形象
广告时间	不特定	不特定，但可在选举期间	不特定，但可在选举期间	选举期间
目的	1. 宣导政令 2. 灌输意识形态 3. 间接暗示投票支持	1. 灌输意识形态 2. 间接暗示投票支持	1. 塑造形象 2. 间接暗示投票支持	1. 投票支持 2. 塑造形象 3. 灌输意识形态

在现实生活中，既然存在着自上而下的广告舆论流动形式，自然也大量存在自下而上的舆论流动形态。如古代农民起义时利用广告口号造势，现代广告运动中针对战争、政府决策和广告管理中出现的问题而呈现的舆论流动，多是自下而上流动，以批判性意见和建设性意见的集中表达为其传播特征。

二　消费广告舆论——信息互动的双向传播

广告舆论并不完全是一个单向传播过程，广告主通过问卷调查、消

---

① 钮则勋：《政治广告——理论与实务》，扬智文化事业股份有限公司2005年版，第24页。
② 郑自隆：《竞选广告——理论、策略、研究案例》，正中书局2000年版，第26页。

费者走访等方式，收集信息，力图使自己的广告主张传播能够尊重民意。在现实生活中，广告舆论信息往往是互动双向传播。大多数情形下，意见首先从广告主流向广告受众，从广告主个人或少数人意见演变成某一社会范围内多数人的共同意见。在这里广告舆论的发起者既是广告舆论的传播者，也是反馈信息的接受者。而公众因参与广告传播的意见讨论也具有了双重身份，即既是广告舆论信息的接受者，同时又成为公众舆论的传播者，整个广告舆论传播过程中双向的反馈也就自然产生。广告舆论中的公众意见和广告主的意见有时是一致的，有时则是不同的，不管哪种情况，广告主和受众意见始终处于传播的互动结构，当广告舆论发展成公众舆论时，作为舆论发起者的广告主要进一步控制舆论的发展方向是困难的。在舆论传播过程中，真理和谬误常常混杂在一起，在广告舆论传播的不同时期，公众的广告舆论常常完全脱离广告主预设轨道。这就决定了广告主必须对广告舆论传播实施有效的控制，才能保证舆论传播沿着预设的轨道前行。常用的方法是：广告主对公众广告意见作出准确的价值判断，根据广告舆论目标，对受众舆论进行积极引导，与广告受众进行有效的意见交流、互动，求同排异，取长补短，最终达成一致意见，广告舆论才有可能得以形成。作为广告舆论的发起者广告主和受众都不可能一锤定音，决定广告舆论的走向，因为广告主的舆论指向是促成公众意见生成的外部因素，对公众意见的形成具有激发和激励的作用，没有受众的积极参与，想要形成公众一致拥护的广告舆论是不可能的。所以，广告主应注意对受众意见的追踪和评估，在广告舆论扩散以后，关心其所导致的公众舆论行为及其后果，并竭力使这方面的信息迅速传递回来，以调整下一轮的信息传播，从而控制广告舆论的方向和强度。从这个意义上讲，广告舆论是一个信息互动的双向传播。

三　社会文化广告舆论——场域共享的多向传播

现代广告舆论的传播渠道是非线形的、多级的。当某一广告信息经由无穷累积的传播渠道构成海量性、大范围、分散性传播时，层级的重构、传播的泛层级化也成为必然趋势。就信息的接受者而言，受众群体又有舆论领袖和一般受众之分，即领导者和追随者之分。舆论领袖与舆论所涉及的社会领域相联系，有人是电子产品的舆论领袖，有人是美发护肤方面的舆论领袖，有人是服饰着装方面的舆论领袖。处在广告舆论场中的受众，可能既是某一广告舆论的接受者，同时又是这一广告信息的传播者。处在舆论场中的个人，作为一种广告舆论领袖的同时，又主动去追随另一个更为强大的广告舆论，同时又充当另外一些广告舆论的意见参与者。在广告舆论场中，不仅传者和受众的界限消解，舆论领袖的身份也随时变化，也可多人共同担当舆论领袖的角色。人们共同消费着广告舆论场中的广告舆论，人们在影响着他人的同时也被别人影响。广告舆论事件的波及面在无限地扩大，相反它的存活时间也在急速地减少，人们很快就会找到一个更有趣的替代性产品，发现新的广告舆论。由于受众这种深层次的参与性和广告舆论场中的兴趣转移性，决定着广告舆论的传播有着更多的复杂性、广泛性与不确定性。所以，广告主张和意见的有效传播，首先应该把注意力集中于主流意见互动群体，让他们充当舆论领袖。某种广告意见一旦在目标受众心中埋下种子，广告意见就会在更多的群体中开花结果，紧接着会有第三级、第四级传播，以至无穷级。这也是广告场域中广告舆论传播主体多元存在、广告舆论多元生发的必然结果。

第四节　广告舆论的传播模式

广告舆论的生成，是各种因素相互作用的结果，各种因素的不稳定性也决定着广告舆论生成模式的不确定性。舆论学者认为："舆论形成的模式是不可捉摸的，一次选举、一场宣传和一批追随者的呼应、反目和喧嚣，使舆论的出现成了复杂的问题。"舆论学者虽然认为社会舆论的形成有种种模式，但归结起来大致有"爆米花模式、风吹浪起模式、飘雪花模式、瀑布模式和沉默的螺旋模式"。[①] 广告舆论的生成模式和传播模式有依次渐进的关系，根据舆论学者的总结，结合广告传播的特点，可以认为广告舆论的传播模式大致有如下几种：广告舆论传播的自然渐进模式、广告舆论传播的突发变异模式、广告舆论传播的人为操纵

[①] 刘建明、纪忠慧、王莉丽：《舆论学概论》，中国传媒大学出版社2009年版，第59页。

模式。

一 广告舆论传播的自然渐进模式

广告舆论传播的自然渐进模式和广告的运动过程相关联。广告运动过程包括广告主广告观念的形成、广告人创意思想的产生、媒体的广告传播组合的设计和受众在接触广告信息时的及时反映等。广告舆论传播的自然渐进模式，指广告传播过程中广告主的广告主张和广告受众的广告认知达到高度契合，在这一过程中，广告人的广告创意很好地表现了广告主的意图并代表或反映广告受众的广告意愿，而媒介的广告传播组合也通过科学、合理、有效的信息传递，帮助广告主和受众在观念和认知上达到相对一致。通过广告的有序传播，实现舆论主体对广告主张、广告意见、广告观念的高度认同，这就是广告舆论传播的自然渐进模式。这个过程既包括广告主顺应社会发展、顺应市场需要、顺应消费者需求，经过严密周详的市场调研，而精心设计、提炼出来广告观念和广告主张的过程；也包括消费者为了满足某种需要，主动收集报纸、杂志的广告信息、浏览电视广告、询问朋友以及亲自到经销商处询问，征集网友意见，搜集消费经验的过程；还包括受众在日常生活中无意中接触到媒介刊播的广告，无意中听到别人对广告和广告产品的议论，和潜藏在受众心灵深处的广告需求、广告知识积累到一定程度而产生的广告价值判断产生共鸣的过程。这个过程可以是广告舆论主体的各个组成部分不需要讨论就可以形成一致看法或意见的过程，也可以是广告舆论主体各方进行进一步的交流、印证、体验，合理讨论，进而形成比较一致的公众意见的过程。受众的合理讨论模式可以用"个人的理性判断——合理讨论——意见一致"来显示，即受众广告舆论的形成是以个人理性判断为基础，以公众的合理讨论为中介，最终形成公众一致的意见。这个过程表现为消费者在接触到广告主的广告舆论后，选择性接受后保存下来的一部分的信息，把自己的经验与别的受众进行交互验证，在较大范围内，最终形成比较一致的受众广告舆论。

广告舆论传播的自然渐进模式在广告舆论的传播和控制中，是一种较为理想的广告舆论传播模式，这种模式可以极大地提高广告传播的效果和延展广告传播的功能。

二 广告舆论传播的突发变异模式

广告舆论传播的突发变异模式是指在广告舆论生成、传播、发展的不同阶段，因突发原因或突发事件而使广告舆论的走向偏离了正常的轨道或与广告舆论主体的舆论预期相差甚远甚至相悖的一种舆论流动模式。

广告舆论传播的突发变异模式的形成可能涉及以下几种情形：广告舆论由广告舆论主体发起，但因广告舆论主体自身的原因，如负面传闻、资金危机、经营危机、产品缺陷、管理缺陷等引发重大突发公共事件，而导致舆论的走向发生变化。社会变革和社会转型的关键时期，也是突发公共事件和社会危机的高发期。如我国学者研究发现，2008年是我国突发公共事件应对及危机管理和危机传播进程中的一个重要转折点，一系列标志性重大突发公共事件接连爆发，这里就包括2008年初南方地区冰雪灾害、"3·14"拉萨打砸抢烧事件、奥运圣火传递风波、"5·12"汶川大地震、贵州瓮安事件、问题奶粉事件、胶济铁路火车相撞事件、重庆罢运风波、甘肃五都群体性事件、新疆恐怖袭击致使边防武警群死群伤事件、山西襄汾尾矿溃坝事故……①在这些突发公共事件中，有一些就改变了广告舆论的发展进程，其信息流动过程呈现出广告舆论突发变异模式。

2008年的三鹿奶粉事件是撼动了中国奶制品行业的重大食品安全事件。三鹿集团因在婴儿配方乳粉中勾兑"三聚氰胺"导致数百名婴儿患上"肾结石"，并使近30万婴儿健康受到损害，三鹿因产品质量信任危机而宣告破产。在产品质量信任危机爆发之前，三鹿集团邀请众多明星为三鹿广告代言，其中比较有号召力的就有邓婕、倪萍、薛佳凝、花儿乐队等。这些明星在广告中众口同声强调三鹿的品牌信誉和产品质量，造成巨大的舆论影响。邓婕为三鹿惠幼婴幼儿奶粉所做的广告就有这样的广告词："选奶粉我很挑剔，三鹿惠幼婴幼儿奶粉专业生产，品质有保证！名牌产品，让人放心，还实惠！三鹿惠幼婴幼儿奶粉，我信赖。"在广告的结尾，三鹿集团打出的广告口号是"生产名优乳品，奉

---

① 王芳：《危机传播经典案例透析》，中国社会科学出版社2010年版，第7页。

献社会民众"。广告舆论的强大攻势,使三鹿产品畅销全国。三鹿危机爆发后,广告舆论立即出现变异,网友们迅速把由明星代言的三鹿奶粉电视广告收集到一起,先后恶搞创作了三鹿电视广告的"邓婕后妈版""倪萍肾宝版""薛佳凝小盒版""好喝不尿尿版"。其中,"好喝不尿尿版"的广告词改编为:"宝宝结石,妈妈踏实!三鹿结石奶粉,特别添加了三聚氰胺,独特的配方让宝宝健康成长,不尿尿。"这些广告很快在网络上流传,迅速改变了舆论的走向。

广告舆论传播的突发变异模式除了以上情形外,还存在其他两种情况:广告舆论也由广告舆论主体发起,但因突发的广告意外事件、创意冲突事件、媒体传播策略的失误,而打断了广告舆论传播的原有进程;广告舆论仍由广告舆论主体发起,但广告舆论所涉及的内容一开始就受到质疑、批评,进而引发新的讨论和争议,从而使广告舆论生成模式发生变异。

三 广告舆论传播的人为操纵模式

在这一阶段,广告主为实现广告目标,对广告代理公司和广告媒介进行操纵,表现为操纵广告代理公司制作符合需要的广告作品,传达自己的广告舆论;操纵媒体,对媒介进行议程设置,大规模、高频率地传达广告主主导的广告舆论。这一阶段包括市场调查、广告策划、创意、媒体发布等过程,建立在广告主对受众的立体认知基础上,对受众进行深入、全面的了解。作为操纵者的广告主在分析、了解受众的基础上确定并瞄准某些受众作为广告舆论传播的特定公众,并确立明确的预期目标,然后制作相应的有吸引力和说服力的广告讯息,通过某些媒介传播出去,这时的广告舆论表现为广告主个人的舆论形态,通过媒介传递出去的过程,广告舆论在一定社会范围内传播扩散,获得一定范围的信息接收者,形成大多数人所公认的意见,这时的广告舆论才由个人的态度转变成某种社会意识。

针对舆论发挥其社会控制功能的不同层面,对广告舆论的引导和调控也必须采用不同的方式。要确保广告传播渠道的畅通,确保下情上达,上情下达,根据广告主的组织目标引导广告舆论,对正确舆论进行强化,对错误舆论加以抑制。广告主可以通过社会组织协调意见。当一种广告舆论需要在社会中扩散时，广告决策者通过开展社会活动把握广告舆论传播的走向状态，通过控制舆论领袖具体地控制舆论传播，比较成功的例子是七匹狼在"男人不止一面"品牌口号的指引下，展开大型的品牌推广运动，其中最重要的是七匹狼名士堂吸引孙红雷、张震、胡军、张涵予等名人集中加入。影帝们通过荧幕塑造了一个又一个侠骨柔情的多面男人形象，七匹狼牵手众影帝体现"追逐人生，男人不只一面"的精神共鸣，取得了很好的广告舆论效果，通过名人舆论领袖来强化正面宣传，对受众舆论进行积极引导，很好地打击了负面甚至反面的舆论。通过控制广告舆论领袖进而把握一般社会成员的广告舆论价值取向的过程，是广告主、广告舆论领袖、广告受众之间的思想碰撞过程。

广告主要加强对广告舆论的调控，比如在广告舆论传播时，采用讲"两面理"的方式。"两面理"和"预防接种"理论对信息时代的广告舆论引导特别具有借鉴意义。毫无疑问，网络空间是个有菌空间，色情的、迷信的、低俗的、虚假的信息垃圾随处可见。要让受众知道这一事实，给受众打上预防针。在广告舆论传播时不能采取只讲"一面理"的硬性灌输方式，而要多采用一些平等交流、平和对话的方式，主动提出对立的论点再去分析批驳，反而能增强受传者对反宣传的免疫力，因为他们具有较高的文化层次和较强的独立思考能力，思维活跃，接受新思想快，利用网络开放空间，以讨论、对话的方式往往容易取得较好的劝服效果。专业网站、论坛、贴吧能为受众提供思考、判断的空间，选择的自由度比较大，受众可以通过网络上提供的多种不同的信息和意见去选择自己认为正确的信息和意见，这就要比单纯只提供一种信息、一种意见的报道或评论更易为受众所接受。在媒介环境日趋复杂的当下，广告主在媒介选择上要做到多媒体协同一致，形成传播合力。主流媒体和新兴媒体要大力配合，把握广告舆论传播的多层次，认识到媒体分众化、对象化的新趋势，在广告舆论传播格局上做到主流媒体和新兴媒体互补。在保证大众媒体上广告舆论传播效力的同时，广告主还要时刻关注新兴媒体上的舆论动向，观测广告舆情的变化，以便有的放矢地做好广告舆论的引导和疏导。另外，许多网络言论很有真知灼见，在网友言论里也经常看到一些切实可行的产品、品牌建议，广告主可以从这些建议中看到自己的优点和不足，改进产品服务或者广告舆论导向，决策层应注意监测受众的广告舆论导向,在信息时代"三人成虎"的效应被现代传媒急剧放大,广告传播难以遏止一些流言、谣言的干扰,因而更容易形成广告舆论的震荡。所以,在适当的时候,广告主通过各种渠道披露事实或澄清事实,可以有效促进广告舆论震荡的转变。

第六章

广告舆论与新闻舆论比较研究

广告舆论和新闻舆论是较为活跃的两种舆论形态。两种舆论既有相似之处，又有较为明显的区别，同时二者之间也存在着较为密切的互动关系。了解广告舆论和新闻舆论各自运行的规律和特点，把握两者之间的互动关系，一方面有利于发挥新闻媒体作为舆论工具的整体效应，通过新闻舆论与广告舆论的优化组合，充分实现各自的传播目的；另一方面可以通过透视新闻舆论的运行模式和运行机制，更好地理解广告舆论在信息传播中的地位和作用。

第一节 广告与新闻的比较

我国学者认为："从系统论的观点看，在同一媒体上，新闻舆论和广告舆论是作为一个整体来发表意见的。"[1] 广告与新闻都是伴随着人类信息交流范围扩大而产生的信息传播现象，其本质都是一种人类信息传播行为，但在信息生产机制和传播方式上又存在着明显的差异。广告是以策划为主体，以创意为核心的运动形式，是广告主通过付费主导自身与广告媒介、广告代理、受众之间的关系，综合运用各种元素传递有效信息，努力促使广告市场中多角关系利益共享，以期实现营销目标和文化传承目标高度统一的营销传播活动。而"新闻是新近发生事实的报道"。[2] 因此，广告传播的核心概念是"广告主"和"主观性意见"，而

---

[1] 刘智勇：《论新闻舆论与广告舆论的互动——兼析九·二一大地震期间台湾报纸广告的特点》，《国际新闻界》2000年第3期。

[2] 李良荣：《新闻学概论》，复旦大学出版社2009年版，第25页。

新闻的核心概念则是"媒介"和"客观性事实"。

一 传播目的：信息增值与信息延伸

从传播目的看，广告和新闻最大的不同在于一个重视信息增值，另一个更加关注信息延伸。人类社会信息流动分为自然流动和人为流动两种形式，人类的信息传播行为不仅改变了信息自然流动的速度和效率，而且改变了信息结构的天然形态，使其符合人类的空间逻辑和时间逻辑需求，从而使信息具有社会性和历史性特征。广告与新闻都是在人类生产交换和生活交往过程中产生的信息传播行为和信息传播现象，其产生都改变了信息的自然流动状态，产生了信息增值和信息延伸行为。

广告是广告主为了说服消费者接受某类商品信息或某种观念而主动发起的传播行为和传播现象，广告是一门说服的艺术，其本质是以说服为目的。广告传播中的一个奇特现象值得重视，这就是"消费者购买时决策的依据，往往是他们自以为重要、真实、正确无误的主观认知，而不是来自具体事实的、进行理性思考后的客观认知"。[①] 在广告产生和传播的过程中，广告人围绕着广告主的主观愿望而打碎商品和服务信息的天然形态，并附加上各种说服性的修饰性信息，其结果是信息增值大于信息延伸，广告内容与广告形式并重。

新闻是新闻机构为了满足公众洞察客观世界变动而产生的传播行为和传播现象，其本质是以真实再现客观世界为目的。"真实是新闻的首要标准和第一选择，离开了真实，也就无所谓新闻。"[②]

因此，在新闻信息的采集和编码过程中，新闻工作者以追求新闻的真实性为根本出发点，使新闻形式服务于新闻内容，从而最大限度地还原客观世界的本来面貌，这使得新闻传播所包含的修饰性信息远远低于广告传播，其结果是信息延伸大于信息增值，新闻内容大于新闻形式。

正因为考虑到广告传播中的信息增值与信息延伸的双重关系，在早

[①] 丁俊杰：《现代广告通论——对广告运作原理的重新审视》，中国物价出版社1997年版，第32页。

[②] 尹韵公：《试论新闻的真实性原则》，《现代传播》2006年第5期。

期的广告传播活动中，大量出现"新闻性广告"和"广告性新闻"现象。[1] 有些媒体撰写专栏文章认为这是广告传播活动的创新。[2] 这也是早期广告传播与新闻报道互动，产生广泛舆论影响的独特现象。

二 传播对象：消费行为与社会行为

传播对象不同，其在现实生活中的行为方式也有较大差异。在社会生产生活中，人类行为分为经济行为、政治行为和文化行为等多种类型，因此，人类在不同的生活空间具有不同的社会属性，这种属性差异也在人类信息传播行为中体现出来。广告行为与新闻行为是在特定的社会交往中产生的社会行为，其传播特征差异体现了人类行为的多元性和复合性。

广告活动产生于人类商品生产和商品交换活动，"自从人类有了商品生产和商品交换，就有了广告传播"，[3] 广告传播活动的核心是人类消费行为。随着市场研究工具的不断丰富与完善，广告传播也由"广告主导向"转向"消费者导向"。市场细分不仅有效地降低了广告传播成本和减少了广告浪费，而且极大地提高了广告传播效率。因此，市场研究是广告活动的基石，而市场细分是广告传播行为的基本特征。

新闻活动产生于人类社会生产和社会交往活动，新闻传播活动的核心是人类社会行为。"物以类聚，人以群分"，人类社会行为具有群体性特征，这就体现为人类信息接收的差异性，但新闻信息作为人类社会交往的工具，其非功利性特点使得新闻信息具有普适性特征，新闻信息接收的受众细分程度并不是太高。虽然新闻传播以受众研究为基础，但这种受众研究往往以单个媒体为单位，而不是以单条新闻为基础单位，其受众细分程度远远低于以单支广告为基础单位的广告传播活动。因此，媒体研究是新闻活动的基础。

三 传播文本：意见为主与事实为主

"在媒介文化研究中，凡是那些有助于人们能够生产出关于自身、

---

[1] 王存政：《"广告新闻"浅议》，《当代传播》1987年第4期。
[2] 范淼：《广告新闻新论》，《现代传播》1985年第4期。
[3] 张金海：《20世纪广告传播理论研究》，武汉大学出版社2002年版，第1页。

社会和信念的意义的客体都可以被视为文本。媒介文本是指那些带有明显的吸引受众的意图的客体。"[1] 传播文本由传播内容和传播符号共同构成，传播内容是指基于传者与受众共同文化语境而形成的沟通意义，传播内容主要来源于变动的社会生产和社会生活；传播符号是指为表达传播内容而使用的文字、图片、声音和视频等传播沟通载体，传播符号则主要受传播技术的创新程度与普及范围的影响。传播文本具有动态的稳定性，其动态性主要来自人类社会的绝对发展性，而其稳定性则主要来自人类文化的相对稳定性。

在经过"艺术派"与"科学派"长期思辨与实践的基础上，"广告文本是科学性与艺术性的统一"的观点，越来越多地被人们所接受。广告文本是真实性信息的艺术化表达，广告传播的真实性与艺术性同等重要。从传播符号上来看，广告传播符号视觉化是广告创意的核心内容，文本阅读往往让位于图像阅读；从传播内容上来看，广告传播是一种意见表达，它以传递广告主的消费主张为根本内容，客观事实通常服务于主观意见，用以佐证广告主意见的合理性与普适性。

新闻文本以客观性和真实性为基本特征，新闻传播的艺术性往往让位于真实性。随着在新闻市场上"买方市场"的逐渐形成，新闻传播的艺术性在不断加强，但新闻传播的竞争准则却没有发生改变。从传播符号上来看，由于视觉符号能指与所指的差异性，这使得其传播意义具有模糊性与多义性特征，新闻传播长期以文字符号为主要传播载体，图像阅读让位于文本阅读；从传播内容上来看，新闻传播是一种事实传播，它以真实地反映客观世界为基本特征，在新闻播报过程中，主观意见让位于事实描述，或者把意见与事实分开表达，以求新闻传播的真实性。

四　传播媒介：复合媒介与单体媒介

随着社会碎片化和全球一体化进程加快，受众在碎片化基础上进一步重组，再加上媒介技术创新和扩散成本的下降，越来越多的媒介形态不断涌现，"社区媒介""生活圈媒介"和"伴随性媒介"等媒介概念

---

[1] 陆道夫：《试论约翰·菲斯克的媒介文本理论》，《南京社会科学》2008年第12期。

层出不穷。媒介形态的不断丰富，大大提升了媒介的信息类型与信息容量，也为广告与新闻形态创新提供了条件。

由于广告信息的实效性不强和受众在接受广告信息时往往关注度不高，单个媒介难以形成良好的传播效果，因此，广告媒介投放选择通常选择多个媒介同时投放，从而形成科学的媒介排期，全方位和全时间地覆盖目标受众成为媒介排期的最高追求。媒介排期的合理化程度，很大程度上影响着广告投放效果。

由于新闻媒体的同质性和新闻信息时效性较强，新闻传播往往追求"独家新闻"和"第一时间"，这使得更多的新闻传播以单个媒介为主。伴随着多媒体集团的形成，新旧媒体在重大新闻事件上也进行横向合作，"新闻排期"也逐渐成为新闻媒介关注的新热点问题，这将进一步提升新闻传播力和影响力。

五 传播频次：重复投放与首次播报

传播价值是指传播内容在媒介上的呈现价值，既反映了传播内容与受众行为的关联程度，也与信息传播频次密切相关。一般来说，传播内容的传播价值随着时间延伸而不断降低，但不同传播内容的递减速度呈现出较大差异。

由于消费者对广告信息的介入程度低，广告信息需要多次反复投放，才能实现广告传播目的。广告传播价值由艺术价值和信息价值共同构成，艺术价值和信息价值随着时间下降的程度并不相同。艺术价值通常反映了消费者的人文情感，其传播价值始终保持在较高水平，并不随着时间消失而失去其文化价值，这些优秀的广告创意作品成为历史文化的重要内容。信息价值反映的是广告产品对消费者的使用价值，在产品销售预期内，传播价值维持在较高水平，而当超出销售预期范围外时，广告的信息价值则会迅速下降。

与广告传播价值不同，新闻作品主要包含信息价值，很少包含艺术价值。因此，新闻作品往往在短期内具有较高的传播价值，而一旦该新闻被播报以后，其传播价值则迅速降低。"昨天的新闻是今天的历史，今天的新闻是明天的历史"，新闻作为社会的观察者和历史的记录者，其新闻特性逐渐转化为信息特性，其传播价值也随着发生改变。

六 传播效果：强势改变与潜移默化

传播意志是指传者对传播效果的追求程度，不同的传播内容有着不同的传播意志，商业传播具有较强的传播意志，而非商业传播的传播意志较弱。另外，不同的传播环境也影响传播意志的强弱，如在战时传播和危机传播等特殊的传播背景下，传播意识甚至表现出强制性特征。

无论是商业广告，还是公益广告，其传播目的都是追求在较短时间内改变消费者的消费理念和消费行为，具有较强的传播意志。与广告传播相比，新闻传播追求的是"桃李不言，下自成蹊"的效果，通过对新近发生事实的客观陈述实现潜移默化的传播效果。

第二节 广告舆论与新闻舆论的比较

广告和新闻都是独具功能、影响深远的人类传播活动，从舆论的角度看，它们也是最活跃、影响最广、能量最大的两种舆论形态，广告舆论与新闻舆论共同构成了现代传播的两大景观。

新闻舆论的概念已广为人们所接受，它是指媒介组织通过新闻选择性报道和新闻评论直接或间接地表明自身的观点，从而影响舆论的演变方向，并进一步改变人们的舆论行为。新闻舆论是媒介影响社会舆论的重要方式，主要体现在反映舆论和引导舆论上，并且这种舆论引导方式更多的是以隐形的方式进行，从而以近似"客观陈述"面貌获得社会公众的认同。

我国学者认为："新闻的两个基本功能是报道事实和引导舆论，相应的，广告也应具备这两大基本功能：传播商品劳务信息，引导消费舆论。传播商品劳务信息是大众传播形式之下以及企业各种宣传活动的题中应有之义，引导消费舆论则更应成为广告这一促销手段的主要功能。广告作为广告主付费的宣传，其内容控制比新闻更便利和保险。所传播的经济信息早由广告公司制作完成，并由广告主审定，传播具有明确的倾向性。"[①] 广告舆论概念是在广告传播由"传者导向"向"受众导向"

---

① 张金海、饶德江、刘珍：《论广告的舆论引导功能》，《新闻与传播评论》2001 年第 1 期。

转变的过程中提出的，是受众在对广告产品及服务体验和交流中所形成的一致性意见，已经成为影响消费者品牌认同与否的关键所在。广告舆论是指广告主通过特定的媒介，借助权威认证、明星代言、形象比附、事件关联等方式向其选定的具有一定规模的目标受众传播广告信息、强化立场主张、引导消费观念、制造营销氛围，进而形成舆论表象（趋向）的导向性意见，并在受众体验、交流和反馈的基础上，形成对广告产品及服务的一致性意见。[①] 在这里，广告舆论的形成包含三个过程：其一，广告舆论是由广告主首先发起的，广告主创造某种观念或说辞，意图通过地域媒体在特定时间段高密度地向目标受众强势传播而形成的导向性意见；其二，广告受众依据自身文化观念、价值判断和消费认知，对广告信息进行甄别、判读和筛选，并通过与其他广告受众的交互验证，达成初步共识；其三，广告受众在与广告主反复沟通的基础上，共同形成一定的品牌文化认同。

广告舆论对社会的影响主要体现在创造舆论上，广告主通过反复地向广告受众传递对广告产品和服务的评价性意见，从而在广告受众心中形成一致性的意向。广告舆论与新闻舆论不同，广告是公开地宣传，而新闻是隐性地引导。广告舆论的提出，不仅丰富了对广告社会功能的认知，使"创造舆论"成为广告宣传重要功能，而且提升广告社会影响力，使广告成为社会控制的重要工具。

一 舆论主体：消费关系与社会关系

广告舆论的主体是广告主、广告媒介、广告代理公司和消费者，他们以消费行为和消费关系基础，围绕广告行为和广告现象，形成特定的广告行为认同、广告产业认同和广告文化认同。在广告舆论形成的过程中，广告主、广告媒介、广告代理公司和消费者发挥着不同的作用。广告主、广告媒介和广告代理公司是广告运动的发起者和广告主题的制定者，他们以传播思想观念、主张价值立场、弘扬时代文化和培养消费意识为目的，在一定的单位时间密度和空间强度下传播特定的导向性意见。消费者是广告传播的终点和广告舆论的参与者，他们在使用广告产

---

① 杨海军：《广告舆论造势的经典之作》，《广告人》2009年第8期。

品、接受广告宣传、反馈广告信息时形成较为集中的认知性意见。另外，政府监管部门、行业机构组织和社会媒体等广告监管者在特定时间和语境下观察广告现象、辨析广告问题和讨论广告事件时所产生的广泛针对性的评论性意见也是广告舆论的组成部分，甚至有时会成为主导性意见，左右广告舆论的走向。

有的学者认为新闻舆论是社会舆论的反映，同时也引导、控制社会舆论。"广告舆论不同，它不是反映，而是创造舆论来引导和控制舆论。从舆论学的角度来看，新闻传播者事实上是一种特殊的舆论公众——拟态公众。一方面是传述社会公众对于最新事态的意见，但是所反映的公众意见又不完全等同于社会舆论；另一方面，传者还以公众代言人的身份，模拟、代表社会公众直接发言，通过新闻评论和新闻报道公开发表的隐蔽的意见。"[1] 新闻舆论的主体是新闻媒介和新闻受众，他们以社会行为和社会关系为基础，围绕新闻活动和新闻现象，形成特定的新闻行为认同、新闻事业认同和新闻文化认同。新闻媒介是新闻舆论采集者、制造者和传播者，作为专业化、职业化和组织化的社会主体，新闻媒介以真实地反映社会现实、公正地监督社会行为和客观地发表主观意见为己任，力争在最短时间和最大空间内通过新闻及其衍生品的形式传递给新闻受众。新闻受众是新闻舆论的跟随者和参与者，他们根据自身的社会利益和社会主张，对新闻媒介所传播的客观事实和主观意见积极响应，以期推动新闻舆论和社会现实向着理想的方向运动。

"我们正在经历一场巨大的传媒革命，它以经济全球化、信息数字化、经营市场化、个人社会化为典型特征。"[2] 随着数字交互式技术的兴起，传统的传播者与接受者之间的社会分工逐渐淡化，人人既是传播者也是接受者，舆论主体之间的传统界限将渐趋消亡，而媒介机构的平台化功能将更加突出，人内传播、人际传播、群体传播、组织传播和大众传播等传播方式将融合在一起，舆论主体的社会角色定位将更加复杂。

---

[1] 张金海、饶德江、刘珍：《论广告的舆论引导功能》，《新闻与传播评论》2001年第1期。

[2] 方延明：《论新闻舆论的新境界》，《现代传播》2010年第3期。

二 舆论客体：广告事件与新闻事实

广告舆论的客体是指由广告行为与广告作品共同构成的广告事件。广告事件是广告主、广告代理公司和广告媒介围绕营销目标而精心策划，从而使广告商品赋予社会象征意义的过程及其结果。广告事件作为一场整合营销传播运动，虽然源于广告人对消费者行为和广告商品的洞察，但是却更多地体现为广告人的主观意志和主观行为，因此，广告事件是广告主、广告媒介和广告代理公司广告理念和广告思想外化的结果。由于广告人的劳动是一种隐性劳动，其劳动价值隐藏于广告运动和广告作品背后不为普通人所知，所以广告舆论更多地指向为广告主及其广告商品，而只有少数问题广告可能会指向广告媒介。

新闻舆论的客体是指新闻作品所呈现的新闻事实。新闻事实源自客观事件，但并不是所有的社会事实都能成为新闻事实，新闻事实是新闻媒介依据一定的价值标准而精心筛选出来的社会事实。新闻事实追求的是客观、准确和全面地反映客观世界，尽量减少新闻工作者的主观意识对新闻报道的影响，或者通过新闻评论的形式单独呈现。在新闻报道中，新闻工作者的劳动价值也通常隐藏于新闻作品背后，其新闻报道行为一般不会成为新闻舆论的对象，新闻舆论更多地指向新闻事实本身；但在新闻评论中，新闻工作者的个人品牌效应开始显现，其评论内容时常会成为新闻舆论的对象，甚至有时掩盖掉新闻事实的重要性。

三 舆论本体：消费认同与价值认同

广告舆论的本体是指围绕广告事件所形成的意见或态度。广告舆论的形成是一个长期讨价还价的过程，首先广告传播者依据市场调研结果和专业经验通过广告作品形式发布其品牌主张及消费意见，然后消费者依据产品消费体验和消费经验形成其广告产品的消费性意见并反馈给广告传播者，最后广告传播者依据消费者的反馈意见改进产品或修改广告主张。"广告本质上是一种信息转换和利益交换并行的双重交换体系"，[①] 通过渐次循环，在一定的事件和空间范围内，广告传播者与消

[①] 星亮：《论广告的本质——兼谈广告学的学科体系》，《兰州商学院学报》1991年第2期。

费者达成相对稳定的消费认同。这里的消费认同既包含消费者对广告主的产品标准认同和品牌形象认同，又包括广告主对消费者消费行为的认可与尊重。消费认同是广告主塑造品牌形象的基础，也是广告产品持续稳定发展的文化约束力和保障力。

新闻舆论的本体是指针对新闻事实所形成的意见或态度。新闻舆论的形成是一个相对短暂的过程，首先新闻媒介通过媒介的议程设置功能向受众传递新闻事实，然后通过深度报道和新闻评论等形式传达新闻媒介的导向性意见，最后受众经过个人反思和群体讨论形成其基本态度，并通过受众调查、公共论坛和个人广告等形式反馈其价值主张，但新闻媒介一般不再修改新闻播报内容，最多通过受众访谈等形式继续与受众交流。在新闻舆论的形成过程中，新闻媒介与受众在长期的互动中形成了特定的价值认同，这种价值认同是新闻媒介市场细分化的基础，也是新闻导论发挥导向性作用的关键所在。

第三节　媒介融合与媒介内容变革

"媒介融合"（Media Convergence）这一概念最早由美国马萨诸塞州理工大学的浦尔教授提出，其本意是指各种媒介呈现出多功能一体化的趋势。[①] 媒介融合源于数字技术的创新与扩散应用，媒介融合不仅反映了数字时代媒介形态的"分"与"合"，而且描绘了数字媒介的新图景。媒介融合是在数字技术、网络技术和存储技术等传媒技术产生的基础上，以受众需求变化为导向，从整体上打破传统传媒业的边缘，彰显个性媒体的独特传播优势，实现立体式传播效果的演变过程，其终极目标是实现社会的媒介化。[②]

媒介融合是一个系统过程，在技术层面、艺术层面和市场层面上有着不同的呈现形式。从技术层面上来看，媒介融合在横向上表现为传统媒介形态之间物质界限的消失；而在纵向上则表现为基于由信息采集、编辑、传送、接受和反馈等环节所构成的媒介价值链的全产业链重组。

[①] 姚真：《3G时代引发媒介融合新高潮》，《新闻三昧》2009年第8期。
[②] 王成文：《中国网络第一个十年发展研究》，硕士学位论文，河南大学，2008年，第52页。

从艺术层面上来看，媒介融合表现为新闻、广告、娱乐、知识和游戏等传统媒介内容形态交互创新，不断产生新型媒介内容形态。从市场层面上来看，媒介融合表现为媒介产业与印刷产业、广告产业、娱乐产业、体育产业、博彩产业、会展产业、旅游产业和零售产业等相关产业的融合。

一 技术主导下的产业链条融合

媒介融合是一个复合过程，包括"在集体竞技中确定个人角色""在新共同体中实现业务流程再造""在集中化市场中推进个性化满足"和"在新产业链条上谋求新定位"等实践要求。[1] 媒介产业链条融合是指媒介产业各个环节以及各个环节之间的融合，在现阶段主要体现为各个环节的融合，表现为内容融合、网络融合和终端融合三个方面。

在数字技术、网络技术和存储技术的推动下，媒介内容及其表现形式发生了深刻变化。数字技术的发展带来了内容与媒体的分离。[2] 在形式方面，媒介内容的生产、推广和接受平台发生了变化，呈现出全媒介的发展趋势。在内容方面，新闻、广告、娱乐、知识和游戏之间的界限越来越小，新型媒介内容形态将不断涌现。

网络融合主要包括电信网、广电网和互联网之间的"三网合一"，移动互联网和有线固定网之间的融合。

终端融合是指媒介接受平台的数字化、移动化和网络化的发展趋向，这是媒介融合的最为重要的组成部分，媒介竞争的核心也将由"内容为王"走向"终端为王"。

媒介技术是媒介融合的基础，而媒介规制则是媒介融合的现实性决定因素。有专家提出，媒介规制呈现出新的发展趋势：规制框架从纵向分业规制向横向分层规制转换，规制机构从分立机构向融合机构转变，规制改革的取向是放宽市场准入、倡导竞争、吸纳投资；规制重心从结构规制向行为规制转移。[3]

---

[1] 彭兰：《媒介融合方向下的四个关键变革》，《青年记者》2009 年第 6 期。
[2] 蒋丽平、梁春芳：《优质内容是媒介融合时代出版产业的核心竞争力》，《中国编辑》2009 年第 6 期。
[3] 肖赞军：《媒介融合时代传媒规制的国际趋势及其启示》，《新闻与传播研究》2009 年第 5 期。

二 产业主导下的媒介形态融合

媒介融合是指传媒业及相关产业之间边际的消融，呈现出数字化和同一化的发展趋势。从产业形态上来看，主要体现为实体产品与实体产品之间的融合、虚拟产品与虚拟产品之间的融合、实体产品与虚拟产品之间的融合三种媒介融合形态。

其一，实体产品与实体产品之间的融合。传统的媒介终端分为纸质终端、电子终端和数字终端三种形式。在媒介融合的基础上，纸质终端、电子终端和数字终端的产品形态融合创新，产生了"通信屏""娱乐屏""阅读屏"和"复合屏"的"新四屏"概念。

其二，虚拟产品与虚拟产品之间的融合。"制播一体"和"制播分离"是媒介融合时代媒体内容生产的两种选择路径，媒介内容生产的专业化和大众化推动着媒介内容形态的不断创新，如电视购物节目的产生就集合了广告、娱乐、新闻和游戏等多种传统媒体因素。

其三，实体产品与虚拟产品之间的融合。自苹果公司推出 iPhone 和 iPad 等新型媒介终端以后，苹果公司启动了"全产业链"竞争模式。在媒介融合时代，媒体之间的竞争不仅反映在内容等虚拟产品层面上的竞争，而且实体层面上的终端竞争也将日趋激烈。

三 文化范畴下的社会产业融合

媒介融合是一个持续扩张的过程，在这个过程中，媒介产业内部之间以及媒介产业与其他产业之间不断走向融合，其终极目标是信息社会的最终形成。从总体来说，可以把这个过程分为三个发展阶段。

第一个阶段，在"小媒介产业"内部，不同媒介形态之间的互生并存。新媒介技术的不断涌现，使得媒介产业不仅逐渐摆脱了交通业对媒介产业的限制和约束，反过来增强了对交通业的渗透和控制能力；因而，处于信息社会枢纽和核心产业的媒介产业必须面对传统媒体与新媒体之间的分庭抗礼，重新从新的社会需求出发划分不同媒介技术之间的功能界限和服务范围，从而使各个媒介之间优势互补，实现媒介资源的充分利用。

第二个阶段，媒介产业与通信产业、信息产业等相关产业之间的相互交织、重新整合，形成"大媒介产业"。"大媒体"（mega-media）的概念是美国学者凯文·曼尼（Kebin Manry）在其《大媒体》一书中提出的，描述的是在媒介产业中不同类型媒介之间错位竞争，其结果是媒介产业与电信产业、信息产业融合成为一个新型产业，即"大媒介产业"。"大媒介产业"的提出反映了"大媒介产业"对电信业、信息业、文化产业等相关产业的吸纳能力，是大媒介产业内涵和外延扩张的必然结果。

第三个阶段，在信息社会内部，"大媒介产业"作为整个社会的枢纽产业和核心产业与社会其他产业之间的交互融合。人类社会的发展经历了农业社会、工业社会和信息社会三个主要的发展历程，农业社会以"个体原创生产"为主要特征，工业社会则以"工业复制生产"为主要特征，这两个社会的基础与核心是物质资料的生产；而信息社会则是以信息的生产为主要的社会特征，其生产力核心技术是媒介生产技术和传播技术，而媒介技术发展的最终目标是"任何人在任何地点和任何时间获得任何所需要的东西"。因此，"大媒介产业"也必将继续放大其社会影响力，成为整个社会的核心产业。

第四节 广告舆论与新闻舆论的融合

随着人类科学技术的进步和全球化进程的加快，在工业化和制度化基础上形成的工业社会体系正面临着前所未有的挑战，人类社会发展的风险结构已经开始由自然风险占主导地位转为人为风险占主导地位，因此，1986年，德国著名社会学家出版了《风险社会》一书，首次使用了"风险社会"的概念并提出了风险社会的理论，用来阐释后现代社会的基本特征。[①] 现代传媒业在数字技术和网络技术创新的驱动下正发生着重大变革，人内传播、人际传播、群体传播、组织传播和大众传播在互联网平台上的界限逐渐模糊，传统的私人空间、准公共空间和公共空间交错在一起，这使得社会组织和个人的传播风险空前增大。作为舆论引导的两种主导方式，广告与新闻由于其本质特征的差异，在风险传

---

① 马凌：《新闻传媒在风险社会中的功能定位》，《新闻与传播研究》2007年第4期。

播与风险控制上发挥着不同的功能。

一 风险社会的产生及特征

"风险"有两种含义,一是风险表现为不确定性,其结果可能带来损失,也可能带来收益;二是风险表现为损失的不确定性,其结果是损失。"风险"的本质特征是"未来结果的不确定性或损失",因此,风险既可以带来收益,又可以造成损失,这取决于对风险的管理和控制能力。"风险社会"是"人化自然"的结果,是人类"工具理性"极化的内在趋势。"风险社会"的提出,拓展了人类社会反省视域,有助于深化对科技与社会的认识,从而推动人类社会的科学化发展。

其一,全球化是风险社会产生的空间基础和空间特征。随着物质流通技术和信息传递技术的不断进步,人类生产和生活的全球化进程不断加快,同质化风险聚集行为和异质化风险交融行为交相辉映,使得社会风险由局部性和区域性风险演变为整体性和全球性风险,这极大地冲击了传统的民族国家的风险控制能力和控制方式。

其二,信息化是风险社会产生的技术基础和技术特征。以数字技术和网络技术为核心的信息技术,改变了传统社会的构成方式和运行方式,使人类社会逐渐由工业社会向信息社会过渡,消解了虚拟经济与实体经济、现实生活与虚拟生活之间的传统界限,信息化生存成为后工业社会的基本特征,而无限的社会信息与有限的人类思维之间的矛盾所导致的不确定性,加速了社会运行的风险性。

其三,市场化是风险社会产生的经济基础和经济特征。规模化所带来的高度专业化分工,使得市场化成为工业社会生产和财富分配的基本方式,但是市场经济内在的周期性使得金融风险等经济风险此起彼伏。

其四,制度化是风险社会产生的文化基础和文化特征。制度是人类社会文明进步的结果,它是人化自然和人化社会的必然产物,制度化与反制度化构成了当代文化的主要内容。制度化的基础是社会信任结构的概括性和稳定性,而制度化的结果往往是专业化和组织化,这弱化了人与人之间的信任结构,往往会导致"有组织的不负责任",其结果是公共权力的失衡,危害到社会运行的安全性和稳定性。

二 风险社会与媒介功能

大众媒介的产生源自工业革命和工业社会所带来的专业化和职业化分工，而数字技术所催生的个人化媒介则丰富了媒介的类型，使得媒介资源逐渐告别了稀缺性时代，由专业化和职业化所形成的传统媒介功能发生了变化，媒介的平台化色彩渐趋浓厚，传播格局也由机构主导型向个人主导型进行转变。以媒介产业为核心的文化产业和信息产业是信息社会的支柱性产业，作为第四权力的媒介其社会影响力也日益扩散，媒介的风险预警、风险再现、风险隐藏、风险加重和风险疏导功能也越来越重要。

其一，风险预警功能。媒介是社会信息流动的主渠道，也是社会信息的把关人，通过对社会风险先兆信息的专业化处理，可以探知社会危机产生的根源，摸清风险信息流动的规律，这有助于增强对社会危机的预警能力。

其二，风险再现功能。专业化媒介通过全程化和现场化再现危机产生、发展与演变的规律，这可以增强公众及相关机构的风险意识，提升公众的媒介素养，可以在类似危机再次发生时，减小和避免危机恐慌，甚至及时制止损益性风险的发生。

其三，风险隐藏功能。媒介作为独立于立法权、行政权和司法权之外的第四权力，其影响力经常会使公众形成媒介依赖症，以权威媒介发布的信息作为自己的行为准则，对于部分恶意性社会风险，媒介可以通过品牌效应隐藏其危害性信息，防止对公众产生误导。

其四，风险加重功能。随着媒介市场竞争的加剧，"第一时间"成为媒介竞争的重要标准，这在很大程度上削弱了新闻专业主义的客观性、独立性、真实性和自由性标准，使得虚假新闻、有偿新闻和片面新闻获得了传播机会，这也会加重社会危机的影响程度和范围。

其五，风险疏导功能。"阳光是最好的杀毒剂"，特别是在传播权力分散的数字传播时代，通过客观报道和专业评论，让公众明了危机产生的过程，并把政府等相关机构为化解危机所做的努力进行公开，可以起到疏导社会风险的作用。

三　互补的广告舆论与新闻舆论

国家外宣战略是国家形象的重要组成部分，而国家形象则是国家软实力的重要组成部分。长期以来，在中国国家形象外宣上，国家形象外宣等同于新闻宣传，新闻宣传成为国家对外形象传播的唯一手段。自2009年推出中国国家形象广告《合作篇》以来，又相继推出了《人物篇》和《角度篇》两支广告片，这些广告片在国内外引起巨大反响，也引发了广告宣传与新闻宣传的对比性反思。

新闻宣传以真实性为首要准则，但却难以克服其文化偏见所带来的偏颇性报道，尤其是国家形象报道常常充满了对抗性气息，使得境外受众很难通过客观性报道来了解中国的国家形象和国家主张。因此，在新闻宣传上，其传播内容具有不可控特征，这就需要长期的新闻宣传才可能形成一定的宣传效果。

与新闻宣传相比，广告宣传内容具有针对性和可控性特征，广告既可以选择在境外媒介上投放，也可以通过自有媒介进行投放，其传播范围和传播时间具有很大的灵活性。因此，在较短的时间内，通过具有可控性的广告宣传就可以达到宣传目的，这是新闻宣传所不具有的特征。

风险社会的最基本特征是不确定性，如何消解其不确性则是媒介的重要功能。新闻与广告作为媒介最为重要的两种内容形式，在社会舆论引导上发挥着重要作用。免费的新闻宣传与付费的广告宣传、长期的新闻效应与短期的广告效应、不可控制的新闻与可控制的广告，在全媒体时代应该彼此配合，相互协作，共同完成舆论引导，化解风险传播的不确定性。

第七章

广告舆论生成与网络口碑营销传播

广告舆论是指由广告传播引发的公众关于现实社会以及社会中的各种现象、问题所表达的一致性信念、态度、意见和情绪表现的总和。在新媒体环境中,广告舆论的"民意表达"特征与"公众参与"特征在网络口碑传播这一平台上得以充分显现。广告舆论的生成过程与网络口碑传播过程同步;广告舆论与口碑传播互动交融,通过新的消费者行为模式引领,通过博客、虚拟社区、播客构成的"三驾马车"表现形态的展现,通过科学的管理平台和系统完善的评价体系建设,彰显广告舆论在新媒体环境下对广告功能的重新解读和对广告传播目标效果量化管理上的新尝试。

第一节 广告舆论生成与口碑传播的新模式

21世纪,随着计算机通信技术革命的兴起和计算机的广泛应用,人类社会迅速过渡到了以网络传播为主导的信息社会。2006年年末,"you"被美国《时代周刊》评选为年度风云人物,这意味着全球网络范围内,以"你"为主导的社区时代已经到来,互联网从浏览型进入了社区型。在社区型网络中,传播生态整体发生了巨大变化,消费者的行为模式也发生了巨大变化。

一 传媒生态与消费者行为模式变化

以网民为代表的大众消费者心理与行为均发生了巨大变化,如消费越来越理性、注重性价比、不愿意购买不熟悉的产品、相信朋友和亲人的口碑传播等；在社区型网络中，消费个体不再是沉默的大多数，不再被动地接受信息，而是信息传播的积极参与者，他们利用网络等新媒体制造舆论并力求个体意见能够得到共鸣并对商家或组织决策产生实际的影响。网络信息的极速膨胀和言论的高度自由赋予了网络舆论强大的力量。这个力量强大到足以改变现有的不良制度，也可以强大到足以令一个根基深厚的品牌蒙受巨大的声誉损失。网络在给普通民众提供表达真实想法、寻找共同语言的平台与曝光负面事件的同时，也由于鱼龙混杂的多样性、复合性给不当舆论及行为提供了发展的机会。因此，以网络为代表的新媒体让公众舆论的环境更加复杂化。在这种情况下，企业和组织开始摒弃传统媒体环境下单向信息传播的方式，充分利用互联网，公开征集用户的体验经历以及评价，积极引导舆论，积极呼应舆论，开辟品牌论坛、虚拟网络社区等与消费者舆论进行互动，广告舆论生成与控制和网络口碑传播开始在企业的创意营销策略和营销目标管理中发挥巨大作用。

以互联网和手机为代表的新媒体的发展，特别是 Web2.0 概念支撑下的网络社区时代的开启迅速改变了传统传播环境，催生了 AISAS 这一新的消费者行为模式的出现（见图 7-1）。2005 年，日本电通集团经过大量的研究，总结推出了网络时代消费者消费行为的 AISAS 模式，该模式是针对网络时代消费者生活形态的变化所提出的一种新的消费者行为分析模式。传统的消费者行为分析模式被称为"AIDMA"（艾达），即 Attention（注意）—Interest（兴趣）—Desire（欲望）—Memory（记忆）—Action（行动）。当然也曾有人在最后加上了 Satisfaction（满意）把 AIDMA 变成了 AIDMAS。而电通公司针对网络时代消费者生活形态的变化，将传统的艾达公式创新为 AISAS（音译为艾萨斯），即 Attention（注意）—Interest（兴趣）—Search（搜索）—Action（行动）—Share（分享）。

新的 AISAS 消费者行为分析模式指出了互联网时代搜索（Search）和分享（Share）的重要性，以及在消费者行为上的突出特征。可见，当消费者通过搜索最后购买到喜欢的商品和服务后，他们会把自己购买的商品、服务拿出来在网上与其他网民分享，而且这个分享又能够直接刺激参与的分享者，使这些人成为购买者，从而不断产生新的购买和分享。① AISAS 模式的提出，精准地描述了网络环境中消费者的真实状况，而其强调的消费者在网上分享商品、服务的环节其实就是网络口碑传播。

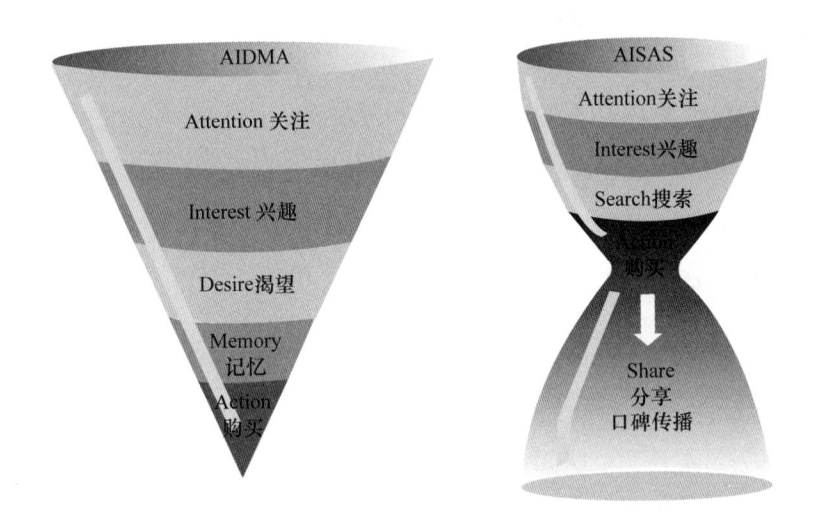

图 7-1　网络传播环境下 AIDMA 模式向 AISAS 模式的过渡②

二　口碑营销与舆论生成

口碑属于人际传播的一种。如果从历史的眼光来看口碑，口碑（英文为 Word of Mouth，缩写为 WOM）实际上则是存在最为久远的品牌传播工具，其朴素的实践运用自古有之。如正面口碑传播效果的经典描述有"酒香不怕巷子深"，而负面的口碑影响则以"好事不出门，坏事传千里"来形容。对于口碑的研究，最早始于国外社会科学界，到目前已经形成了比较完整的口碑理论体系。1966 年，Britt 在回顾了消费者行为理论和社会科学理论后，在 *Consumer Behavior and the Behavioral Science* 一书中指出了口碑对消费者的作用，开创性地把口碑引入学术研究范畴，引起了学者们的广泛关注，从而正式掀起了口碑研究的热潮。

---

① 黄孟芳、卢山冰：《日本电通广告研究新走向》，《现代广告》2008 年第 12 期。
② 《AISAS 模型》，标点符，http://www.biaodianfu.com/aisas-moxing.html，2009 年 8 月 22 日。

Arndt 是最早研究口碑对消费者行为影响的学者之一，他在 "Role of Product-related Conversations in the Diffusion of a New Product" 一文中对口碑进行了如下界定：口碑是发送者和接收者之间的口头的、人对人的交流，并且接收者认为发送者关于某个品牌、产品或服务的口碑是非商业性的。此后，学者们基于各自不同的学科背景和视角，对口碑的含义和研究范畴进行了广泛的研究和讨论，提出了很多具有代表性的观点，比如，美国口碑营销协会的口碑营销大师安迪·塞诺威兹（Andy Sernovitz）在《做口碑》（Word of Mouth Marketing-How Smart Companies Get People Talking）一书中，通过五个 "T" 开头的英文字母，给出了一个非常清晰的口碑营销分析框架和操作步骤，这五个步骤分别是：谈论者（Talkers）、话题（Topics）、工具（Tools）、参与（TakingPart）和跟踪（Tracking）。任何卓越口碑的形成都没有特定模式，但无一例外都包括以上五部分内容。时至今日，口碑的内涵随着时代的发展和进步以及学者的及时归纳总结仍然不断向前发展。

2007年4月，全球知名的调查公司 AC. 尼尔森（AC. Nielsen）在47个国家展开了一项调查：尽管广告平台和广告资源越来越多，全世界的消费者仍然对来自消费者的评论最信任，口碑才是最有力的传播工具。在26486个受调查者中，"消费者推荐"获得了78%的消费者的信任，成为信任度最高的广告类型（见表7-1）。"网上贴出的消费者意见"有61%的消费者表示信任，位居第3位。二者都属于网络口碑传播的范畴，占据了受消费者信任的广告类型的前三位。相对而言，传统媒体（包括报纸、电视、杂志）的信任水平要逊色很多。通过上述调查，网络口碑传播的巨大作用和威力可见一斑。

表7-1　　全球互联网使用者对不同类型广告的信任程度

类型	信任度
消费者推荐（Recommendation from consumers）	78%
报纸（Newspapers）	63%
网络上贴出的消费者意见（Consumer opinions posted online）	61%
品牌网站（Brand website）	60%

续表

类型	信任度
电视（Television）	56%
杂志（Magazines）	56%
广播（Radio）	54%
品牌赞助（Brand sponsorships）	49%
我收到的电子邮件（Email I signed up for）	49%
电影前的广告（Ads before movies）	38%
搜索引擎广告（Search engine ads）	34%
网络旗帜广告（Online banner ads）	26%
手机短信广告（Text ads on mobile phones）	18%

三　口碑营销与"群体舆论"制造

随着网络传播时代的到来，特别是在现代社会进入信息社会和网络进入 Web2.0 时代后，诞生在人际沟通中的原生态口碑传播借助互联网新媒体参与、公开、交流、社区化、连通的特有环境迅速延伸与渗透，互联网的理念和思想体系更是进行了升级换代，即由原来的自上而下的由少数资源控制者集中控制主导的互联网体系转变为自下而上的由广大用户集体智慧和力量主导的互联网体系。

把网络的主导权交还给网民个人，从而充分发掘了个体参与到体系中来的积极性，广大个体所贡献的影响、智慧和个人联系形成的社群的影响力不断增强，从而极大解放了个人的创作和贡献的潜能，使得互联网的创造力上升到了新的量级。通过互联网，消费者可以毫不费力地将自己的消费经历与千里之外素不相识的人分享，圈子与圈子之间也从原来的老死不相往来变为沟通日益密切。网络媒体的迅速发展，给了受众一个前所未有的互动平台，"所有人对所有人的传播"格局的形成，为口碑营销创造了一个新的起点。从传播学角度分析，口碑营销实质上是对拉扎斯费尔德"两级传播"理论的应用，口碑传播者扮演了意见领袖的角色，网络口碑营销传播实际上完成的是制造消费舆论的全过程。

那么，"口碑"究竟算不算一种"舆论"？刘建明教授从舆论运用的范围、主体入手，把社会舆论划分为公共舆论、阶级舆论、团体舆论和群体舆论。其中，"人们在趋群过程中，往往就某些问题产生一致的意见，而不同人群，其意见也就不同或根本对立，出现了五花八门的小社会环境中的舆论。这种由几个或十几个人自由结合的人群所产生的舆论，就是群体舆论"。① 可见，口碑营销传播所借助的正是这种"群体舆论"，也就是说，"口碑"应该算是"舆论"的一种。此外还有关于消费舆论的论述，陈力丹在其著作《舆论学——舆论导向研究》中写道："在我国进入社会主义市场经济这一新的发展阶段的时候，一种类型的舆论表现形态逐渐引起了人们的注意，这就是关于消费的舆论以及消费行为舆论得到急速的扩张。消费，即人们消耗物质以满足物质和文化生活需要的过程。广义上，消费还包括对精神性的大众文化的享用。关于消费的舆论反映的是人们的生活领域，具有较强的个性特征，没有必要由媒介过于具体地干预；但是这类舆论中潜在的某些成问题的价值观、道德观，以及由于'消费时狂'带来的舆论震荡，相当程度是通过大众媒介的报道和广告造成的……"② 当然，传媒舆论经济在互联网时代已不局限于大众媒介的报道和广告，口碑营销传播通过网络所制造的消费舆论对于消费行为的导向作用不可忽视。

第二节　广告舆论生成与网络口碑传播的"三驾马车"形态

正是看到了互联网新技术的互动性特征和开放式平台的特点，混合了大众传播与人际传播特点的博客、播客以及网络社区等大批出现，口碑营销传播的力量得到彰显。网络舆论已经是这个社会重要的舆论力量，口碑相传自然地成为了品牌网络传播的重要手段。受众在网络上进行的口碑相传本身就是一种互动。而这其中最典型应用就是博客、虚拟社区、播客等形式。有人称这三种形式是支撑起口碑营销的"三驾马车"。③

一　虚拟社区与群体舆论生成

以数字媒体为依托的社区化生存，是绝大多数网民的典型状态，正

---

① 刘建明：《基础舆论学》，中国人民大学出版社1988年版，第198页。
② 陈力丹：《舆论学——舆论导向研究》，中国广播电视出版社1999年版，第270页。
③ 徐蕙：《悠视网：借"别人之口"传播自己的品牌》，《市场观察》2008年第10期。

是社区构筑起的圈子，增加了网络的黏性，这种黏性恰是网络舆论形成的基础。由于同属一个圈子的人大都有着相近的共性和共同话语，虚拟社区已经成为网络口碑传播的主要渠道（环境）。对于虚拟社区的概念界定问题，南京大学杜骏飞教授认为：虚拟社区（virtual community），或称为网络社区、虚拟社群，它是在 BBS 电子公告板的基础上发展而来，BBS 电子公告板是其发展的雏形。其定义可作如下解释：它并非一种物理空间的组织形态，而是由具有共同兴趣及需要的人们组成，成员可能散布于各地，以旨趣认同的形式做在线聚合的网络共同体。虚拟社区所包含的核心功能一般主要有：公告栏、群组讨论、社区通讯、社区成员列表、在线聊天等。① 早期的虚拟社区主要集中在某些非商业性行业及活动方面，但随着基于互联网的电子商务的兴起，许多迎合成员或组织者商业利益的虚拟社区开始形成并迅速发展起来。②

当一个虚拟社区形成之后，它拥有的最宝贵的资产就是社区成员之间的信任以及对社区的忠诚度。这个独一无二的资产可以提高虚拟社区的凝聚力，增强成员的归属感。而网络口碑可以在信任的前提下得以深入地传播到每一个社区成员的心中，任何关于产品或服务的任何口碑信息都可以在此得到有效分享。网络口碑在虚拟社区的传播方式是在虚拟社区中对某产品或服务的满意或不满而发布一个帖子；或者针对自己感兴趣的话题来寻求别人的帮助，其他成员会以回帖的方式来解答，这实际上就是一个网络口碑传播的过程。虽然口碑传播的可控性远远低于传统的大众传播，但在这个自然而然的过程中，企业并不是毫无作为的，对于网民满意的产品，只要合理利用网民的口碑会起到很好的宣传效果。同样，对于不满意的产品，网民自然会有抱怨甚至讨伐的声音，这也同样需要认真对待，否则，社区环境同样会加快"坏事传千里"的速度。对于负面的舆论，企业需深入社区，认真倾听并真诚与网民交流，尽量化解或减弱负面的声音，求得网民的谅解，消除公关危机，挽回企业形象。

据 iResearch 统计，67.4% 的网民认为，讨论共同感兴趣的话题是他们使用社区网站的主要目的之一。同时，有 49.3% 的网民选择了分

---

① 杜骏飞：《存在于虚无：虚拟社区的社会实在性辨析》，《现代传播》2004 年第 1 期。
② 中国互联网络信息中心：《2008 年中国网络购物调查研究报告》，2008 年，第 124 页。

享生活及感情经验，另有 27.4% 的网民把交流购买及使用商品经验作为社会网站的主要目的。而 CNNIC 调查结果进一步显示，"目前超过一半的网购用户表示买每种商品前都会看相关商品评论，已有近八成的网购网民买大多数商品前都会看看商品评论。学历较高、年龄在 25 至 35 岁之间的高价值用户更为看重商品评论"。[①] 因此虚拟社区中的网络口碑传播已经引起了许多公司的重视，并采取有效措施来实施网络口碑传播，亚马逊公司就是其中成功的一个。亚马逊公司不仅是一个巨大的网上书店，还是众多图书爱好者的虚拟社区。公司不仅在社区中提供畅销新书的章节，而且还会上传书店会员以及一些专业人士发表的书评，并安排他们与作者见面。网上社区的存在不仅淡化了亚马逊的商业味道，而且吸引了数以百万计的全球访问用户，其中许多人由于卓越的网上体验而最终成为亚马逊品牌的忠诚拥护者。

二　博客与舆论领袖的舆论引导

博客的英文是 Blog，起源于 20 世纪 90 年代的美国，即网络日志。博客是一种日记形式的、按时间顺序排列的个人网页。博客之间的交流主要借助引用通告、留言/评论和 RSS 的方式进行，其操作管理所使用的术语借鉴了大量档案管理的用语。博客不是一个技术概念，而是一种互联网的应用方式，其可以分为以下六种类别。1. 简单博客：博客中最简单的应用形式，单个博客作者对特定话题的观点或对自己生活的简单记录，类似于"个人日记"。2. 协同博客：由一组成员共同完成博客日志。此博客中，博客作者不仅可以编辑自己的内容，还能编辑小组成员的日志内容。3. 博客圈：这种类型的博客成员主要由具有一定亲密关系的博客组成，主要包括亲戚或朋友，形成一种生活圈。4. 社会博客：一种社会形态的博客。5. 商业博客：主要用于研究机构或企业。6. 知识博客：主要提供知识的管理手段。[②]

2008 年博客用户规模持续快速发展，截至 2008 年 12 月底，在中国 2.98 亿网民中，拥有博客的网民比例达到 54.3%，用户规模为 1.62 亿人。在用户规模增长的同时，中国博客的活跃度有所提高，半年内更新

---

① 中国互联网络信息中心：《2008 年中国网络购物调查研究报告》，2008 年，第 34 页。
② 甘少娟：《WEB2.0 的本质和应用发展》，《广东通信技术》2008 年第 8 期。

过博客的比重较 2007 年年底提高了 11.7%。① 博客的影响力逐渐增强，其在网络口碑传播方面的优势也逐渐体现出来：第一，博客的共享性、交互性满足网络口碑传播对于信息传播互动性的要求。第二，博客为网络口碑传播创造了跨越时空的空间。由于博客价值的凸显，引起许多专业博客托管网站和网络门户的持续跟进。网络用户只要经过注册就可以很容易地拥有自己的博客，他们可以很随意地在网络上发表自己的观点，使人们能够自由地共享信息、思想、经验、情感等。第三，话题广告、消费者对产品或服务的各种评论发挥了博客平台与生俱来的独立性、聚合性、舆论领袖、口碑传播等优势，克服了之前博客广告投放所面临的效果无法评估、信息单向传播等诸多障碍。② 由此，博客平台可以很好地体现两级传播理论，以每一个博主为中心，订阅读者及其他读者为半径，博客为交流反馈平台，形成一个个的社区舆论圈，信息经由博主向网民进行二次传播，即"大众传播（产品信息）→意见领袖（博主）→一般受众（网民）"。话题广告系统相当于启动了博主的舆论领袖功能，将网民对博主的一部分信任度转移到推介的产品或服务中去。反馈讨论的氛围中正负评论信息相结合即类似于"两面提示"的方式可以产生预防接种的效果，由于给对立观点以发言机会，给人一种"公平"感，可以潜在地消除广大消费者的心理反感。

在认识到博客实施网络口碑传播的诸多优势后，企业也逐渐重视博客在传播网络口碑方面的独特价值。相对于传统媒体广告或是公司网站宣传而言，企业博客有着诸多好处：它不唐突，能够直接获知客户意见，帮助企业树立创新者的形象。企业纷纷建立自己产品或品牌的博客，并且将博客与企业的品牌传播活动相结合，发挥网络口碑传播的优势，来宣传企业品牌、扩大产品知名度或者与消费者沟通。

三 播客及视频分享网站中的舆论蔓延

在博客流行的今天，播客以及视频分享网站也"不甘示弱"，逐渐

---

① 中国互联网络信息中心：《第 22 次中国互联网络发展状况统计报告》，2018 年，第 7 页。
② 冯一娜、陈爽：《博客在口碑营销中的应用》，《商场现代化》2007 年第 4 期。

走入人们的生活。正如博客是傻瓜版的个人主页一样,播客将视频和音频的发布技术降低到零,让普通人也可以站在充满无限可能的互联网大舞台上"播它一播"。播客一词"翻译自英语单词 Podcasting,它其实是一个合成词,取自苹果公司研发的便携播放器'iPod'与传统广播(Broadcasting)的结合,借助于苹果公司的 iPod 便携播放器和相关软件,网友可将音乐或广播等数码声讯文件下载到自己的 iPod、MP3 播放器或其他便携式数码声讯播放器中随时收听,也可将自己制作的声讯或视频文件上传到网络上与他人共享"。① 实质上,播客就是指"网络用户在互联网上自由发布音频、视频等多媒体信息的一种给用户带来更丰富体验的互联网应用,具有可读性(文字图片)、可听性(音频)、可看性(视频)等特征"。②

播客的诞生使得网络口碑传播的渠道更加丰富,可选择空间逐渐增大。广大播客们可以随时随地地通过手机、DV 等拍摄任何他们感兴趣的东西,上传到播客空间或者视频分享网站,从而得到广大"看客"们的关注和分享。播客已经被许多企业成功运用,并涌现出许多成功的案例。比如宝马汽车集团,他们曾经大手笔请来李安、吴宇森、麦当娜等超级导演和巨星奉献给无数车迷和影迷的"The Hire"系列网络电影至今无人超越。当年每天 80000 人次进入宝马官方网站下载影片,巨大的轰动效应让食髓知味的宝马马不停蹄地在更年轻的 Mini 品牌上故技重施,一段 Mini 在英国厂房内的生产过程的短片再受广泛好评,并在很多视频网站以及个人播客上广泛传播。"有待于你去发现 Mini 充满乐趣的驾驶体验",让网民充满了好奇和期待。这些短片携带着企业或商品信息,经过消费者的网络口碑传播网络,像病毒一样快速传播和扩散。

四 "三驾马车"新形态

21 世纪的第一个十年,三款全球性互联网产品从根本上改变了我们的生活:Facebook、YouTube 和 Twitter,它们是在 Web2.0 之后,迈向 Web3.0 之时虚拟社区、播客和博客的最新发展形态,它们重新定义了

---

① 查玮:《播客研究现状综述》,《宁波广播电视大学学报》2008 年第 3 期。
② 甘少娟:《WEB2.0 的本质和应用发展》,《广东通信技术》2008 年第 8 期。

互联网，推动着现代社会进入一个"全民记者"的"自媒体"时代。如同在 20 世纪末，百度复制谷歌的奇迹一样，在这三款产品改变世界的同时，一些同类产品也在国内发展壮大——人人网、开心网、天际网等已成为国内 SNS 的领头羊，优酷和土豆让位 YouTube，新浪微博、腾讯微博等替代 Twitter，这些产品虽然具有"本地化"优势，但总的来说，在模式创新和应用服务上还比不上 Facebook、YouTube 和 Twitter。

Facebook 的创意灵感来源于其创始人马克·扎克伯格在埃克赛特中学求学时学校里登记学生信息资料的花名册，同学们都亲切地称之为"The Facebook"。Facebook 于 2004 年 2 月 4 日上线，虽然现在还没有进入中国，但在全球已拥有 5 亿会员，最新市场估值 700 亿美元，已经成为全球最热门的社区网站。目前，在广告产业处于由线下向线上大迁徙的中期，Facebook 因其高度稳固性、用户黏度和海量用户，通过细分用户群体、对其喜好匹配适当广告，具有更强的针对性和精准性，加上社交网络的口碑效应，[①] 使得谷歌等 Web1.0 之下的网络平台望尘莫及。

作为一种后博客时代的新兴传播工具，2007 年，Twitter 的出现引发了全球互联网即时内容的大爆发。Twitter 源自美国一家名叫 Odeo 的公司，其软件开发人员多尔西和斯通将移动通信技术中的 SMS 短信服务做了一些改进，形成了一个非常小的博客，即"微博"，切尔西把它命名为 TWTTR，即今天的 Twitter。与此同时，中文微博市场也迅速壮大。作为传统博客的一种衍生品，微博以 140 字为限制，通过手机、IM 软件（QQ、MSN、Gtalk、Skype）等途径发布消息，大大节省了沟通的时间成本。它更像网络上常用的 MSN、QQ 的签名档，直接反映我们的心情，并且随着心情的随时变化而随时更新。因而，微博弥补了博客、E-mail、IM 等的传统交流机制的不足。博客、E-mail 一般不能做到及时沟通交流，在时间上具有滞后性；而 IM 需要他人在接到消息后即刻回复，显得有些不近人情。微博，介于二者之间，可以更好地满足用户在人际关系中的微妙需求，这正是 Twitter 以惊人速度开始走红的一个重要原因。[②] 2008 年，美国总统奥巴马在竞选时就是利用

[①] 赵正：《Facebook 入港探望内地市场》，《中国经营报》2011 年 3 月 17 日。
[②] 牛梦笛：《后博客时代的媒介参与——"微博"现象初探》，《新闻界》2010 年第 3 期。

Twitter作为他竞选和推销个人品牌的工具之一。由此可见,如果要在社会性媒体中建立口碑,微博显然是一个非常理想的平台。在微博中,我们每个人都成为了网络节点,根据梅特卡夫法则,网络价值随着网络节点数量的增加而呈指数增加,即在微博中分享某个既定话题的消息和想法的人越多,我们这个整体汇集的口碑的力量就越大,产生的舆论影响力就越强。

虽然,微博让人们可以在内容创作的时间与空间上获得更大的自由度,以其"碎片化式的写作,成为传统博客系统化、长篇大论写作之外的一个写作天地"。[①] 但是,由于微博用户登录采取匿名制和微博信息的实时更新,再加上其真实性难以考证,如此一来,微博网站也就最终成为了谣言的温床、虚假新闻的沃土,最终导致微博的信息质量难以保证。《魔鬼经济学》的作者史蒂芬·列维特说道:"在微博中,有价值的信息占到的比例仅为4%左右。"美国专栏作家约翰·德沃夏克也直言不讳地评价说:"微博客很容易受到操纵,目前已经有操纵微博客发布虚假新闻的事例出现。"[②]

因此,确保正面口碑或负面口碑的真实度,提升权威信息舆论引导成为微博能够持续健康发展的基本要求,由于微博即时传播技术和更为方便的发布途径让每个人都可以是信息源,每个人都可以是发布者,信息以滚雪球的方式迅速传播,因而公共舆论裂变效应更加明显。所以,在加强对微博的科学管理的同时,政府和公众本身也应相应提升舆论引导能力与媒介素养。[③]

YouTube是世界上最大的视频分享网站,早期公司总部位于加利福尼亚州的比萨店和日本餐馆,让用户下载、观看及分享影片或短片。2005年2月,YouTube由三名PayPal的前任员工乍得·贺利(Chad Hurley)、陈士骏(Steve Chen)、贾德·卡林姆(Jawed Karim)创办,网站借由Flash Video来播放由上传者制成的各式各样的内容,包括电影剪辑、电视短片、音乐录像带等,以及其他网民自制的业余影片,如

---

① 刘丽清:《微博虽"微"足值道尔——微博特性之浅析》,《东南传播》2009年第11期。

② 潘治:《"TWITTER革命"不该是"e时代"的榜样》,http://news.xinhuanet.com/world/2009-06/26/content_ 11605491.htm,2009年6月26日。

③ 牛梦笛:《后博客时代的媒介参与——"微博"现象初探》,《新闻界》2010年第3期。

VLOG、原创的影片等，大部分 YouTube 的上传者仅是个人自行上传，但也有一些媒体公司上传自己所录制的影片。YouTube 的出现推动了网络革命，使网民由信息接受者变为资讯提供者，但也产生了诸如鼓吹社会不良风气、侵犯版权与隐私权等弊端。

相较于电视广告的昂贵费用及缺乏互动性，网络视频分享不仅营销成本更低、互动性更强、传播模式更丰富，且更显时尚、先锋、亲切。在国内，优酷经过与土豆、酷6等视频网站的几年角逐，目前已成长为中国最大的视频网站，其受众主要是具有深度网络行为、参与网络互动倾向性高的年轻人群。优酷所提倡的"拍客"文化，是一种草根特色、深度互动的 SNS 文化，非常适合进行病毒式口碑传播。[①] 2009 年，通用汽车旗下的"克鲁兹"就是在上市之际，利用优酷网的资源优势，巧妙结合种子视频营销、病毒营销、拍客营销、视频 VIP 服务等多种模式，成功引发了网友积极的讨论和口碑传播，取得了良好的推广效果。

第三节　广告舆论生成与网络口碑传播的管理建议

由上面网络口碑传播的这些表现形式，可以看出进入 Web2.0 时代后，消费者本身俨然成为媒体，网络社区舆论的影响力正日益鲜活和壮大。这意味着，传统的自上而下的单向传播，正在结合或让位于一种鼓励消费者参与品牌建设的沟通方式，现在很多企业或组织都已经采纳了网络口碑传播的互动方式，通过自建品牌论坛、虚拟网络社区、个人或组织的博客/播客空间、即时聊天系统等为品牌的口碑相传提供渠道和平台。

一　线上（online）口碑与线下（offline）口碑

通过这些平台，网络受众可以交流关于品牌的任何事情。但是，在

[①] 喻国明、陈永：《营销革命：新媒介时代营销案例精粹》，中国人民大学出版社 2009 年版，第 33 页。

广告主急匆匆跳上网络这辆流行花车的时候,他们却忽略了一个重要事实——网络之外才是口碑最能发挥威力的地方,因为目前大多数人际沟通都在生活中发生。有研究显示,90%的口头传播行为发生在线下。面对面的人际互动占绝大多数,达到72%,电话沟通位列其次,为18%;电子邮件、即时通信和短信各占3%;聊天室、博客仅占1%。总体而言,目前只有7%的口碑营销是通过网络途径发生的。另一项令人震惊的发现是,那些让广告主垂涎三尺的新生代,比如"80后""90后",其口头传播行为也大多发生于网络之外。很明显,传统的传播途径和媒介依然在口碑营销中发挥着至关重要的作用,但与以往不同的是,任何一个媒介都不能独撑大局,网络口碑只能作为传统口碑传播方式的补充而不是替代,口碑这种营销传播方式告诉我们,在当今这个新媒体与传统媒体竞合的时代,传统媒体带来的舆论场和新媒体建构的舆论场有很大的互补性,构建一个真正有效的舆论环境需要新媒体和传统媒体实现真正意义上的互动与融合,而具体对于广告主来说,完整的口碑应该是网络口碑、借助传统媒介的口碑传播与线下口头交流传播的密切结合,即线上与线下传播方式的完美融合。

二 网络口碑营销传播与舆论引导建议

首先,主动地引导舆论和口碑相传的方向。比如企业可以通过自建品牌论坛,时刻关注受众提出的问题,及时予以解答。对于品牌提供给顾客的附加值在论坛或其他网络社区上加以描述,引发讨论和适当的争论。这些做法都有助于树立品牌良好的口碑。

其次,建立网络舆论危机管理系统。网络的信息传播是高度自由的,网络的互动性又是如此强烈,积极的信息可以被广为传诵,一些虚假的信息也能够暂时地蒙蔽受众,从而导致网络舆论和口碑传播朝着不健康、不利于企业和品牌的方向发展。这时企业要启动网络舆论危机管理系统,及时发现这些问题,及时进行问题和事件的澄清,防止企业或品牌的声誉受损(见表7-2)。这一点对于利用网络进行口碑传播的品牌非常重要。

表7-2　　　　　　　　　　2010年网络口碑事件一览表

事件	概述	舆论反响
没有广告商的广告	2010年4月13日开始，各大门户网站最醒目（等同于最贵）的位置上同时出现了一个奇怪的"广告"。给广告打上引号因为根本没有任何商业信息，只是指向了一个莫名其妙的网站3gplanet.net，并告诉给大家"4月16日，敬请期待"	广告传播为公众营造的"期待视野"，再次验证广告传播的无限创意空间
麦当劳的现实"人人"	通过人人网，呼唤大家"线下真实见面，巩固友情"，并将麦当劳作为他们的最佳的"见面场所"，只要参加活动，自愿填写手机号码就可获得电子优惠券	"虚拟"与"真实"的广告现实，这也是SNS等网络社区的未来发展方向
招商银行"织围脖"	借助微博这一新媒体，帮助银行与客户之间形成良好的互动交流平台	公众热衷于新媒体的方便、快捷，广告主迎合新媒体的快速效应，为广告舆论的构建提供了新的平台
荣威350傍上豆瓣	利用豆瓣平台，通过"开往夏天的350"原创摄影大赛、350广告金曲试听下载、汽车音乐条目等丰富的互动条目强化350"品味互联生活"主张	在新浪微博、开心网、热门论坛等网络阵营中，都有网友自传播350豆瓣活动的声音
奥利奥"看谁能泡到"	在奥利奥"看谁能泡到"的活动网站上，消费者可以在卡通化姚明的指导下，完成一些小游戏。通过丰富多样的参与形式，激发受众的参与性和黏连性	仅4周时间就吸引了17.3万名用户注册，成为奥利奥巩固中国市场的重要举措
悦活年	悦活为配合线下促销活动在腾讯开展了一次三位一体的网络整合营销——"悦活年"	达成了"1+1+1>3"的整合飞跃，取得了令人咂舌的效果
康师傅茉莉清茶：十二星座清蜜告白大PK	2010年康师傅茉莉拍摄"清蜜星体验12星座爱情网剧"，在人人网进行"清蜜"播出，吸引众多目标用户关注	该网剧在人人网被分享评论125802次，产生的新鲜事为18115481条，论坛回复150万次
"秒杀门"	肯德基中国公司在淘宝网上发布了"超值星期二"三轮秒杀活动的广告，64元的外带全家桶只需要32元。但当活动进行过一轮后，肯德基却告知用户无效了	"秒杀门"给肯德基带来的是不可挽回的形象打击

续表

事件	概述	舆论反响
"凡客体"风靡网络	凡客诚品肇始的"凡客体"刹那间成为网络热点，令许多不知电子商务为何物的人，接触到在网上销售服装产品的凡客诚品	2000多张凡客体图片在微博、开心网、QQ群以及各大论坛上被疯狂转载

最后，建立网络口碑营销传播评价体系。系统地研究品牌的网络口碑，聆听并了解消费者对品牌的"所思所想"与"一言一行"，可以清晰地明确品牌舆论的状况，从而可以为市场研究中提供消费者的使用经验信息，如提供监测品牌的负面网络评价；研究各类产品特性的讨论和评价；也可以为品牌传播活动提供有效的沟通建议和反馈等，比如甄选合适的网络明星代言。企业在进行品牌舆论分析的时候，有时可能会感到力不从心，这时可以充分借用外部力量，比如CIC、奇虎等专业的网络口碑传播公司等。

第八章

流行广告语与广告舆论的流变

流行广告语是广告舆论的具体表现形式，也是广告舆论发挥作用的现存结果。通过对三十年流行广告语的分析，可以看出广告舆论经历了从广告主的群体广告舆论操纵到受众众意广告舆论的合理讨论、从迎合社会主流价值观到独立为社会提供价值判断、从双重导向向多元导向转化的过程，也经历了从广告主的个体话语表达到广告市场中多角关系的公共话语诠释，再到广告公众社会话语建构的内容变化。呈现出无序流动、多维生发、感性表达、理性诉求的鲜明特点。

第一节 不同时期流行广告语所呈现的舆论态势

流行广告语是广告舆论的外在表现形式之一。流行广告语以简洁的语言，表达了广告舆论主体的广告主张和广告意见，浓缩、凝练、诠释了广告舆论主体的广告态度、广告价值和广告观念，社会影响力巨大。

一 流行广告语与广告舆论之间的关系

我国学者认为："广告语的创作有很多要求，如要求广告语简洁凝练、明白易懂、朗朗上口、新颖独特、主题突出，等等，这些要求最基本的创作目的是要保证创作出来的广告能够让受众记住，但仅仅被记住就如被冻住的水，会失去流动性。这对于与广告语密切相关的广告传播来说是一大损失，因为它将失去人们口耳相传这一原始但却具有极强传播力的传播方式，广告语本身也会更快地在受众的记忆中消失，使广告效果减弱。因此，如今的广告语创作之始就有一个明确的目的，那就是让它能够流行,成为流行语。"① 这段话实际上揭示了流行广告语与广告舆论之间的关系。其一,流行广告语通过易记易传播的形式,表达广告主张,对受众产生影响;其二,流行广告语口耳相传,传播力强,容易在受众中形成一致或相似看法;其三,流行广告语容易流行,或通过广告传播让其流行,其意见和主张也就容易成为舆论的焦点,流行广告语流行的过程,也就可能成为舆论流动的过程。

正因为流行广告语简洁凝练、明白易懂、传播力强,所以,许多流行广告语自身也多作为广告舆论影响力的具体结果而留存下来,成为研究广告舆论问题、追溯广告舆论发展轨迹的重要文本。

我国学者认为:"广告文本语境的变迁反映了中国广告受众群体结构的变动。20世纪80年代后,中国全面实施计划生育,培养了今日风头正健的独生子女时代。他们伴随改革开放的经济建设浪潮而生,为西方的低语境文化语境所影响。为了能迎合他们的偏好,实现商品的价值,广告主和代理商在广告的创意、策划、用语以及软文表现等方面多采用'低语境'特有的表现手法。在抽样分析中,这一现象也得到了验证。2005年的10条流行广告语中,其中高达7条都是针对20世纪80年代后的受众,如在2005年广告语排行榜位列第一的'觉得好吃就买呗,大家要给我面子哦',以及随后第二的'酸酸甜甜就是我',还有'美味地道,谁可抗拒,停不了的乐事'等,都反映了这一变动趋势。"② 对三十年来具有代表性的流行广告语文本进行研究和分析,从中可以发现三十年来广告传播形式、传播内容和传播理念所发生的一些变化,以及不同时期广告舆论的呈现规律。

二 不同时期流行广告语呈现的舆论特色

广告业的发展同国家的政治、经济、文化发展密不可分,广告的表现形态也和不同时期国家宏观的政治、经济、文化环境相适应。流行广告语多追寻市场经济的发展步伐,其呈现的舆论态势或舆论导向也具有鲜明的时代特色和阶段性变化特征。

---

① 孙威:《流行广告语的创作与传播特点浅析》,《辽宁经济》2008年第12期。
② 刘婷:《全球化冲击下中国流行广告语的语境变动》,《新闻爱好者》2008年第1期。

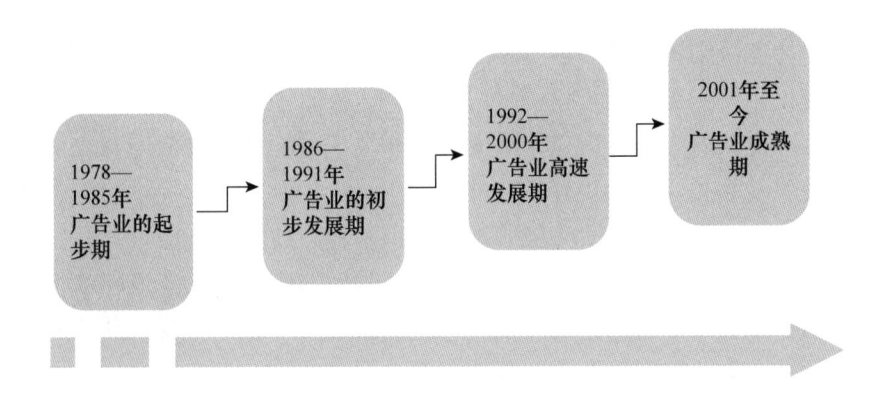

图 8-1 中国广告业发展的四个时期

丁俊杰教授在《中国广告观念三十年变化》一文中，对广告观念的变化做了轨迹式的描述和划分（见图 8-1）。他将三十年广告观念的变化分为 1978—1985 年广告业的起步期、1986—1991 年广告业的初步发展期、1992—2000 年广告业高速发展期、2001 年至今广告业成熟期四个阶段。[①] 他所描绘的三十年广告观念变化的轨迹，为我们正确认识广告观念、广告主张、广告意见背后所载负的广告舆论的发展脉络打开了思路。

1978 年，十一届三中全会召开，中国进入社会主义建设的新时期，"以经济建设为中心"成为国家政治经济建设的主题。在中国面临社会转型的重要时期，广告业成为中国"改革开放"的排头兵。广告是商品经济的产物，是中国从封闭走向开放的信号，这时的广告虽然带有浓厚的政治色彩，但广告的出现却具有划时代的意义，这一时期，我国广告学者认为是打破坚冰的时期，因为，在思想领域，还存在着广告是姓"社"还是姓"资"的讨论。1979 年 1 月 14 日，上海《文汇报》刊登了署名丁允朋的文章——《为广告正名》，文章首次对广告的误解提出修正，指出"我们有必要把广告当作促进内外贸易、改善经营管理的一门学问对待，我们应该运用广告，给人们以知识和方便，沟通和密切群众与生产销售部门之间的关系"。[②] 该文客观界定了广告的本质和功能，

[①] 丁俊杰：《中国广告观念三十年变化》，《现代广告》2008 年第 12 期。
[②] 丁俊杰、黄河：《为广告重新正名——从主流媒体的广告观开始》，《国际新闻界》2007 年第 9 期。

对复苏广告业起到良好的社会启蒙作用。随着中国改革开放的深入，广告在社会生活中的作用日益加强，1985年前后，广告的政治意识形态逐渐淡化，广告被视为"一种传播经济信息的手段"。广告手段论出现，是广告被视为一种信息传播活动的开端，尽管这一时期还有人认为广告是"社会主义宣传工作的一种形式"。总体而言，此阶段的广告观念尚未摆脱中国特有政治环境的制约，仍未冲破计划经济的束缚，广告作为营销手段的作用还未充分发挥。这一时期的广告舆论多追随政治舆论，流行广告语作为舆论的外显形式，其表达的理念多与改革开放初期人们对社会的认知程度及广告人的创意水平有关。一类广告语往往用夸张的语言来表现产品或服务的质量，如"国内首创""驰名中外""誉满全球"等；另一类则喜欢使用"为社会服务""为大众服务""多快好省地""为中日友好做贡献"等词语。这一时期，一些脍炙人口的国外流行广告语也开始进入中国民众的日常生活，如"可口可乐添欢笑""味道好极了""车到山前必有路，有路必有丰田车"等，影响力巨大。但总体来说，这一时期流行广告语所呈现的舆论导向和当时社会政治、经济发展水平相一致，广告舆论走势和社会舆论走势基本吻合。

1985年，中共中央发布《关于国民经济和社会发展第七个五年计划的建议》，提出乡镇企业要"积极扶持，合理规划，正确引导，加强监督"。这一时期，中国政府提出实现四个现代化的建设目标，商业发展获得前所未有的机遇。一大批乡镇企业伴随着改革开放的春风迅速成长，成为中国经济发展的新生力量。迅速变化的市场环境，使广告也获得十分广阔的发展空间，在激烈的市场竞争面前，一大批企业家开始意识到广告的效果和力量，开始将广告作为"宣传产品、搞活流通、促进生产、方便消费的有效工具"。一大批有思想、有能力的广告主进入广告市场，广告主主体意识复苏，不断通过创作独特的消费观念广告来制造舆论和控制舆论，广告舆论开始呈现出明显的市场导向。一大批优秀广告作品开始在媒体播出，在民众中传播，并对他们的生活产生影响，一些代表性的广告语开始流行和被广泛传播，以推销商品为目的、以传播消费观念为宗旨的广告舆论开始占据上风。

1992年，邓小平发表南方谈话，发出了建设社会主义市场经济的信号。党的十四大确立了社会主义市场经济发展的宏伟目标，中国进入社会主义市场经济建设的新时期。随着供求关系的变迁,买方市场全面形成,逐渐升级的市场竞争,日益扩大的市场空间,使企业获得挑战市场的机会,也为广告业的进一步发展提供了良好的政治、经济环境。这一时期,是我国广告迅猛发展的时期,广告基本摆脱意识形态论的制约,在市场经济中发挥越来越大的作用。在广告的社会影响力日益扩大的同时,广告的作用也被夸大,一些非理性的广告开始蔓延,其广告语也真实地反映了这种现象,企业以自我为中心的广告语创作开始大量出现,并在社会上引起广泛的争议和讨论,形成舆论旋涡和导致舆论批评,产生广泛的社会影响,具有代表性的就有新飞的"新飞广告做得好,不如新飞冰箱好",巨人脑黄金的"让一亿人先聪明起来",央视"标王"秦池酒的"永远的绿色,永远的秦池",等等,这种以"舆论领袖"身份所制造的舆论影响,从传播效果看,在特定时期,创造了销售奇迹,但也引起了社会公众对广告的评论和争议,广告舆论的社会影响力在流行广告语的传播中充分显现。

表 8-1　　　　　　　　　各个时期的流行广告语

时间	流行广告语
1979 年	西铁城领导钟表潮流;石英技术誉满全球(西铁城);可口可乐添欢笑(可口可乐);将以卓越的电子技术,对中日友好做出贡献(SONY);为社会各领域,提供准时计时(精工表);让我们来充分掌握能多快好省地运输货物的拖车头吧(五十铃汽车)
1980—1985 年	国内首创,驰名中外(珍珠霜);为人民服务,为大众计时(铁达时表);先进石英科技,准确分秒不差(梅花表);质量第一,用户第一(金星电视);"飞跃"目标——世界先进水平(飞跃电视);独特设计,最新产品,女装自动表(东方表);车到山前必有路,有路必有丰田车(丰田车);燕舞,燕舞,一曲歌来一片情(燕舞收录机);味道好极了(雀巢咖啡)
1986—1991 年	万家乐,乐万家(万家乐电器);飞利浦——尖端科技的标志(飞利浦);精美耐用,全球推崇(西铁城表);质高款新寰宇颂,国际名表西铁城(西铁城);要开一流车,江西五十铃(江西五十铃);上海桑塔纳,汽车新潮流(桑塔纳);当太阳升起的时候,我们的爱天长地久(太阳神);精心创造,精心服务(金星电视);容声,容声,质量的保证(容声冰箱);喝了娃哈哈,吃饭就是香(娃哈哈);一股浓香,一缕温暖(南方黑芝麻糊);只溶在口,不溶在手(M&M 巧克力);人头马一开,好事自然来(人头马酒)

续表

时间	流行广告语
1992—2000 年	今天你喝了没有（乐百氏）；共创美的前程，共度美的人生（美的电器）；让我们做得更好（飞利浦）；孔府家酒，叫人想家（孔府家酒）；康师傅方便面，好吃看得见（康师傅）；没有最好，只有更好（澳柯玛空调）；好空调，格力造（格力空调）；中国人的生活，中国人的美菱（美菱电器）；海尔，中国造（海尔）；科技让你更轻松（商务通）；美的，率先活在明天（美的电器）；晶晶亮，透心凉（雪碧）；非常柠檬，一见好心情（非常柠檬）；飘柔，就是这么自信（飘柔）；沟通从心开始（蓝火随身 e）
2001 年至今	今年流行第五季（健力宝）；心有多大，舞台就有多大（中央电视台）；穿什么就是什么（森马服饰）；不走寻常路（美特斯邦威）；只要你想（联想）；我就喜欢（麦当劳）；我的地盘听我的（动感地带）；一切皆有可能（李宁）；多一些润滑，少一些摩擦（统一润滑油）；喝前摇一摇（农夫果园）；今年过节不收礼，收礼只收脑白金（脑白金）；心灵的天然牧场（伊利牛奶）；只为优质生活（蒙牛）；男人不止一面（七匹狼）

2001 年至今，广告业成为规模巨大、发展迅猛的独立新型产业，广告从单纯的营销工具变成肩负市场经济振兴、国家经济崛起的重要力量。广告业的繁荣体现中国综合国力的提升，国家经济的兴盛。广告语开始向多元化发展，广告舆论也开始多元生发、多元传播和多元导向（见表 8 - 1）[①]。

第二节　从流行广告语的内容分析看广告舆论走向

流行广告语的内容分析包括流行广告语关键词分析、流行广告语中广告主类别分析和流行广告语文本分析等相关内容。不同时期的流行广告语，从结构上大致可以反映出不同时期人们对生活观念、消费观念和社会现象的认知水平。通过对不同时期流行广告语的内容进行对比、分析，大致可以看到广告舆论的基本走向。

一　流行广告语关键词分析

流行广告语的关键词包括采用的人称、使用的形容词和出现的产品

---

① 根据北京广播学院广告学院、IAI 国际广告研究所《中国广告猛进史》，华夏出版社 2004 年版，一书所列流行广告语整理。

名称或品牌名称。通过流行广告语的关键词分析，可以看出流行广告语自身的语气、语义、结构。而对流行广告语的语气、语义、结构进一步分析，则可以看出广告主意见表达方式，信息传播特征和广告主对社会、对受众的基本态度，进而对流行广告语的社会传播价值和舆论导向有一个深入的了解。

从表8-2中可以看出，在1979年广告语使用的关键词多为自卖自夸的形容词，"领导新潮流""誉满全球""卓越技术""多快好省"等广告语，很有气势。从推销产品的角度来看，尽管空洞、抽象、模糊，但在人们听惯政治口号的改革开放初期，仍令人耳目一新，影响力巨大。这一时期的广告词，反映的是广告主的主观理想和殷切希望，广告舆论的传播，从关键词的使用情况看，应是"瀑布"式地向受众倾泻。80年代初期的广告用语仍延续以我为主、强势传播的风格，广告语中的关键词多为"先进科技""国内首创""驰名中外""世界先进水平"

表8-2 　　　　　　　各个时期流行广告语中的关键词

时间	关键词
1979年	领导新潮流，誉满全球，卓越技术，多快好省；西铁城，可口可乐
1980—1985年	先进科技，国内首创，驰名中外，世界先进水平，质量第一，独特设计，最新产品，质量至上，优质，为人民服务，对中日友好，为大众计时，用户第一，为用户着想，为用户负责；好极了，添欢笑，意犹未尽，一片情，传佳音；飞跃、雷达、燕舞、凯歌、力波、大众、威力、大宝、丰田、夏普，SONY
1986—1991年	乐万家，爱天长地久，高高兴兴，平平安安，一股浓香，一缕温暖，爱；尖端科技，精美耐用，全球推崇，新潮流，新一代，第一流，质高款新，寰宇颂，聚群星，创先河，最好的，精心创造，精心服务；妥帖保护；万家乐，容声，亚细亚，史克，娃哈哈，新飞，杜康，康师傅，飞利浦，西铁城，嘉士伯
1992—2000年	不如，何以，唯有，让，使，不要；健康、欢乐、福气、满意、平安、幸福、甜甜的、青春、潇洒、风采、美丽、柔美、动人、喜欢、想家；神州，孔府家，孔府宴，张弓，秦池，中意，富康，小霸王，维维，长虹，金嗓子，鄂尔多斯，海尔，南方摩托，可口可乐，西门子，飘柔，海飞丝，波导，金苹果，农夫山泉
2001年至今	我，我的，听我的，我喜欢，我爱，我的地盘，我就喜欢，我就是，我能，就是我，都是我，我看行，反正都是我；流行，风范，非凡，时尚，爽，风采，过节，收礼，梦想，面子；伊利，蒙牛，三鹿，美特斯邦威，安踏，特步，李宁，阿迪达斯，七匹狼，森马，麦当劳

"质量第一""独特设计""最新产品""质量至上"等刚性词汇,广告舆论的走向仍是从广告主向受众"倾泻"。但值得注意的是,一些国外品牌如可口可乐、雀巢咖啡在广告用语上采用口语化表述方式,广告关键词诸如"好极了""添欢笑""意犹未尽"等温情诉求,令人眼前一亮,一些国内品牌也开始学习和模仿这种风格,燕舞的"一片情",凯歌的"传佳音"也成为当时广告舆论传播的一道亮丽风景线。

有些学者认为:"80年代中后期,我国的广告虽然大多仍集中在产品的功能诉求上,但是已经注意到加强对品牌的塑造和对消费者心理需求的关注。一些颇有争议的广告语和传情广告的出现引起了社会舆论的重视,它不仅显示着我国广告业在市场营销领域地位的确立,而且反映了广告在积极培育消费市场、倡导新的消费理念的过程中无可非议的作用,广告信息也逐步被受众接受,成为消费的依据和理由。"[①] 从关键词的使用情况看,也正反映了这种情形。这一时期,广告语的舆论传播呈现出三个方向:一是用温情诉求的方式来展现产品的质量或服务的品质,一大批优秀广告语伴随着国产品牌的成长如"万家乐""容声""亚细亚""史克""娃哈哈""新飞""杜康""康师傅"等脱颖而出,优秀广告语所使用的关键词为:"乐万家""爱天长地久""高高兴兴""平平安安""一股浓香""一缕温暖"等,使广告舆论传播呈现出唯美主义和浪漫主义的色调;二是仍沿用自夸式广告传播方式,广告语中的"尖端科技""精美耐用""全球推崇""新潮流""新一代""第一流""质高款新""寰宇颂""聚群星""创先河""最好的""精心创造""精心服务""妥帖保护"等仍然频繁出现,和第一种温情诉求方式一起构成中国广告市场独特的广告宣传路径和舆论传播模式;三是企业的名称作为关键词大量出现在流行广告语中,"万家乐""容声""亚细亚""史克""娃哈哈""新飞""杜康""康师傅""飞利浦""西铁城""嘉士伯"等知名品牌随着流行广告语的广泛传播,其品牌形象也深深植入消费者的心中,达到预期的舆论传播效果。广告学者认为:"标题的内容应包括承诺给消费者以物质金钱的利益、身心健康的利益,

---

① 程士安:《难忘广告语——重读20年流行广告语》,《中国广告》2002年第10期。

提供必要的新信息，以及对顾客有实际用处的信息。"[1] 在广告标题和广告语中加入企业名称和企业承诺非常有必要，可以立刻让消费者获知其能得到的实际利益，快速产生舆论影响。

90年代以后，随着市场经济的发展，进入中国市场的国内品牌和国际品牌明显增多，流行广告语大量出现，从现存的流行广告语使用的关键词看，在语气、语义和广告语的结构构建上都有新的变化。首先，语气关键词的使用使广告语的表达方式更加生动，"不如""何以""唯有""让""使""不要"等语气词的使用拉近了广告主和消费者之间的距离，这些关键词的使用使广告主舆论传播形式从抒发理想向抒发情感转换，广告主放低了居高临下的姿态，也就有了和消费者面对面交流的愿望，这类关键词的使用就是一个明显的信号；其次，贴近消费者心理和喜好的关键词大量出现在流行广告语中，如"健康""欢乐""福气""满意""平安""幸福""甜甜的""青春""潇洒""风采""美丽""柔美""动人""喜欢""想家"等带有浓浓亲情、友情、柔情的关键词大量出现在流行广告语中，这也是流行广告语得以流行的一个重要原因；最后，市场经济的发展也使更多的国内外企业加入到市场竞争的行列，"神州""孔府家""孔府宴""张弓""秦池""中意""富康""小霸王""维维""长虹""金嗓子""鄂尔多斯""海尔""南方摩托""可口可乐""西门子""飘柔""海飞丝""波导""金苹果""农夫山泉"等知名品牌的名字频繁出现在流行广告语中，不断地强化其在消费者心目中的地位，这一时期企业或品牌名称作为关键词频繁出现在流行广告语中，成为中国流行广告语构建的一种风格，也成为广告舆论传播的一个重要元素。

2001年以后，"80后"逐渐成为市场消费力量的主题之一，针对这一群体的广告宣传明显增多，"80后"健康活泼、张扬个性，因此针对这一特性的流行广告语构建成为进入市场的企业必修的一门功课，流行广告语中关键词的使用揭示了这一独特的现象。在十余年的流行广告语中广告主往往站在"80后"消费群体的立场上来表达自己的广告主张，从关键词使用的形式上看，他们似乎是在为"80后"代言，在关

---

[1] 马秀贤、马军：《广告语创作技巧与金句15000条》，中国国际广播出版社2002年版，第7页。

键词中很容易找到"我""我的""听我的""我喜欢""我爱""我的地盘""我就喜欢""我就是""我能""就是我""都是我""我看行""反正都是我"等以"自我"为中心的字眼，但这个"自我"不是广告主的自我，而是他们通过流行广告语呈现的广告舆论，构建的"80后"自我；这一时期，流行广告语中关键词的使用还关注到消费者的心理体验，一些能和消费者产生心理或情绪互动的关键词出现在流行广告语中，如"流行""风范""非凡""时尚""爽""风采""过节""收礼""梦想""面子"等，产生很好的舆论效果；同一时期针对年轻消费者的品牌产品也在广告语中强化自己的品牌形象，"伊利""蒙牛""三鹿""美特斯邦威""安踏""特步""李宁""阿迪达斯""七匹狼""森马""麦当劳"等知名品牌在广告语中纷纷使用自己的品牌名称，以期进一步加深消费者心目中的印象，并使广告舆论达到预期的传播效果。

从流行广告语中关键词的变化，表明广告主开始重视受众感情体验与受众沟通，站在受众角度考虑问题并关切受众，广告舆论也开始由教导式用语向导向用语直至对话性用语转换，广告舆论的针对性不断加强，广告舆论反映消费者的心理感受也更加直接和有效。

二 流行广告语中广告主类别分析

从1979年流行广告语所反映的广告主类别来看，多为以电子产品手表为代表的四大件产品和生产资料以及加工设备企业产品或服务。生活用品在广告宣传中逐渐呈上升的趋势，外商广告产品借助广告舆论造势，成为家喻户晓的品牌。从1982年开始，需求热点逐渐从基本生活资料向高档耐用消费品转化，四大件消费陷入低谷，彩电、冰箱、洗衣机、家具的广告四分天下，但此时仍是卖方市场占主导地位（见图8-2）。1985年乡镇企业开始在国民经济建设中发挥巨大作用，民众消费中服装、交通通信、饮料广告投入明显加大，健力宝、太阳神、娃哈哈、农夫山泉纷纷发力，广告对人们的消费习惯和消费行为产生重大影响，广告舆论造势的结果，往往是消费时尚的流行。1992年市场经济建设全面启动后，中国市场格局逐渐从物质相对匮乏的宏观经济调控转向供过于求的卖方市场，全社会广告需求激增，电子产品、汽车、房地产、白酒、饮品、金融服务、服装、保健品广告呈全面开花态势，使广告舆论的冲击一波高过一波；可口可乐、通用汽车、摩托罗拉等国外品牌也纷纷加大广告投放力度，中国广告业迎来一个黄金时代。2000年以后，通信、房地产、商业服务、金融服务、白酒行业、饮品行业的广告投放日益增多。广告主类别明显增多，他们构建的流行广告舆论产生的社会影响也日益巨大，广告舆论也从单一生发向多元传播方向发展。

1979年	1982年	1985年	1992年	2000年
多为四大件产品和生产资料以及加工设备企业产品或服务，生活用品逐渐呈上升的趋势，缝纫机、收音机、自行车和手表这四大件是当时广告主的代表	需求热点逐渐从基本生活资料向高档耐用消费品转化，彩电、冰箱、洗衣机、家具的广告四分天下。但此时仍是卖方市场占主导地位	乡镇企业开始崛起，民众消费中服装、交通通信、饮料有所上扬，此时健力宝、太阳神、娃哈哈、牛仔裤、连衣裙在广告宣传下成为消费流行	逐渐从供不应求转向供过于求的卖方市场，全社会广告需求激增，一些洋品牌如可口可乐、通用汽车、摩托罗拉等广告全面进入中国市场，广告业迎来一个黄金时代	通信、房地产、商业服务、金融服务、白酒行业、饮品行业等行业广告投放日益增多。广告主从单一不断走向多元

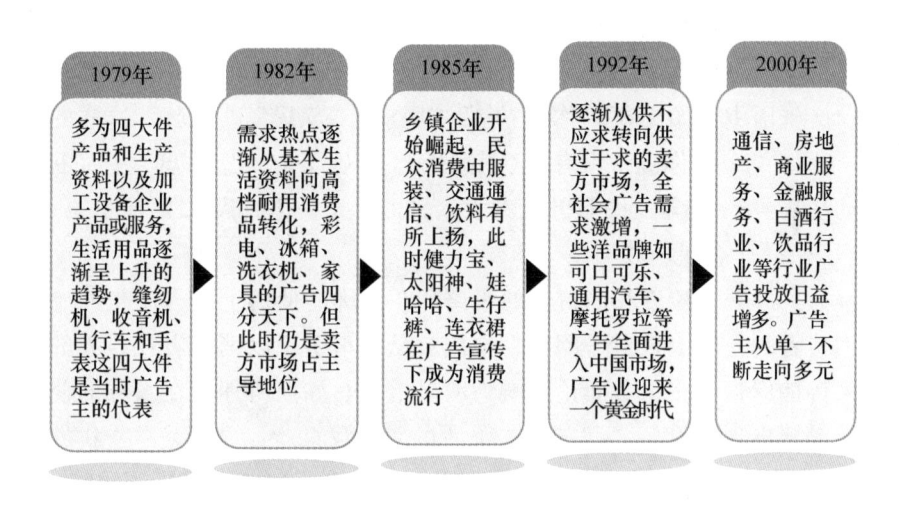

图8-2　广告主类型演变

从流行广告语中的广告主类别分析可以看出广告舆论的话语取向以及广告主对广告舆论话语控制的流向，同时也可看出特定时期广告舆论对广告受众的广告舆论导向的变化规律。

三　流行广告语的文本分析

流行广告语的文本包括人称结构、语义词义结构和诉求形态。通过对流行广告语的文本分析，大致也可以勾勒出广告舆论流动的轨迹。

1. 人称分析

改革开放初期，广告宣传和广告语的创作都是一个新生事物，以"我"为主体把相关信息传递出去是广告宣传的最大目的，因此在早期的广告宣传中广告语的人称使用较为模糊和笼统。要么不使用人称，而是使用使动句型来表达广告主张。如"西铁城领导钟表潮流，石英技术誉满全球"（西铁城），"可口可乐添欢笑"（可口可乐），"将以卓越的电子技术，对中日友好做出贡献"（SONY），"为社会各领域，提供准时计时"（精工表）都属此类无称谓的广告语。要么使用"让我们"这样一种模糊的字眼，居高临下地向消费者发出消费号召。如"让我们来充分掌握能多快好省地运输货物的拖车头吧"（五十铃汽车），"让我们做得更好"（飞利浦），"当太阳升起的时候，我们的爱天长地久"（太阳神）等广告语就是典型代表。在激烈的市场竞争面前，为了使广告舆论的影响产生巨大的效益，广告主也开始使用第二人称向消费者献殷勤，广告语中开始出现"你""您""用户""人民""大众"这样的称谓。比如"今天你喝了没有"（乐百氏），"她工作，您休息"（凯歌全自动洗衣机），"为人民服务，为大众计时"（铁达时表），"质量第一，用户第一"（金星电视）等。

为了进一步拉近和消费者的距离，在人称的使用上广告主也开始站在消费者的立场上来思考问题，他们自己或请明星以消费者代言人的身份来传播广告主张，其舆论影响力明显增强。如前所述，在人称的使用上，频繁出现"我""我的""听我的""我喜欢""我爱""我的地盘""我就喜欢""我就是""我能""就是我""都是我""我看行""反正都是我"等人称称谓，许多广告语因此而流行。如"我爱报喜鸟"（报喜鸟），"我喜欢使用洁莱雅"（洁莱雅），"我的地盘听我的"（动感地带），"我就喜欢"（麦当劳），"我的眼里只有你"（娃哈哈纯净水），"我要金苹果，我要金正DVD"（金正DVD）等。这些广告语人称称谓的使用，"在张扬个性的同时也在刻意消解着广告主与受众的心理界限，造成我就是你，你就是我，我站在你的角度上为你着想的接近感，关注受众的感情和心理，现代广告在张扬个性的同时，也表现出更多的人性化关怀，易于被接受"。[1]

通过对流行广告语的人称分析，可以看到广告舆论的话语结构类型，而不同的结构类型使广告舆论所呈现的功能特点也不尽相同，其舆论传播效果和社会影响力也随着话语结构类型的变化而不断变化。

---

[1] 于晓娟：《广告舆论传播研究》，硕士学位论文，河南大学，2010年，第46页。

2. 诉求分析

流行广告语中的语气与诉求方式密切相关。有学者认为，语气是思想感情运动状态支配下语句的声音形式。"语气传播出说话者对指说对象是与非的认知和爱与憎的情感体验。"① 流行广告语的感性诉求和理性诉求也决定着广告主的情感取向和舆论影响力。出于推销产品和服务的需要，广告主有时注重理性诉求，有时喜欢感性诉求。流行广告语也大致反映了这两个取向。

90年代以前的广告，广告主的广告语主要采用理性诉求的方式，强调产品的功能利益和服务的优长之处，这也是这一时期广告舆论创作的典型风格。如"先进石英科技，准确分秒不差"（梅花表），"质量第一，用户第一"（金星电视），"容声，容声，质量的保证"（容声），"康师傅方便面，好吃看得见"（康师傅），"精美耐用，全球推崇"（西铁城表），"独特设计，最新产品，女装自动表"（东方表）等。广告语的理性诉求重视产品质量、服务质量的标榜，注重"三包"承诺，关注生产工艺和生产流程。尽管这一时期的广告语显得严肃有余、生动不足，广告诉求也普遍缺乏新意，但广告的一个重要目的就是要教育消费者实现消费，在商品相对匮乏的时代，在消费习惯尚未形成的时期，广告的理性诉求能够带给消费者准确的消费信息，告诉消费者所能获得的实际利益，在一定程度上能够获得消费者的认可，因此以理性诉求为主的广告语在指导消费、营造消费氛围方面仍能发挥着巨大作用。

广告的感性诉求以情动人，广告语娓娓道来，容易和消费者产生内心共鸣，广告语所传达的信息、主张、意见容易和消费者达成一致，也容易形成广告舆论传播的态势。在流行广告语中，有很多经典广告语，朗朗上口，易读易记，流传甚广，影响深远，其中代表性的就有"车到山前必有路，有路必有丰田车"（丰田车），"燕舞，燕舞，一曲歌来一片情"（燕舞收录机），"一股浓香，一缕温暖"（南方黑芝麻糊），"孔府家酒，叫人想家"（孔府家酒），"非常柠檬，一见好心情"（非常柠檬），"飘柔，就是这么自信"（飘柔），"我的地盘听我的"（动感地带），"献给母亲的爱"（威力洗衣机）等，对于这些广告语，有人评论

---

① 宋昭勋：《非言语传播学》，复旦大学出版社2008年版，第74页。

道:"在汽车广告语中,到目前为止还没有一句广告语要比丰田的'车到山前必有路,有路必有丰田车'(1982年)更自信,更有气魄,其可谓汽车广告语中的绝唱。在广告界,许多策划高手都把这句广告语当成了修炼的经典。提到丰田,没人不知道这句广告语,它与'滴滴香浓、意犹未尽'(麦氏咖啡),'味道好极了'(雀巢咖啡)一起成了中国改革开放初期进口商品最流行的广告语之一。"①

还有一些流行广告语,创意独特,表现惊艳,如"今年二十,明年十八"(白丽美容香皂),"心有多大,舞台就有多大"(中央电视台),产生了巨大的舆论影响;另有一些流行广告语,张扬个性,表现出位,如"我的地盘听我的"(中国移动通信),"不走寻常路"(美特斯邦威),"一切皆有可能"(李宁)等,其舆论号召力超乎人们的想象。

诉求方式的变化,关乎广告舆论生成模式的变化。适时的舆论生成模式,是舆论效果得以放大的有效途径,合理的转变广告流行语的诉求方式,以情感诉求代替理性诉求,使广告舆论的生成模式从"瀑布倾泻模式"向"飘雪花式"转换,舆论的共鸣程度增强,传播的效果提高,其社会影响力也就得到进一步的提升。

3. 语义和词义分析

改革开放初期的广告用语,从词义上来说,多以实词为主且词的含义较为明确(见表8-1),如"西铁城领导钟表潮流,石英技术誉满全球"(西铁城),"将以卓越的电子技术,对中日友好做出贡献"(SONY),"为社会各领域,提供准时计时"(精工表),"让我们来充分掌握能多快好省地运输货物的拖车头吧"(五十铃汽车)。句式也较为复杂、冗繁,不利于受众记忆和传诵。

改革开放以后,流行广告语开始使用含义模糊的词,模糊词语作为广告语有实词无法比拟的优势,"一方面它词义概念范围上具有不确定性,这往往可以使它以形式上的最小值换取信息交流的最大值;另一方面模糊词语表达富有艺术感染力,生动形象,而用精确语言堆砌起来的实词广告语是难以做到生动形象、感染人心的;此外,模糊词语在广告语言中的描写还能营造出一种独特的丰富情境,使产品形象栩栩如生,

---

① 颜光明:《二十年汽车流行广告语今安在》,《经济参考报》2003年2月18日。

直达受众内心，让受众在给定的情境中充分活跃起来，调动感官来感受模糊性语言所传递出的丰富语义信息和美感信息"。[①] 这一时期代表性的广告语有"晶晶亮，透心凉"（雪碧），"非常柠檬，一见好心情"（非常柠檬），"一切皆有可能"（李宁），"把新鲜直接拉出来"（新飞冰箱），"飘柔，就是这么自信"（飘柔）。词义的模糊使这个时期的广告语也更简洁、更生动、更朗朗上口，有利于在受众中传播，也有利于受众在交换独特感受的过程中促使广告舆论的形成。我国学者研究发现，广告语中往往不出现主语，也不出现关联词，称之为"意合复句"，这种"意合复句现象在广告中大行其道"，[②] 如"今年过节不收礼，收礼只收脑白金""喝了娃哈哈，吃饭就是香""多一点润滑，少一点摩擦"等都属于此类。这类广告语具有强大的号召力和感染力，对舆论的生成产生重要影响。

通过对不同时期流行广告语的语义和词义进行分析，基本可以看到广告舆论开始由广告主的舆论控制向代表民意的舆论表达转换，广告舆论的"民意表达"和"公众参与"两个基本特征在流行广告语的词义和语义构建中得以确立，广告舆论作为一种新型的舆论形态开始在人们的日常生活中发挥着越来越重要的作用。

第三节　从流行广告语的传播看广告舆论的流变

流行广告语的传播是广告舆论流动的重要坐标。流行广告语的传播是建立在与受众意见充分交流的基础之上，广告主的广告主张如果得不到受众的认可，如果没有意见反馈和心理共鸣，就不可能形成强大的舆论态势。从流行广告语的传播，大致可以看出广告舆论流变的过程。

一　流行广告语中广告主的舆论操纵

舆论的形成有两种基本模式，即舆论学家所说的理性模式和非理性模式。理性模式认为，人类有理性，有才智，会思考，有较强的分析理解能力。只有获得大量的、完整的、有说服力的信息，才能做出明智的

[①] 于晓娟:《广告舆论传播研究》，硕士学位论文，河南大学，2010年，第42页。
[②] 王军元:《广告语言》，汉语大词典出版社2005年版，第151页。

判断，形成或改变态度。非理性模式则认为，人类个体是非理性的，理解能力、分析能力都十分有限，极易受到周围人的影响，接受外来信息而形成态度。两种不同的模式决定了对舆论传播的不同方式。[①] 广告舆论有时是按照理性模式生成，有时按照非理性模式生成，广告语中的广告主的舆论操纵印证了舆论生成的非理性模式。

基于对人类的理性评价，广告舆论的形成是以个人理性判断为基础，以公众的合理讨论为中介，最终形成公众一致的意见，可以用"个人的理性判断—合理讨论—意见一致"这一模式来显示，但这只是一种理想的模式，优秀的广告产品、优秀的广告语、和谐的广告传播方式才能和消费者产生内心共鸣，并获得意见上的一致。流行广告语的流行反映了广告主理想中的"立体型的认知—舆论领袖对符号的操纵—情绪统一"这么一个过程。这就是广告语中广告主的舆论操纵。

广告语中的广告主的舆论操纵是广告主脑海中理想的图景，广告主试图通过有效的传播把它幻化为受众心中真实的图景。李普曼认为："只要他人的表现与我们的表现相抵触，就会受到我们的左右，或者引起我们的关注。"[②] 流行广告语的传播也印证了李普曼的论断，流行广告语不管以什么样的语言，使用什么样的词汇，采用什么样的语气，以什么样的方式传播，其本质仍然是在消费者心目中构筑广告主的理想蓝图，这也是流行广告语中广告主舆论操纵的本质。在广告主舆论操纵模式下，流行广告语勾勒的美丽场景，美好生活都是广告主及其他群体组织进行议程设置的结果。

广告主舆论操纵模式的形成包含三个不同的阶段（见图8-3）。第一个阶段，往往是广告主通过有效的传播手段介绍产品和服务的相关知识，以广告市场的教育者和消费观念的倡导者的身份出现，通过这样的工作在目标对象心中造成有关广告产品和服务的立体型的认知。这是广告舆论得以操纵的基本前提。第二个阶段，通过舆论领袖的代言和引领，构建消费符号，并通过对符号的操纵，强化广告舆论的传播效果。第三个阶段，广告意见的单向传递，不足以造成广泛的舆论影响，只有

---

① 于晓娟：《广告舆论传播研究》，硕士学位论文，河南大学，2010年，第44页。
② [美]沃尔特·李普曼：《公共舆论》，阎克文、江红译，上海世纪出版集团2006年版，第21页。

消费者和社会公众积极地参与进来,广告舆论才有更广泛、更持久的社会影响力。通过广告传播,信息互动,达到与消费者的情绪统一,才使广告舆论的控制达到完美的结局。

立体型的认知 ➡ 舆论领袖对符号的操纵 ➡ 情绪统一

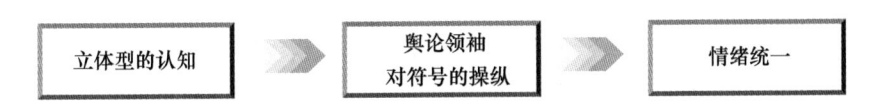

图 8 – 3　广告主的舆论操纵简图

流行广告语中的广告教育、知识传播,同样彰显了广告主对广告现象的认知和理解,流行广告语的创作也反映了广告主对受众心理的揣摩。流行广告语中的广告主张并不完全是广告主随意而为之的文字游戏,而是对广告产品、广告服务、消费理念、消费环境、消费心理立体型认知的结果。流行广告语中舆论明星领袖和平民领袖的代言,同样是流行广告语自身符号构建的一个重要组成部分。明星领袖和平民领袖在流行广告语中的温情诉说或强势倡导,从本质上来说,都是对以流行广告语为载体的消费符号的操纵。流行广告语中欢快的语调、肯定的语气、美好的祝愿、中肯的承诺实质上都是在传播一种情绪,一种广告主渴望的情绪,一种有利于公众舆论生成的情绪,这就是流行广告语中广告主舆论操纵的三部曲。

个人的理性判断 ➡ 合理讨论 ➡ 意见一致

图 8 – 4　广告受众合理讨论的舆论生成简图

需要指出的是,在现实生活中广告主对舆论的操纵并不是赤裸裸的,流行广告语之所以流行就在于广告主的舆论操纵是沿着情感交流和知识教育两个路径展开的。随着广告受众的广告素养不断提高,广告市场环境的逐步优化,广告主广告舆论的强势传播越来越让位于受众意见生成的合理讨论,广告主也希望公众通过讨论形成广泛的一致性意见,从而达到广告受众的意见和广告主的意见趋同一致,于是在广告主的舆论操纵模式中也出现广告传播引发的受众"个人的理性判断—合理讨论—意见一致"的情形（见图8-4）。但这并不意味着广告主放弃对广告舆论的操纵，而是变换一种方式，试图找到一种更有利的舆论引导方式，让受众追随。因此，在广告语的创作中，广告主对受众的立体认知和深入了解就变得十分重要，同时，在广告语的符号构建上，也要充分考虑到受众的理解力和意见倾向性，并选择适宜的传播方式进行信息传播以达到意见共识基础之上的舆论认同。

二 流行广告语中的舆论导向

流行广告语的舆论导向随着时代的变化而变化，从主流意识形态的追随到消费观念的推崇，从个人主张的表达到公众意见的吸纳，流行广告语一直是舆论导向的风向标。

十一届三中全会以前，广告是姓"社"还是姓"资"的问题尚处于争论之中，对广告的认知存在着种种误区。改革开放以后，广告语作为广告传播的重要符号受到前所未有的关注，因此广告语的舆论导向作用一开始就得到特别强化，广告语多拘泥于意识形态层面，其政治导向、生活导向、消费导向共同规定了广告语的创作方向，早期广告语创作中的号召式、倡导式、宣传式语义风格受到推崇。随着市场经济的发展，当广告真正作为一种营销工具和信息传播工具而走进人们生活的时候，流行广告语的市场消费导向开始得到充分肯定。传递消费信息、介绍产品知识、推销适合消费者使用的产品和服务，逐渐成为广告舆论的主流导向。广告语的创作，顺应了这样一个发展趋势。传播消费观念、享受消费产品和服务的流行广告语大量出现。首先是高档耐用消费品的广告语频繁地在电视、报纸等媒体上传播：以"车到山前必有路，有路必有丰田车"为代表的一大批日本电子品牌，如日立、夏普、SONY的广告语多由日本的青春少女娓娓诉说，市场影响力巨大；其次是与人民群众生活密切相关的日常消费品的广告语也开始流行，获得受众好感的广告语比比皆是，代表性的有化妆品、洗涤用品、医药保健品等，脍炙人口的广告语如"大宝，天天见"（大宝），"其实男人也需要关爱"（丽珠得乐），"何以解忧，唯有杜康"（杜康酒），"健康成就未来"（海王银得菲）等，以其独特的创意、意味深长的蕴意获得消费者的喜爱，其舆论影响力自然十分强大。

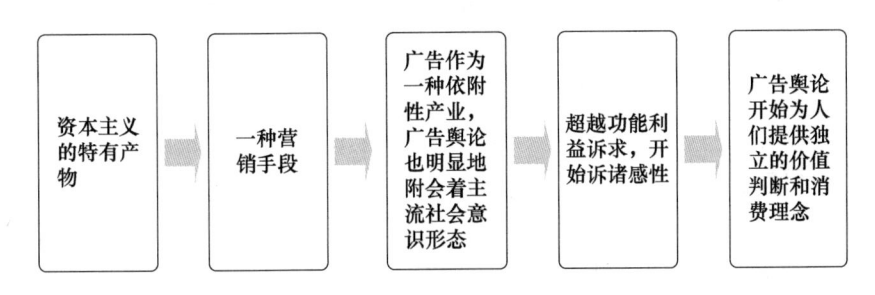

```
资本主义   →   一种营    →   广告作为        →   超越功能利     →   广告舆论
的特有产         销手段         一种依附            益诉求，开          开始为人
物                             性产业，            始诉诸感性          们提供独
                               广告舆论                                立的价值
                               也明显地                                判断和消
                               附会着主                                费理念
                               流社会意
                               识形态
```

图 8-5 广告舆论从依附性到独立为社会提供价值判断

伴随着广告市场的成熟和消费者的成长，广告主的广告主张也变得更理性、更实际，流行广告语开始为人们提供独立的价值判断和消费理念（见图 8-5），一些独特的消费观念开始通过广告传播，进入人们的日常生活。如："非油炸"（五谷道场），"去头屑"（海飞丝），"抗过敏"（冷酸灵），"有效除菌"（舒肤佳）等。这些由流行广告语强化的概念已植入人们的大脑，变成了人们的日常生活习惯并成为人们生活的重要组成部分。在这里，广告主利用流行广告语为消费者提供了产品消费价值判断的准则，不符合消费价值判断理念的产品很难被纳入消费者的消费视野。广告传播中由流行广告语所营造的广告舆论开始日复一日地发挥作用。

三 流行广告语中的舆论多元流动

无论是广告主对广告舆论的操纵，还是受众通过合理讨论形成对广告问题或广告现象的看法，离开了两者之间的信息沟通，意见的形成、舆论的传播都成为一句空话。流行广告语中的舆论多元流动是广告主的广告主张多元表达的结果，也是广告受众消费愿望多元选择的结果。广告主的舆论操纵和受众的合理讨论的背后，所呈现的舆论流动轨迹是：广告主逐渐让位，但不真正让位，只是投其所好；受众逐渐强势，话语权得到加强（见图 8-6）。

早在 20 世纪 80 年代中期，广告主已开始把自己的广告主张和消费者的消费愿望整合在一起，以精心制作的广告语传播出去，以期获得最佳的舆论传播效果。多年来，广告舆论的生成、发展和传播实际上一直处于广告主和广告受众的意见博弈中，广告舆论的流向取决于谁控制着广告意见的话语权。从形式上讲，广告主所创作的广告语都代表着广告主的广告主张,但实际上,广告语中所呈现的价值观念、态度喜好可能反映并代表着公众的价值取向或情绪体验。因此,在现实生活中,广告语的创作没有固定的模式,广告语的意见表达也是多元的,并随着广告舆论主体所关注的核心问题的变化而变化。但总体来说,广告语的意见表达必须为广告主服务,必须为受众服务,必须和社会主流价值观相吻合,这在公益广告语的意见表达中表现得十分明显,我国学者有人认为:"公益广告语是一种舆论力量,主题鲜明,有强烈的感情色彩。它提倡什么,批评什么,毫不含糊,因而能教育人们积极献身于公益事业,弘扬良好的社会风尚。"[①] 这些基本点不会发生变化,这也是广告舆论场中信息多元流动的一个基本特色。

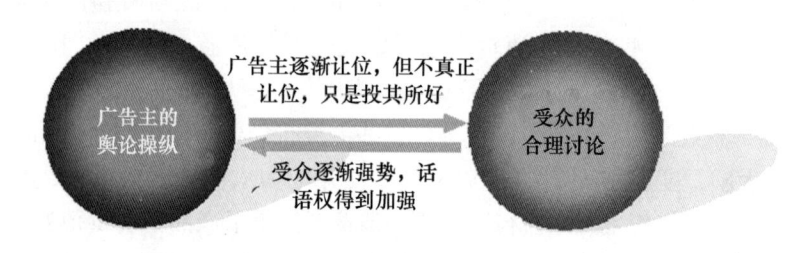

图 8-6 从广告主的舆论操纵到受众的合理讨论

在现实生活中,流行广告语反映社会主流价值观的例子不在少数。改革开放初期,长虹电器高调提出"以振兴民族工业为己任"的远大理想;日本松下电器在第二次世界大战后民族复兴的关键时刻提出"产业报国"的广告主张;许多企业推崇"顾客是上帝""顾客的满意就是我们的最大满意"的广告承诺,都反映了广告舆论多元流动的主流价值观。但是,广告主表达其利益主张,消费者表达其消费主张,广告学者对广告的批评,社会公众对广告的评价,从来都没有停止过。各种意见交织在一起,各种观念发生着碰撞,构成了广告舆论场中广告舆论多元流动的宏观场景。

[①] 林溪升:《广告语创作与评析》,中南大学出版社 2007 年版,第 145 页。

第九章

公益广告舆论主题与社会影响力

公益广告通过大众媒介传播与公众自主参与，以鲜明的广告主题和持续、有力的广告传播手段，公开表达对社会现实问题的各种看法，通过广告市场多角关系的互动，形成一致性的信念、态度、意见，促成广告意见转变为广告舆论。当公益广告呈现出强大的社会约束力与影响力的时候，公益广告自身也成为广告舆论的外显表现形式。

第一节 公益广告舆论的传播特性

公益广告是指不以营利为目的、为社会提供服务的广告。它反映了社会公众的意识、精神、愿望、意志和价值观，是民意表达的基本形态之一。公益广告具有不同的主题，通过广告传播者的凝练、传播、阐释、倡导，成为不同时期人们共同遵从的社会道德规范和公民行为自律准则，是公众积极参与、广泛传播，在心理和认知上达到高度一致的现实结果。公益广告通过鲜明的主题传播与诠释来塑造良好社会风尚和倡导社会主流价值观，对社会公众具有强大的影响力与感召力。在传播主体的多元互动中，公益广告往往成为舆论的塑造者和舆论的外显表现形式。

一 公益广告舆论产生和发挥作用的机制

公益广告舆论是公益广告的广告主针对社会存在的某一现象、社会热点、突发事件，强势传播代表公众切身利益或引领社会风尚的导向性意见，通过教化、警醒、渲染的作用来影响受众意见的生成，形成广泛一致的社会意见,并进一步影响受众行为和社会价值观。有学者认为,公益广告分为两类:"一为公共广告,多由社会公共机构,以及国外各种形形色色的社会团体,针对他们所关心的社会问题发布的各类广告;另为意见广告,多由国外的企业集团,针对各类的社会现象阐述企业的态度,这是一种企业形象广告的延伸,表明了企业在社会中的个性。"①

传播学上沉默的螺旋理论和团体动力说能很好地解释公益广告舆论产生和发挥作用的机制。20世纪70年代,德国社会学家伊丽莎白·诺尔－诺依曼从社会心理学角度对舆论与大众传播的关系进行了研究,提出了"沉默的螺旋理论"假说。这一概念最早见于她1974年发表的《重归大众传媒的强力观》一文,1980年出版的《沉默的螺旋:舆论——我们的社会皮肤》一书中,则对这个理论进行了全面概括。②

"沉默的螺旋"理论假说由以下三个命题构成:第一,个人意见的表明是一个社会心理过程。认为社会使背离社会的个人产生孤独感,对孤独的恐惧感使得个人不断地估计社会接受的观点是什么;估计的结果影响了个人在公开场合的行为,特别是公开表达观点还是隐藏自己的观点。第二,意见的表明和"沉默"的扩散是一个螺旋式的社会传播过程。也就是说,一方的"沉默"造成另一方意见的增势,使"优势"意见显得更加强大,这种强大反过来又迫使更多的持不同意见者转向"沉默"。如此循环,便形成了"一方越来越大声疾呼,而另一方越来越沉默下去的螺旋式过程"。第三,大众传播通过营造"意见环境"来影响和制约舆论。根据诺依曼的观点,舆论的形成不是社会公众"理性讨论"的结果,而是"意见环境"的压力作用于人们惧怕孤立的心理,强制人们对"优势意见"采取趋同行为这一非合理过程的产物。③

公益广告的初始传播是一种单向信息传播,也是一种强制性传播,媒介的高密度传播实际起到"舆论领袖"作用,其传播主题多追随主流价值观和社会热点问题,在社会上产生广泛的影响。在多数性意见的压力与舆论传播的沉默的螺旋的机制下,在受众越来越广泛地参与与接

---

① 黄升民、杜国清:《公益广告:企业理念的重构与表现》,《国际广告》1997年第5期。
② [美]理查德·韦斯特、林恩·H. 特纳:《传播理论导论:分析与应用》,刘海龙译,中国人民大学出版社2007年版,第452页。
③ 郭庆光:《传播学教程》,中国人民大学出版社1999年版,第220—221页。

受的基础上，公益广告提倡的理念就会转变成一种社会舆论，引起全民广泛参与与讨论，在更大范围内影响公众的社会价值观，形成社会舆论焦点。

二 公益广告的舆论塑造与舆论表达

有学者指出："公益广告成为推动社会主义精神文明建设中不可忽视的舆论力量。"① 在现实生活中，公益广告通过舆论塑造和舆论表达形成公益广告舆论。具体来说，公益广告通过大众媒体的广泛密集传播，形成强大的广告舆论场。在广告舆论场中，公益广告的传播者、接受者、管理者、评论者通过公开讨论、多元互动，在广告主张上达成一致或相近看法，这些看法达到一定的强度和密度，对社会大多数人产生重大影响的时候，公益广告舆论就基本形成，并随着后续公益广告的不断播出和传播形成公益广告舆论波，发挥公益广告舆论的持续影响。

通过公益广告的传播形成公益广告舆论，或公益广告自身成为广告舆论的外显形式，这和公益广告对社会群体的影响力及公益广告自身的传播特性有关。公益广告在传播先进文化、倡导社会主流价值观、进行社会教化、引导社会舆论、提倡民族团结、促进社会和谐、提高民族凝聚力等方面影响力巨大。同时，公益广告的公益性特征鲜明，不以营利为目的，服务社会大众，其传播主题代表着社会公众对现实问题的普遍看法。公益广告的传播者和公益广告中的主角往往以舆论领袖的身份出现，代表公众对现实生活中的真、善、美、假、丑、恶作出褒贬，公益广告的管理者和接受者往往对社会主流价值观有一种本能的趋同感，这样就容易在一定时期和一定范围内帮助社会成员消除异议，使他们在一系列问题上达成一致意见或看法，进而形成公益广告舆论。

这种广告舆论超越了小集团的利益，体现了一定时期社会公众的共同要求，因而带有显性的"民意"特征和"公众广泛参与"的时代特色，符合舆论生成、发展、传播的基本规律。公益广告舆论一旦形成，处于这个舆论场中的人们无时无刻不受到来自道德规范和公民准则的约束力，主动迎合社会主流价值观，并自觉地调适自己的行为。公益广告

---

① 潘泽宏：《电视公益广告与当今伦理学》，《电视研究》1997年第4期。

舆论的社会影响力得以显现，以公益广告传播主题为核心而形成的不同公益广告舆论形态也得以多元呈现。

公益广告具有强大影响力的奥秘就在于它借助大众媒介与公众参与巧妙地把广告舆论变成一种社会舆论，进而具有了强大的约束力与感染力。

以"为母亲洗脚"公益广告为例，该广告可视为引发舆论、引导舆论、产生舆论连锁反应的一个典型例证。广告主精心选题，精心制作，通过一家三代人的演绎，强有力地诠释了"爱心"和"孝心"的传统美德，并通过广告故事情节的展开，形象地向公众传递了父母言传身教对儿童行为的重要影响，说服力强，令人信服。广告传播者制作的这种广告，主体意识明晰、形象突出、感染力强，借助电视媒体强势性高密度的传播，形成强大的广告舆论导向；受广告舆论导向的影响，社会公众开始以此为话题展开讨论，并将舆论话题引向深入。首先，学校老师参与进来对学生进行道德教育，许多学校给学生布置的假期作业就是为母亲洗一次脚，在中小学教育系统内掀起为母亲洗脚的热潮。其次，教育工作者、家长、学生、教育管理部门、宣传部门都参与到该问题的讨论中，形成更大的舆论波。接着，全社会都掀起了为母亲洗脚、及时尽孝的热潮，甚至引发了全社会对"尽孝"这个问题的大讨论，话题包括：我们怎么做才算是尽了孝道，是日常为母亲洗脚这等不起眼的小事，还是挣得地位、声望、金钱后的衣锦还乡。讨论的结果是多数人倾向于前者——为母亲洗脚，从小事做起。这一案例发展过程充分体现了公益广告舆论对社会舆论引导的力度，以及在塑造社会价值观方面的巨大作用。

根据重大事件来制造和引领舆论话题，也是公益广告传播的一个重要特性。汶川地震发生的第二天，央视就连夜赶制、及时推出了《你在，我在，你我同在》的抗震救灾公益广告。北京地铁也在第一时间制作了"抗震救灾"公益广告200多幅，并连夜在重要站点刊挂。在北京奥运期间，中宣部、广电总局等部门联合举办了全国"迎奥运、讲文明、树新风"广告征集比赛。从电视到网络，充分动员全民参与，成为一场声势浩大的公益广告运动,① 在全国范围内形成强大的公益广告舆论的舆论场,影响并感染着每一个受众,受众意见紧紧跟随这些公益广告舆论的走势,自觉投入到抗震救灾与迎接奥运的行动中去,为公益事业贡献自己的一份力量。公益广告舆论的号召力与感染力可见一斑。公益广告引发舆论、引导舆论,强化了广告传播效果,为重新审视广告创意原则、重新认知广告传播功能、重新理解广告传播的社会责任提供了新的思路。

第二节　公益广告舆论的传播主体

一般来说,我国公益广告舆论的引发者有五类:媒体、社会公益团体、企业、政府、公众。在突发性事件和重大热点事件中,媒体、社会公益团体、企业通过发动及时有效、系统规模的公益广告活动来引领舆论导向,表现出高度的广告舆论传播主体意识和社会责任意识。而政府号召、公众的参与则使公益广告舆论向着规定的方向或特定的方向流动。在这里,媒体、社会公益团体、企业、政府、公众共同构成了广告舆论的主体。

一　公益广告舆论传播主体的结构

在现实运作中,由媒体自身设计、主动发布的公益广告不在少数。在应对社会突发事件、抗震救灾和奥运公益广告中占有较大比例,媒体在舆论流动中起到舆论领袖的作用,其舆论导向具有应时性和阶段性特征。企业、社会公益团体在公益广告宣传中也经常宣传其公益理念,他们的公益广告活动往往和企业、团体的总体发展目标相吻合,注重团体、企业理念和社会发展理念的同步,通过公益广告公开发表对社会时事的看法和对社会公益事业的作为,以此提高团体或企业的美誉度和知名度,因而对广告舆论的引导和控制具有计划性和持续性。

企业所做的公益广告本质上仍是以推销商品或服务为目的,他们追求的是自身经济利益的最大化,企业成为公益广告舆论主体的一个主要

---

① 陈翼:《突发事件和重大事件中的公益广告传播》,《青年记者》2009 年第 14 期。

分子，往往有更复杂的动因。这可以从两个方面理解。首先是对公益广告的理解问题。在日本，公益广告又称为"公共广告"。在《电通广告词典》中，公益广告的定义是："企业或团体表示它对社会的功能和责任，表明自己追求的不仅仅是从经营中获利，而是过问和参与如何解决社会问题和环境问题，并向消费者阐明这一意图的广告。"公益广告在美国主要分两类：一类是公共广告，他的广告主是社会公益机构和社会团体；一类是意见广告，是企业形象广告的延伸，他表明企业在社会中的责任。从上面的定义可以看出企业是可以作为公益广告主的，公益广告活动的本质在于理念的表达，表明企业不仅仅是追求经济利益，还可以参与和解决社会和环境问题。① 公益广告的性质决定着其具有引发舆论的潜在动因，其关注社会问题的特性也决定着其阐释的主题往往最终转化为舆论的表达形式。其次是对企业经营理念变化与公共舆论接轨的理解问题。20 世纪 80 年代，日本产生一种新的企业观念认为，企业已经从"追求营利型"向"优良公民型企业"过渡（见表 9 – 1）。②

表 9 – 1　　　　　　　　　企业理念变化③

追求营利型企业	优良公民型企业
努力开发廉价优质的商品	确立企业形象和理念
追求利润最大化	与社会共存共荣
重视顾客和雇员	有所节制的利益追求 重视地域社会

表 9 – 1 反映出现代企业理念的变化，优良公民型企业会积极投身社会公益活动，公益广告也就成为这些企业宣传的手段、舆论制造的工具。公益广告的社会舆论影响力也因而日益增强。

二　公益广告舆论传播主体形成的动因

公益广告实现的是社会价值，企业进行公益广告活动的效果和利益

---

① 黄升民：《新广告观》，中国物价出版社 2003 年版，第 294 页。
② 同上书，第 295 页。
③ 同上。

是潜移默化的，因此长久以来，大多数企业对于公益广告所能产生的舆论影响力缺乏应有的重视，从广告的社会功能延伸和广告传播效果提升的角度看，企业也并没有把公益广告舆论的社会影响力当作无形资产来看，或者说自觉地把公益广告舆论的引导或舆论氛围的营造当作企业的营销手段来执行。实际上，企业自觉地把公益广告的舆论影响同企业的利益有机地结合起来也经历了一个漫长的过程。

最初，企业发布公益广告的目的是把企业和有价值的公益事业联系起来，在消费者心中提升企业形象。企业参与公益广告活动为公益广告的发展提供经济支持，公益广告传播也为企业形象的塑造和提升提供载体，这时，公益广告被视为商品广告的延伸和补充，公益广告被看成是一种宣传工具，企业在商品诉求过量时转向公益诉求。初始阶段，公益广告的功利色彩很浓厚。不少企业甚至强调在公益广告上注明企业名称或品牌名称，这种赤裸裸的功利性为早期企业赞助式的公益广告蒙上一层阴影，企业理念与公益广告游离。随着企业形象和品牌建设的发展，越来越多的企业认识到了公益广告带来的价值是无法估量的，企业把与社会公众的沟通放在了比推销商品、树立形象等更重要的位置。公益广告被视为一种范围广阔的沟通手段，也被视为效果显著的舆论沟通工具。企业或出资赞助媒体发布公益广告，或直接制作公益性质的商业广告。例如，品牌形象论的创立者大卫·奥格威在谈到广告是不是应该用于公益事业时，就明确说道："我们广告人从公益事业中也得到一份满足。正像外科医生花很多时间为贫苦病人做手术而不计报酬一样，我们也花不少时间为公益事业做广告。近年来我们为美国防癌协会、联合国美国委员会、维护纽约市清洁公民委员会和林肯表演艺术中心创造不少广告。为这些公益事业我们花去了25万美元，这个数目相当于我们1200万美元营业额的利润。"这些公益广告对舆论产生了重要影响，调查显示，广告前纽约成年人中只有25%听说过林肯中心，一年后广告活动结束时，有67%的人知道了林肯中心，而且其中76%的人因受广告影响同意"很可能住在纽约和纽约近郊的大多数人迟早会去林肯中心参观访问的"。[①]

[①] 大卫·奥格威：《一个广告人的自白》，中信出版社2008年版，第207—208页。

企业广告主所做的公益广告具有很强的功利性，但他们的公益广告活动的确在一些重大社会事件中扮演了重要的角色，发挥了重要作用。现在企业做公益广告的功利性有所减弱，更多地体现出企业对国家与社会的责任担当。企业在公益广告的题材选择上，选择社会问题和环境问题越多，体现的真实性与贴近感越强，其引发舆论、引导舆论、利用舆论影响为企业服务的概率越高。企业是社会经济主体，只有具备社会良知、积极回报社会、适时地利用舆论工具表达出对社会问题的关心与关切，才能赢得社会民众的尊重与喜爱，才能进一步为企业创造更多的财富。

第三节 公益广告舆论的主题建构

广告舆论主题的建构决定广告舆论的走向。有学者认为："优秀的公益广告必须起码具备一个正确的、有积极的主题，因为主题是整个广告的灵魂，只有明确主题才能有效实现广告传播目的。"[1] 不同时期的公益广告舆论有不同的表达主题，这些主题至今仍被保留在影像资料、书籍、报刊、网络博客和人们的口碑传播中。这些主题被保存下来，被复制、传播，既是公益广告舆论在现实生活中发挥作用遗留、遗存下来的证据，也是公益广告主题在多维传播中往往演化为舆论表现形态的典型例证。

一 公益广告舆论建构的主题

公益广告舆论所涉及的主题宽泛，包括自然资源、环境保护问题；尊老爱幼、孝敬父母等中华民族的传统美德问题；遵守公共秩序、爱护公共财产等道德规范，捐资助学以及科技事业等社会热点问题；爱党爱国教育以及国家政策的宣传问题；关爱个体生命，妇女权益的保护问题；宣扬自强、自信、奋斗、努力实现成功等价值取向问题；其他社会公益事业，如献血、捐献骨髓、维权、关爱艾滋病人等相关问题。如表9-2所示，仅列举中央电视台2008—2009年播发的公益广告，所涉

---

[1] Louise M. Hassan, "Modeling Persuasion in Social Advertising", *Journal of Advertising*, No. 2, p. 36.

及的主题就蔚为大观,包括:依托节日、节气弘扬传统文化,讲文明、树新风,道德风尚,爱国教育,社会热点,突发事件,廉政建设,形象宣传,普及知识等。主题鲜明又兼顾全面,反映生活实际(见表9-2)。这些公益广告形成强大的舆论场,使人民群众受到鼓舞、震撼和启迪,起到一般教育无法取代的作用,推动和促进广告受众遵循社会公认的主流思想和道德观念。

表9-2　　　　　　　2008—2009年中央电视台公益广告盘点

时间	公益广告及主题	目的
2008年1月	"迎奥运、讲文明、树新风"公益广告: 《鸟巢篇》《中国加油篇》	展示中国形象,迎接奥运
2008年各节日	"节日、节气"系列广告: 《植树节篇》《清明节篇》《五一劳动节》《六一儿童节》《世界环境日》《立秋篇》	弘扬传统文化,贴近群众生活
2008年5—6月	"抗震救灾"公益广告: 《到达篇》《悲情篇》《短信篇》《牵手篇》	凝聚人心,鼓舞中国人民战胜困难、重建家园
2009年1月	"我们的节日·春节"公益广告: 《在路上》	弘扬传统文化节日,倡导健康向上的价值观
2009年3月底至4月中旬	"社会事件"公益广告: 《寻人篇》《洗手篇》	消除甲型H1N1流感的恐慌
2009年4月29日	"扬正气 促和谐"全国优秀廉政公益广告展播: 《姚明篇》《体操篇》	加强廉政文化建设
2009年国庆期间	"迎国庆、讲文明、树新风"广告: 《向国旗敬礼篇》《我爱你中国篇》	展现中华人民共和国成立60周年精神风貌,激发观众爱国热情
2009年各节日	"节日·节气"公益广告: 《端午节》《教师节》	弘扬传统文化,贴近群众生活
2009年9月	主题公益广告: 《高清频道开播》	配合全国多家电视台高清频道的开播,普及高清知识
2009年10月	"相信品牌的力量"主题新形象片: 《水墨篇》《座位篇》	展示中央电视台新形象

大众传播具有一种形成社会"议事日程"的功能，传播媒介以赋予各种议题不同程度"显著性"的方式，影响着公众瞩目的焦点和对社会环境的认知。公益广告的这些主题的选择过程，就是为社会公众设置议题的过程，同时又是公益广告舆论价值观传递的过程。拉斯韦尔指出，在社会中形成并传播的价值观构成了支持整个社会网络的意识形态。在这一点上，社会学家甘斯提出了一种"新闻中的持久价值观"理论。这种理论认为：新闻本身不局限于对真实的判断，它也包含了价值观，或者说，带有偏好的陈述，甘斯称之为"持久价值观"。[1] 由于广告传播的价值观对于整个社会意识形态的形成有着重要的作用，又因为广告舆论本身也具有这种特性，因此对于价值观念的议程设置不仅仅是因为媒介需要这样做来积极引导社会意识形态的形成，同时也是因为媒介本身不可回避地具有这种功能。议程设置理论指出，大众传播具有一种为公众设置"议事日程"的功能，传媒的新闻报道和信息传达活动赋予各种"议题"不同程度的显著性的方式，影响着人们对周围世界的"大事"及其重要性的判断。"议程设置功能"理论暗示了这样一种媒介观，即传播媒介是从事"环境再构成作业"的机构，传播媒介对外部世界的报道不是"镜子"式的反映，而是一种有目的的取舍选择活动。[2] 现在要指出的是，广告尤其是公益广告作为一种媒介产品，一样被赋予了一种设置议程的功能，被赋予了引导舆论的能力，而社会主义核心价值体系下的公益广告也有着正确引导舆论的责任。舆论导向包含了认知、价值、态度和行动的全面引导，通过有选择地进行公益广告主题设置来把社会注意力和社会关心引导到特定的方向，对于价值观的形成具有重要的作用。

2008年和2009年的公益广告主题与新闻报道主题在对重大事件的关注上有很高的重合度。新闻报道中南方地区的雪灾、汶川大地震、奥运会等具有公共性质的关系到国计民生的重大事件几乎按时间顺序占据了公益广告传播的日程。给受众的感觉是每隔一段时间就会有一个"中心议题"在街头巷尾传递，公益广告宣传也参与了媒介在对重大事件进

---

[1] 王璇：《媒介应坚持中国特色，从议程设置角度谈媒体责任》，《新闻世界》2009年第5期。

[2] 郭庆光：《传播学教程》，中国人民大学出版社1999年版，第217页。

行议程设置的过程，也是一种传达价值观念的过程，公益广告对于每个事件的关注，虽然与新闻报道内容、形式、角度会千差万别，但是所传达的价值理念是一致的，而通常公益广告传达的价值理念是主流的，是符合社会主义核心价值体系的。比如："爱国传统""社会良心""廉洁自律"。这种"价值观念的议程设置"是正确引导舆论的重要组成部分，同时也是公益广告舆论的责任。

二 公益广告营造的广告舆论环境

公益广告所营造的舆论环境或许不是真实存在的现实环境，但是公益广告给我们营造了一种虚拟环境，一种舆论的表象，我们通过公益广告看到了社会积极的一面以及社会存在的问题。我们是通过对媒介环境的感知来认识真实世界的。公益广告对"拟态环境"的构建中不仅仅是大众传播媒介发挥了作用，因为在受众的广泛参与的基础上公益广告舆论很容易转化成社会舆论，产生更大的影响力，而应该是包括人际传播、组织传播甚至是自我传播在内的所有传播方式共同构建了"拟态环境"。在传播过程中，传播者通过对"议题"的排列和高度强调影响公益广告表达的对事件的判断和观点，进而去影响受众的行动。由于受众所处的社会经济地位不同，使得受众在解读媒介现实时表现出差异。在这里，广告的真实与否的标准发生了改变，预计的真实、虚拟的真实、心理体验的真实代替了事实的真实、实在的真实、客观的真实。

因此，可以说公益广告传播赋予了真实性一个全新的意义，公益广告的使命就在于通过大量的媒介手段，努力构建商品意象的拟态环境，营造舆论氛围。如果公益广告对"给老年人让座"的评价如果是"有道德的"，那在平时的信息传递过程中就会强化这一特质，最终使在现实生活中给让座行为的评价就是"有道德的"，从而在社会上形成尊敬老人、礼貌谦让的道德风尚。

第四节 公益广告舆论的社会影响力

公益广告是通过借助大众媒介与公众参与，巧妙地把广告舆论变成一种社会舆论，进而具有了强大的约束力与感染力。那么，这些约束力和感染力表现在哪些方面呢？公益广告舆论的影响力体现在以下几个方面。

一 倡导社会主流价值观

公益广告作为信息发布、文化传播的重要载体，是推广主流价值观念的重要渠道。利用公益广告舆论的力量把国家的主流意识形态转化为普通人的群体意识，也是公益广告功能不断扩大的必然结果。

公益广告作为服务公众利益的广告形式，它往往是通过某种观念的传达，呼吁公众关注某一社会问题，以合乎公众利益的准则去规范自己的行为，支持或倡导某种社会事业或社会风尚。公益广告表达的某种思想、观念体现某种价值评判和价值追求就是公益广告舆论，这些舆论被受众接受并进一步传播。公益广告舆论是多层次、多方面的，它可以表达人们的实践观念，也可以表达深层次的哲理观念，如天下兴亡、匹夫有责的爱国传统，天地之间莫贵于民的民本理念，以和为贵、和而不同的和合思想，革故鼎新、因势而变的创新精神，富贵不淫、威武不屈的高风亮节，扶正扬善、恪尽信义的社会美德。人们接受公益广告的过程就是对其蕴含的思想、观念、价值取向认同的过程，也就是接受公益广告舆论的过程。由于公益广告的价值导向和道德教化功能是在人们欣赏广告时不由自主地接受的情况下产生的，所以它比较容易渗透到人们的精神世界里，从而内化为人们的价值观和人生观。

公益广告的宗旨是弘扬正气、服务社会，从而在公众的心目中树立社会组织良好的道德形象和文化品格。其宗旨决定了它必须服务于社会文明和进步，服务于人们追求真、善、美的社会活动。在对真、善、美的追求与颂扬以及对优秀的道德行为的激励过程中，公益广告通过各种形象生动的方式，提倡社会主义新风尚，使更多的公民潜移默化地提升道德认识并形成健康文明的道德行为。

公益广告舆论对受众的影响包含道德精神的约束和群体规范的约束，所以对受众的影响是深刻的、持久的。公益广告以直观生动的画面使观众产生直接的情感体验，公益广告舆论表达的伦理精神、道德规范、价值观念会直接影响受众的道德情感和道德选择。如果受众持续、稳定地选择并接受公益广告，那么公益广告舆论对受众道德信念、道德行为的形成将产生长远的、间接的、潜移默化的影响，观众的道德认识和道德情感在经过不断地巩固强化以后会得到提升，并最终形成一定的道德行为习惯，公益广告舆论的价值导向、道德教化作用就在无形中得到发挥。

除了上面说的道德的约束外，还会受到来自他人舆论的约束。诺依曼通过"沉默的螺旋"理论假说，指出经大众传媒强调提示的意见由于具有公开性和传播的广泛性，容易被当作"多数"或"优势"意见所认知，这种环境认知所带来的压力或安全感，会引起人际接触中的"劣势意见的沉默"和"优势意见的大声疾呼"的螺旋式扩展过程，导致社会生活中占压倒优势的"多数意见"——舆论的诞生。大众媒介通过关注多数派的观点来营造一种"意见气候"从而影响和制约舆论，舆论的形成不是社会公众理性讨论的结果，而是"意见气候"的压力作用于人们惧怕孤立的心理，强制人们对"优势意见"采取趋同行为这一非理性过程的产物。当公益广告舆论得到社会上多数人的支持而上升为一种主流意见时，就会产生一种强大的约束力，不遵守者会遭到来自社会群体的压力，被迫服从于规范，这就是我们说的舆论的力量。

二　引导社会舆论

社会上出现一些负面的、不利于社会稳定的舆论，甚至出现某种混淆视听的舆论杂音时，可以通过正确的广告舆论中止谣言，为人们提供正确的价值判断，引导社会舆论。2009年3月底至4月中旬，墨西哥、美国等多国接连暴发甲型H1N1流感，国内也频频出现患者，社会上出现许多谣传，流言有四起之势，人们无法对疫情形势作出准确的判断，陷入恐慌的情绪中。于是，中央电视台广告部快速行动，在第一时间开始策划、制作相关主题公益广告。为准确传达相关疾病专业知识，让广大观众做到有效预防，《寻人篇》公益广告通过简洁易懂的画面和语言，及时有效地引导和提醒所有与甲型H1N1流感患者有过密切接触的人早就医、早检查。紧接着，中央电视台广告部根据全球疫情传播情况和甲型H1N1流感在我国的发病情况，继续制作、播出以预防甲型H1N1流感为主题的公益广告。《洗手篇》是在《寻人篇》的基础上，更深入地传达如何防治流感的信息，通过告知观众要勤洗手、正确洗手等做法，引导观众正确防治甲型H1N1流感。该广告主要针对当时病例以输入型为主的特点，寻找、督促与患者密切接触者及时就医，同时倡导大家树立"有病及时就医"的健康观念，消除了恐慌，中止了流言。公益广告舆论在引导舆论方向、促进社会和谐稳定方面作用巨大，并以信息传播迅速、舆论导向鲜明、强度大、亲和力强等特性成为政府或集团控制舆论的重要工具。

三 提倡健康生活方式

公益广告揭示现存的一些社会问题并提供正确答案，如教育、环保、交通规范行为、道德、价值观念，塑造国家形象鼓励市民珍惜美好事物及生活，为创造美好生活而努力，培养积极人生观，提高市民健康卫生意识，节约能源、禁毒戒烟、保护环境、爱护身体、珍爱生命、关爱他人等理念，对社会民众具有强大的教化作用。公益广告及时扮演社会的守望者和纠偏者的角色，通过提醒、告知、警示等手法教育人们，形成健康的生活习惯、正确的价值观念和行为方式，针对过春节时出现的送红包、相互攀比、安全隐患等社会问题，播出公益广告《新年利是篇》《人际关系篇》和《节日防火篇》，指出大人给孩子的红包数额越来越大，成人互相攀比，忘了节俭，走访亲友时携带大量礼品，礼品价格扶摇直上，节日大肆燃放鞭炮导致火灾频生，及时提醒了社会存在的问题，为人们提供健康的过节理念。这些理念将深深植入受众心中，起到社会教化的作用。

2005年7月，正值盛夏，许多城市出现了水电供应紧张的局面。中央电视台在此关头推出"节约创造价值"系列公益广告，包括《省电篇》《政府大有可为篇》《变废为宝篇》《价值对比篇》《拍卖最后一杯水、一瓶空气——保护环境，节约资源》《节约资源，健康生活》等。响亮地提出了"全国空调每调低一度，一年将节约数十亿度电"的口号，使全民节能的意识深入人心。2010年3月28日，为了让孩子们也关注到"低碳生活"，在香港特别行政区，卡通形象麦兜亦成为孩子们推崇的活动大使，活动当晚，妮可基德曼、李冰冰及麦兜分别出现在悉尼歌剧院、鸟巢和香港会展中心等地标性建筑旁，用一小时的黑暗来响应此次活动，推广熄灯一小时活动，全国人民纷纷响应这一号召，在当天晚上不仅所有小区、学校甚至商场等公共场所全都熄灯一个小时，一时间，低碳成为社会时尚，充分感受到明星公益广告的感召力。

四 优化舆论环境

公益广告主动配合政治宣传重点，配合党和国家特定时期的历史任务和舆论导向，宣传党的方针政策，为国家建设和党的宣传目标的达成营造和谐的舆论环境，发挥强大的引导舆论的功能，在优化舆论环境方面功不可没。

公益广告传播的一个重要目的，就是要造成广泛的社会舆论影响，以正确的舆论导向来优化舆论环境。我国学者认为："广告舆论的传播目标，具有一定的持久性和稳定性，也可能因时而变，因势而宜。这就是说，公益广告的主题和内容，既要有相对的稳定性，避免东一榔头，西一棒槌，又要有时代特征，富有时代气息。"[①] 回顾历年公益广告主题，迎合主流意识形态的题材不少，但是，不是简单地把公益广告当作政治宣传，而是借助艺术手段，通过具体生动的艺术语言及形式，将思想融进视、听形象中，让理性的内涵通过感性形式反映出来，将复杂的讯息化作简单易记的口号，通过密集有效的传播形成强大的舆论场，形成一种正面的主流的舆论，起到消释杂音和凝聚人心的作用。以1998年国营企业职工下岗再就业为例，这在当时是一个敏感的社会问题，触及国家已制定的经济政策，而政治宣传只能传达政策的长远利益，无法顾及下岗职工的感受，也有一些人对国家的这项政策表示不理解，不能及时转变思想。在这种情况下，为配合党和国家的政策方针，也为国民经济健康发展的大局考虑，各级各类媒体密切配合，舆论覆盖面广，媒体联动配合，党报、电视台、电台，各种新闻宣传、专题节目纷纷把下岗再就业作为议程设置的重点，全国上下形成一个强大的、统一的舆论场。中央电视台及时播出《支持就是力量》的公益广告，从下岗者的角度，诉说人到中年，如何面对失业的压力，如何需要家人的支持，以执着的精神、豁达乐观的人生态度，不自怨自艾地寻找出路，很能打动受众。另外一些公益广告发出"换个位置，也许对你更合适；踏平坎

---

① 倪宁：《公益广告及其传播》，《新闻与写作》1998年第12期。

坷，再上征途；这只碗碎了，你就不吃饭了？掀过去，将拥有另一片天空"等号召，设身处地地为下岗者着想，抚慰了落魄者的灵魂，激发了失意者的斗志，鼓励他们转变观念，再谋出路。公益广告舆论在这场舆论大战中起到了很大的作用，它配合新闻舆论肩负起政策宣传、思想疏导的使命，为整个舆论环境的稳定、安定民心立下了汗马功劳，提高了全民族的凝聚力和创造力。

附件1　　　　　　　　　代表性公益广告主题①

序号	公益广告种类	公益广告流行语
1	"禁烟"公益广告	1. 也许，你的指尖夹着他人的生命——请勿吸烟（医院禁烟） 2. 在这里，香火不再延续…… 3. 千万别点着你的烟，它会让你变为一缕青烟（加油站禁烟） 4. 也许，你的指尖夹着他人的生命——请勿吸烟（医院禁烟）
2	"义务献血"公益广告	1. 生命，因你而奔流不息 2. 比献出的血更宝贵的是你的真情 3. 用爱心为生命加油 4. 为何血浓于水？因有爱在其中 5. 美丽的生命，从你卷起袖子开始！
3	"体彩"公益广告	1. 中奖欣喜，贵在参与 2. 奉献是无私的骄傲，大奖是爱心的回报 3. 体彩手拉手，公益心连心 4. 投注热情，好运来临
4	"说普通话"公益广告	1. 说好普通话，"知音"遍华夏 2. 让普通话不普通，让平凡人不平凡 3. 讲好普通话，朋友遍天下 4. 沟通你我他，全靠普通话 5. 你说，我说，大家说，普通话是我们共同的歌

---

① 来源：百度知道 http://zhidao.baidu.com/question/12200058.html%2025K%202008-11-21, 2006年9月14日；新浪博客：http://blog.sina.com.cn/s/blog_49e083850100ast6.html, 2008年9月22日。

续表

序号	公益广告种类	公益广告流行语
5	"保护文化遗产"公益广告	1. 真实地将祖先留下的杰作传给子孙后代,是华夏儿女的责任 2. 穿越时空的魔法武器——文化遗产 3. 有历史才有现在,唯遗产才知兴衰 4. 尊重历史,憧憬未来 5. 宇宙好汉,生命短暂;传承文明,文化遗产
6	"保护动物"公益广告	1. 是先有鸟还是先有蛋,你不知道,我不知道,只有鸟知道;是鸟先消失还是蛋先消失,你知道,我知道,只有鸟不知道 2. 不要让我们的孩子只能在博物馆里才见到今天的动物
7	"关爱他人"公益广告	1. 送出一份爱心,收获明媚阳光 2. 送人玫瑰,手有余香 3. 上善若水,厚德载物 4. 时代在变,时间在变,不变的是我们的关怀 5. 爱人者,人恒爱之;敬人者,人恒敬之
8	"禁毒"公益广告	1. 摇头丸,生命经不起这么摇 2. 烟枪一支,未闻炮声震天,打得妻离子散;锡纸一张,不见火光冲天,烧得家徒四壁 3. 拒绝毒品,向摇头丸摇头
9	"环保"公益广告	1. 树木拥有绿色,地球才有脉搏 2. 除了相片,什么都不要带走;除了脚印,什么都不要留下 3. 小草对您微微笑,请您把路绕一绕 4. 一花一草皆生命,一枝一叶总关情 5. 来时给你一阵芳香,走时还我一身洁净 6. 小草有生命,足下多留"青" 7. 欲揽春色入自家,无可奈何成落花 8. 我是一只小小鸟,总是飞呀飞不高
10	"注意交通安全"公益广告	1. 司机一杯酒,亲人两行泪 2. 喝进去几滴美酒,流出来无数血泪 3. 带上平安上路,载着幸福回家 4. 爱我,追我,千万别吻我 5. 请记住,上帝并不是十全十美的,它给汽车准备了备件,而人没有
11	"关爱艾滋病患者"公益广告	1. 防治艾滋病,你我同参与 2. 有了爱的滋润,他们将多一份与病魔抗争的勇气 3. 他们惧怕病魔,可更怕冷漠 4. "艾"与被爱,连着红丝带

续表

序号	公益广告种类	公益广告流行语
12	"节约用水、保护水资源"公益广告	1. 如果人类不从现在节约水源、保护环境，人类看到的最后一滴水将是自己的眼泪 2. 节约用水，从点滴开始 3. 爱惜生命之源，"关"住滴滴点点 4. 滴滴情深自来水，请你拭去我的泪
13	"诚信"公益广告	1. 真诚面对，沟通无限 2. 用你的真心，换一世的真情 3. 诚信——人生的通行证 4. 诚信方能成人 5. 失去诚信，一文不值 6. 信用是无形之财 7. 荣誉存在于勤奋而诚实的工作之中
14	希望工程公益广告	1. 节省一分零钱，献出一份爱心，温暖世间真情 2. 你帮，我帮，大家帮；同一首歌，大家唱 3. 涓滴之水成海洋，颗颗爱心变希望 4. 种下一棵树，收获一片绿荫；献出一份爱心，托起一份希望
15	社会公德公益广告	1. 高空抛物，砸在地上一个坑，砸在头上…… 2. 拐弯，拐角，不能拐骗 3. 不能在丢垃圾时，丢了自己的脸 4. 讲社会公德，受社会尊敬 5. 将心比心，推己及人，己所不欲，勿施于人 6. 良言一句，三冬亦暖；恶语伤人，六月犹寒 7. 一粥一饭，当思来之不易；半丝半缕，恒念物力维艰
16	"尊敬老人"公益广告	1. 善待老人，就是善待明天的自己 2. 老吾老以及人之老，幼吾幼以及人之幼 3. 树欲静而风不止，子欲养而亲不待，不要当失去时才去后悔没有珍惜…… 4. 谁家有老也有小、尊老爱幼不可少 5. 父母是孩子的老师，尊老爱幼是美德 6. 天空没有星子照耀，她会黯然无光；人间没有温情搀扶，她会萧萧落木。爱老人和小孩吧，像爱自己一样！ 7. 当皱纹爬满你的额，手无法抹平，让关爱顺着皱纹，流进眼眶；当童稚写满你的眼，手无法抹去，让关爱在前方，亮成明灯一盏。尊老爱幼，人间美德！
17	校园公益广告	1. 该出手时莫出脚——门寄语 2. 知道我在等你吗？（垃圾桶） 3. 不要让我无故流泪（水龙头） 4. 轻轻地我走了，正如我轻轻地来（阅览室） 5. 心灵的沟通不需要过多的言语（注：请保持安静）（图书馆） 6. 别因有意思就有意"撕"（图书馆）

续表

序号	公益广告种类	公益广告流行语
18	社区公益广告	1. 天黑我照着你，天亮你关照我——楼道灯说 2. 孩子学习需宁静，四邻休息需寂静——少安勿"噪" 3. 居高不要"淋"下，爱邻即是爱己
19	旅游景点公益广告	1. "一游"休上壁，"到此"忆中留 2. 投入大自然的怀抱，请不要弄脏她美丽的衣裳 3. 把脏东西喂给我吧，大地妈妈刚换了件干净衣服——垃圾桶说
20	网吧公益广告	1. 你玩游戏可以，游戏玩你不可以； 2. 游戏不是人生，人生更不是游戏

第十章

广告舆论的社会功能扩张

广告传播是广告发布者能动为之的主观行为,其首要目的是唤起受众对所传播广告信息的反应。但广告舆论却超出广告发布者能动为之的主观行为的范畴,具有了舆论传播的社会意义。广告舆论传播中信息互动增强,广告舆论引导与控制中的作用力与反作用力增强,广告舆论所产生的社会影响力已经突破了微观上的经济层面,波及了宏观上的文化层面和政治层面。广告舆论的社会影响力不再仅仅是单一的利益圈,而是逐渐渗透到了社会政治生活、文化生活的诸多领域,并且表现出广告舆论作用对象明显增多、广告舆论结构性功能逐渐扩展和广告舆论创新性功能不断延伸等新特征。

第一节 广告舆论的作用对象

广告舆论作为社会舆论的基本形态,本质上是社会公众意见的集中表达,广告舆论的作用对象不仅有广告主、媒体与广告受众,还涉及社会不同阶层的社会精英与社会公众。这些作用对象,有时是广告舆论的主体、广告舆论的制造者和传播者;有时又是广告舆论的受体,承受着广告舆论形成和传播过程中的信息冲击和信息重构带来的巨大压力。广告舆论是人们释放情感和观念的一种形式,反过来,广告舆论也是制约和规范人们日常行为的一种社会性强制力量。

一 广告利益密切相关者

广告舆论形成过程至少包含两个步骤。其一是广告主对于其产品、服务或观点的广告传播行为。在这一步骤中,广告主、广告人和媒介共同促成了广告传播行为的发生,催生出广告舆论的客体;其二是公众对广告传播行为和广告传播现象进行评论或批评,其中所展现出来的各种信念、态度、意见和情绪表达和广告主的广告主张形成一致或形成对立。在这一过程中,广告主、广告人、媒介利益联盟会采用各种方式和手段对有利的公众意见进行放大,对不利的意见进行引导和控制。但广告舆论形成的过程远比描述的情况复杂得多。广告主、广告人和媒介组成的利益同盟总是试图影响、引导和控制以受众为核心的普通公众,而由目标受众组成的公众群体作为自在的舆论主体,具有独立的意见表达和舆论传播能力,对待广告传播中存在的问题和现象往往有自己独到的见解和深刻的看法,他们在面临广告传播中与自身利益密切相关的问题时,也会发挥能动作用,积极主动地利用群体的力量控制舆论的方向。由此可见,广告舆论作用对象首先是受众,其次是广告主、广告创意人和媒介。因广告舆论流动的形式不同,走向各异,广告舆论有时正向作用于广告利益密切相关者受众,有时则反向作用于广告利益密切相关者广告主、广告创意人和媒介利益联盟。同时,广告舆论的流动也离不开广告主、广告创意人与媒介之间小利益圈的信息互动,在这一过程中,媒介作为广告舆论流动的载体,自然也承受着舆论流动带来的信息压力,成为广告舆论的作用对象。有时,媒体自身又成为广告舆论的主体,且肩负广告舆论的传播、引导与控制的多重职责,其角色地位再次发生转换。

随着媒介融合加快和新媒体的广泛运用,在广告市场多角关系的博弈中,广告传播引发的舆论波及范围以不同的广告舆论主体为中心,向周边多向扩展。广告主、广告创意人、媒介舆论主体用越来越强的声音引发舆论、传播舆论并反映和代表舆论、引导舆论;政府、政党、广告管理者、利益团体、社区群体等舆论主体则利用掌控的资源一方面制造、传播舆论,另一方面则对商业广告主的广告舆论进行反控制。广告受众、广告学者、社会精英对广告信息传播、广告传播形式有自己的价值判断和评判标准,他们公开表达自己的广告主张,对广告内容、广告创意表示认同或质疑,他们的意见表达往往以认知性广告舆论的形态出现,其目的也是改变广告舆论的传播方向。在这一过程中,任何广告利益密切相关者都有可能成为广告舆论主体，任何广告舆论主体在舆论的引导、控制与反引导、反控制中成为广告舆论作用的对象。这一判断，是我们理解广告舆论社会影响力增强、广告舆论的社会功能扩张的基本出发点。

二 广告批评者

在现实生活中，针对广告传播展开的批评大多由于广告传播中不正确的消费舆论导向而引发，这里包括前文提到的"炫富"广告、"情色"广告、"三俗"广告等各种问题广告形态。在这里，广告批评者批评的对象集中在商业广告主、广告创意人传播的问题广告、有争议广告等，其核心对象则是商业广告主传播的问题广告。广告批评的主体则是媒介批评、公众批评和学者批评。

有学者认为"广告舆论的本质是一种消费舆论"。[①] 这一命题揭示了广告传播在现实生活中主要是引导消费舆论、控制消费舆论的本质。这一观点代表性地指出了广告舆论在消费舆论的传播中功能强大的特性，也为针对广告传播的舆论批评主要集中在消费思想、消费观念层面的批评做了注解。前文提到，我国学者曾以《人民日报》近三十年所刊载的与广告有关的1060篇文章为样本，通过样本对比、梳理分析，发现这一主流媒体对广告存在着非常强烈的批判倾向。[②] 这一研究成果，反映着媒体对广告的偏见和"广告作为消费传播工具"语境下的"广告批评"发生的原因。从目前情况看，"广告批评"主要集中在三个层面上。

其一是媒介广告批评。这种批评不仅以"广告个案"为主体，也不局限于对广告创意和策略的批评，而是对广告传播背后利益驱动、道德沦丧、理想缺失、社会共谋等深层次原因发掘和剖析。

其二是社会公众对广告舆论环境的批评。这种批评针对政府缺位、广告管理不力、广告行业自律形同虚设、相关政策法规滞后等问题展开

[①] 刘智勇：《论新闻舆论与广告舆论的互动——兼析九·二一大地震期间台湾报纸广告的特点》，《国际新闻界》2000年第3期。

[②] 丁俊杰、黄河：《为广告重新正名——从主流媒体的广告观开始》，《国际新闻界》2007年第9期。

批评。广告批评自身是舆论的一种外显形式,广告批评者往往在自觉和不自觉中成为广告舆论的主体。

其三是广告学者对广告文本的批评。广告文本存在这样或那样的问题,往往成为舆论关注的焦点。随着市场经济的深入发展,我国开始从一个以"生产"为主导社会进入到一个以"消费"为主导的社会。在这样一个社会转型期,各种思想混杂在一起。一方面,"消费"思潮在广告的推波助澜下,一浪高过一浪;另一方面,传统"勤俭持家"的思想依然被称为美德,广告传播中的"王婆卖瓜"和"掩耳盗铃"反映着人们对消费观念的不同认识。混乱的思想,矛盾的心理,带来的必然是大量可供批评的广告文本,包括哗众取宠的广告活动、令人瞠目结舌的广告创意、不知所云的广告口号、混乱不堪的广告画面,都遭到广告批评者的尖锐批评。

对广告文本的批评是单一的、表面的批评,要形成一套完整的批评体系,尚需时日。我国学者呼唤"基于对广告业以及广告活动的整体把握而对各种广告现象所进行的批评"。[①] 这是一种积极的建议,综合运用传播学、社会学、文化学的理论和方法对广告进行批评,也许是未来广告批评的发展方向。如西方学者尼尔·波兹曼(Neil Postman)、让·鲍德里亚(Jean Baudrillard)等在其著作中均对广告进行了犀利的批评;马歇尔·麦克卢汉(Marshall Mcluhan)也在其代表作《机器新娘:工业人的民俗》中对广告展开了激烈的抨击。这些广告批评多站在社会宏观发展背景之下透视广告问题和广告现象,注重学理分析和精神思辨,理论阐释透彻,实践指导意义重大。而在实际生活中,公众对于广告的批评多将注意力放在了商业广告传播的负面效应上,更多对于广告所展示的内容、所传播的作品、所利用的手法进行批评。由这种批评带来的广告舆论反响往往来势迅猛,但社会影响力却不能持久。

由广告批评所引发的舆论作用对象是谁?表面看,广告批评引发的舆论作用对象主要是商业广告主。但实际上,媒介是商业广告主的利益同盟者,当媒介舆论对广告主的行为进行谴责时,舆论也同时对媒介在其中所扮演的角色和媒介在问题广告传播中所发挥的作用进行着考问;

---

① 陈刚、祝帅:《当代中国广告批评的三个问题》,《山西大学学报(哲学社会科学版)》2009年第5期。

公众对问题广告的批评矛头直指广告主、广告创意人。但当广告舆论一旦形成的时候，公众是否意识到，舆论所指责的问题和现象，正是公众在现实生活中推崇的或趋同的生活理念和价值观呢？广告主和广告创意人只不过是将公众已沦落的、趋同的甚至难以割舍的生活方式、消费理念形象再现或视觉放大而已；广告学者对广告进行的批评具有学理性，但学者对主流意识形态的追随和与广告实践的脱节，限制了学者的批评视野和批评的权威性，甚至学者对广告批评的合理性和公正性都会遭到怀疑。由此可见，由广告批评者倡导的广告舆论对广告批评对象发挥效力的同时，对自身行为观念的制约作用也极大地显现出来。广告舆论在传播过程中，对社会所有成员，无论是舆论主体还是舆论受体，都具有同样的行为标杆作用，这也是广告舆论的社会功能扩张能够得以实现的真正原因。

三 舆论风口浪尖上的社会精英阶层

社会精英阶层总是掌握较多的社会资源，尤其是组织资源和经济资源。广告传播在一定程度上又属于经济范畴的活动，社会精英阶层参与广告传播活动，往往会改变广告传播进程和舆论传播的方向。

在现实生活中，社会精英阶层利用其"舆论领袖"的地位，评价广告事件、制造广告话题，引导着广告舆论传播的方向；同时，社会精英阶层作为一个特殊的社会群体，往往也成为广告关注和诉求的对象，广告传播对这一阶层的描述和"构建"，也会引发广告舆论的热潮。社会精英阶层无论是引导舆论方向，还是自身成为舆论关注的焦点，他们大都处于舆论流动的风口浪尖之上。

有学者将"舆论领袖"在广告传播中的角色定位为"信息关键人"。[①] 在信息传播中，"信息关键人"可以是作为个体的人，也可以是一个组织或机构，他们都具有鲜明的特点，即在政治、经济、文化等领域具有超出常人的优势和权力，他们基本上可以利用这些优势和权力，轻而易举地成为媒体内容传播的"信源"。广告信息的发布者，尤其是有能力借助权威媒体进行有目的的传播的社会精英阶层往往掌握信息话

---

① 宋若涛：《信息传播中的广告角色定位》，《现代传播》2010年第8期。

语权。我国学者认为社会精英阶层可分为两大类：一类是作为个体的人，譬如"代表统治阶级的权力机构和领袖，他们在一定程度上控制着媒介的信息发布内容和渠道"；另一类则是机构或团体，主要指"以生产和销售产品（服务）的企业组织和经济实体，而其中尤其是关系国计民生、民族安全的企业组织，以及某个行业中的领军性企业组织"。[①] 这些社会精英阶层拥有充足的政治权力、经济实力和巨大的社会影响力，在民众心目中具有较好的社会地位和较强的社会号召力，他们成为广告舆论的引领者，是社会资源优化配置、选择的必然结果。

2002年中国社会科学院发布了《当代中国社会阶层研究报告》，这一报告认为："中国当代的社会阶层结构由十大社会阶层和五种社会地位等级组成，而这十大社会阶层是：国家与社会管理者阶层（拥有组织资源）、经理人员阶层（拥有文化资源或组织资源）、私营企业主阶层（拥有经济资源）、专业技术人员阶层（拥有文化资源）、办事人员阶层（拥有少量文化资源和组织资源）、个体工商户阶层（拥有少量经济资源）、商业服务业员工阶层（拥有很少量的三种资源）、产业工人阶层（拥有很少量的三种资源）、农业劳动者阶层（拥有很少量的三种资源）和城乡无业、失业、半失业者阶层（基本没有三种资源）。"[②] 不难看出，拥有组织资源、文化资源和经济资源成了不同阶层的重要标准，而广告发布者至少需要拥有其中一项资源才能实现广告的传播。

精英阶层对广告舆论的引导主要表现在两个方面。其一，精英阶层往往是社会时尚的引领者，他们的生活习惯、购物习惯、居住习惯甚至着装习惯都可能成为广告舆论关注的焦点和传播的源头。社会中的各个阶层从生活期望值上讲，都希望生活质量呈现一种上升的趋势，较低阶层总是企望达到社会上层的生活水平，其他社会阶层对精英阶层的追逐和仿效，就使得社会精英阶层具有榜样的作用。其二，社会精英阶层拥有社会其他阶层所难以企及的社会资源，他们不但拥有广告话语权，还拥有广告传播的渠道，无论是权力阶层为维护社会统治和稳定而制作的政治广告，还是利益集团为实现产品销售而推出的商业广告，都能够通

---

① 翟志远：《基于"信息关键人"视角下的广告传播行为分析》，《现代广告》（学术季刊）2011年第7期。
② 陆学艺：《当代中国社会阶层研究报告》，社会科学文献出版社2002年版，第8—9页。

过大众媒体将广告信息快速传播出去,以构建有利于本阶层或本集团总体利益的广告舆论氛围。

社会精英阶层在社会成员总人口中所占比重不大,但他们却占据着社会中绝大多数的财富。19世纪末20世纪初,意大利经济学家帕累托所在研究英国人的收入分配问题时发现,大约"20%的人口享有80%的财富"。① 这部分人群为整个社会树立了一个标杆,但他们也容易为舆论所关注甚至成为舆论攻击的目标。在现实生活中,经由广告传播构建的"社会精英阶层"的生活方式和生活态度,更容易激起社会公众的抵触情绪,甚至导致一部分人的"仇富"心态形成。特别是针对社会精英阶层制作的奢侈品广告带来负面舆论影响。如房地产广告,不但将社会精英的尊贵提高到了"皇帝独尊"的地步,更是人为地设计一些彰显权贵阶层身份地位的符号,并通过极富感染力的广告文案和画面表现出来。非理性的广告传播无形中挫伤了其他社会阶层的尊严,也人为地构建了阶层之间的鸿沟。例如,广告主张往往直白地表达广告主的观点:"汤臣一品只献给巅峰世界的杰出人物""海逸长洲,打造世界级群岛富人区""尊崇豪宅,只给少数人享受"……有学者评论道,房地产广告毫无遮掩地指认中国的所谓顶层,"它启动的不是一个阶层的震动,而是整个社会的共振"。② 这类广告所引发的广告舆论自然会把社会精英阶层推上风口浪尖。

当前,我国贫富差距逐渐拉大,社会矛盾日渐突出。改革开放又进入到攻坚阶段,开始全面触及社会各阶层的深层利益,社会精英阶层对广告舆论的引领和社会公众对社会精英阶层的舆论关注,都成为广告舆论社会功能进一步扩大的重要标志。

四 广告舆论旋涡中的社会公众

社会公众作为广告舆论的主体,其角色地位具有双重性。在广告舆论传播中,他们既是参与者和发起者,又是广告舆论作用的重要对象;既是广告舆论传播主体,又是广告舆论传播受体。他们往往处于舆论旋

---

① 王彩平:《浅谈帕累托定律在电视生产中的运用》,《军事记者》2005年第7期。
② 王颖曜:《可见的顶层和不可见的家——房地产广告中的阶级和现代性》,《新闻大学》2006年第4期。

涡中，其角色地位随着广告舆论流向的变动而发生着转换。

前文已述，社会公众关心广告传播中的伦理问题、利益制衡问题、管理体制问题，他们也经常对广告传播中出现的问题广告、重大事件广告、危机公关广告、公益广告、政治宣传广告加以褒贬，在特定的时间段相对集中地发表评论性意见和建设性意见，形成群体舆论，影响着广告传播的方式和广告传播的效果。

法国学者让·鲍德里亚（Jean Baudrillard）认为，广告在伪造消费总体性方面有独特的功用，广告往往通过舆论的引导来构建消费者心目中由物品和商标相加的幻想。他指出："广告也许是我们时代最出色的大众媒介。如同它在提到某一物品时却潜在地赞扬了所有同类物品一样，如同它透过某一物品和某一商标却实际上谈的是那些物品的总体和一个由物品和商标相加而构成的宇宙一样……同样，它就这样伪造了一种消费总体性。"[1] 正如鲍德里亚认为广告伪造了一种消费总体性一样，广告舆论旋涡中的公众是与广告传播发生这样那样关系的意见公众，只有当公众自觉或不自觉地参与到广告问题的讨论中、发表对广告问题的看法、反对或趋同相关广告议题的时候，其广告舆论传播主体中的广告舆论公众身份才能得以确立。

在市场经济转型时期，社会公众无时无刻不处于变化多端的广告舆论的"舆论场"中。广告舆论的社会功能扩张就是在公众意见的聚合和"舆论场"中舆论的多元流动中逐步实现的。

第二节　广告舆论的结构性功能

广告舆论是社会舆论中的重要组成部分，其结构性功能在各利益主体之间的博弈互动中开始发挥独特的作用。

所谓广告舆论的结构性功能，指的是广告舆论系统中各利益相关体之间以及系统与社会环境之间的关系。具体到广告舆论传播上，主要包括商业广告利益主体、公益广告利益主体和政治广告利益主体及这三大主体构成的舆论系统与社会环境之间的关系。可以相应地从消费观念的

---

[1] ［法］让·鲍德里亚：《消费社会》，刘成富、全志钢译，南京大学出版社2008年版，第116页。

双刃剑、广告主张的传声筒和政治宣传的辅渠道三个方面对广告舆论的结构性功能进行阐释。

一　消费观念的双刃剑

早在20世纪，我国学者就觉察到广告及广告舆论带来的社会影响是双向的。著名报学家戈公振指出："日报之发生，与商业极有关系。其唯一之需要，即船期与市情之报告是。外货之推销，以广告为唯一方法，不胫而走，实报纸传播主力也。从乐观方面言，因新经济学说之输入，足以促华商之觉悟，使具国际间之知识，而渐启其从事企业之思想。从悲观方面言，则外货阑入内地，漏卮日巨，因而物价腾踊，民生日困，在我国经济史上，诚一大变迁也。"[1] 时至今日，这种状况仍在延续，广告舆论在消费观念的引导上实际发挥着双刃剑作用。

广告舆论的一个重要的功能就是对社会公众消费观念的引导，而这种"引导"在现实生活中却常常呈现出相互矛盾的景象。社会主义市场经济发展初期，消费成为拉动经济发展的"三驾马车"之一，全社会都在提倡对生产资料或生活资料的消费，特别是大众对于生活资料的消费更是上升到了国家的战略决策层面来看待。商业广告作为社会消费欲望的培育器，在社会上不断制造消费话题、消费理念和消费潮流；另外，从文化发展和文化传承角度看待问题，广告传播必须要在社会主义精神文明建设中发挥作用，勤俭节约、艰苦奋斗的优良传统作风在广告传播中仍然要弘扬，要倡导。社会主义市场经济建设的总体目标，就是要满足人民群众日益增长的物质文化需求和精神文化需求的双重需要，广告舆论在观念引领和意见表达上就呈现出两个走向。一方面主张大胆消费、超前消费、奢华消费；另一方面则倡导文明消费、理智消费和合理消费。现实生活中，舆论流动呈现出两极走向，对舆论环境的建设就提出新的要求。

首先，广告舆论对消费观念、消费行为和消费方式的倡导，是广告传播适应社会发展和经济繁荣大趋势而做出的自然选择。提倡消费，鼓励消费、拉动消费也是国家经济建设的一项重要任务，消费也是人民群

---

[1] 戈公振：《中国报学史》，上海古籍出版社2003年版，第138页。

众日常生活中的常态。消费是社会发展需要，消费是时代的选择，消费也是市场经济环境下人们的一种生活方式。树立消费无过错观念、通过舆论的影响确立人们的消费思想，改变人们的消费行为，是广告舆论的基本功能之一。

其次，广告舆论对消费观念和消费方式的引领，是防止和杜绝不良消费行为发生的重要途径。在广告舆论的引导与控制纳入社会综合管理系统之前，任何单一的广告行为都无法促成大众的消费观念，而无数的单一广告叠加起来后，营造起来浓厚的、充满欲望的消费观念，对社会中每一个成员都起到了"消费诱惑"的作用，甚至直接塑造了整个社会的集体消费观念。但这种由各自独立经营的广告主发布的广告传播营造起来的消费氛围，具有明显的自发性，缺少必要的统筹和协调。认识的误区、观念的冲突、传播方式的缺陷，必会导致一些错误思想、错误观念的消费理念的传播和泛滥。在现有的控制系统中，综合运用政治广告舆论、经济广告舆论和文化广告舆论的影响力，对不健康、非理性、社会破坏力强的消费观念和行为进行引导与控制，是广告舆论的另一功用。

最后，广告舆论在约束不良消费理念和行为的同时，还需要告诉人们什么是科学的、理性的、合理的消费理念。这是广告舆论最重要的功能之一。广告信息传播的本质功能和被赋予社会意义的政治、经济、文化功能，在消费观念、行为的引导过程中，便被外化为广告舆论的社会功能。进入市场经济后，随着"买方市场"的形成，社会产品极大丰富，消费选择明显增多，如何消费，怎样合理、科学消费变成了消费者面临的最大问题。广告主通过广告传播一方面对受众进行新产品、新知识、新观念的教育；另一方面不断制造舆论、传播舆论促成消费者对其产品和服务进行消费和使用。在这个过程中，广告传播者扮演的是一个为受众提供便捷生活使者的角色，在广告传播过程中由此形成的广告舆论在破除陈旧的消费陋习、培育文明的消费观念方面起到了举足轻重的作用，广告舆论对于现代社会的理性、健康的消费观念作出了效果显著的引导与控制，广告舆论以其独特的社会控制功能，担负起了整个社会大众消费观念的教育责任。

正如上文所诉，广告的传播在纳入社会控制系统之前是一个无序的社会活动形式。广告传播什么？如何传播？以什么方式传播？传播的时间、密度和频度如何控制？都带有广告传播者个人强烈的主观色彩，带有巨大的盲目性和随意性。由此而产生和培育的消费观念自然良莠不齐。在广告传播社会控制系统不断完善的今天，健康消费、绿色消费、低碳消费日渐成为广告舆论青睐的主题，但超前消费、奢华消费、攀比消费在广告舆论传播中仍占有较大比重。从社会功能意义上讲，广告舆论在消费观念的引导上实际仍然发挥着双刃剑作用。

二 广告主张的传声筒

广告舆论形成，是广告传播产生社会反响的重要标志。广告主张是广告传播者精心提炼的广告态度和意见，是经过严格的市场调研、专业论证、设计制作，有选择性地传播出来的关键信息。广告主张的完整、系统、全面的表达，是广告传播者实现传播目的的重要保证。广告主张能不能产生舆论反响，取决于广告主张中的话题是否重要，话题表达方式是否合适，广告主张中的话题能否和受众产生意见碰撞或意见共鸣等诸多因素。同时，广告主张能否产生舆论影响还和广告主张的性质有关。如公益广告主张多和国计民生有关、政治广告主张多和政治思想传播和政策法规宣传有关。话题的重要性和利益的相关性使得公益广告主张和政治广告主张往往很快转化为强大的舆论攻势，产生深刻的舆论影响。下面这段话可能反映了广告主张和舆论功能效果之间的关系。

在 2008 年奥运会期间，各电视台大量播出了"迎奥运、讲文明、树新风"的公益广告，许多质量上乘的广告，如濮存昕的"公益广告也是一盏灯"等，虽然说到的内容很小，但对观众有很大冲击，一时间，所有人都对国人的观赛素质开始关注，也都自觉"从我做起"，注意小节。奥运会期间，乱扔垃圾等不文明现象大为减少。公益广告从"引起话题"，一直到"改变行为""形成规范"等方面具有重要作用，从某种意义上说堪比宗教。[①]

广告舆论在形成过程中，能够对广告主的广告主张进行一定程度的信息加工和改造，通过舆论的引导和干涉，促使广告传播形成有利于广

---

① 尹学东：《公益广告作用堪比宗教》，《广告人》2010 年第 10 期。

告主张扩散的"舆论场域",通过对广告主张的功能放大和广告主张的信息强化以形成持久、强大的传播效果,在这一过程中,广告舆论自然转变为广告主张的传声筒。

前文所述,广告主张的性质决定广告舆论的功能效果。广告传播中的政治、经济、文化的社会主张,对不同类型广告舆论的形成,以及不同类型舆论所呈现的舆论功能特性的形成,也有着必然的因果关系。我国学者认为,广告舆论的功能,可以参照广告传播功能分为经济功能与社会功能两大类。他们认为:"现代广告的经济功能与社会功能特征,越来越演变为相互交织和整合的形态,在互补和共同发挥作用中成为达到舆论目标的重要手段。在某种程度上说,广告舆论是利用或操纵人们潜意识的一种传播形式。"① 我国学者分析,这或许是广告舆论与其他舆论在功能上的根本差异,我国学者对广告舆论的社会功能也做了进一步解读,他们认为,广告舆论的社会功能又可细分为文化性和政治性两大类,从二者的相互作用关系来看,"广告的经济功能与文化功能结合得越来越紧密。广告主在世界性的品牌之战中更加重视消费者的心理、情感和精神方面的需求,更加重视从文化的角度形成消费舆论,力求在沟通中与消费者建立长期的良好关系,以达到加强、提升品牌美誉度和忠诚度的舆论目的"。②

在现实生活中,广告主所倡导和传播的内容,涵盖了经济信息、政治信息和文化信息;其表达的广告主张也包括政治主张、经济广告主张和文化广告主张。值得注意的是,广告传播的经济功能仍是其基本功能,广告舆论对消费观念和行为的引导仍是其主要任务。广告舆论的政治功能和文化功能有时对广告舆论的经济功能起着重要的补充作用,有时则对其经济功能起着遏制作用,广告舆论的功能效果是通过对广告主张的综合反映而显现出来的。因此,无论广告主张是以商业广告、公益广告还是政治广告的形式出现,广告舆论在一定程度上都是它们的传声筒,甚至负面的广告舆论都是对其广告主张的一种制约性或改变性传播。这也是很多品牌不惜制作备受争议的广告,以进入公众的议程设

---

① 张金海、饶德江、刘珍:《论广告的舆论引导功能》,《新闻与传播评论》2001 年第 1 期。
② 同上。

置，使其受到舆论关注的重要原因。

三 政治宣传的辅渠道

广告的政治功用在现实生活中的运用要远比其经济功用更为久远。政治广告早在人类文明的初期，就成为传播信息的工具和管理秩序的工具。政治广告是统治阶级维护本阶级利益的手段和宣传工具。现代政治广告从传播形式上看，有所改变，一般由政府、政党、候选人及各种政治团体通过向大众传播媒介付费，购买时间、空间、版面，再向受众传播符合广告主意愿的政治信息、政治态度、政治信念的信息传播形式。通常，政治广告分为两种形式，即反映国家、政府、执政党及其机构意志的政治宣传广告和各政党候选人及政治团体自我推销式的竞选广告。

有学者认为政治广告"反映国家、政府、执政党及其机构意志和以竞选为目的，是各政党、候选人及政治团体的自我推销式传播"。[①] 揭示了政治广告的本质，即通过广告传播的外在形式实现政治传播的根本目的。与商业广告相比，现代政治广告内容构建上仍比较严谨、庄重，传播形式却灵活多样，不失人情味，避免了不必要的说教和内容传播的艰涩，以区别于政治宣传，并达到政治宣传不能达到的传播效果。

在世界各国，政治广告已经成为政治宣传的补充渠道。在我国，以广告传播的形式进行政治宣传，引起公众对于政治事件的关注，形成特有的政治广告舆论，也是一种常见做法。政治广告以人民群众喜闻乐见的形式出现在电视、报纸、公共场所，甚至出现在农村的墙体上，以通俗的文字、简洁的语言向公众阐释政治理念，解读不同时期的政策方针，传播新时期政策法规，并能有效拉近政府、政党与民众之间的距离。而在战争、灾难等非常时期，政治广告往往能够反映并代表民众呼声，很容易在广告传播中以政治广告舆论的形式改变受众的行为和态度。

20世纪30年代早期，一个由国货产品广告拼成的中国地图定期刊登在《申报》上。每个省都由桑叶状的国货广告所组成。四周都有代表列强势力的蚕在向地图内蠕动，试图蚕食中国。引人注目的是，在这

[①] 徐键：《现代政治广告研究》，《新闻知识》2006年第10期。

幅地图的右上角，东北三省则是黑色的一片，这片土地1931年被日本占领并成立了伪"满洲国"，所以被涂成黑色，有一条粗大的蚕正在向由国货拼成的内地版图蠕动，试图进一步蚕食中国。有学者解读说，这里汇集的国货代表中华民族。这幅广告所隐喻的含义是：如果人人都使用国货，那么，由生产、流通和国货消费形成的"杀虫剂"就会把蚕食桑叶的列强杀死。在被日本占领的东北三省，有两句醒目的广告词，内容为："购买洋货！无异资敌人以枪炮，爱用国货！定能置敌人于死地。"在这里，广告舆论的发起者和参与者变成了公众、民族和国家。[①]抗日战争时期，"《新华日报》在创刊号报头右侧登了一幅政治宣传广告画，画的是一名军人振臂高呼，其身后有数名群众呼应，左上角用浓墨大字写着'1938'，画下端题字为：'巩固团结抗战到底'，整幅画面线条流畅有力，很有气势，表现力强"。[②]这类政治广告紧扣时代脉络，迎合民众情绪，形成了强大的广告舆论，对于当时的政治宣传有着极为有利的辅助功能。

在西方国家，政治广告的舆论影响力更为强大，政治广告传播引发的舆论对决也更为激烈，尤其是在各种形式的政党竞选过程中，各个政党及其候选人总是不遗余力地通过广告传播营造有利于自己的舆论氛围，以赢取选民宝贵的支持。广告之所以能与选举联姻，是因为竞选政治与市场经济相类似的地方就在于它们都同样把竞争作为基本原则。[③]尤其以美国为代表的多党执政的政体，造就了党派之间互相攻讦、互为政敌的竞争格局。为了实现本集团利益的最大化，博得更多政治资源，按照市场原则和竞争原则以广告形式进行舆论造势就成为政治常态。几乎每届的美国总统竞选都要上演一场激烈而精彩的广告大战，随着新媒体的不断出现，他们更是竭尽所能地通过这些途径进行政治广告传播。如奥巴马熟练地运用"网络社区"对自己进行的广告舆论造势便成了政治广告的经典案例。

---

① ［美］葛凯（Karl Gerth）：《制造中国——消费文化与民族国家的创建》，黄振萍译，北京大学出版社2007年版，第14页。

② 黄月琴：《论抗战时期〈新华日报〉广告的政治社会功能》，《淮海工学院学报（社会科学版）》2010年第7期。

③ 徐键：《现代政治广告研究》，《新闻知识》2006年第10期。

第三节　广告舆论的创新性功能

广告舆论在新的时代环境中，发挥着新的功能和作用。首先，广告舆论作为舆论的一种基本形态，其在经济领域的社会影响力无可替代，其在政治、文化领域的社会话语权正在逐步加强；其次，随着媒介技术的飞速发展，广告舆论的载体变得丰富多样，社会公众参与到现实生活中使广告舆论的建构成为可能，广告舆论的导向功能、约束功能、控制功能、信息分享和互动功能也得到进一步强化；最后，广告传播是一种全民传播活动形式，广告舆论构建的社会精英阶层的"品质生活"、社会大众的"幸福生活"和社会底层的"小康理想"都在悄悄变成社会现实，或潜移默化转变为不同阶层为之而奋斗的"目标"，广告传播在不断创造着"美丽新世界"和"社会新生活"的模式。在广告的诉求中，社会文明得到了全民的充分共享，精英文化逐渐变成大众文化，美丽和高雅已经完成了时代的转型，走进了平常百姓的生活中，广告舆论模糊了"现实"和"理想"的界限，其工具性功能得到进一步强化。

一　社会矛盾冲突的减压阀

后现代工业发展，为人类带来财富的同时也带来了越来越多的问题和灾难，"风险社会"已成为生活常态，民众对当前社会发展可能面临的问题有较强烈的风险危机感。我国正在进入社会转型的关键时期，面对利益主体多元化、利益冲突常态化的社会现实，不可预知的社会风险变得越来越大。在社会构成中，下岗工人、失地农民、农民工等社会人群生活在社会边缘地带，其生活和心理承受的压力有增无减；而社会发展带来的丰裕物质财富分配不均，又为社会未来发展埋下了难以预测的风险种子。压力人群对于自己的"利益表达、利益诉求成为社会的公共需求和公共行为"。[1]

公众利益的表达除了政府建立相关的意见表达渠道和应对机制外，

---

[1] 迟福林：《"减压阀"：政府应提供的公共产品》，《人民论坛》2009年第15期。

以现代媒介为"减压"渠道的舆论表达也表现出强有力的社会功能。广告舆论作为社会舆论的重要组成部分，表现出范围广、持续时间长、参与门槛低等特点，成为社会公众利益表达、参与社会生活的重要方式之一。广告舆论对于社会冲突的减压主要体现在转移压力、释放压力、缓解压力等方面。广告传播总体上呈现出"报喜不报忧"的情形，广告诠释的主题大多表现为对"美好生活"的追求，它为公众描绘了一个美好的现实生活和未来理想，正如前文所述，广告传播模糊了"现实"和"理想"之间的界限，不但转移了风险社会带来的压力，也释放和缓解了社会公众的既有压力。广告舆论传播虽然不是一种最终解决风险社会困境的方法，但对于整个社会来说，却具有借助社会力量对舆论进行引导与控制的参照意义。有学者提出："适应社会公共需求的变化，十分有必要把'排气'和'减压'的'减压阀'系统建设作为新阶段的一项公共产品。"[①] 这对重新认识和评价广告舆论的"社会冲突减压阀"功用具有重要的借鉴意义，广告舆论特有的结构性功能开发和利用在社会冲突控制系统建设中应受到充分重视。

二　民主政治建设的新元素

中国社会主义特色的民主政治强调人民当家作主，强调社会事务的公众"民主参与"。广告舆论生成传播则以"公众参与"和"民意表达"为基本特征。广告舆论作为新时期民主建设的新元素，为社会主义的民主建设注入了新的活力。我国学者认为："民主政治，是凭借公众权力，管理冲突，建立秩序，并实现平等、自由、人民主权等价值理念的方式和过程。"新时期，广告舆论作为一种新型的公众权力，在减少冲突，建立良好的消费秩序，通过舆论影响实现公众平等、自由、人民主权等价值理念等层面均发挥着重要作用。

在民主社会里，社会公众均有表达自己意愿的权力，但由于社会传播资源的有限性，意愿表达权并没有真正地落到实处，而随着媒介技术的飞速发展，以互联网和手机为代表的新媒体极大地开拓了民意表达的渠道，为实现真正的民主政治提供了可能。

---

① 迟福林：《"减压阀"：政府应提供的公共产品》，《人民论坛》2009 年第 15 期。

而民主社会体现在舆论表达上，大致有两层含义，其一是社会公众对政治事务的舆论表达权力；其二是组织或个人为了某种传播目的而发布的信息。"作为各个社会领域或团体的社会成员，他们在当今利益多元化的过程中，已经开始表达对公民权益的维护欲望，开始在利益的处置方式上展示与当权方相抗争的自主行为。"[1] 现代社会，提出广告主张，传播广告观念，提倡广告构建的生活方式，已然成为社会公众履行自己民主表达权的重要表现。当今的社会，广告发布者和传播者也是广告舆论的传播主体，他们的身份在广告传播过程中进行着舆论制造者和舆论参与者的身份转换。作为个体的公众，既可以通过各种媒体对自己的观点、商品或服务进行表达，也可以通过各种渠道赞同或反对社会其他公众所发布的观点、对商品或服务的态度和意见。而这个民主的意见沟通和交流过程也是形成广告舆论的重要步骤。

深圳市民李红光个人"广告参政"所产生的舆论影响，就为现代广告参与民主政治管理增添了新的内容。"2005年5月27日，深圳市民李红光来到南方都市报，希望通过刊登广告公布个人联系方式，寻找刚换届的市人大代表和政协委员，把从群众中搜集到的12个建议交给他们，请他们在马上召开的市两会上反映。"[2] 这一事件，引发了学界和业界的广泛舆论讨论，有学者认为："公民以新闻纸做广告的形式来和人大、政协作意见的传递与沟通，这在新中国新闻史上可能算是第一遭。"[3] 不论对这件事褒贬如何，"广告参政"在中国现代广告史上也算是第一次。由此而产生的广告舆论影响不能低估。这是广告舆论传播为社会主义的民主建设注入了新的活力的具体表现，也是广告舆论成为民主建设新元素的典型例证。

三 社会生活场域的新景观

广告业是社会政治、经济、文化发展状况的"晴雨表"。广告业发展不仅关系着整个社会经济的繁荣程度，也折射出社会文化发展和民主政治兴盛的全新历程。广告传播和广告舆论为社会构建了以消费、休

---

[1] 刘廷忠：《压力行为与民主政治的思考》，《理论学刊》2010年第2期。
[2] 方常君、李斌：《深圳市民李红光"广告参政"》《江南时报》，2005年5月27日。
[3] 徐键：《现代政治广告研究》《新闻知识》2006年第10期。

闲、娱乐为主要元素的生活场域新景观。

　　首先，广告舆论倡导和引领消费时尚，不但丰富了商品市场，更丰富了民众的衣食住行，勾勒了经济生活新景观。20世纪50、60年代，受政治环境的制约和经济发展水平的限制，商业发展停滞不前，生活消费品极为短缺，在计划经济背景下，广告的作用和影响极为有限，为数不多的生产资料广告也难以与社会民众的日常生活发生直接联系。社会生活场域中缺失了广告传播的个性与广告舆论发挥作用的活力。随着改革开放时代的到来，商品经济得到恢复和发展，民众的生活水平得到较大提高，特别是社会主义市场经济体制确立以后，商品经济快速发展，社会产品极大丰富，社会民众个性需求得到解放，物质需求和精神文化需求欲望日益强烈。广告业迅速发展，为满足民众的物质、精神、文化需求打开了一扇窗口。在广告传播和广告舆论日复一日、年复一年的影响下，社会民众开始追逐时尚潮流，企业组织开始推出时尚产品，政府、政党、利益团体开始倡导拉动内需，带动消费。在这样的情形下，社会各种经济成分快速发展，社会物质和精神产品日益丰富。消费、广告消费、广告舆论指导下的消费俨然成为中国社会生活场域里的新景观。

　　其次，广告产业成为文化创意产业发展的重要组成部分。在文化创意产业快速发展的新背景下，广告传播、广告舆论引导的社会意义凸显，广告舆论传播与控制的文化内涵也日渐丰富。随着社会经济生活的逐渐繁荣，社会生活中的文化消费也开始走进普通民众的日常生活。依托媒介融合和新媒体快速发展的大背景，传统文化在广告创意和广告传播中，被打上"中国元素"的时代烙印，广告舆论成为中国文化传承的新载体。同时，在国家文化产业发展战略中，依托新技术发展的广告创意、图书出版、动漫设计、娱乐演艺都开始成为主力军，广告传播和广告舆论成了文化产业发展的助推器。广告自身发展对文化产业的推动和广告对文化产业发展政策的解读和阐释，一方面极大地满足了社会民众的文化生活需求；另一方面提升了各类文化产业的知名度，开拓了更大的市场空间。在文化产业发展的新环境中，广告是社会文化新生活的倡导者，广告舆论不断引领着社会的文化时尚，从服装到餐饮，从娱乐到旅游，甚至社会生活流行语都被广告舆论不断创造和翻新，为人们的社会生活新景观增添着时代符号和新鲜色彩。

最后，广告传播勾勒着城市生活的新蓝图，广告舆论缔造着城市发展的新理念，广告舆论在不断创造着城市生活新景观。广告传播所构建的城市生活充满"美"的想象和"美"的创意。在百度上，大致能够搜索到585个城市形象广告的视频。其中大连、珠海、威海、荣城、蒙自、天津、重庆、西安等城市的形象广告都以优美的画面和浪漫的情调勾勒了城市生活的动人场景；而北京申奥期间的"新北京、新奥运"和上海世博会期间的"城市让生活更美好"的广告诉求，也产生了极大的舆论影响，带给人们无穷的想象。广告舆论所缔造的城市生活是一个充满活力的美好乐园。

在人类社会发展的历史长河中，"美"总是社会精英阶层的特权，普通社会公众生活的空间只有粗布、茅屋，对美好生活和美好事物只有憧憬和梦想。而今天，广告在一定程度上打破这一特权，使"美"的憧憬和"美"的愿望终于从"王谢堂前"回归到了"平常百姓家"中。广告传播承接了生产"美"和传播"美"的重任，在广告传播中，随处可见的广告影像和图片，不仅色彩丰富、画面精巧，而且形象逼真，令人心旷神怡；而广告传播的理念表达和观念诉求，以最有效、最煽情的方式拨动受众内心深处欲望的琴弦，广告舆论缔构了社会公众的美好而平凡的生活，也巧妙地在受众心目中搭建了一个充满活力的城市生活景观。

当前我国经济仍处在持续快速发展之中，广告业发展存在着巨大的市场空间。广告舆论作为广告传播的社会反应，在媒介融合和新媒体的大背景下，也有着充分释放和展示的社会平台。广告舆论深入社会的深层空间，并对社会的各个层面产生着持久、强大的社会影响，已成为广告传播的新趋势。但广告舆论传播也面临着行业发展不均衡，社会政治、经济、文化环境发展不完善，舆论主体多元生成或转换过快等现实问题，广告舆论创新性功能的实际运用还面临着许多挑战。

首先，树立广告舆论主体在舆论传播中的主体意识，强调广告主责任担当和创意人创意理念重铸，自觉地利用广告舆论的工具为企业营销服务，为政治宣传服务，为文化传承服务。多年来，广告业的产业属性和产业地位难以确立，广告业是"知识密集、技术密集、人才密集的高新技术产业"的表述只是解释了改革开放初期广告业的外部特征。而实际上,广告业对经济发展的依赖性使人们在很长时间内仅仅将其当作依附性产业来看待,"依附性"在许多情形下被当作广告业发展的本质性特征来表述。在这一观念左右下,广告主的广告主张表达、广告理念的传播也就被贴上依附性利益主张表达、依附性利益理念传播的标签。广告主的广告理想、广告创意人的创新都被淹没在"依附性"的思维定势中,广告主和广告创意人的广告贡献也为"唯利是图"的社会评价所抹杀。广告业是文化创意产业重要组成部分的重新定位,弱化了其"依附性",强化了其"创新性",而广告主和广告创意人的广告贡献也会在经济领域之外的政治和文化领域得到新的认可。因此,以国家强大、民族兴盛、社会繁荣、文化发展为责任担当的新型广告主的广告理想重构,是广告舆论创新功能扩展的前提;而以自主创新、知识创新、观念创新为目标的广告创意人创意理念的重铸,也是广告舆论创新性功能得以实现的不可或缺条件。

其次,建立广告舆论主体之间的合作与协调机制,挖掘广告传播政治功能、经济功能、文化功能的潜力,加强对广告舆论问题、广告舆论现象的追踪调查,进而为广告舆论的主动性引导、预见性引导和综合性控制找到现实的路径。广告传播在社会经济、文化和政治三个层面上对受众的思想、行为产生着强烈的影响,从现实运用看,广告舆论在经济领域的引导与控制是其最基本功能,在经济活动中舆论的效用多有显现,但广告舆论在政治、经济、文化三个层面产生的影响和发挥的作用并不平衡,在政治和文化领域,广告舆论的社会功能还有继续发掘和开拓的空间。如广告舆论的社会减压阀作用、广告舆论在民主政治建设中的作用都可以通过广告舆论引导与控制的长效机制建立得到更好的体现。同时,在媒介融合加快和新媒体快速发展的新背景下,关注广告舆论的主体、客体、本体变化形式,加强对广告舆论问题、广告舆论现象的追踪调查,明晰广告舆论主体、客体、本体发展变化的规律,探讨三者之间即时互动的可行性,具体来说,广告舆论的制造、广告主张的表达,应考虑到个体广告舆论主体之间的利益制衡,考虑到在重大问题、重大事件中,企业广告舆论主体、受众广告舆论主体、媒介和社会精英广告舆论主体、广告管理舆论主体的意见有效沟通;而舆论的引导、控制则要研究意见表达的声音一致的现实渠道。

最后，关注广告舆论在新时期复杂社会关系中的意见协调、重大公共危机事件中的方向引导作用，站在社会控制的高度进一步探寻拓展广告舆论社会创新功能的方法、路径。我国学者认为："舆论的主要功能是对涉及公共事务的组织、人员的行为实行监督，进行有效的制约和限制，使之服从、服务于既定的公共共同意志，符合公众共同利益，它是社会控制的有力形式之一。"① 这段话对认识新时期广告舆论的引导与控制的新功能非常有帮助，这就是要站在社会控制的高度来探寻广告舆论的社会功能。具体来说，广告传播者一方面要研究广告舆论传播的现实环境，加强对广告舆论主体思想行为监督，引导包括政府、政党、广告管理部门、利益集团、社会精英、受众在内的舆论主体在舆论传播中时刻要以公众的共同意志、公众的共同利益为参考坐标；另一方面，则要利用广告舆论传播加强对国家政权、政府行为的监督和制约，以及利用广告舆论对公众的行为进行鼓舞或约束，并自觉利用广告舆论的影响解释问题、化解矛盾，使广告舆论的社会性创新功能在社会控制中得以充分展现。

---

① 李良荣：《新闻学导论》，中国高等教育出版社 1999 年版，第 51 页。

第十一章

广告舆论的引导与控制

广告业的发展与整个国家的经济发展状况密切相关。经济发展必然促进广告发展，而广告发展到一定程度的时候，它所反映的不仅仅是单纯的经济问题，还反映着复杂的文化和社会问题。因此，从宏观和微观两个层面加强广告舆论的引导与控制就显得尤为重要。广告舆论的引导与控制可从以下几个层面进行：对广告舆论源头的监管与调控；建立广告舆论传播中的应对机制；强化相关法律法规的制定与实施；实时进行舆情调查与舆情分析的跟进。广告舆论的引导与控制的最终目的是优化广告传播功能并对广告传播效果进行追踪管理。

第一节 广告舆论的发展趋势

公众舆论受重视程度与社会文明的发展程度有着密切的关系，而公众舆论之所以受到社会的关注，正是在于舆论对社会环境带来的种种影响，这种影响的集聚和爆发能够引起强大的环境震动和改变，所以舆论走向成为统治阶层、利益集团、社会公众所共同关心的问题之一。广告舆论作为公众舆论的一个组成部分，其在社会生活中构建话语权的作用和地位同等重要。尤其是进入21世纪后，随着媒体技术的飞速发展，以互联网为代表的网络新媒体和以手机为代表的移动新媒体，开辟了公众表达广告意见、传播广告主张的新途径，使广告舆论的传播力和影响力明显增强。在这种情形下，对于广告舆论的传播采取放任自流或简单化强制堵防的措施，都有可能引发新的社会矛盾。根据舆论发生的原因、传播的状态，真正站在公众的立场上，去适时引导和有效控制广告舆论的发展方向，是政府部门、利益团体在新媒体平台上能动而为之的必然选择。目前，广告市场空间日益增大，广告舆论存在的环境和发展的状况也顺应社会历史的发展不断变化，广告舆论作为一种新型的社会发展的制约力量，进一步在消费观念引领、公共话题构建方面发挥巨大作用。其传播地位得以提升，传播场域得以拓宽，传播渠道不断增加，传播主体不断更替，传播主题日益丰富，不断超越商品信息流动的范畴，在社会性信息流动中开始扮演重要角色。

一 广告舆论引导与控制面临的问题

我国学者认为："舆论是经济地位和社会地位相同或相近的人们对某一事件的一致态度。舆论反映了人心向背，马克思把舆论看作是一种普遍的、隐蔽的和强制的力量。在复杂的社会控制系统中，舆论的引导是不可缺少的一个环节。"[①] 这一表述阐述了两层含义：第一，舆论是不同阶层现实利益的反映；第二，舆论是社会控制系统中的重要一环。这对理解广告舆论的引导与控制的必要性具有借鉴意义。在现阶段，广告舆论的引导与控制的必要性主要表现在以下几个方面：

其一，广告舆论环境变化为广告舆论的引导与控制带来新挑战。随着经济的快速发展，我国改革已经进入了攻坚阶段，社会发展的成果需要让更多的社会阶层分享，这其中必然会触及一些人的既得利益，甚至激化一定范围的社会矛盾。同时，经济的发展极大地提高了社会公众的基本生活保障，原本隐藏在人们内心深处的物质的需求和消费供给的观念、态度、体验、感受通过广告传播以显性形式进入公众的视野，不仅带给人们视觉上的冲击，更多的是带给人们心理的影响，甚至是内心的震荡。消费社会的一个显著特征，就是多数人开始从"谋求生存"的人生观念逐渐转变为"谋求享受"的人生价值取向。合理消费、科学消费与消费至上、消费唯大的观念冲突在不同的场景、不同的群体得到逼真的演绎和现实的诠释。无论哪种观念占据上风，消费已成为流行、消费已成为时尚已成为不争的事实。这样的社会境况赋予了引领消费流行、倡导消费时尚的广告传播行为更大的社会责任担当。

---

① 童兵：《马克思主义新闻经典教程》，复旦大学出版社2010年版，第361页。

广告舆论是倡导社会公众健康、积极向上的生活态度和良好的消费习惯，还是鼓励人们奢华消费、攀比消费，甚至是疯狂消费；广告舆论是主张引领时代潮流，追赶社会时尚的消费步伐，还是倡导回归自然、追求田园风光式的生活情调，广告舆论传播者在舆论导向上都必须做出正面回答。社会转型时期，消费观念的剧变带给了公众更多理念、态度和行为的困扰和迷失。一方面，社会经济大潮赋予人们经济地位、经济利益生活价值的意义，一切"向钱看"，拜金主义、享乐主义的社会思潮泛滥成灾；另一方面，社会主流价值观又在呼唤崇高的境界和远大的理想，追求人性的善良和心灵的慰藉。广告舆论面临艰难的抉择，广告舆论的引导和控制也面临新的挑战。

其二，广告舆论的质量决定广告舆论的引导和控制的方式。广告舆论本身存在一个质量问题，质量要素和质量指标决定广告舆论的性质并对广告舆论的走向产生重大影响。我国学者陈力丹认为："舆论的质量是指舆论所表达的价值观、具体观念及情绪的理智程度。"[1] 这里提到的价值观、具体观念、情绪的理智程度都是舆论质量要素指标。广告与新闻相比，带有明显的"诱导"意图和强烈倾向性的"劝服"功能，广告舆论主体的广告主张不再单单是对产品和服务的简单展示和告知，而是带有强烈意识形态色彩的"诱导"和"劝服"。为了表达广告中的价值观念、产品观念、服务观念、品牌观念，现代的广告已经摆脱过去"犹抱琵琶""欲说还休"的劝说方式，更加直白甚至是赤裸裸地公开宣扬"物欲观"和"利己观"，在广告意见的情绪表达上也更加关注"自我感受"，强调"自我意识"，推崇"自我行为"。广告意见表达中的非理性情绪流露、情绪爆发、情绪宣泄真实强烈，示范作用明显。如广告意见表达中的"调情""色诱""装酷""扮嫩""发嗲""歇斯底里"等，舆论影响力和传播力极大；另外，广告意见表达在错误的时间、错误的地点以错误的方式呈现，也是广告舆论非理性情绪表达的现实反映，带给人们的不仅仅是广告"噪音"，更是"社会公害"，如脑白金千篇一律的广告诉求、一成不变的广告腔调，日复一日地狂轰滥炸，广告倾泻，时时刻刻刺激着消费者脆弱的神经。由此引发的舆论声

---

[1] 陈力丹：《舆论学——舆论导向研究》，中国广播电视出版社2005年版，第22页。

讨和舆论评价日渐强烈。值得提出的是，由广告传播引发的公众舆论在现代社会有时也以群体性的非理性形态呈现。

现代社会，广告舆论的主体——社会公众成分复杂。由于知识结构、生存环境、信息偏好以及各自所处的阶层地位不同，在意见表达的过程中，必然存在一种强势意见流向弱势群体的"广告势能"现象，社会民众争夺话语使得广告舆论中理性和非理性成分相互冲撞，并有出现"非理性"占据上风的风险，这样广告舆论所传递的价值观、消费观念及态度情绪都会出现偏离社会主流意识的可能。如广告意见表达中的"流言"，广告意见批评中的"民族主义"就是其中的典型形态。公众意见表达受环境、价值观、判断力、广告素养等因素的影响，也往往以扭曲的形态呈现，增加了广告舆论引导和控制的难度。所有这些，都需要以合理的方式、科学的管理来引导和控制广告舆论的流动和走向。

其二，广告资源的占有度决定广告舆论的引导和控制力度。广告舆论的产生一方面来自广告主的导向性意见，另一方面来自媒体的评论性意见，同时还有社会公众的认知性意见。其中，广告主的导向性意见起到制造话题、引领观念的舆论引导作用。但在现实生活中，广告主将自己的产品和服务以广告的形式向受众进行传播，其行为要受到诸多限制。广告主的广告传播活动，首先要受到各种法律法规的管制；其次要受到媒体渠道及媒体组合形式的限制；再次要受到广告主经济实力的制约；同时，还要考虑到海量信息时代日益激烈的竞争环境的影响。正是由于这些限制和影响，使得广告主在传播广告信息的过程中，并不能"完全真实"地向社会公众进行形象展示和信息传达，而只能有所选择、有所侧重地进行广告传播，于是就形成了一个广告主主观上对信息进行选择、对话题进行议程设置的问题，这就不能排除广告主的意见偏差和态度偏见问题；更为重要的是，广告主通过广告投入，有效地占有了媒体资源，广告传播的方式和广告传播的强度由广告主、广告创意人和媒体共同决定，进一步强化了广告信息从"强势"广告主向"弱势"受众流动的特征。广告信息传播的不对称，为广告舆论流动带来了极大的风险，广告信息是经过广告主筛选后的精确"卖点"，而这些"卖点"由于过于自我，或者过于迎合受众的需要，现实中的呈现要么是观念行为"主观"，要么是形式内容"媚俗"，极易受到质疑，甚至引发危机，为企业带来灭顶之灾，为社会带来不安定因素，使公众利益受损。

由此可见，广告主对广告资源的占有是一把双刃剑。广告主对广告资源占有越多，其对主张型、倡导型广告舆论的引导力度和控制力度就越大，广告主的意见和主张就会在社会上发出更加强大的声音；同时，广告主对广告资源的占有也导致主观性广告问题频繁出现。由于广告主在诸多因素制约下，不能排除广告态度的偏见和广告意见的偏差，必然导致政府管理部门加强对广告主广告行为的监管和控制，对广告主广告意见的合理引导；同时，问题广告的消极影响，也会导致公众对广告主广告行为的评论和批评，广告舆论的引导与控制就变成了社会舆论合力对广告主行为规范以及广告传播活动的直接引导控制和间接引导控制。有时，广告主占有的广告资源越多，出现的广告意见偏差和广告态度偏见越多，社会舆论对其引导与控制的力度就越大。

广告舆论的引导与控制是一个复杂的过程，涉及广告舆论场域中广告舆论的存在类型、流动形式和导向转换。广告舆论的引导与控制面临多种合力的共同作用，而其中的利益冲突总是在多元关系的博弈中，从"最大化"的理想中演变为一种权力制衡、广告舆论多元引导与控制的结果，使得广告舆论的流动朝着广告主和社会公众共同预期的方向发展。

二 新媒体环境中广告舆论的走向

我国学者认为："舆论环境是指不同领域、不同层次、不同类别的许多具体舆论的有机整体。"[1] 这里提到的舆论环境指的是广告舆论的内部构成环境。市场环境的变化和媒体技术的变革是影响舆论环境变化的两个重要因素，这里提到的舆论环境则是指舆论的外部环境。我国学者指出："切实了解舆论环境，对于正确估计具体舆论的突然变化带来何种影响，进而采取相应的引导措施，是十分重要的。如果对舆论形势的估计出现偏差，引导舆论的工作便会出现相反的效应。"[2] 了解广告舆论的内外部环境，是把握广告舆论走向的基本要求，对新媒体背景下广告舆论环境的分析研究，则有助于对广告舆论发展态势的精准评估。

---

[1] 孟小平：《揭示公共关系的奥秘——舆论学》，中国新闻出版社1989年版，第61页。
[2] 陈力丹：《舆论学——舆论导向研究》，中国广播电视出版社2005年版，第47页。

广告舆论的内部环境，是指由广告传播引发的不同场域、不同层次、不同类别的众多具体议论现象或活动的有机体。广告市场的成熟和广告活动的有效展开，使广告舆论以多种具体的舆论形态出现在广告传播的场域中，以广告作品传播为载体的广告舆论现象，以问题广告传播为焦点的广告舆论现象，以政治主张、思想观念传播为核心的广告舆论现象和以消费信息传递为目的的广告舆论现象交织在一起，使广告舆论生成传播的内部环境得以改善和优化。另外，市场经济深入发展和中国社会民主化进程加快，重构了广告舆论生成发展的外部环境，广告传播行为的社会扩散力、渗透力和影响力日益显著，广告舆论已经成为社会发展系统话语通道中的重要力量。其中，媒介融合成为推动广告舆论内外部环境发展变化，促使广告舆论在更为宽泛的领域生成、发展、传播的有效推动力量。

"媒介融合（Media Convergence）是指基于数字化技术的不同媒介之间的资源共享。"[①] 媒介融合并不是一蹴而就的多种媒介形态的简单叠加，从媒介融合的发展阶段来看，各种媒介形态的组合和叠加只是媒介融合的最初阶段。正如我国一个时期众多报业集团的建立，广电集团的组建，各省卫视上星落地，地方台广告联播，一报变两报，一刊变三刊等。其实这些行为还没有触及媒介融合的实质性问题。媒介融合的最终形态是"传播手段的深度融合"，各种媒介之间不再有明显的利益区分，甚至会形成一个完全高于或优于目前所没有的媒介形态。媒介融合在一定程度上，就是利用先进的卫星技术、数字技术和网络技术，通过各种媒介形态的全方位渗透，进行信息终端的搭建和传播，逐步淘汰媒介中的劣势成分，使传统媒体与新媒体的融合优势得以真正发挥。媒介融合为广告舆论的生成与传播创建了灵活多样的环境场域。

"媒介融合"的另一常见提法是指"三网融合"。这里所提到的"三网融合"，与其说是三大网络的合并，不如说是另一种新型媒介的产生。所谓"三网融合"指的是电信网、计算机网和有线电视网之间通过一定的技术改造，不仅在物理上实现资源的共享，更可以实现信息传播、交流的互通共享。"三网融合"实现了信息服务丰富化的同时，也实现了信息的个性化服务，这样的信息传播更加重视公众对于信息的

[①] 喻国明、戴元初：《媒介融合情境下的竞争之道——对美国电视的新竞争策略的观察与分析》，《新闻与写作》2008年第2期。

筛选和深度参与，媒介对于公众"想什么"的议程设置功能得到进一步的加强，通过便捷、轻松的操作即可以看到由媒介视窗展示的现实世界。广告传播也在新技术的运用中不断进行着形式和内容的创新，"碎片化"的广告还继续存在，但"连续剧式""集中式""广告频道式"的广告传播形式已经在理论和实践中开始操练。这个时候，媒介的评论性意见由于媒介完成了对公众的"现实构造"，在一定程度上将发挥极大的劝服性功效，广告主的导向性意见更加有针对性地进入目标公众群体；公众对于广告话题产生的认知性意见也变得更加深入，公众可以在新媒体环境中独立发表对广告的见解，不再人云亦云。广告舆论的主体虽然更加细化，由于意见可以充分讨论而趋于深刻统一，因意见统一而聚集在一起的公众群体将变得愈加坚固。从这个角度来看，广告舆论通过媒介的引导与控制将变得更加有效。

同时，以互联网技术为基础的网络媒体和以数字技术为基础的移动媒体，不但对传统媒体构建的舆论环境构成了强大的冲击，而且形成了新的舆论语境，使得公众舆论的浅层表象——态度、意见或情绪变得更加活跃；广告舆论中主体之间互动变得更加积极，公众认知性意见对广告发布者导向性意见的反作用逐渐变得越来越强大。公众的反馈性意见传播在广告舆论的形成过程中已不再是可有可无的部分，在这个时候，公众中的"意见领袖"在网络媒体中的意见表达更加自由和活跃，而且这部分人群的数量会远远高于传统媒体时代的数量。网络的匿名性和便捷性促使更多的人加入到"意见领袖"的队伍，至少也期望能够在关系切身利益的问题上成为表达意见的主体，以达到传播、宣泄、褒贬的目的，进而施压于广告发布者或者广告舆论的大环境。网络媒体搭建了免费和便捷的传播平台，移动媒体创建了快速和及时的传播手段，二者的结合正在一步步建构着一个新的舆论环境。博客、虚拟社区的传播平台，实现了广告话题快速和深层地进入社会公众群体，并在互动传播和沟通交流中迅速生成为广告舆论；微博的流行，在一定程度上是网络媒体与移动媒体完美结合的产物，"一句话"就能掀起轩然大波，信息传播变得更加快捷和便利，各种各样的网络明星更是充分利用这一新兴平台进行着个人广告营销，通过广告舆论的影响力来聚集人气。目前，许多企业和品牌都在通过这样的传播平台进行"事件营销""人物营销"和

"品牌营销",并取得卓有成效的舆论传播效果。如联想电脑就非常善于运用网络"事件营销"来制造舆论。联想曾在推广其 ideaPad U10 笔记本时以"红本女"为事件人物,来制造广告舆论和营造广告舆论氛围,为联想进行以后的事件营销提供了难得经验。2008 年 8 月联想再次启动网络"人物营销",利用广告舆论的引导与控制向网民推销它的 ideaPad S9/S10 系列笔记本,下面这段文字描述了这次"人物营销"的概况:

2008 年 8 月,在搜狐 ChinaRen 社区中出现了一个名为《漂亮学姐竟是恋熊女孩,我来冒死掀她老底》的帖子。楼主称该文章是其校花学姐的私人博文,讲述了一个精致而悲伤的爱情故事,文章的纯美内容和精美插图立刻受到网友追捧。而在该故事插画中第一次出现了酷库熊的卡通形象和名字。此后不久,搜狐 ChinaRen 社区再次贴出了《三十五中校花拍酷库熊真人照片》:一个美丽的女孩和一只守在她身边的玩具熊。随后作为爱情象征的酷库熊推出了系列卡通表情,从而转化成为一个网络卡通形象。有猫扑网友将酷库熊的故事拍成图片视频《恋熊女孩劲爆视频》,该帖在论坛受到热捧,除了网友自发的转帖外,陆续有各种专业人士和知名网站加入其中,制作各种周边宣传品。首先问世的是一套酷库熊的爱情熊样,其设计精良,绝对出自大公司手笔。腾讯更以官方姿态,紧接着为这个感人至深的故事推出了酷库熊系列 QQ 表情下载,将这个火爆话题推向了高潮。2008 年 9 月 1 日,神秘发帖人曝光,有人砸千万巨资将该故事改编成电影,并发布 30 秒宣传片花,称其为国内首部胶片互联网电影,正式版于 2008 年 9 月 4 日在网络上映。2008 年 9 月 4 日,电影《爱·在线》以联想 ideaPad 冠名的方式正式上映,谜底终于揭晓,联想在搜狐 IT 频道以报道专题的方式首次将产品结合到网络电影中,并在各大网络媒体上强力放送,带给网友们一场视觉盛宴。联想决定由林俊杰演唱主题歌《爱·在线》,并宣布酷库熊成为联想新系列笔记本卡通形象代言人。[①]

[①] 王成文、莫凡:《网络广告案例评析》,武汉大学出版社 2011 年版,第 21 页。

从以上的描述来看，网络广告舆论引导与控制的最终指向是产品或服务。无论是"人物"还是"事件"，都是网络广告舆论引导与控制的"噱头"或"道具"，其目的就是通过这些"噱头"和"道具"的合理设置把受众的注意力吸引到产品和服务之上。在新媒体环境下，网络营销传播往往能够把人物、事件、故事、悬念、感情、视听艺术、互动行为有机结合在一起，使广告舆论的引导与控制在一个个预先设置的"情景"中得以完成。

广告舆论外部环境的变化，也受制于其他相关因素。如社会阶层分化，使得社会舆论与广告舆论往往交织在一起，广告舆论生成环境变得更加复杂；而世界传媒发展趋势，又引领着广告舆论发展方向，广告舆论的走向随着世界传媒发展格局的改变而变化。

我国学者认为："社会阶层指社会中按层次排列的较同质而且持久不变的群体，每一阶层的成员具有类似的价值观、兴趣和行为。"[1] 社会阶层的分化，使得社会舆论生成场域按照社会阶层的分割重新组构。陆学艺在《当代中国社会阶层研究报告》中，将中国社会阶层划分为十大阶层，这一划分显示出社会阶层的人群数量存在相当的差距。处于金字塔顶层的人群毕竟是少数，大多公众处于金字塔的中下层。[2] 在舆论表达人群的数量上，看似中下层的公众占据优势，但在现实生活中因舆论的生成诱因不同、舆论的类别不同，公众对广告话语权的掌控也不尽相同。中国独特的社会阶层结构，使得舆论的主体、客体和本体都以多元的面貌出现；同时，人数的多少已不再是判断舆论是否存在的必需指标，少数"精英阶层"和"草根阶层"的意见表达通过网络的快速传播和媒体的强势放大同样会产生强大的舆论影响。社会转型时期，社会贫富差距越来越明显，社会阶层之间的矛盾处于一种潜伏状态，舆论也不再仅仅是社会底层民众对"社会权力阶层"的一种抗争性意见，而是不同阶层、不同群体之间自主性、建设性、交流性意见的多元表达，有时舆论就是社会矛盾在现实社会中的具体反映。社会矛盾越尖锐，舆论呈现的概率和传播的频度就越高，甚至会频频出现舆论"一边

---

[1] 高志宏、徐智明：《广告文案写作——成功广告文案的诞生》，中国物价出版社2002年版，第97页。

[2] 陆学艺：《当代中国社会阶层研究报告》，社会科学文献出版社2002年版，第9页。

倒"的不理智现象。有学者认为："随着我国经济社会快速发展和改革的不断深化，社会利益格局调整加快，价值体系多样化，经济发展与生态环境保护矛盾凸显，不安定的因素也在增多……未来很长一段时间，我国还将面临突发公共事件所带来的严峻考验。"①

从现实境况看，我国已经进入一个突发事件的高发期，不安定因素逐渐增多，河南双汇"瘦肉精"事件，上海"染色馒头"事件，金浩"茶油致癌物超标"事件，蒙牛诽谤圣元奶粉"激素门"事件都成为社会公共安全事件，在这一过程中，由企业广告营销所带来的突发公共事件也在不断考验着公众的信息判断力。肯德基的中国式早餐广告引起的争议，蒙牛特仑苏牛奶添加剂超标中企业推出的"六部委证言广告"引发的舆论不满，霸王"二恶烷"事件中公众对成龙代言广告的质疑，三鹿奶粉的三聚氰胺事件中网友对其系列广告的恶搞，都和不同阶层的多元意见表达和意见交汇有关。现实社会中的广告舆论，时常超出广告主表达广告理想和民众对广告传播进行褒贬的范畴，舆论骤起映射出的往往是不同阶层之间的意见碰撞和潜在社会矛盾的直观呈现。

对于世界传媒发展的趋势，我国学者将其归纳为"三化"，即全球化、数字化和多样化。② 全球化、数字化和多样化不但是世界传媒的发展趋势，也引领着我国媒体的发展方向。

表 11-1　　　　　世界一些主要国家的传媒实力对比③

	传播基础相对美国比重（%）	国内传播相对美国比重（%）	国际传播相对美国比重（%）	传媒经济相对美国比重（%）	传媒实力相对加权指数（%）
美国	100	100	100	100	100
中国	55.57	88.72	14.43	6.45	47.46
日本	36.37	65.01	19.1	25.63	39.84
英国	25.3	21.78	37.79	13.22	27.68
印度	43.59	44.01	7.06	22.85	27.07
德国	25.7	27.4	25.2	13.45	24.95

---

① 叶皓：《突发事件的舆论引导》，江苏人民出版社2009年版，第18页。
② 阮志孝：《传媒发展大趋势对我国舆论引导的挑战》，《今传媒》2007年第6期。
③ 胡鞍钢、张晓群：《中国传媒迅速追赶的实证分析》，《战略与管理》2004年第3期。

续表

	传播基础相对美国比重（%）	国内传播相对美国比重（%）	国际传播相对美国比重（%）	传媒经济相对美国比重（%）	传媒实力相对加权指数（%）
意大利	21.01	11.13	16.94	5.76	13.91
俄罗斯	13.68	17.29	13.8	0.91	13.9
法国	14.36	14.15	14.15	7.34	13.49
西班牙	11.14	6.8	12.46	4.32	9.25
加拿大	11.59	9.66	8.11	3.51	8.62
墨西哥	8.33	9.46	4.12	3.57	6.63
澳大利亚	6.34	7.27	4.32	3.47	5.62
荷兰	5.29	4.99	4.9	2.6	4.75

随着我国改革开放步伐的加快，中国已经融入世界经济发展的大潮中，传媒业的技术发展和信息传播也逐渐在"三化"的背景下和国际接轨，尤其是网络新媒体的发展更是紧扣世界脉搏。据统计，我国网民数量截至2010年底已经达到4.2亿，跃居世界第一，[①] 而我国的手机用户也已突破7.4亿，且预计未来3G用户将超过1000万，[②] 这些数据无不显示在世界媒介发展的语境下，我国媒体发展格局的新变化。据学者们调查研究，在新千年来临之时，中国也迎来了传媒业发展的新时期。一项调查资料表明，在2000年反映传媒实力的各项总量指标中，中国在多数指标上位于世界前列，2000年中国的传媒实力位居世界第二位，已成为一个名副其实的传媒大国（见表11-1）。经过十余年的发展，我国近年来的传媒实力进一步增强，中国传媒在国际上积极参与国际信息交流、争夺国际信息交流的话语权的步伐进一步加快。

但值得注意的是，以美国为首的西方国际传媒在媒体基础设施建设、国内传播、国际传播、传媒经济发展、传媒实力增长等传媒实力指标上仍处于领先地位，在意识形态领域与传媒经营领域，西方媒体多利用其传媒强势地位加强对中国传媒领域的渗透。尤其是中国加入WTO

[①] 张奕：《我国网民数量达4.2亿》，http://news.163.com/10/0716/04/6BMFRRCK00014AEE.html，2010年7月16日。

[②] 《我国手机用户突破7.4亿》，http://it.sohu.com/20091223/n269150474.shtml，2009年12月23日。

后，西方传媒利用中国传媒管理方式和经营格局的变化，以各种形式向中国市场渗入，争夺中国市场这块大蛋糕。2000年以后，在国际传媒竞争加剧的情形下，"中国每年进口的外国电影超过40部，有30多个境外频道先后在中国落地，60多个境外传媒企业在中国设立办事处，排名前十位的杂志半数以上有外资股份"。[①] 与西方传媒集团相比，中国的传媒集团的改制与重组虽然取得初步成功，但无论在实力、技术、管理和人才储备上都还存在着一定差距，从综合实力看，中国传媒在与西方传媒的较量中仍将面临巨大的压力。

世界传媒发展全球化、数字化和多样化发展的新趋势，营造了新的广告舆论氛围，也为我国利用广告舆论传播同世界对话创造了条件。

其一，从世界传媒发展趋势看，全球化、数字化和多样化的发展趋势，带来的不仅是信息内容的变化，更重要的是传播理念的变化，广告舆论的影响力在传播理念的变化中不断增强。国际传播中，各个国家强调对外信息传播的"客观性"和"公正性"，强调信息交流中的"对等性"和"公平性"，推崇受众的信息知晓权和表达权。不同国家意识形态的渗透虽然依然存在，但在相关信息传播上更注意策略和方法。在这种变化中，广告在全球化、数字化和多样化的发展背景中，开始扮演重要角色并发挥重要作用。广告传播按照市场规律和商业模式运营，主张公平竞争和信息的公开表达，无论是西方的政治竞选还是东方的政治理念广告，无论是产品信息的直接陈诉，还是企业品牌形象的客观塑造，大都关注受众的心理感受，大都顾及当地的民族情感和民俗风情；同时，广告传播淡化了政治宣传的强硬色彩，以柔性方式传播政治观念和商业经营理念，更容易在潜移默化中达到信息传播的目的。多年来，广告传播一直以来以貌似"客观性""公正性""对等性""公平性"的信息传播方式获得人们好感，也成为不同国家尤其是西方国家推销政治理念和商业文化的有效工具。如日本早期的电器广告，在广告诉求上，强调"你我的""大家的""新时代的"；而美国的"麦当劳"广告和"可口可乐"广告传播则强调"美国的""世界的"，力图在广告舆论的制造和传播上拉近和受众的心理距离，并通过广告舆论的影响来增加受

---

① 赵小兵：《准备好了吗？——外资进入传媒市场大幕拉开》，新浪网，http://tech.sina.com.cn/other/2003-05-21/1025189278.shtml.

众对其民族文化和商业文化的认同感。在世界传媒发展的新趋势中,这种功能和作用得到进一步提升和强化。中国近年来开始注意到在国际传播中广告舆论引导和控制的重要性,前文提到的2008年北京奥运会中国政府海外奥运广告的发布,"中国制造广告"和"中国国家形象广告"在海外播放,都是中国政府试图利用广告舆论影响塑造中国在国际政治经济舞台新形象的尝试。随着世界媒体发展格局的不断变化,将有更多形态的广告舆论在国际交流和对话中发挥作用,广告舆论的影响力也必将进一步增强。

其二,世界传媒竞争的现实格局,不仅为广告传播带来新的挑战,也为广告舆论的引导与控制开辟了新的路径。新媒体的发展,使广告舆论的运行机制和传播模式都发生了新的变化,对广告舆论的引导与控制也提出了新要求。从广告舆论管理与监控层面考虑,在传统媒体的广告舆论引导与控制上,强调政策法规的引导,传播理念的引导,传播者行为规范的引导和受众广告素养的教育。而新媒体中的广告舆论引导与控制除了关注传统媒体广告舆论引导与控制的相关层面外,还需关注国家政府、相关部门形象塑造的网站内容建设;企业产品、品牌、形象网络营销传播的渠道建设;网络论坛中网络舆论领袖的意见搜集、整理;网民意见的数据库建设,包括网民在使用广告产品,交流消费心得、讨论广告问题时的信息收集、筛选、过滤、反馈等相关内容建设。从广告舆论的引导与控制方式变化角度考量,则要顾及新媒体的传播特性及新媒体环境下广告舆论生成方式的改变。如德国之声电台网站2011年2月15日报道美国之音将撤销其汉语广播和电视节目,后经国内媒体转载美国媒体报道证实,美国广播事业管理委员会14日向国会提交了其2012财年预算方案,其中包括了该项财政削减计划。美国之音计划自2011年10月1日开始全面停止其普通话短波、中波及卫星电视广播节目,全面取消粤语广播,并计划裁员45人,其中有38人来自普通话栏目组。对于美国之音的这一举措,"第一视频"独家特约评论员孔庆东就这一话题在《坐视天下》之《孔和尚有话说》节目中进行了点评。他认为美国之音取消对华中文广播,除了其自称的经费紧张的原因外,还有三个原因:一是网络时代的背景,二是英语普及的原因,三是历史使命的完成。而网友爆料确有更深层次的原因,下面这段话引人关注:

"那么美国政府将用于短波宣传的资金转用哪里了呢?据美国网络消息,由于美国这几年通过实验,五角大楼得出使用网特潜入大陆各大论坛操纵网络舆论的效率和破坏作用远远大于短波。能有效地打击大陆的民族主义情绪,扰乱大陆政治环境。而且成本很低不易被发现,故将原有的短波经费用于培养和支付在华网特的费用!"①

如果以上这段消息来源可靠的话,就为人们重新思考新媒体环境下舆论引导与控制提出了新的课题,也为如何加强网络时代广告舆论的引导与控制提供了新的借鉴。

三 广告舆论主体以多元化形式呈现

广告舆论的主体是公众,但广告舆论主体有其独特的结构,广告舆论的主体不是单一的公众,或者是整齐划一的"公众",而是在抽象的"公众"概念中依据现实状况自然呈现出来的具体意见公众。现实生活中,广告舆论主体以多元化形式呈现。

广告主是广告舆论主体的重要组成部分。正是因为广告主对于其"利益和需求"的表达,才产生了广告舆论的基本形态,并引发公众基于此的舆论关注。首先,广告主是社会公众中有强烈意见表达愿望的一个有机分子。在我国封建社会长达几千年的重农抑商政策下,广告主作为商品经济的代表,长久以来是处于一种被压抑和控制的社会底层,是社会公众的组成部分,也是广告舆论的重要主体之一。中华人民共和国成立以后,特别是改革开放以来,广告主在意见表达和舆论引领方面有了相对自由的空间,其广告舆论主体的地位得到提升和加强。其次,在现代社会,尤其是社会主义市场经济新环境下,广告主不断分化。有占有大量社会资源的广告主,也有占有少量生活资料的广告主,任何有产品可以进行交易的社会公众,均可以进行广告传播,广告舆论的传播主体在不断衍化。最后,在民主社会里,广告主的类别也在不断增加,有表达思想观念的广告主,有传递商品信息的广告主,还有塑造形象的广告主,不同类别的广告主的意见表达,丰富了舆论流动的形式,不同形式广告舆论的流动,也反映出不同舆论主体履行其言论自由权利的

---

① 《美国之音停播原来是网特的功劳?》,http://www.tianya.cn/publicforum/content/worldlo,2011年4月25日。

社会其他公众是广告舆论主体的主要组成部分。这里提到的社会其他公众是区别于广告主以外的社会公众，他们是广告舆论的主要意见表达者。但社会公众阶层的多样化使得社会公众在具体的广告舆论形成过程中，往往以不同的意见主体呈现，这就是我们前文所提到的意见公众，包括广告舆论的倡导性意见公众、广告舆论的评价性意见公众，广告舆论的批评性意见公众。在广告舆论的形成过程中，有一类公众起到至关重要的作用，这就是广告意见领袖。广告意见领袖可能是广告作品中的明星代言人，也可能是广告学者或广告业界的领军人物，他们是广告舆论公众中最为活跃的部分，其在广告舆论传播中所发挥的作用也是不可低估的。人们认为："在群体中，舆论领袖对于舆论的形成也起着相当重要的作用。这个概念指的是群体中热衷于传播消息和表达意见的人，他们或是比同伴更多地接触媒介或消息源，并热衷于传播消息和表达意见的人，或者同时是某一方面的专家，他们的意见往往左右周围的人。"[①] 在广告舆论的引导与控制中，对于广告意见领袖的关注及研究，也是一个重要的课题。

媒体在广告舆论的传播过程中，也往往以广告舆论传播主体的身份出现。一方面，广告媒体和大众传播媒体在信息呈现形式上还有着较大差别，现代广告作品在许多情形下是以"媒体+广告"的结构形式出现，媒体本身构成了广告作品的重要组成部分；另一方面，大众传播媒体也往往利用掌控的资源来为自身做广告，或以舆论传播主体身份来为社会或他人做广告，如媒体的公益广告发布等。从这两个方面看问题，可以发现，媒体不仅是广告舆论传播的重要载体，在现代广告传播活动中也会自觉或不自觉地成为广告舆论传播的主体。实际上，在现实生活中，媒体不仅参与广告的讨论，而且还肩负着引导与控制广告舆论传播方向的责任。媒体在广告舆论形成过程中扮演着舆论主体和舆论载体的双重角色，对媒体这种双重属性的关注与研究，也是做好广告舆论引导与控制的重要课题。

---

① 陈力丹：《舆论学——舆论导向研究》，中国广播电视出版社2005年版，第54页。《整合营销传播》，http://baike.baidu.com/view/178029.htm，2010年12月23日。

四　广告舆论传播路径进一步拓展

广告舆论传播路径包括广告主依托传统媒体发表广告主张、传递广告观念的信息传播通道，大众传播媒体有关广告观点的评论和广告舆论引导的信息传播通道，以及广告受众、广告管理者、广告学者依托大众媒体、会议论坛、网络社区针对广告问题、广告现象发表的批评性、争鸣性、反馈性意见的信息传播通道。其中，在广告舆论传播的诸多路径中，网络口碑营销传播进一步拓展了广告舆论生成传播的通道。网络社区、网络论坛成为广告舆论传播最为活跃的空间和平台。

媒体技术的每一次革新，都为广告主体的信息传播带来一次质的飞跃，也为广告舆论的生成、传播带来新的景象。在媒介的发展史上，报纸的出现使得广告信息的大众传播成为可能，广告也成为媒介发展的重要支撑，并演化成媒介的重要组成部分。随着以广播和电视为代表的电子媒介逐渐出现，使得广告传播的范围扩大，并且出现了分众传播的现象。而以互联网技术为支撑的网络媒体的诞生，使广告传播进入了"整合营销传播"时代。整合营销传播（Integrated Marketing Communication，简称 IMC），是"营销"与"传播"的一次完美结合，前文已提到，虽然目前这一理论还处在不断发展和完善之中，但是其倡导的理念却深受学界和业界的广泛认同，并在广告传播实践中被广泛运用。整合营销传播理论倡导整合各种广告传播手段，"其中心思想是以通过企业与顾客的沟通，以满足顾客需要的价值为取向，确定企业统一的促销策略，协调使用各种不同的传播手段，发挥不同传播工具的优势，从而使企业实现促销宣传的低成本化，以高强冲击力形成促销高潮"。[①] 整合营销传播理论在实践中广泛运用的一个重要结果，就是广告主的导向性意见可以深刻、有效地对社会公众的心智产生影响，使广告舆论沿着其预先设定的方向流动。

前文所述，新媒体的出现，不仅为社会公众提供了展示意见的平台，同时也使得广告传播过程中的"信息不对等"情况得到一定程度的改观，受众可以通过网络平台对广告发布者所提供的产品或服务进行

[①] 《整合营销传播》，百度百科，http://baike.baidu.com/view/178029.htm，2010 年 12 月 23 日。

搜索和查询，广告主也可以收集和整理受众关心的有关产品或服务的代表性的问题集中解答或回复互动的结果。广告主达到了营销传播的目的，受众也实现了一定程度的信息共享，广告意见的形成就有了可以达成共识的基础。另外，在新媒体环境下，社会公众对于广告产品或服务的意见表达从四面八方或全国各地在企业网站或企业论坛上汇聚，容易形成"聚势效应"。所谓"聚势效应"就是将分布在不同区域、不同时间、拥有共同意见表达的社会公众聚集起来，这种聚集起来的公众往往能够产生和形成"意见的合力"，进而形成企业或广告主体所期望的广告舆论。还需要提到的是，社会公众之间的"口碑传播"一向是广告主比较重视的营销传播方式，传统的口碑传播是人与人之间的"面对面"的传播方式，这种方式由于受到时间和空间的限制，其传播强度、传播时间、传播范围却是发散式的，并不能完全为企业和团体所控制。而随着互联网媒介的发展，这种口碑传播借助虚拟社区、即时通信工具、微博等形式得到快速的发展，很多信息也就是在公众"复制""粘贴"的几秒钟就实现了成千上万的传播频次，"网络口碑传播"已经成为广告舆论传播的重要形式和路径。

媒介融合的实质是媒介内容与形式的整合，其目的是发挥媒介资源的综合效应，实现媒介信息传播价值的最大化。一方面，媒介通过自身资源的整合和调整来优化传播效果；另一方面，媒介通过合力来增强其传播影响力的现实作为。如"三网融合"整合的是广电传媒、电信传媒和互联网传媒的资源，这种形式上的联合虽然是在政府的干涉下进行的，但也进一步放大了不同类别媒体各自在信息传播领域的优势，以及在资源整合后信息传播的综合效应。同时，也强化了媒体在舆论引导和控制方面的力量，并对中国未来的信息传播、信息分享产生深远的影响。网络媒体的开放性使得"意见领袖"的作用日益强大，主流门户网站的舆论引导与社会公众的舆论参与交织发生，它们相互促进，共同造就了一个相对宽松的舆论环境。媒介舆论影响力放大的另一个后果，则是舆论控制难度的加大。如网络媒体上所产生的网络推手、网络水军已成为新型的不容忽视的舆论力量，他们不但隐蔽性强，力量也异常强大，由于缺乏必要的监管，几乎成为网络"黑道"，"拿人钱财，替人消灾"成了他们的行规，甚至不问青红皂白，不辨是非曲直，这样的网络传播行为，虽然在多数情况下形成了"群体舆论"，但这是虚假的"舆论"，社会危害性极大。对这一类舆论的引导与控制又是一个全新的课题。认识和分析这些现象，对新媒体环境下广告舆论传播的路径进一步拓展这一命题也就有了更深刻的理解。

五 广告舆论表达主题面临更多选择

广告舆论表达主题可选择性增强同样与广告舆论环境的变化直接关联。据前文所述，"舆论环境"包含舆论生成、发展、传播的内部环境与外部环境。如陈力丹认为："舆论环境不是指关于一般精神环境的笼统感觉，而是指对各种舆论之间有机联系的较为清晰的认识。"[1] 显然，这里表述的舆论环境是舆论生成传播的内部环境。舆论环境还应包括舆论生成的外部环境，外部环境对舆论的生成有着至关重要的作用，特别是民主政治、媒介渠道和公众意愿等，对于公众的意见表达和形成舆论都产生极大的影响。目前，广告舆论的表达主题多样化与民主政治、媒介渠道和公众意愿都有着非常紧密的关系。随着社会主义民主政治建设的不断完善，以广告主、广告创意人、广告管理者、广告学者、广告受众为主体的社会公众拥有了自由、合法的广告话语权，可以公开地表达广告意见、广告观念和自由地传播广告信息等，广告舆论主题自由表达成为广告舆论传播的新特征；媒体技术的飞速发展，不断组合、衍化为新的媒介平台，为社会公众表达广告意见、广告观念和传播广告信息提供了多样化的传播渠道，媒介功能扩张更进一步延伸了公众广告意见表达的张力，各种广告主张、广告观念和广告意见均可在媒介平台上发生碰撞；同时，伴随着我国市场经济的快速发展，社会公众的消费意识和维权意识明显增强，对广告信息的过滤、筛选、评判的能力越来越强，公开表达、传播自己的观点的愿望也越来越强烈。这一切都促使广告舆论信息流动加快，广告舆论主题因公众广告意见的多元表达而变得丰富多样。

广告舆论主题选择性增强主要表现四个方面。首先，政治广告舆论主题凸显，尤其是以国家政府机构作为广告发布者的政治广告舆论主题

---

[1] 陈力丹：《舆论学——舆论导向研究》，中国广播电视出版社2005年版，第46页。

明显增加。2009年和2010年，商务部等部委和国务院新闻办在海外播放的"中国制造"广告片和"中国国家形象"广告片是政治广告舆论主题选择性增强的具体例证。其次，事务性广告舆论主题也明显增多。各级地方政府、各级地方管理部门开始把广告传播当作行政管理的辅助工具来看待，通过广告传播宣传地方性政策法规，制作城市形象广告打造城市品牌，构成了地方性政治广告主题的新景观，事务性广告舆论主题也成为广告舆论主题的重要形态。再次，商业广告舆论主题更加丰富多彩，这也是广告舆论主题的主要组成部分。经济的快速发展，使得社会财富急剧增长，社会物质产品极大丰富，能够满足社会转型时期社会公众日趋增长的物质需求和精神文化需求的需要，企业、团体、个人对不同类型消费主题的提炼，成为广告传播的必修功课，由此而形成的各类商业广告舆论主题成为众多广告舆论主题中最宏大的景观。最后，文化广告舆论主题日益增多。2009年，国务院发布了《文化产业振兴规划》之后，我国的文化产业得到空前的发展，广告业作为文化产业的重要组成部分，其产业归属得以确定，产业地位得以提升，在这样的背景下，以文化传播、文化传承、文化品牌建设为题材的广告传播明显增多，如对中国非物质文化遗产的广告传播和中国元素在广告创意中的运用，都产生了较大的广告舆论影响。在广告发布者的积极引领和媒介的强化引导之下，文化广告舆论主题的呈现逐渐成为日常生活中的常见现象。这些变化表明，广告舆论表达主题面临更多选择，而广告舆论表达主题选择性增强，也为广告舆论的引导与控制增加了难度。

第二节　广告舆论的监管与控制

广告舆论的监管与控制，是审视广告功能效果、判断广告舆论走向、追踪广告传播焦点问题的重要手段和方法。也是政府机关、社会团体、个人管理或参与管理广告活动的一项基本任务。我国学者认为："广告监管是指国家机关、社会团体或者其他组织、个人，运用国家的广告法律法规，对广告活动进行的监督管理，包括行政管理、行业自律、社会监督和司法制裁。"① 而广告舆论监管与控制也应遵循广告监管的一般规律和原则。广告舆论作为一种社会行为,对于它的监管与控制应该从内外两个层面进行,首先就是广告舆论的源头控制,这是广告舆论引导与控制的关键;其次是广告舆论的过程控制,主要表现为广告舆论传播中的应对机制建立;再次是政府控制,即相关法律法规的制定与实施;最后是广告舆论的公众控制,公众作为广告舆论的主体,也常常以广告舆论的监控主体的身份出现,现实生活中,"舆情"就是公众舆论流动情况的现实反映,往往能够反作用于广告舆论主体的导向性意见和媒体的评论性意见,成为广告舆论引导与控制的重要坐标。

一 广告舆论源头的监管与调控

广告舆论的主体包含广告主、广告创意人、公众和媒体。任何一个广告发布者都有可能在特定的情景中成为广告舆论主体。追踪广告舆论的源头,可以从广告舆论主体的作为和广告问题、广告现象的特殊性及重要性两个层面来分析,但首先应是对广告舆论主体的监管。在广告舆论主体中,广告主是广告信息的提供者,广告创意人是广告信息的加工者,媒介则是广告信息的传播者。广告舆论源头的监管和调控应包含对广告主、广告创意人、媒介的综合监管以及对广告运作程序的全面调控。其中,对广告主和广告创意人在广告传播活动中行为规范的监管,是广告舆论源头监管的两个最重要环节。

广告主是广告信息的提供者,也是广告市场多角关系中广告舆论信息的消费者,广告主对广告信息的需求、消费是造成广告信息流动的基本动因,制造舆论、传播舆论也是广告主保证广告信息按照其预设方向流动的基本方式。因此,对广告舆论源头的监控,首先就要对广告主的信息源进行监控。广告主能否保证自己所提供的信息真实、全面;是否有隐瞒、欺诈受众的行为;信息流动的形式是否科学、合理等,都在监控的范围之内。对广告主信息源的监控,应由国家行政部门、工商管理部门、行业对口监管部门与企业内部的宣传部门、市场部门、销售部门、督查部门共同协调进行综合监管,确保广告舆论源头信息流动的准

---

① 李明伟:《广告法规与管理》,中南大学出版社 2009 年版,第 2 页。

确、真实。

广告创意人是广告信息的加工者,也是舆论制造和传播的主体之一。广告创意人的创意活动受到各种力量的制约,其创意方法、创意策略和创意思想以舆论的外显形式呈现时,就要受到多层面的监管与控制。首先是来自广告主的监管,广告创意人是为广告主提供广告服务的群体,在广告创作上很大程度要依据广告主的要求来决定创意思路,广告信息传递必须服务于广告主的营销目标或传播目标。在现实操作中,任何一个广告传播活动都必须要得到广告主的认可和同意,才能结案并投放到相应的媒体之上,广告创意是否完整、准确地体现了广告主的意图,是判断广告创意好坏的一项重要指标,在这一过程中,广告主对广告创意人创意方向的把控强弱,是控制舆论走向是否按照预定方向流动的关键因素。其次,广告创意人的广告信息加工,要遵循广告创意的基本原则和广告创意活动的一般规律。广告创意的基本要求,就是要通过创意来提升广告传播的效果,中外广告大师的经典广告创意思想、创意方法和创意策略,是在广告传播实践中经过反复操练而提炼出的带有共性的广告活动行为准则,这些行为准则对于规范广告创意流程、提升广告创意品质、提高广告传播效果都具有借鉴意义。广告创意人的广告信息加工如果遵循这些行为准则,就可能取得较好的信息传播效果,其表达的广告主张也可能会和受众的广告态度产生共鸣,进而产生正面的舆论影响;广告创意人如果抛开广告创意的基本原则,不能够遵循广告创意活动的一般规律,一味追求个性创意和另类创意,其引发的舆论就可能会发生舆论主体转换,舆论影响就有可能是来自受众的批评性意见或业界评论性意见的汇聚,广告创意活动也就会带来负面的舆论影响。最后,广告人的创意活动要受制于广告行业协会的相关规定和行业自律的有关条文。如中国广告协会 1983 年就出台了行业自律准则,并在其协会章程中就明确提出"为行业建设与发展提供服务"的根本宗旨,也规定了"提供服务、反映诉求、规范行为"的基本工作职责。[①] 该协会有关行业自律、服务宗旨、工作职责的相关规定,对广告创意人的创意活动具有行业约束力,对广告舆论的生成与发展也能起到一定的引导与

---

① 《中国广告协会简介》,http://xh.cnadtop.com/about/about.html,2011 年 3 月 21 日。

控制作用。

二 广告舆论传播中应对机制的建立

广告舆论传播中应对机制的建立是一个系统工程。主要体现在广告主在突发事件中对广告舆论的正面引导和对负面广告舆论的有效化解，政府机构对广告舆论的长期监管与及时控制。

面对突发公共事件或广告事件，广告主对广告舆论的引导主要有两种方式：一种是借助大众媒体平台，公开阐述自己的广告主张，对广告舆论进行正面引导；一种是通过自建媒体或网络社区，澄清广告事实，反映广告真相，解析广告现象和消解广告传播引发的矛盾。在市场竞争日益加剧和媒介融合日益加快的双重背景下，广告主的广告传播活动在任何一个环节上出现问题，都有可能面临蜂拥而至的批评意见和负面舆论的大力围剿。化解矛盾、引导舆论是新时期广告传播者必须修炼的一门功课。成熟的广告主在广告信息传递和广告舆论引导的过程中，能够自觉地遵循广告传播的基本规律，熟悉广告运行的主要程序，了解广告传播的主要目的，对广告舆论的正面引导往往能取得预期的效果。而面对突发公共事件和广告事件时，理性的广告主往往也能够保证信息沟通渠道的畅通，及时、快捷地正面回应问题，引导广告舆论朝着有利于自身的方向发展。危机不是企业的常态，而是在特殊情况下对企业具有破坏性的事件，它具有意外性、聚焦性、紧迫性等特点。如果处置不当，其危害程度不可预见。这种情况下，不回避问题，不闪烁其词，不拖延时间，敢于揭示事情真相，敢于公开表达其持有的观点和占有的立场，及时提出解决问题的办法和公开采取的措施，是广告主引导与控制广告舆论的有效方法和途径。

政府在对广告舆论进行引导与控制过程中，扮演着两个角色，一是作为广告发布者的角色，二是作为广告监管者的角色。但是，无论是哪种角色，其所所为必定代表的是社会大众的利益。在对广告舆论进行引导与控制的过程中，政府一方面要切实建立、完善应对机制，同时，还要关注到新问题、新情况，特别是新媒体环境下广告传播和舆论流动的新变化，担负起对广告传播的监管、评估、评判及广告舆论的引导与控制职责。

在广告舆论引导与控制中，无论是广告主还是政府，需要做的一项基本工作就是要保证信息传播的公开性，其目的是"以准确的讯息对模糊的讯息，为观念形态的舆论提供接近性的参照系，扶植正面行为抑制负面行为"。①

广告舆论传播中应对机制建立也是一个需要各方为之努力的长期工作。政府各个管理部门在广告传播管理和广告舆论引导与控制的具体工作中如何变多头管理为相互协调工作，变多种声音发号施令为信息传递口径一致；如何从为数众多的广告管理相关法规、条例、条款中精炼出简便的、实用的、指导性和操作性强的法律条文；企业、团体、组织如何将广告传播推广的常规性工作、阶段性工作、临时性工作与其长远发展战略和短期中心工作有机结合起来；受众如何提高广告素养，提高广告信息的判断、甄别、选择能力都是广告舆论引导与控制应对机制建设的重要内容，也是未来广告舆论引导与控制系统工程建设的重要环节。

三 相关法律法规的制定与实施

市场经济快速发展，需要建立健全各类法律法规，以保障社会秩序的正常运行和各项工作的协调发展。相关广告法律法规的制定与实施，构建了我国广告传播法律保护体系和约束体系，也为广告舆论的引导与控制规定了相关路径。

我国学者研究发现："一些发达国家的广告监管体制以广告行业自律为主，以政府行政管理为辅，以司法机关的民事赔偿、刑事制裁为主要保障手段。"② 这种监管体系充分体现了"依法行使行政权力"的"法治"精神。法律法规只是被动的监管方式，其具有相对的稳定性和恒定性，在特定时期尤其是社会转型时期，往往跟不上时代的发展和现实的变化；而行业自律作为广告监管的重要组成部分，在广告运作中却往往能够起到法律法规不能替代的作用。

目前，我国已经制定出台的广告法律法规主要有《中华人民共和国广告法》《广告管理条例》《广告管理条例施行细则》《广播电视广告播

---

① 陈力丹：《舆论学——舆论导向研究》，中国广播电视出版社2005年版，第107—112页。

② 李明伟：《广告法规与管理》，中南大学出版社2009年版，第2页。

放管理暂行办法》《广告语言文字管理暂行规定》《反不正当竞争法》《消费者权益保护法》等。① 同时，各地方政府根据实际情况，也出台了相应的法规加强对广告的管理，这些法律法规文件是广告传播的法律保障，也是广告舆论引导与控制的强制性力量。

我国法律监管体系中存在的突出问题有两个：一是广告法律法规建设相对滞后。如1994年颁布的《中华人民共和国广告法》已经实施多年，2015年新修订的《中华人民共和国广告法》也已实施五年，这些年，中国广告发展的内部环境和外部环境均已发生重大变化，其中的一些法律条文已不适用现代广告发展的需要。现实生活中的广告活动和广告现象不能纳入广告法律法规的监管视野，这就造成现有法律对现实广告传播活动缺乏解释力和约束力，而广告传播活动中的新问题、新现象却又无法可依的独特后果。二是在现实生活中依然大量存在着广告相关法律法规实施和监督不力的情况，尤其是在地市一级的城市，各类违反法规的虚假广告、恶俗广告和欺诈广告屡禁不止，不但污染了社会空气，也给广告舆论的引导与控制带来更大的难度。

值得注意的是，一些发达国家的广告监管体制以广告行业自律为主，以政府行政管理为辅，以司法机关的民事赔偿、刑事制裁为主要保障手段的做法，在我国却没有得到认可。广告行业作为利益主体出现，却很难作为广告监管主体发挥作用，广告行业自律在广告监管体系中的地位不高、作用有限，极大削弱了广告监管的效力。而以司法机关的民事赔偿、刑事制裁为主要保障手段的做法在广告维权中并不多见。这也是为什么由广告主、广告创意人广告传播行为不当引发的广告舆论呈现较多的一个重要原因。

四 舆情调查与舆情分析的跟进

舆情指的是"在一定的社会空间内，围绕中介性社会事件的发生、发展和变化，作为主体的民众对作为客体的社会管理者及其政治取向产生和持有的社会政治态度。它是较多群众关于社会中各种现象、问题所表达的信念、态度、意见和情绪等表现的总和"。② 也就是说，并不是

---

① 李明伟：《广告法规与管理》，中南大学出版社2009年版，第27—28页。
② 《舆情》，http://baike.baidu.com/view/737646.htm，2010年12月18日。

所有广告意见都可以成为舆情，只有那些代表大多数公众意见的舆论方可以成为舆情。

舆情是社会公众对于执政者的社会态度，它具有明显的意识形态色彩。政治广告传播容易形成舆情，如公益广告的传播造成的广泛社会影响，竞选广告产生的阵营对峙；经济文化广告传播同样可以形成舆情，如强势广告传播带来观念、态度的改变，不当广告引发的社会热议等；政府对广告活动的监管与调控也可能促使舆论的呈现，如新政策的出台、对广告活动的行政干预等，最为典型的是近年来对户外广告"一刀切"式的治理整顿，引发的舆论反响十分强烈。

掌握舆情，引导舆情，控制舆论走向，是社会生活中政府和利益团体必修的一门功课。近代中国，社会矛盾异常尖锐，面对帝国主义的军事侵略和经济控制，当时的民族工商业者带领国民掀起了一场声势浩大的"国货运动"，在这场运动中，广告对舆论的引领起到非常重要的作用。"国货运动"是利用舆论的影响来"制造中国"，创建了具有独特内涵的"消费文化"和"民族国家"，但值得注意的是，广告在这场影响全民消费观的舆论运动中并不是孤军作战，而是作为一种重要的舆论力量出现在后来由政府主导的社会舆论的洪流中。广告在制造舆论方面实际起到排头兵的作用。有学者对这一现象做了阐述：

创造民族消费文化的努力具有许多不同的社会表现形式，通过规模浩大而且影响广泛的社会运动，来自政治、经济和社会的各种力量给消费行为施加了一种文化上的强制感。当时广为人知的国货运动，使"国货"和"洋货"所具有的二重性的物质文明意义变得普及起来，并且使消费国货成为中国公民资格的一项基本内容。这项运动包括颁布新的限制奢侈消费的法令——这些法令要求服装使用中国制造的纺织品、频繁进行反帝国主义的抵制活动、举办大规模的展览会和发布无数广告来提倡国货、举行妇女国货年以及大量发行爱国商人的传记。这项运动在方方面面创造出了民族消费文化，这种文化促使近代中国的民族国家形成。[①]

在以上多种形式的活动中，其舆论的强大影响力造成了"文化上的强制感"，这就是消费观念的高度一致性，正是这种观念上的一致性，

[①] [美]葛凯（Karl Gerth）：《制造中国——消费文化与民族国家的创建》，黄振萍译，北京大学出版社2007年版，第4页。

才最终形成舆论的洪流，进而"创造出了民族消费文化"，并"促使近代中国的民族国家形成"。

近年来，国家形象塑造正成为舆论流动的新动向。前文已经提到，2009年11月，由中国商务部会同4家中国行业协会共同委托DDB国安广告公司制作了一个展现"中国制造"的广告片，这则广告在美国有线新闻网（CNN）进行为期一周的播放，这次广告活动被认为是中国政府的首个国家品牌的宣传活动。[1] 在国内也引起了社会舆论的广泛关注。2011年，国务院新闻办公室启动国家形象系列宣传片的拍摄工作，该片是为塑造和提升中国繁荣发展、民主进步、文明开放、和平和谐的国家形象而设立的重点项目，是在新时期探索对外传播新形式的一次有益尝试。共分为两个部分，一部分是30秒长度的电视宣传片，另一部分是15分钟长度的短纪录片。国家形象系列宣传片自立项以来，得到了社会各界人士的踊跃参与和民众的广泛关注。"2011年1月12日，国家形象宣传片的人物篇制作完成，1月17日亮相纽约时代广场。"[2] 这些广告，通过广告传播、舆论引导，展示了中国国家的"软实力"，引起了社会公众的极大关注，无论是在海外，还是在国内，人们都给予了高度的评价，产生了良好的舆论影响。

第三节　广告舆论传播中利益冲突与权力制衡博弈

广告传播中的利益冲突是其与生俱来的问题。广告传播所构成的利益圈不但涉及广告主、广告人、媒介、社会公众，还关系到社会环境中的社会整体利益。也正是利益相关群体庞大，所以在广告传播中所产生的利益冲突就在所难免。但这样的利益冲突并不是你死我活的生死较量，而是广告市场多角关系的权力制衡。广告舆论在这种利益冲突与权力制衡的博弈中生成、发展和多向传播。

---

[1]《中国政府全球投放广告，宣传"中国制造"》，http：//news.163.com/09/1130/05/5PBIMI4O0001124J.html，2009年11月30日。

[2]《中国国家形象宣传片》，http：//baike.baidu.com/view/4011060.htm，2011年3月5日。

一　广告舆论传播主体互动制衡明显加强

广告舆论不同于其他舆论形态的一个重要特征是，广告舆论的传播主体也是广告市场多角关系的利益互动主体。广告舆论的生成发展首先与广告传播活动有关，其次与广告市场多角关系的利益互动有关，最后与广告市场中多角关系的力量对比与力量制衡有关。正是在这种互动与制衡中，广告舆论才能按照一定的方向流动。其舆论生成的不确定性和舆论流动的相对规定性，构成了广告舆论流动的独特景观。

表面上看，广告传播是广告主单方面进行的信息传播活动，广告主的广告传播活动带有鲜明的个人意识和主观色彩。广告主既然是广告市场的消费者，那么就可以通过付费而占有信息传播的主动权，因而，广告主可以利欲熏心，为了一己私利不惜利用虚假广告、恶俗广告赚取利润，也可以为所欲为，以损害社会公众的利益来满足自己的虚荣心。但实际上，广告主是广告市场中的一员，也是社会的一分子，广告主的广告传播活动要受制于诸多要素，如受众的需求、市场的容量、创意思想的磨合、媒体的导向、社会的价值取向，等等。广告主与广告市场中多角关系的利益分享，是在经过一系列的利益制衡后实现的，而这种利益制衡是一个复杂的博弈过程。如2008年7月，面对油价、原料价格的不断上涨，郑州思念食品单方面提高其品牌下所有产品的价格，使得思念速冻产品平均要比其他品牌的价格高出0.5元左右，但消费者不买账，思念产品销售量严重下滑。2008年下半年，受华尔街的金融危机影响，思念食品销量进一步滑落，在2009年初不得不宣布重新降价，回落到从前的价格。从这件事情中可见看出，广告主任何单方面的行为都可能受制于广告市场的利益制衡，广告主与社会公众之间的利益分享，是在这样一种看似游戏般的"博弈"中达成的。

广告人和媒介也是广告舆论的传播主体之一。广告人也可以称广告创意人，广告人依托广告代理机构为广告主服务，广告代理机构能够为企业和社会提供服务，就在于其具有信息加工、创意发想、媒介选择的综合能力。广告代理机构的专业品质和品牌形象是其在广告市场上保有竞争力的重要砝码。而专业品质的铸造和品牌形象的树立则又和广告代理机构能否以优质服务赢得广告主认可、其创意思想能否得到社会和受众认同为基本前提。广告代理机构的服务要受制于广告主的需求、市场环境的变化、文化传统的观照。广告代理机构的专业特色凝练、客户管理系统建设、公司创意思想的总结,都是广告代理机构为融入广告市场的制衡系统,又试图保持独立话语权所做的巨大努力。这种角色地位决定着以广告创意人为核心的广告代理机构是广告市场多角关系中的一种制衡力量,也是广告舆论主体中对舆论流向有控制力的重要力量之一。

媒体对广告舆论的引导与控制充满悖论。广告主是广告市场的消费者,媒体则是广告市场中利益的最大获取者。巨额的广告费保证了媒体的日常运转,也决定了媒体成为广告主最坚强的利益同盟者,"拿人钱财,替人消灾"的古训在广告主与媒体的现代关系中又得到印证,在广告舆论的引导与控制过程中,媒介往往沦为广告主的"代言人",其对广告舆论的引导与控制实际上变成了广告主对广告舆论引导与控制的延伸。另外,媒体的"喉舌"和"工具"特性决定着其不仅要为广告主代言,同样也要为政府和民众代言。对广告法规政策的解读,对虚假广告的批评,对广告主不良行为的遣责,对明星代言广告的评论,又反映着媒体与广告主截然不同的观点和立场,在这里媒体对广告舆论的引导与控制又呈现反方向流动。

由此可见,广告舆论主体之间的利益制衡,导致了其舆论生成的不确定性和舆论流动的相对规定性,构成了广告舆论流动的独特景观。研究广告舆论主体之间的利益制衡机制,分析广告舆论主体利益制衡力量对比,观察广告舆论主体之间意见呈现和意见碰撞的形式、意见流动的路径,就可以在广告舆论生成的不确定性和广告舆论流动规定性中间找到广告舆论引导与控制的更有效方法。

二 广告舆论工具性功能的日益凸显

广告舆论是舆论的基本形态之一,广告舆论和其他舆论形态相比,一个重要差异就在于其功能作用的特殊性。在现实生活中广告舆论有时"被制造""被引导""被控制"。其工具性功能在人为地预先设置中也就日益凸显出来。

广告舆论被用来作为"营销"工具、"导向"工具和"管理"工具使用,有悖于舆论作为制约性力量的本意。在舆论学的研究中,针对舆论被工具化的现象,有学者表示出自己的担忧,他们担心这会导致社会太多的权力被"精英阶层"所掌控。美国学者文森特·普赖斯(Vincent Price)认为,舆论日益成为大众信念驯化的工具,他说道:"对现代民主制度中的公共舆论的第五种担忧集中在金斯伯格(1986)所称的'大众信念的驯化'",在媒介强势传播的压力下,"公众越来越大的惰性会以各种方式导致政府和精英的统治。"[1] 同时,正如汤因比所描述的那样,媒体在告诉人们怎么想的时候,远没有告诉人们想什么更加成功。广告舆论的工具性功能从一定意义上正是循着"舆论制造"和"信念驯化"这个方向展开的,其工具性功能主要体现在商品营销和政治传播等方面。

其一,广告舆论的商品营销工具性功能主要表现在两个层面:一是广告舆论一旦形成,广告传播就已取得预期效果,广告舆论的形成本身就是对广告传播效果的最大肯定。二是广告舆论在传播过程中如果能够实现广告主的广告主张与广告受众的广告意见的有效对接,广告传播就会达到理想效果;如果相悖,引起舆论冲突,有时也能达到意想不到的传播效果。如恒源祥的"十二生肖"广告传播所揭示的正是这样的一个现象。恒源祥推出"十二生肖"广告,以期通过重复传播,强化品牌在受众心目中的地位。但简单、无聊、机械的重复,毫无创意的说辞,引起舆论的广泛关注。有人表现出极大的反感,认为这是对其智力的极端蔑视;有人则认为简单的创意传递了有效信息,强化了恒源祥的品牌印象,达到了好的传播效果,舆论哗然,褒贬不一。但该广告不违法,无欺诈,因此,并没有出现舆论一边倒的情形,其结果是恒源祥利用舆论的工具性功能实现了一次有效传播。

其二,广告舆论的政治传播工具性功能同样表现在两个层面:一是广告舆论成为政治舆论的重要组成部分。政治舆论主要依靠媒体强大的攻势和自上而下的信息单向传播而形成。政治舆论的工具功能主要表现在其宣传和教化的作用,通过舆论的影响,来改变人们的政治态度和观念行为。在现实生活中,政党、政府和利益集团使用政治广告来宣传其政策、法令,传播其政治主张,通过政治广告的宣传教化作用来改变人

---

[1] [美]文森特·普赖斯(Vincent Price):《传播概念 Public Opinion》,邵志择译,复旦大学出版社 2009 年版,第 27 页。

们的立场、观念和态度,使得广告舆论的工具性功能在政治广告传播中也得以凸显。政治广告的传播过程,也是其政治广告舆论生成、发展并对受众思想、观念引导与控制的过程,政治广告传播成为政治舆论生成的工具和渠道,广告舆论自然也就成为政治舆论的组成部分。二是政治广告舆论引导与控制成为政治宣传的重要补充。广告舆论的另一工具性功能主要体现在政治广告传播中舆论的制造、舆论的引导和舆论的控制上。政府机构的政治宣传,政治立场鲜明,政策性强,传播方式往往过于严谨、庄重而缺乏灵活性;传播渠道自上而下有固定模式,相对稳定但较为单一。政治广告传播过程中,对政治信息的解读、传播就带有生动性和趣味性,形式可以灵活多样,内容可以通俗易懂,传播渠道可以拓宽到所有广告媒体,这种传播方式有利于传者和受者的信息互动,有利于政治信息的有效到达,也有利于公众通过讨论、争鸣达成共识,进而形成和谐的政治舆论氛围。

三 广告舆论引导与控制的层次及面临的问题

广告舆论的引导与控制,首先要明晰的是谁引导谁、谁控制谁的问题。政府、媒体对广告舆论的引导与控制是一项常规性的工作。政府管理部门出台的有关管理政策也是广告舆论引导与控制的基本依据,按照常规性的工作程序,依据相关政策法规对广告舆论进行引导与控制也是政府部门的工作任务和工作职责。多年来,各级政府部门积极倡导和参与"公益广告月活动""广告与精神文明建设活动""政府形象广告宣传活动""广告经营专项治理活动"等,加强对广告的监管与引导,出台相关政策法规,提倡和谐广告传播和绿色广告传播,在广告舆论的引导与控制方面,发挥了机制运转的正常功能。媒体对广告舆论的引导与控制是工具性的,但就广告舆论的引导与控制来说,这个工具性至少有两重含义:其一,多年来媒体一直被当作党和国家的宣传工具和喉舌来看待,媒体对广告舆论引导是行使"工具性"职能;其二,媒体的经营管理又离不开广告主的支持和帮助,媒体也成为广告主表达广告主张的重要通道,在许多情形下,媒体对广告舆论的传播引导与控制也同样是行使"工具性"职能。只不过,媒体既充当党和国家的喉舌,也为广告主代言。

公众对广告舆论的引导与控制，是建立在广告信息反馈的基础之上，在与广告主和媒介利益联盟的广告舆论引导与反引导、控制与反控制的过程中，公众的意见往往会占据上风，使广告舆论的走向发生根本性的变化；公众对广告舆论的引导与控制，同样是建立在公众意见的独立、自主表达的基础之上，广告主揣摩公众的消费心理、了解公众的消费习惯、迎合公众的消费需求，按照公众的现实要求来传播广告信息，是公众对广告舆论引导与控制取得明显效果的一个重要标志。

由此可见，对广告舆论的引导与控制，是建立在广告传播功能扩张的基础之上的社会行为，是各个利益群体主观而为之的观念冲突和利益博弈。在广告舆论的引导与控制中，至少存在着政府及相关部门对广告舆论的引导与控制、广告主利益群体对广告舆论的控制、广告受众利益群体对广告舆论的控制三种主要力量。在这三种力量的作用下，广告舆论传播在广告功能扩张中的地位和影响力凸显出来。

首先，广告舆论作为一种工具性的信息传播活动，开始在广告传播的各个环节发挥作用。舆论的制造、生成、传播、引导、控制是以管理手段、营销手段、传播手段、维权手段的面目出现。在这里，广告舆论引导与控制贯穿广告传播的整个过程，渗透到广告传播各个环节，也成为广告传播各个节点上透视广告传播效果的基本参数。

其次，广告舆论生成、传播成为广告传播过程中的一种制约性力量，控制着广告传播的走向。广告传播如能造成广泛的舆论影响，或形成舆论焦点，这是广告主、广告创意人所期望达到的理想传播效果。通过舆论影响来吸引受众的眼球、获得受众的好感；利用舆论的力量来改变受众的态度并引导、控制受众的行为；借助舆论的传播提升自身形象和增加社会评价美誉度，这是广告主、广告创意人孜孜不倦追求的目标。在这一过程中，广告传播主体能否成为广告舆论传播主体，是决定广告舆论能否按照广告主和广告创意人预先期望的方向发展的关键因素。这里首先要看广告主能否找到好的广告话题，能否提出好的广告主张，所提出的广告话题和广告主张能否和受众的心理感受相吻合，能否和社会主流价值观相一致。如果能够做到和受众的心理感受相吻合、和社会主流价值观相一致，广告舆论在广告传播中就会发挥正面的信息引导与控制作用。如果广告主的广告主张和受众的广告意见表达不一致甚至相悖，由此而形成的广告舆论就会成为反对广告主信息引导、反对广告主信息控制的逆向制约力量。广告传播的效果就难以确定和掌控，甚至出现负面效果。

最后，广告舆论成为追踪广告传播效果的重要坐标。广告传播是否有效，广告舆论呈现的强度、形式、走向都是其效果监测的重要指标。广告传播效果的好坏，是以广告信息是否有效到达并对目标受众产生预期影响作为基本参考。其传播效果监测涉及一些基本要素，这就是有效信息到达、受众观念、态度、行为改变或转变。广告信息的到达和广告信息的有效到达是两个概念。前者以受众接触到广告信息为参考指标，后者则以受众在合适的时间、合适的地点、以合适的方式深度、主动接收到广告主精心传播的广告信息为标准。后者的广告传播涉及广告主和广告创意人对信息的精心加工、高度提炼和选择性传播以及受众的互动参与行为。广告舆论形成的前提，就是广告主的广告主张和以广告受众为核心的社会公众的广告意见在碰撞、争鸣或讨论过程中达到近似或相对一致，以广告受众为核心的社会公众观念、态度、行为的改变或转变，广告舆论一旦形成，广告信息的有效到达便成为不争的事实，受众观念、态度、行为的改变也成为舆论流动的显著特征。因而，广告舆论的存在和传播是判断广告信息是否有效到达、广告传播是否达到理想效果的重要指标。

广告舆论的引导与控制是广告舆论研究的重要部分，但由于社会不断发展，广告舆论仍然在不断面临新的问题、新的视野。所以，广告舆论的引导与控制研究将是一个需要学界和业界不断探讨和实践的重要话题。

结　　语

一　研究的主要目的和研究的起点

广告舆论问题的提出，和自古以来就存在的丰富多彩的广告舆论活动有关，对这些舆论现象和舆论活动的梳理和总结，是研究广告舆论发展脉络的基本起点。而对现实生活中不断密集出现的广告舆论活动和广告舆论现象进行考察，则涉及对广告功能的重新审视和对广告传播效果的学理分析，这也是广告舆论问题研究的主要目的和出发点。学者们对广告舆论活动和广告舆论现象的关注和研究，论及广告舆论的导向、广告舆论传播与控制、广告舆论的社会影响力等相关问题，彰显了这一研究领域的学术价值和选题意义，同时也为这一研究的深入打下了基础和明晰了方向。

现代广告活动是以策划为主体、以创意为中心的整体运动形式。在广告市场多角关系的博弈中，广告主、广告人、媒体用越来越强的声音制造舆论并引导和控制着舆论。主观上，广告主、广告人、媒体利益群体对广告舆论的引导和控制集中在产品和服务的销售层面，其传播的舆论多为消费舆论。客观上这一利益群体的舆论主张往往受到社会舆论环境和受众精神文化需求的制约，其舆论主张也时常反映社会主流价值观并顾及受众的心理感受和多元化的消费需求，其舆论主张多以群体舆论形态呈现；包括广告受众在内的社会公众对广告信息传播、广告传播形式有了更多的价值判断和评判标准，他们也往往公开表达自己的广告主张，对广告内容、广告创意表示认同或质疑，他们的意见表达往往以认知性、反馈性和互动性广告舆论的形态出现。他们关心广告传播中的伦理问题、利益制衡问题、管理体制问题，他们也经常对广告传播中出现的问题广告、重大事件广告、危机公关广告、公益广告、政治宣传广告加以褒贬，在特定的时间段相对集中地发表评论性意见和建设性意见，形成众意广告舆论和民意广告舆论，影响着广告传播的方式和广告传播的效果。在市场经济转型时期，社会公众无时无刻不处于丰富而变化多端的广告舆论的"舆论场"中，广告传播正在帮助人们形成态度、意见以及价值观。广告舆论在广告实践中多有显现，并在媒介融合和新媒体环境中呈现在广告传播活动的各个环节。关注广告舆论问题，特别有助于以新的视角重新审视广告传播社会功能和以新的坐标来衡量广告传播的现实效果。

广告舆论问题的研究，涉及舆论学、广告学、社会学、政治学等诸多领域。我国学者对广告舆论的研究较多地集中在问题广告视角、广告伦理视角中大众媒介对广告舆论的引导问题，学术视野相对狭窄，从现实应用看，广告舆论研究视野应关注到由广告传播所引发的所有舆论现象，涉及广告传播的特性和舆论作用的机理。具体涉及广告舆论概念的界定，广告舆论的表现形态的描述，广告舆论自身发展、演化的规律的勾勒，广告舆论环境、广告舆论场、广告舆论运行机制的探讨，广告舆论存在和传播模式研究，广告舆论的传播结构和波动规律分析，广告舆论社会影响力探析等相关问题。根据广告传播的特性和舆论的作用机理，本书的广告舆论传播研究基于广告传播与舆论导向的双重视角。

二 研究框架和各章之间的逻辑关系

问题研究的规定性决定着本书研究框架、各章节之间的逻辑关系。

本书研究的主要问题首先涉及对中外舆论和广告舆论现象发展基本脉络的勾勒。通过现象描述和阶段呈现，大致可以观察到广告舆论呈现的形式、形态、性质以及不同时期人们对广告舆论的看法，为厘清广告传播和舆论呈现之间的关系、广告舆论现象与广告舆论类别划分之间的关系、广告舆论要素总结与广告舆论概念界定之间的关系寻找学理渊源和现实依据。

广告舆论概念界定，决定着本书的研究视野和研究方向。首先需要解决的问题是站在广告传播学的角度来界定广告舆论的概念，还是以舆论学的视角来阐述广告舆论的基本内容？本书的研究取向是广告传播和舆论导向的双重观照。其次要对广告舆论概念的内容给予界定并进行解读，在归纳、概括前人研究成果的基础之上，本书对广告舆论的基本概念作了明确界定，对这一概念下广告舆论的内涵和外延进行了分析和阐释，对广告舆论概念的内容层次进行了解读，并对广告舆论的构成要素和基本类别进行了概括和总结，为研究划定了范畴和边界。

明晰了广告舆论的基本概念、基本类别和广告舆论在现实生活中的基本表现形态，就必须要解释现实生活中的广告舆论现象是如何出现和广告舆论形态是如何形成的等相关问题。这里就涉及对广告舆论运行机制和广告舆论传播模式进行解读的问题。广告舆论运行机制的研究，分析了广告舆论产生发展、传播的现实环境，回答了广告舆论产生的动因及广告舆论传播的推动力量；对广告舆论传播模式的探讨，则关注到广告舆论呈现的渠道和路径及广告舆论的传播规律和特点，同时也注意到在中国现实环境中广告舆论的独特表现。

站在理论高度探析广告舆论的生成机制和广告舆论的传播模式，有利于对现实生活中典型的广告舆论现象进行分析和探讨。本书选取了现实环境中较为典型的广告舆论现象加以剖析。其中涉及现实生活中常见的舆论现象、广告舆论和新闻舆论的比较研究、社会化媒体背景下网络口碑营销传播与广告舆论生成研究、流行广告语与广告舆论传播研究、公益广告主题构建与广告舆论传播研究等，通过相关案例分析和实证研究，对广告舆论的典型形态进行专题探讨，以期为广告舆论生成、传播、引导、控制提供现实佐证。

对广告舆论社会影响力和广告舆论在广告传播功能中作用的研究，对广告舆论的引导与控制研究，是本书研究的落脚点。从逻辑关系上看，从学理上提出问题，从理论上分析问题，还要在现实中解决问题。如果说前九章按照相应的逻辑关系提出问题、分析问题和对问题进行佐证的话，最后两章则是在提出和分析问题的基础上重点探讨广告舆论在实际生活中的影响与运用问题，集中探讨广告舆论产生社会影响的作用层面及广告舆论引导与控制的方法和路径，从实践和理论两个层面对新时期广告舆论的传播与引导提出建设性的建议。

三 本书研究的主要问题

广告舆论是广告传播功能外化为舆论表现的一种常见现象，也是广告传播社会化和媒介化的必然结果。在这一观点统领下，本书研究所凸显的有如下问题：

广告舆论的结构层次问题。回答广告舆论的层次结构问题，首先要对广告舆论的内涵和外延进行解读，要明确广告舆论反映并代表广告舆论主体的主张、观念、意见，反映他们的利益。而广告舆论主体的结构构成不同。因广告舆论传播主体不同，广告舆论有时以群意或众意广告舆论形态出现，代表特定群体并反映利益集团或利益集团联盟的主张；有时也以民意舆论形态出现，反映并代表民意。按照以上思路，广告舆论的概念所涵盖的内容，也就规定了广告舆论构成的要素存在的形式。从广告舆论的定义看，广告舆论至少应该有三个基本要素，那就是广告舆论主体、广告舆论客体和广告舆论存在的形式。从广告舆论包含的三个层面内容来看，广告舆论的主体多指包括广告主、广告人、媒体在内的公众；但在现实生活中，广告舆论多由广告传播引发，广告舆论常常表现为广告主为了实现本组织的某种目标，在广告传播过程中有目的、有意识地制造的向目标受众强势传播而形成的导向性意见，广告舆论是被广告主有目的地制造的，具有强烈的意识形态性。从这个意义上讲，广告舆论的实质是被标准化、工业化生产出来的借助大众传媒传播的强势意见，有明显的指向性，目的是使受众产生一致性认知，并进一步影响受众行为。从这个意义上讲，广告舆论主体在许多情形下特指广告主。

舆论的客体也称舆论对象，通俗的说法就是舆论产生的缘由。舆论客体是指与舆论主体的利益发生直接或间接关系，在一定范围内引起公众震动和关注的社会事件。广告舆论关注的对象同样涉及社会现实中政治、经济、文化领域的重大问题和重大现象，但基本前提是这些问题和现象必须与广告传播有关，或是社会重大问题的观点和看法以广告传播的方式出现。在本书中，将广告舆论客体界定为广告舆论关注的对象，包括现实社会中的容易引起争议的广告问题、值得关注的广告现象、重大的广告事件和广告活动，等等。广告舆论的本体包括公开表达的主张、观点和态度,流行广告语、经典广告故事,网络广告创意作品赏析、评价与再阐释,国家形象广告兴起和国家广告舆论的海外传播等基本形态。

广告舆论的运行机制问题。广告舆论的运行机制是指在舆论有规律的运动中,影响这种运动的各因素的结构、功能及其相互关系,以及这些因素产生影响、发挥功能的作用过程和作用原理及其运行方式。这里涉及广告舆论运行的社会环境、广告舆论实现的方式、广告舆论实现的途径及广告舆论运行的特点等相关内容。在广告舆论运行的社会环境中,广告营销观念的变化和媒体传播环境的变化,使广告舆论的生成和发展有了更大的运行空间。整合营销传播与广告生产方式转变,绿色广告传播与广告观念变革,新广告运动发展与广告终极目标追求,社会化媒介营销与广告功能扩张,都使广告舆论的运行的社会环境得以优化;广告舆论的形成和发展与广告传播的强度和密度有关,和广告传播的环境有关,也和广告传播中多角关系的互动也不无关系。但广告舆论作为一种现实存在最重要的原因则和舆论话题的重要性及舆论实现的方式直接关联。在现实生活中,广告舆论的实现有追随国家主流话语、反映和代表团体主张、聚合公众集合意识等方式。广告舆论主体的结构决定广告舆论的结构,广告舆论信息的传播往往按照广告舆论主体预设的路径流动。广告舆论主体结构的复杂性也规定了广告舆论实现的路径的多元化,其中包括广告主的意见倡导、广告人的创意造势、媒介时评与媒介平台的两次传播、广告受众意见的集中表达等;广告舆论的生成,是各种因素相互作用的结果,各种因素的不稳定性也决定着广告舆论生成模式的不确定性。舆论学者虽然认为社会舆论的形成有种种模式,但归结起来大致有瀑布倾泻式、飘雪花式、风吹浪起式、爆米花式。

广告舆论的传播模式问题。广告舆论的传播层次、广告舆论的传播结构、广告舆论的传播特点、广告舆论的传播规律的总体概括,就构成了广告舆论的传播模式。对传统广告媒体和现代广告媒介平台的依赖和利用,使广告舆论传播呈现出不同的层次,传统媒体组合中广告舆论的强势传播、新媒体运用中的广告舆论蔓延式传播、多媒体混用中的广告舆论场的形成都是广告舆论研究中需要关注的现象。运用传播学的基本理论如"议程设置""意见领袖""拟态环境""沉默的螺旋"的理论可以较清晰地解释在现实生活中，广告主广告舆论的强势传播与受众舆论生成等相互作用而造成的结构性压力，如何促使广告舆论按照特定的方向和一定的轨迹流动的问题。广告舆论传播的规定性和广告传播的特殊性共同造就了广告舆论传播的特点，即狂轰滥炸式广告舆论制造、温情诉求式广告舆论争鸣、讨论式广告舆论扩散、监控引导式广告舆论的控制等，在现实生活中，广告舆论传播还呈现出自上而下的单向传播、信息互动的双向传播、广告舆论场域共享的多向传播等规律。根据舆论学者的总结，结合广告传播的特点，可以认为广告舆论的传播模式大致有如下几种：广告舆论传播的自然渐进模式，广告舆论传播的突发变异模式，广告舆论传播的人为操纵模式。

广告舆论和新闻舆论的互动关系问题。广告和新闻都是独具功能、影响深远的人类传播活动，从舆论的角度看它们也是最活跃、影响最广、能量最大的两种舆论形态，广告舆论与新闻舆论共同构成了现代舆论传播的两大景观。

新闻舆论是指媒介组织通过新闻选择性报道和新闻评论直接或间接地表明自身的观点，从而影响舆论的演变方向，并进一步改变人们的舆论行为。新闻舆论是媒体影响社会舆论的重要方式，主要体现在反映舆论、代表舆论和引导舆论上，并且这种舆论引导方式更多地是以隐形的方式进行，从而以近似"客观陈述"面貌获得社会公众的认同。广告舆论是指由广告传播引发的公众关于现实社会以及社会中的各种现象、问题所表达的一致性信念、态度、意见和情绪表现的总和。广告舆论概念是在广告传播由"传者导向"向"受众导向"转变的过程中提出的，是受众在对广告产品及服务体验和交流中所形成的一致性意见，已经成为影响消费者品牌认同与否的关键所在。广告舆论对社会的影响主要体现在制造舆论并通过舆论制造控制人们的行为上。广告主通过反复地向广告受众传递对广告产品和服务的评价性意见，从而在广告受众心中形成一致性的意向。广告舆论与新闻舆论不同，广告是公开的宣传，而新闻是隐性的引导。广告舆论的提出，不仅丰富了对广告社会功能的认知，使"创造舆论"成为广告宣传的重要功能，而且提升广告的社会影响力，使广告成为社会控制的重要工具。

现实生活中典型的广告舆论现象。在新媒体环境中，广告舆论的

"民意表达"特征与"公众参与"特征在网络口碑传播这一平台上得以充分显现。广告舆论的生成过程与网络口碑传播过程同步;广告舆论与口碑传播互动交融,通过新的消费者行为模式引领,通过博客、虚拟社区、播客构成的"三驾马车"和"新三驾马车"表现形态的展现,通过科学的管理平台和系统完善的评价体系建设,彰显广告舆论在新媒体环境下对广告功能的重新解读和对广告传播目标效果量化管理上的新尝试。流行广告语是广告舆论的外在表现形式之一。流行广告语以简洁的语言表达了广告舆论主体的广告主张和广告意见;浓缩、凝练、诠释了广告舆论主体的广告态度、广告价值和广告观念,社会影响力巨大。同时,流行广告语自身也多作为广告舆论影响力的具体结果而留存下来,成为研究广告舆论问题、追溯广告舆论发展轨迹的重要例证。笔者对三十年来具有代表性的流行广告语进行了搜集和整理,从中可以发现三十年来广告形式、内容或理念所发生的一些变化,及不同时期广告舆论的呈现规律。公益广告通过舆论塑造和舆论表达形成公益广告舆论。具体来说,公益广告通过大众媒体的广泛密集传播,形成强大的广告舆论场。在广告舆论场中,公益广告的传播者、接受者、管理者、评论者通过公开讨论、多元互动,在广告主张上达成一致或相近看法,这些看法达到一定的强度和密度,对社会大多数人产生重大影响的时候,公益广告舆论就基本形成,并随着后续公益广告的不断播出和传播形成公益广告舆论波,发挥公益广告舆论的持续影响。

广告舆论的功能扩张及引导控制问题。随着媒介融合的步伐不断加快,新媒体层出不穷,广告舆论所产生的社会影响力已经突破了微观上的经济层面,波及宏观上的文化和政治层面。广告舆论的社会功能的影响力不再是单一的利益圈,而是已经逐渐渗透到了社会的诸多领域。广告舆论的生成和传播,使广告传播的功能得到极大扩张,广告舆论的作用对象不仅有广告主、媒体与广告受众,还涉及社会不同阶层,尤其是与权力阶层与普通公众的利益关联。广告舆论的形成和传播过程,也是与这些利益主体之间的关系制衡和博弈的过程,它们相互影响、相互制约,共同控制着广告舆论的传播走向。

广告舆论的引导与控制是广告舆论研究的重要部分,但由于广告舆论的生成和传播环境的不断发展变化,广告舆论的引导与控制也就不断面临新的挑战。发现新问题，观察新现象，提出新对策，是广告舆论引导与控制系统中各利益主体共同面对的难题，这就需要学界、业界、政府和相关部门共同努力，综合利用社会资源开展卓有成效的舆论引导与控制工作。但从广告舆论引导与控制的一般规律看，广告舆论的引导与控制可从以下几个层面进行：对广告舆论源头的监管与调控；建立广告舆论传播中应对机制；强化相关法律法规的制定与实施；进行实时舆情调查与舆情分析的跟进。广告舆论的引导和控制的最终目的是优化广告传播功能并对广告传播效果进行有效的追踪。

四 本书提出的主要观点

广告舆论是指由广告传播引发的公众关于现实社会以及社会中的各种现象、问题所表达的一致性信念、态度、意见和情绪表现的总和。按其存在方式可分为三个层面：广告舆论主体以传播思想观念、主张价值立场、弘扬时代文化、培养消费意识为目的，具有一定单位时间密度和空间强度的导向性意见；在使用广告产品、接受广告宣传、反馈广告信息时形成较为集中的认知性意见；在特定的时间和语境下观察广告现象、辨析广告问题、讨论广告事件时产生的具有广泛针对性的评论性意见。

广告主只是广告舆论传播主体的一个部分。广告舆论的发起者是社会上形形色色的团体组织，从提供商品或服务的企业到社会公益机构，再到国家机关甚至是政府职能部门。广告舆论的内容包括产品或服务信息、企业理念、公益公德、风尚礼仪、政府廉洁、公共安全、社会和谐等诸多方面。从这个层面上讲，广告舆论的本质是广告舆论主体的意见的多元表达。

广告舆论与民众生活密切相关，广告舆论与利益集团关系密切，广告舆论是政府传播信息的一种工具。从现实影响看，广告舆论具有结构性功能和创新性功能。首先表现在广告舆论强化了广告的基本功能，使其成为消费观念的双刃剑、广告主张的传声筒、政治宣传的辅渠道；同时广告舆论又扩大了广告传播的社会影响力，使其成为社会矛盾冲突的减压阀、民主政治建设的新元素、社会生活场域的新景观。从广告舆论的正面功能看，广告舆论在推广企业品牌、树立组织形象、传递文化知识、弘扬社会正气、引领时尚潮流、促进文明发展等方面发挥作用。

广告舆论具有公共性、新奇性、争议性和指向性等特征。所谓公共性，主要指广告舆论具有舆论学上的"民意""公众"两个显性要素。所谓新奇性和争议性，主要是指广告舆论多由广告问题引发。这里的问题是指在现实生活和虚拟生活中，能够引起人们广泛关注并热情参与的社会公众性问题。按照广告舆论问题运行方式及规律，可以分为政治问题、经济问题和文化问题三种类型。政治问题由于涉及面广、影响力大和关注度高，经常能够演化成舆论问题，甚至进一步形成激烈的政治对抗和社会冲突；相对而言，经济问题和文化问题社会作用力相对缓和，但"问题单"相对宽泛。所谓指向性，是指广告传播引发的导向性意见、认知性意见、评论性意见只有在一定的时间密度和空间强度指向特定的对象才能形成广告舆论。

广告舆论的发展、演变离不开特定的社会情境。特定的社会情境是某种广告舆论繁衍的条件，一旦该情境发生变迁，该舆论也将随之变化、消亡或产生新的舆论。广告舆论情境根据不同的分类标准，可以分为多种类型。根据舆论情境的真实性与否，可以分为真实情景、想象情境和暗含情境；根据广告舆论情境的范围，可以分为宏观环境、中观环境和微观环境。广告舆论情境的划分并不是绝对的，这些因素交错影响，共同构成广告舆论演化的舆论场及外部图景。

受益性并不是公众参与广告舆论活动的唯一动力。公众的广告舆论动力具有多元性。在心理学上，"认知平衡理论"和"认知失调理论"，经常被用于对参与舆论事件的人的传播心理机制的解读；在传播学上，议程设置理论、"沉默的螺旋"理论、媒介控制理论和从二次传播理论延伸而来的"意见领袖"理论，也从舆论形成的社会传播心理机制上对公共的舆论行为进行剖析。通过这些理论解读，可以发现受众参与广告舆论的动机具有多元性、复合性和动态性等特点，因此，利益相关与否只是一个重要的参考指标。

广告舆论传播过程具有周期性，其结果大多能产生一定的社会行为。广告舆论并不是一次性形成，其形成和传播均需一个渐进过程，首先，由于社会变革触动了一些人的现实利益，也改变了一些人的社会关系和社会观念，从而形成了一个现实的、有争议的公共问题，引起人们的普遍关注；其次，相当多的公众对这个问题表明态度或发表意见，并经过众多的个体意见的充分互动；再次，社会权力机构或相关组织通过大众媒体等途径引导广告舆论发展的方向，最终希望能够获得在公众心理上达到共鸣的一致性意见；最后，这种一致性的意见对公共问题的存在和变化及与此相关的人们的行为能产生直接或间接的影响，从而能够产生特定的社会效应。大致经过这四个步骤，旧的舆论逐渐结束，也可能在此基础上产生新的舆论，最终推动整个社会实践的发展。

五 研究中存在的问题及不足

广告舆论研究的理论基础较为薄弱，开拓性特征鲜明，理论创新点较多。本书把广告舆论研究当作理论广告学的重要组成部分来看待，所以在阐述广告舆论传播及相关问题时，试图把"广告场理论"、广告传播的"势能理论"、"绿色广告传播"以及"广告传播与文明缔构"等相关理论纳入广告舆论的研究领域，在研究中运用"势能理论"与"广告场理论"来分析广告舆论产生的原因、发展的规律及发展态势，结合"新广告运动""绿色广告传播""广告传播与文明缔构"等话题阐述广告舆论的传播、引导与控制，课题研究带有较多主观的框架设置愿望，尚需等待实践的检验。

对广告舆论社会功能及社会影响力的探析，需要定性和定量研究方法相结合，需要数据分析和实证研究。这就需要一定数量、类别案例的支撑和佐证；同时，需要站在时代的前沿，通过考察企业和社会团体的实际运作，来深刻分析广告舆论运行机制与作用机理、剖析广告舆论发挥作用的各个层面，还要对广告舆论发展规律及发展态势进行客观分析。本书虽然选择了一定数量、一定类别的案例进行研究，但系统性的案例梳理、选择、运用工作做得不够扎实，案例的典型性和代表性尚需提炼。

本书基于广告传播和舆论导向的双重视角，问题研究具有规定性。但广告舆论研究涉及的学科领域较多，如何合理地运用社会学、政治学、传播学、舆论学、广告学或其他学科的相关理论来统领或观照广告舆论的研究视野、研究范畴和研究方向，如何科学地运用中外文资料丰富该课题研究内容，使其按照特定的学科领域和特定的学理规范展开，也是后续研究需要认真思考的问题。

参考文献

专著

白波：《博弈游戏》，哈尔滨出版社 2004 年版。
陈力丹：《精神交往论》，开明出版社 1993 年版。
陈力丹：《舆论学——舆论导向研究》，中国广播电视出版社 1999 年版。
陈培爱：《创意产业与中国广告业》，厦门大学出版社 2008 年版。
陈培爱：《中国元素与广告营销》，厦门大学出版社 2010 年版。
陈闻桐：《近现代西方政治哲学引论》，安徽大学出版社 1997 年版。
陈新汉：《民众评价论》，上海人民出版社 2004 年版。
陈晏清：《当代中国社会转型论》，山西教育出版社 1998 年版。
程世寿：《公共舆论学》，华中科技大学出版社 2003 年版。
丁柏铨：《新闻舆论引导论》，中国社会科学出版社 2001 年版。
丁俊杰、董立津：《中国广告业生存及发展模式研究》，中国工商出版社 2004 年版。
杜骏飞：《中国网络传播研究（第三辑）》，浙江大学出版社 2009 年版。
杜骏飞：《中国网络广告考察报告》，社会科学文献出版社 2007 年版。
范志国：《中外广告监督比较研究》，中国社会科学出版社 2008 年版。
封毓昌等：《社会意识论导论》，天津人民出版社 1998 年版。
戈公振：《中国报学史》，上海古籍出版社 2003 年版。
郭强：《网络调查手册》，中国时代经济出版社 2002 年版。
郭庆光：《传播学教程》，中国人民大学出版社 1999 年版。

郭志纲、郝虹生、杜亚军、曲海波：《社会调查研究的量化方法》，中国人民大学出版社 1989 年版。

何英：《美国媒体与中国形象》，南方日报出版社 2005 年版。

胡鞍钢：《透视 SARA：健康与发展》，清华大学出版社 2003 年版。

胡钰：《新闻与舆论》，中国广播电视出版社 2001 年版。

胡正荣：《传播学总论》，北京广播学院出版社 1997 年版。

黄升民、丁俊杰：《国际化背景下的中国媒介产业化透视》，企业管理出版社 1999 年版。

黄升民、丁俊杰：《媒介经营与产业化研究》，北京广播学院出版社 1997 年版。

黄孝俊：《市场调查分析》，浙江大学出版社 2002 年版。

柯惠新、祝建华、孙江华：《传播统计学》，北京广播学院出版社 2003 年版。

李彬：《传播学引论》，新华出版社 1993 年版。

李良栋：《误区与超越——当代中国社会舆论》，中央党校出版社 1995 年版。

李良荣：《新闻学导论》，高等教育出版社 2000 年版。

廖永亮：《舆论调控学——引导舆论与舆论引导的艺术》，新华出版社 2003 年版。

刘德寰等：《市场调查教程》，经济管理出版社 2005 年版。

刘凡：《中国广告业监督与发展研究》，中国工商出版社 2007 年版。

刘继南、何辉：《镜像中国——世界主流媒体中的中国形象》，中国传媒大学出版社 2006 年版。

刘建明：《当代舆论学》，陕西人民教育出版社 1990 年版。

刘建明：《基础舆论学》，中国人民大学出版社 1988 年版。

刘建明：《社会舆论原理》，华夏出版社 2002 年版。

刘建明：《宣传舆论学大辞典》，经济日报出版社 1993 年版。

刘建明：《舆论传播》，清华大学出版社 2001 年版。

陆学艺：《当代中国社会阶层研究报告》，社会科学文献出版社 2002 年版。

骆正林：《媒体舆论与企业公关》，新华出版社 2005 年版。

倪宁：《广告学教程》，中国人民大学出版社2001年版。

钮则动：《政治广告——理论与实务》，扬智文化事业股份有限公司2005年版。

阮丽华：《网络广告及其影响研究》，中国社会科学出版社2008年版。

邵培仁、何扬鸣、张健康：《20世纪中国新闻学与传播学：宣传学和舆论学卷》，复旦大学出版社2002年版。

邵培仁：《媒介舆论学》，中国传媒大学出版社2009年版。

童兵：《马克思主义新闻经典教程》，复旦大学出版社2010年版。

童兵：《童兵自选集——新闻科学：观察与思考》，复旦大学出版社2004年版。

王梅芳：《舆论监督与社会正义》，武汉大学出版社2005年版。

王石番：《民意理论与实务》，黎明文化事业公司1995年版。

王天意：《网络舆论引导与和谐论坛建设》，人民出版社2008年版。

王雨田：《控制论信息论系统科学与哲学》，中国人民大学出版社1988年版。

吴思：《潜规则：中国历史中的真实游戏》，云南人民出版社2004年版。

吴予敏、李新立：《广告法规与管理》，中南大学出版社2009年版。

徐卫华：《中国广告管理体制研究——基于国家与社会关系框架》，岳麓书社2009年版。

徐向红：《现代舆论学》，中国国际广播出版社1991年版。

喻国明、刘夏阳：《中国民意研究》，中国人民大学出版社1993年版。

喻国明：《传媒影响力》，南方日报出版社2003年版。

喻国明：《结构民意——一个舆论学者的实证研究》，华夏出版社2001年版。

袁方：《社会研究方法》，北京大学出版社1997年版。

袁军、龙耘、韩运荣：《传播学在中国》，北京广播学院出版社2000年版。

袁岳、周林古等：《零点调查——民意测验的方法与经验》，福建人民出版社2005年版。

曾兰平：《中国广告产业制度问题检讨》，经济科学出版社 2009 年版。

展江：《舆论监督紫皮书》，南方日报出版社 2004 年版。

张金海：《20 世纪广告传播理论研究》，武汉大学出版社 2002 年版。

张昆：《大众媒介的政治社会化功能》，武汉大学出版社 2003 年版。

郑杭生、李强、李路路：《社会指标理论研究》，中国人民大学出版社 1989 年版。

郑自隆：《竞选广告——理论、策略、研究案例》，中正书局 1995 年版。

中国社会科学院外事局：《美国人文社会科学现状与发展》，社会科学文献出版社 2001 年版。

中国社科院新闻研究所、河北大学新闻学院：《解读受众：观点、方法与市场》，河北大学出版社 2001 年版。

周晓红：《现代社会心理学》，上海人民出版社 1997 年版。

诸葛殷、倪鼎夫等：《形式逻辑原理》，人民出版社 1982 年版。

邹农俭：《社会研究方法通用教程》，中国审计出版社、中国社会出版社 2002 年版。

[爱尔兰] 肖恩·麦克布赖德等：《多种声音一个世界》，中国对外翻译出版公司 1980 年版。

[德] 哈贝马斯：《公告领域的结构转型》，曹卫东等译，上海学林出版社 1999 年版。

[法] 布尔迪厄、[美] 哈克：《自由交流》，桂裕芳译，生活·读书·新知三联书店 1996 年版。

[法] 卢梭：《社会契约论》，何兆武译，商务印书馆 1980 年版。

[法] 让·鲍德里亚：《消费社会》，刘成富、全志钢译，南京大学出版社 2008 年版。

[加] 霍斯金斯等：《媒介经济学：经济学在新媒介与传统媒介中的应用》，支庭容等译，暨南大学出版社 2005 年版。

[加] 马歇尔·麦克卢汉：《机器新娘：工业人的民俗》，何道宽译，中国人民大学出版社 2004 年版。

[加] 马歇尔·麦克卢汉：《人的延伸——媒介通论》，何道宽译，四川人民出版社 1992 年版。

[加] 玛丽·崴庞德：《传媒的历史与分析——大众传媒在加拿大》，郭

镇之译，北京广播学院出版社 2003 年版。

[加] 文森特·莫斯可：《传播政治经济学》，胡正荣译，华夏出版社 2003 年版。

[美] Eric Qualman：《颠覆：社会化媒体改变世界》，刘吉熙译，人民邮电出版社。

[美] J. 赫伯特·阿特休尔：《权力的媒介》，黄火昱、裘志康译，华夏出版社 1989 年版。

[美] Robert W. Mc Chesney：《富媒体 穷民主：不确定时代的政治传播》，谢岳译，新华出版社 2004 年版。

[美] 阿尔·里斯、劳拉·里斯：《公关第一广告第二》，罗汉、虞琦译，上海人民出版社 2004 年版。

[美] 艾里克·拉斯穆森：《博弈与信息》，王晖、白金、吴任昊译，北京大学出版社、生活·读书·新知三联书店 2004 年版。

[美] 保罗·莱文森：《思想无羁》，何道宽译，南京大学出版社 2003 年版。

[美] 本·H. 贝戈蒂克安：《媒体垄断》，吴靖译，河北教育出版社 2004 年版。

[美] 戴维·阿什德：《传播生态学：控制的文化范式》，邵志择译，华夏出版社 2003 年版。

[美] 戴维·杜鲁门：《政治过程政治利益与公共舆论》，陈尧译，天津人民出版社 2005 年版。

[美] 丹尼尔·杰·切特罗姆：《传播媒介与美国人的思想》，黄静生等译，中国广播电视出版社 1991 年版。

[美] 丹尼斯·K. 姆贝：《组织中的传播和权力：话语、意识形态和统治》，陈德民译，中国社会科学出版社 2000 年版。

[美] 弗兰克·G. 戈布尔：《第三思潮——马斯洛心理学》，吕明，陈红雯译，上海译文出版社 2001 年版。

[美] 赫伯特·马尔库塞：《单面人》，左晓斯译，湖南人民出版社 1998 年版。

[美] 克劳德·霍普金斯：《我的广告生涯·科学的广告》，邱凯生译，新华出版社 1998 年版。

［美］肯罗曼·珍曼丝：《贩卖创意——如何做广告》，庄淑芬译，内蒙古人民出版社1998年版。

［美］罗杰·菲德勒：《媒介形态变化》，明安香译，华夏出版社2000年版。

［美］罗杰斯：《传播学史：一种传记式的方法》，殷晓蓉译，上海译文出版社2007年版。

［美］罗瑟瑞夫斯：《实效的广告》，张冰梅译，内蒙古人民出版社1999年版。

［美］迈克尔·舒德森：《广告，艰难的说服》，陈安全译，华夏出版社2003年版。

［美］梅尔文·L.德弗勒：《大众传播通论》，颜建军等译，华夏出版社1989年版。

［美］斯蒂文·小约翰：《传播理论》，陈德民等译，中国社会科学出版社1999年版。

［美］苏特·杰哈利：《广告符码——消费社会中的政治经济学和拜物现象》，马姗姗译，中国人民大学出版社2004年版。

［美］塔尔科特·帕森斯：《社会行动的结构》，张明德、夏遇南、彭刚译，上海译文出版社1972年版。

［美］威尔伯·施拉姆：《传播学概论》，陈亮等译，新华出版社1984年版。

［美］沃尔特·李普曼：《公众舆论》，阎克文、江红译，上海世纪出版集团2006年版。

［美］谢尔·以色列：《微博力》，任文科译，中国人民大学出版社2010年版。

［美］雪莉·贝尔吉：《媒介与冲击：大众媒介概论》，赵敬松主译，东北财经大学出版社2000年版。

［美］约翰·菲利普·琼斯：《广告何时有效》，杨忠川译，内蒙古人民出版社1998年版。

［美］约翰·菲利普·琼斯：《广告与品牌策划》，孙连勇、李树荣等译，机械工业出版社1999年版。

［美］约瑟夫·塔洛：《分割美国：广告与新媒介世界》，洪兵译，华夏

出版社 2003 年版。

［日］ 真锅一史：《广告社会学》，王利平、吴春波译，中国建材工业出版社 1996 年版。

［英］ 大卫·奥格威：《奥格威谈广告》，曾晶译，机械工业出版社 2003 年版。

［英］ 弗兰克·杰夫金斯：《公共关系》，陆震译，甘肃人民出版社 1989 年版。

［英］ 西莉亚·卢瑞：《消费文化》，张萍译，南京大学出版社 2003 年版。

［英］ 约翰·伯格：《观看之道》，戴行钺译，广西师范大学出版社 2005 年版。

连续出版物

曹意强：《可见之不可见性——论图像证史的有效性与误区》，《新美术》2004 年第 2 期。

陈力丹：《腐败广告助纣为虐》，《新闻与写作》2008 年第 4 期。

陈力丹：《略论大众媒介对广告影响的引导》，《新疆新闻界》1998 年第 2 期。

陈奕：《凤凰卫视栏目的"广告宣传"》，《新闻爱好者》2010 年第 6 期。

陈正辉：《广告传播的社会责任和伦理规范研究》，《广告大观》2006 年第 10 期。

程明、谢述群：《论广告传播的社会化功能》，《国际新闻界》1999 年第 2 期。

程明、谢述群：《试论广告传播的社会化功能》，《新闻与传播研究》1999 年第 3 期。

程士安、章燕：《广告伦理研究体系的构建基础》，《新闻大学》2008 年第 4 期。

程士安：《2008 奥运会——检验新广告理念的黄金时刻》，《中国广告》2007 年第 3 期。

程士安：《分众化媒介与精细化分层的受众》，《广告大观（媒介版）》2006 年第 1 期。

程士安：《国际视野下的中国广告业发展之路》，《广告大观（综合版）》2007 年第 6 期。

程士安：《开创户外广告媒体精准营销时代——分时传媒对传统经营模式的重大突破》，《广告大观（综合版）》2007 年第 1 期。

程士安：《难忘广告语——重读 20 年流行广告语》，《中国广告》2002 年第 10 期。

程士安：《如何与未来的消费者对话》，《中国广告》2005 年第 2 期。

程士安：《数字化时代广告业的"蓝海"究竟在哪里——寻找现代广告业的战略发展之路》，《广告大观（综合版）》2007 年第 3 期。

程士安：《中国广告行业协会在实践中探索与发展》，《广告大观（综合版）》2007 年第 8 期。

崔斌箴：《论广告的道德负面影响及其规范》，《上海大学学报（社会科学版）》2003 年第 5 期。

崔斌箴：《市场经济条件下广告与社会道德的关系》，《社会》2001 年第 8 期。

邓惠兰：《广告传播的舆论学观照》，《江汉大学学报》2002 年第 3 期。

丁俊杰、黄河：《为广告重新正名——从主流媒体的广告观开始》，《国际新闻界》2007 年第 9 期。

段京肃等：《论我国大众传播媒介的控制力量》，《杭州师范大学学报（社会科学版）》2010 年第 2 期。

范莉：《广告导向与舆论导向同等重要——由名人代言广告引发的思考》，《湖湘论坛》2007 年第 5 期。

冯智杰：《互联网整合营销传播实施战略浅析》，《商业研究》2004 年第 3 期。

傅小平：《现代广告推动传统理想人格的现代转换》，《西南民族学院学报（哲学社会科学版）》2002 年第 10 期。

郭颖：《广告传播表现对消费文化的影响》，《商场现代化》2008 年第 527 期。

何辉：《"镜像"与现实——广告与中国社会消费文化的变迁以及有关

现象与问题》,《现代传播》2001 年第 3 期。

何士明:《考辩流行广告语》,《广告大观》2003 年第 9 期。

胡桂林:《现代广告传播与社会流行》,《江汉大学学报》1995 年第 2 期。

胡忠青:《大众媒介对广告舆论的引导》,《集团经济研究》2004 年第 12 期。

黄利会、彭光芒:《广告对社会的控制形式》,《当代传播》2005 年第 2 期。

黄美琴:《中西方广告传播的价值观念》,《集团经济研究》2005 年第 181 期。

黄奇杰:《把握广告宣传的正确导向》,《报刊之友》1999 年第 5 期。

黄挺:《消费图腾下的集体无意识——浅论文化全球化时代广告对意识形态的负面影响》,《学海》2002 年第 3 期。

贾亦凡:《试论报纸广告对报纸的负面影响》,新闻大学 1997 年第 2 期。

蒋宇:《"沉默的螺旋"与网络传播》,《重庆交通大学学报(社会科学版)》2007 年第 4 期。

蒋志高:《设置新闻议程:汽车报道中的记者、企业巨头和不明消息来源》,《新闻传播研究》2004 年第 1 期。

今传媒评论员:《坚持广告传播的正确导向》,《今传媒》2005 年第 9 期。

黎卉莉:《广告的文化功能解析》,《湖南大众传媒职业技术学院学报》2003 年第 3 期。

李琴:《正确把握广告舆论宣传之我见》,《广告大观》1998 年第 8 期。

李淑芳:《广告传播与拟态环境》,《广告大观(理论版)》2008 年第 1 期。

李西梅、张文华:《浅谈广告的社会责任》,《山西财经大学学报》2001 年第 23 期。

刘冰:《从文化的视角看"沉默的螺旋"》,《河北理工大学学报(社会科学版)》2008 年第 2 期。

刘伯红、卜卫:《我国电视广告中妇女形象的研究报告》,《新闻与传播研究》1997 年第 1 期。

刘泓：《广告社会学论纲——关于广告与社会互动关系的阐释》，《福建师范大学学报（哲学社会科学版）》2006年第3期。

刘婷：《全球化冲击下中国流行广告语的语境变动》，《新闻爱好者》2008年第1期。

刘晓琴：《浅谈广告伦理道德和社会责任》，《广告大观（综合版）》2006年第10期。

刘扬：《浅谈广告对消费者的影响力与品牌传播》，《企业家天地（理论版）》2007年第5期。

刘智勇：《论新闻舆论与广告舆论的互动——兼析九·二一大地震期间台湾报纸广告的特点》，《国际新闻界》2000年第3期。

马学清：《"沉默的螺旋"在传统大众传播环境和网络传播环境中表现方式的差异》，《重庆邮电学院学报（社会科学版）》2005年第3期。

毛蕴诗：《以产业融合为动力促进文化产业发展》，《经济与管理研究》2006年第7期。

潘晓兰：《从广告的现状看广告宣传的导向性》，《声屏世界》2001年第3期。

潘忠党：《舆论研究的新起点——从陈力丹著〈舆论学——舆论导向研究〉谈起》，《新闻与传播评论》2001年第0期。

阮卫：《20世纪广告传播理论的发展轨迹》，《国际新闻界》2001年第6期。

师文静：《网络传播中"沉默的螺旋"理论分析》，《青年记者》2009年第5期。

史建：《广告在塑造社会消费观念中的功能与责任探析》，《广告大观（理论版）》2007年第1期。

宋玉书：《商业广告的文化功能与文化责任》，《新闻与传播研究》2000年第12期。

孙宝妹：《广告对新闻媒体的负面影响及其对策》，《甘肃社会科学》2003年第3期。

孙平、蔡立媛、李微：《浅析广告行为中的社会教育功能》，《企业家天地》2005年第9期。

孙威：《流行广告语的创作与传播特点浅析》，《辽宁经济》2008年第

5 期。

孙卫卫：《正视广告的负面影响》，《当代传播》2004 年第 3 期。

谭先锋、谭繁：《现代广告导向研究》，《湖南大众传媒职业技术学院学报》2002 年第 3 期。

田明银：《浅谈广告宣传"过"与"不及"》，《新闻前哨》1994 年第 5 期。

王聪：《企业整合营销传播初探》，《科技咨询导报》2006 年第 8 期。

王剑峰、陈漭：《论商业广告的文化伦理责任》，《商业经济与管理》1997 年第 2 期。

王美岭：《"沉默的螺旋"理论在网络空间是否消失》，《湖南大众传媒职业技术学院学报》2006 年第 4 期。

王众孚：《广告要符合精神文明要求》，《广告大观》1996 年第 8 期。

魏红梅：《注意力经济下，广告宣传勿忘道德责任》，《现代经济》2008 年第 2 期。

温华：《论广告传播与现代心理的理论架构》，《武汉大学学报（人文科学版）》2004 年第 3 期。

吴春花：《广告主话语权催生规模博弈》，《市场观察》2002 年第 12 期。

辛文山：《试论新闻媒介广告宣传的导向问题》，《新闻通讯》2000 年第 3 期。

许秀芳、何晓明、段影惠：《谈谈广告宣传中的导向问题》，《中国广告》2007 年第 10 期。

薛国林：《舆论"引导"与舆论"监督"的关系新解——马克思主义舆论观当代价值与实践发展诠释》，《新闻与传播研究》2009 年第 6 期。

颜光明：《二十年汽车流行广告语今安在》，《经济参考报》2003 年 2 月 18 日。

杨存生：《谈谈"新闻广告"》，《中国广告》1988 年第 4 期。

杨海军：《广告舆论概念探析》，《现代广告》（学术季刊）2010 年第 5 期。

杨海军：《广告舆论研究的学术价值和意义》，《新闻爱好者》2010 年第 6 期。

杨海军：《广告舆论造势的经典之作——果维康广告传播策略评析》，

《广告人》2009 年第 8 期。

杨婧岚：《当代广告传播中的意识形态》，《现代传播》2002 年第 114 期。

仰和：《电视广告对社会价值观念的影响》，《国际新闻界》2000 年第 6 期。

殷国华：《用优质广告传播社会和谐》，《广告人》2008 年第 3 期。

余利花：《试论互联网中的"沉默的螺旋"》，《当代传播》2005 年第 4 期。

余梅、杨安：《从舆论学角度看广告传播》，《安徽文学》2007 年第 5 期。

张殿元：《超越表象：社会广告化的深度分析》，《新闻与传播研究》2004 年第 3 期。

张殿元：《大众文化操纵的颠覆——费斯克"生产者"理论述评》，《国际新闻界》2005 年第 2 期。

张殿元：《非暴力强迫：作为运作机制的广告霸权》，《文化研究》第 5 期。

张洪忠：《大众传播学的议程设置理论与框架理论关系探讨》，《新闻与传播》2002 年第 2 期。

张换喜：《试论报纸广告的舆论导向》，《采写编》1997 年第 8 期。

张楠：《如何加强广告舆论的引导》，《新闻天地》2010 年第 5 期。

张辛、黄英平：《"5·12 汶川大地震"媒体报道的框架分析——以〈南方周末〉为例》，《现代经济信息》2008 年第 7 期。

中国广告编辑部：《中国广告 20 年流行广告语》，《中国广告》2002 年第 10 期。

钟楠、陈世华：《媒体广告传播与和谐社会的构建》，《新闻窗》2007 年第 5 期。

朱春涛：《广告宣传的导向问题》，《新闻大学》1995 年第 8 期。

朱桂莲、周佳：《论公益广告的公民道德教育功能》，《合肥工业大学学报（社会科学版）》2009 年第 3 期。

朱立云：《广告宣传也有"导向"问题》，《视听界》1994 年第 6 期。

［德］洛伦兹·恩格尔（Lorenz Engell）：《可见与不可见——从观念时

代到全球时代：德国视觉哲学一百年 1900—2000》，汪少明译，《德国研究》2005 年第 20 期。

英文著作

Glasser T. & Salmon, C. (Eds), *Public Opinion and Communication of Consent*（公众意见和传播协议），the Guiford Press New York London, 1995.

Janowitz, M. & Hirsch, P. (Eds), *Reader in Public Opinion and Mass Communication*（公众舆论和大众传播中的读者），A Division of Macmillan Publishing Co/Inc third edition, 1981.

Kaid, L. L. & Davidson, D., "Elements of Videostyle: A Preliminary Examination of Candidate Presentation through Television Advertising", In L. L. Kaid, Nimmo, D. & Sanders, K. R. (eds.), *New Perspectives on Political Advertising*, Carbondale: Southern Illinois University Press, 1986, pp. 184 – 209.

Kaid, L. L. & Tedesco, J. C., "Tranking Voter Reactions to the Television Advertising", in Kaid, L. L. & Bystrom, D. (eds.), *The Electronic Election: Perspectives on 1996 Campaign Communication*, Mahwah, N. J.: Lawrence Erlbaum Associates, Publishers, 1999, pp. 244 – 245.

Kaid, L. L., "Measures of Political Advertising", *Journal of Advertising Research*, 16, 1976, pp. 49 – 53.

Kaid, L. L., "Political Advertising", in Nimmo, D. & Sanders, K. R. (eds.), *Handbook of Political Communication*, Beverly Hills, CA: Sage, 1981, pp. 249 – 271.

Kaid, L. L., "Political Advertising in the 1992 Campaign", in Denton, R. E. (eds.), *The 1992 Presidential Campaign: A Communication Perspective*, Westport, Conn: Praeger, 1994, pp. 111 – 127.

Lane, R. & Sears, D., *Public Opinion*（公众舆论），Prentice-Hall, Inc, 1964.

Lemert, I., *Does Mass Communication Change Public Opinion After All*（大

众传播究竟是否改变了大众舆论）? Nelson-Hall Chicago, 1981.

Noelle-Neumann, E., *The Spiral of Silence：Public Opinion-Our Social Skin*（沉默的螺旋：公众舆论——我们社会的皮肤），the University of Chicago Press, second edition, 1993.

Ogle, M., *Public Opinion and Political Dynamics*（公众舆论和政治动态），Hougbton Mifflin Company, 1950.

Oskamp, S., *Attitudes and Opinions*（态度和观念），Prentice-Hall Inc, 1997.

Powell, N., *Anatomy of Public Opinion*（大众舆论的剖析），Prentice-Hall Inc, fourth edition, 1956.

Price, V., *Public Opinion*（公众舆论），Sage Publication Inc, 1992.

Qualter, T., *Opinion Control in the Democracies*（民主中的舆论控制），Macmillan, 1985.

Schwartz, A., *What do You Think*（你怎么认为）? E. P. Dutton & Co/Inc, 1966.

Small, M.（Ed），*Public Opinion and Historians*（公众舆论和历史学家），Wayne State University Press, 1994.

Society for the Psychological Study of Social Issues（Ed），*Public Opinion and Propaganda*（公众舆论与宣传），Holt, Rinehot and Winston Inc, second edition, 1965.

Weiman, G., *The Influentials People Who Influence People*（舆论领袖），State University of New York Press, 1994.

Zaller, J., *The Nature and Origins of Mass Opinion*（大众舆论的本质和起源），Cambridge University Press, 1992.

Zhu J., *Issue Competition and Attention Distraction：A Zero—sum Theoy of Agenda Setting*（出版竞争和注意力分散：议程设置的一个博弈论），*Journalism Quarterly*, 69, 1992.